博学而笃志,切问而近思。
（《论语·子张》）

博晓古今,可立一家之说;
学贯中西,或成经国之才。

复旦博学·复旦博学·复旦博学·复旦博学·复旦博学·复旦博学

主编简介

薛可，上海交通大学长聘教授、博士生导师，上海交大-南加州大学文化创意产业学院副院长，国务院特殊津贴专家。南开大学管理学博士，上海交通大学和北京大学两站博士后。美国麻省理工学院高级访问学者，加州大学圣地亚哥分校、加拿大不列颠哥伦比亚大学访问学者。主持国家社科基金艺术类重大课题、国家社科基金重点课题、国家社科基金一般课题、教育部人文社科项目、民族民委研究重点项目、国家广电总局社科研究项目、上海市决策咨询重点项目等纵横向课题20多项，出版专著、教材30多种，发表学术论文100多篇，担任国际期刊主编、SSCI期刊副主编。被评为教育部新世纪优秀人才、上海市教育系统"三八红旗手"，获得"宝钢教育奖""上海交通大学校长奖"等多个奖项。

邓元兵，郑州大学新闻与传播学院副院长、教授、博士生导师，河南省教育厅学术技术带头人，上海交通大学与新西兰奥克兰大学联合培养管理学博士，研究方向主要为新媒体与城市形象对外传播。入选教育部高校与新闻单位互聘"双千计划"、河南省高校科技创新人才计划（社会科学类）、河南省高等学校青年骨干教师培养计划等。发表论文30多篇；主持国家社科基金项目（2项）、河南省高等学校哲学社会科学基础研究重大项目、河南省哲学社会科学规划项目等各级纵向项目20多项；获得高等教育（研究生）国家级教学成果奖、中共河南省委"翻译河南"工程优秀成果特等奖、河南省高等学校人文社会科学研究成果奖特等奖等。

旅游文创
理论与实务

薛 可 邓元兵 主编

复旦大学出版社

扫二维码登录本书电子资源平台,
可获得相关思维导图、课件和习题。

序

　　旅游,被称为全球最大的无烟产业,是一项以旅游经典为核心、集吃住行游购娱于一体的系统工程和产业集群,对满足消费者的情感愉悦和情感体验需求有着不可替代的价值和市场空间,对拓展经历、增加就业、促进沟通、稳定社会也有着难以取代的经济贡献和社会功能。

　　随着中国经济高速发展,社会基础设施(包括航空、高铁、高速公路、交通运营、通信信息等)也日益完善,为旅游业的快速发展提供了良好的前提条件;人均国内生产总值(GDP)突破1万美元大关后,人们精神需求与出行需求激增,巨大的支付能力与购买能力为旅游业的快速发展创造了良好的市场需求;以景区建设为核心,以吃住行游购娱为要素的全套服务体系快速升级,为旅游业的快速发展提供了必要保障;促进旅游业发展的政策导向,从政府到企业管理体系保障水平的不断提升,危机预防能力的建设,对品牌及社会声誉的不断关注,都使旅游业发展更加健康成熟。尤其是经历了三年新冠疫情后,人们对外出休假自由行动的需求被进一步强化,对生命的价值与精神的愉悦有了更深的理解与更高的要求,这一切都推动着旅游行业的井喷式发展。

　　榕江村超、哈尔滨冰雪节、淄博烧烤、伏羲公祭、沙漠越野、冰川探险、民俗夜雨、古域汉服、营地房车、亲子自驾、虚拟现实(VR)沉浸式体验、元宇宙虚拟生活等,都给旅游业发展提供了广泛的商机,也对传统旅游业态提出了全新的挑战。如何以人工智能(AI)、虚拟现实等技术赋能旅游业,如何满足互联网原住民们、Z世代就业人群的消费新需求,如何摆脱千篇一律的传统旅游模式,成为旅游业内外人士共同思考的问题。

　　将文创融入旅游,无疑是旅游业发展的新方向、新思路,也是新赛道、新抓手。无论景区定位还是景区开发,无论纪念品开发还是品类推广,无论场景营造还是消费体验,文创都有着难以替代的巨大价值,能产生难以想象的价值提升与营收经济。

　　中国历史悠久,每一个地方都有大量的物质文化遗产与非物质文化遗产。中国幅员辽阔,每一个地方都有着民族风情与独特的人文。中国地产丰富,每一个地方都有着特色产品与独有工艺。这些都是非常重要的文创素材,是文创得以发展的重要资源。可以说,中国旅游与文创的融合既有巨大的优势,也有其必要性和必然性。

　　当然,从高标准角度来说,目前的旅游文创尚处于起步阶段,理念粗浅,思路简单,产品粗糙,手段单一,创意类同,体验不足。但正因为如此,旅游文创才有着更为广阔的发展前景,才值得认真提升、努力打造。

基于此,我诚邀邓元兵教授与我共同主编本教材,并将其纳入"博学·文创系列"丛书,希望共同为推动旅游文创尽绵薄之力。

邓元兵教授2015年于上海交通大学毕业获博士学位,我是其博士生导师。其在读期间,2013年获国家留学基金管理委员会资助赴新西兰奥克兰大学(The University of Auckland)留学,毕业后在郑州大学新闻与传播学院任教。他入选教育部"双千计划"、河南省高校科技创新人才计划、河南省高校青年骨干教师计划、郑州大学优秀青年人才创新团队支持计划等,发表中英文论文30余篇,主持纵向科研项目20多项,其中含2项国家社科基金项目,出版著作10本,获得高等教育(研究生)国家级教学成果奖、中共河南省委"翻译河南"工程优秀成果特等奖、河南省高等学校人文社会科学研究成果奖特等奖、河南省教育科学研究优秀成果一等奖等荣誉,是一位非常有上进心的青年学术才俊。

本教材由我和邓元兵教授任主编,由中青年教师团队共同编写。我负责章节目的设计、编写体例的统一、大案例的选定及整体质量把关,邓元兵负责具体组织及统稿工作。撰写分工如下:第一章文创与旅游文创,张路凯;第二章旅游文创理论,王翼玮;第三章旅游文创定位,刘晓静;第四章旅游景点文创,刘晓静;第五章旅游纪念品文创,张帆;第六章旅游宣传文创,张帆;第七章旅游文创流程,刘展;第八章旅游文创的组织保障,黄骏、王月。

衷心感谢复旦大学出版社及方毅超编辑对本教材出版的支持和对文创这一新兴学科的高度关注,持续推出了"博学·文创系列"丛书。衷心感谢本书编辑李荃,她的专业水准和敬业精神给我们留下了深刻的印象。你们不仅具有前瞻性的战略眼光,也实实在在在推动着中国文创理论与产业的发展。本研究受上海交通大学上海交大-南加州大学文化创意产业学院下属国际文化创意产业研究学会专项研究基金资助,启动基金由紫竹国家高新技术产业开发区捐赠,在此一并感谢。

旅游文创是一个新兴的事业与产业,在国内刚刚起步,其理论体系与实务运行尚处于探索阶段,因此,本教材带有许多探索性与不成熟性。但我想正因为如此,本教材的编写才格外有意义,希望本书能在推动旅游文创事业中起到一定的作用,也希望随着行业的日臻完善与理论的日益成熟,本书能不断修订,为中国旅游、文创产业与经济的腾飞助力。

是为序。

上海交大-南加州大学文化创意产业学院副院长
二级教授,博士生导师,博士
2024年7月5日于上海交通大学徐汇校区

目 录

第一章　文创与旅游文创　1
第一节　文创产业　2
第二节　旅游产业　20
第三节　旅游与文创的融合　34
案例研读　"只有河南·戏剧幻城":中国乡土"范"儿的主题公园　46
思考题　50
本章参考文献　50

第二章　旅游文创理论　54
第一节　旅游文创的基础理论　55
第二节　旅游文创的基本原则　80
第三节　旅游文创的历史沿革　87
案例研读　从淄博出圈再看网红城市的生成逻辑　93
思考题　95
本章参考文献　95

第三章　旅游文创定位　99
第一节　旅游文创的市场研究　100
第二节　旅游文创的竞品分析　112
第三节　旅游文创的消费需求　119
第四节　旅游文创的战略定位　123
案例研读　重庆仙女山森林康养旅游市场分析与发展策略　130
思考题　136
本章参考文献　136

i

第四章　旅游景点文创　139

第一节　旅游景点文创发展　140

第二节　旅游景点文创赋能　153

第三节　旅游生活设施文创　158

案例研读　大唐不夜城：立体集成创意点亮夜间旅游　177

思考题　182

本章参考文献　183

第五章　旅游纪念品文创　186

第一节　旅游纪念品文创概述　187

第二节　旅游文创纪念品开发　189

第三节　旅游文创纪念品设计　199

案例研读　唐妞：带你看点不一样的"唐文化"　209

思考题　214

本章参考文献　214

第六章　旅游宣传文创　217

第一节　旅游宣传文创的整体策划　218

第二节　旅游宣传的媒体推广　226

第三节　旅游宣传的平面设计　232

案例研读　丹寨万达小镇的网红养成之路：轮值镇长助力扶贫旅游　239

思考题　243

本章参考文献　243

第七章　旅游文创流程　246

第一节　旅游文创的调研　247

第二节　旅游文创的策划　254

第三节　旅游文创的组织实施　264

第四节　旅游文创效果评估　281

案例研读　西安大唐不夜城文化创意效果评估　289

思考题　292

本章参考文献　292

第八章　旅游文创的组织保障	295
第一节　旅游文创人才的要求与培养	296
第二节　旅游文创中介机构职能	306
第三节　旅游文创中的危机公关	313
案例研读　上海迪士尼乐园搜包事件	325
思考题	327
本章参考文献	327

第一章

文创与旅游文创

学习目标

学习完本章,你应该能够:
(1) 了解文创产业概念及其渊源。
(2) 了解文创产业的核心及其基本要素。
(3) 了解旅游产业的概念及其构成。
(4) 了解旅游产业新时期的创新发展。
(5) 了解旅游文创融合的背景、表现及其新兴业态。

基本概念

文化创意　文创产业　旅游产业　旅游文创　文旅融合

在当今文旅融合的背景下,以文化为核心,以创意为基点,以旅游为形式,文创产业和旅游产业的高质量融合发展成为文旅行业发展的一大趋势。随着国内消费水平的攀升和信息技术的勃兴,文旅行业的外延不断地被拓宽,边界也越来越模糊。旧工厂、老街道、废矿坑、古村旧舍等都被陆续开发为文旅项目,曾经的工厂、农村变身为新式的工业旅游或乡村旅游场所。关于文旅的定义与概念被不断刷新,发展思路也在不断地被颠覆。

旅游文创凭借着旅游与创意、旅游与文化的深度结合成为旅游和文创行业发展的新方向。我国幅员辽阔、历史悠久,有着极为丰富的文化资源、旅游资源和创意资源,如何开发、利用这些资源实现文化强国、旅游强国、创意强国是我们一直以来不断思考的问题。在本章,我们从文创产业、旅游产业的基本概况出发,了解文创产业与旅游产业的关系,讨论旅游与文创之间如何相互融合、相互借力,从而实现旅游文创的共赢。

第一节 文创产业

文创产业是文化创意产业的简称,是 21 世纪全球经济一体化时代的"朝阳产业"和"黄金产业"。随着信息技术和知识经济在全球范围内兴起,以生产和投资为动力的传统经济发展模式正在逐步被以知识与创意为动力的发展模式所取代。文创产业成为推动当代世界经济变革的重要着力点,是"知识经济"的典型业态。国家统计数据显示,近十年来,我国文创产业增加值从 2012 年的 18 071 亿元增长到 2020 年的 44 945 亿元,年均增速 12.1%,占同期国内生产总值(gross domestic product,GDP)的比重从 3.36% 上升到 4.43%。文创产业呈现出生机勃勃的发展势头,文创产业增加值占 GDP 的比重持续增加,带动了相关产业的发展,成为国民经济增长的新动能和新引擎[1]。但是,作为一个新兴产业,国内外的学界和业界对文创产业的理解与认识仍处于探索与研究阶段。本节,我们首先从概念入手,讨论文创产业概念的渊源及其发展;其次介绍文创产业的基本内涵、特征与分类,主要涉及的领域及其范围;最后重点把握文创产业的核心及其要素。

一、起源:从文化工业到文创产业

文创产业的基本要点涵盖"文化""创意""产业"三个维度。三个维度并非简单相加,而是有机结合,彼此互有渗透,既具有底蕴深厚的文化属性,又具有与时俱进的创意属性,同时还具有资源转化的产业属性。三位一体,共同构成文创产业的基本内涵,反映了文创产业既有区别又有联系的发展阶段。从较早的文化工业,到文化产业,再到创意产业,最后到现在的文创产业,是我们对行业发展不断深化理解与认识的结果,也是产业形态转型升级、不断融合的结果。

---

[1] 成琪. 文化产业这十年[EB/OL]. 中国经济网,http://www.ce.cn/culture/gd/202210/12/t20221012_38157472.shtml. [访问时间:2023-03-05]

因此，从文创产业形成的历史来看，理解文创产业确切内涵，需要我们从最初的文化工业入手，讨论文创产业概念的渊源及其发展。从文化工业到文创产业，概念变迁反映了社会经济发展的不同阶段对文化与经济的不同理解。

（一）从文化工业到文化产业

文化作为一种商品出售由来已久。早在新石器时代后期，工艺品就被当作商品交换[1]。中国书画交易市场在唐朝就已具有相当规模，不少文人和社会上层人士不惜重金抢购书画，甚至形成一批专门从事书画交易的商人。正如杜甫诗中所述："忆昔咸阳都市合，山水之图张卖时"，可见当时书画市场的繁荣。文化的商品属性很早就被认识到，但将文化与产业联系起来却是在资本主义兴起之后。

产业(industry)在英语中和工业、行业等是同一个词，指各种生产、经营事业，往往特指工业。产业最早指的是物质性产品的生产，即关于实物的生产活动，如传统的农业和现代的工业，它们通常具有以下特征：①大规模、聚集型、成体系的生产活动；②标准化的生产流程与模式；③自给自足，根据市场机制进行调节，推动产业增值。通过物质性生产活动生产出来的具有物质形态的产品，其使用价值可供人们直接消费来满足日常生活所需。历史上亚当·斯密(Adam Smith)认为只有物质性生产劳动才能创造价值，马克思在讨论资本主义生产时也只关注了物质性的生产活动。因而长期以来，产业的概念往往和物质性生产捆绑。直到第二次世界大战结束以后，在科学技术的广泛推动下，服务业及各种非物质性生产部门才逐渐发展起来，日益成为国民经济中重要甚至主要的组成部分。在这个过程中，产业的概念逐渐拓宽，不再专指物质产品生产部门，而是指生产同类产品(或服务)及其可替代品(或服务)的生产活动的集合[2]。非物质性生产活动被纳入产业的范畴，得到较为普遍的认同。周新生认为产业是由国民经济中具有同一性质的经济社会活动单元构成的组织结构体系，包括农业、工业、服务业等一切领域[3]。钟勇、夏庆丰将产业定义修改为"从事社会所需产品生产的同类生产实体的集合"[4]。这里，生产实体所生产的产品包含范围广泛，不仅指传统意义上的物质产品，还包括精神产品以及各种服务。彭福扬、刘红玉更进一步，认为产业是以自然物质产品、社会关系产品和人文精神产品的生产为内涵的社会组织的集合[5]。社会关系产品和人文精神产品被凸显出来，这反映了经济发展重心的转移，传统农业和工业正在让位于以社会关系和精神产品生产的第三产业，非物质性生产成为产业活动中的重要组成部分。

了解了产业概念，我们回过头来看文化产业。文化产业最早是以"文化工业"(cultural industry)的名称出现的。1947年，西奥多·阿多诺(Theodor Adorno)和马克斯·霍克海默(Max Horkheimer)合著的《启蒙辩证法：哲学断片》首次提出文化工业，指的是凭借现代科学技术手段大规模地复制和生产标准化、非创造性的文化产品的工业体系，即以工业化的方式生产

---

[1] 章利国.中国古代的书画市场[J].艺术市场,2003(4):94-95.
[2] 金碚.产业国际竞争力研究[J].经济研究,1996(11):39-44,59.
[3] 周新生.产业分析与产业策划：方法及应用[M].北京：经济管理出版社,2005:13.
[4] 钟勇,夏庆丰.产业概念辨析[J].生产力研究,2003(1):185-186,212.
[5] 彭福扬,刘红玉.关于产业概念及其分类的思考[J].湖南大学学报(社会科学版),2008(5):64-67.

精神文化产品的行业。阿多诺和霍克海默将文化生产视为工业,表达对当时涌现出的"机械复制时代的艺术"的批判。他们认为随着机器大工业生产对文化领域的入侵,具有艺术性、精神性、创造性的文化作品内蕴必将流失;文化作品具有的反思性、批判性、革命性会被消解,只留下单一、浅薄、鄙陋的大众文化。阿多诺在《文化工业再思考》一文中写道:"文化工业别有用心地自上而下整合它的消费者。它把分隔了数千年的高雅艺术与低俗艺术的领域强行聚合在一起,结果双方都深受其害。高雅艺术的严肃性在它的效用被人投机利用时遭到了毁灭;低俗艺术的严肃性在文明的重压下消失殆尽。"[1]和艺术品创意性、独特性的技术不同,文化工业的技术从一开始就是扩散的技术、机械复制的技术。一旦某个文化产品在市场上取得成功,在商业利润的追逐下,定会吸引广大的文化产品生产商争相模仿,从而造就出大批量的同质化、标准化、去个性化的文化产品。

但是,文化工业并不等于文化产业。尽管阿多诺将文化生产的复制与拷贝对标工业生产的标准化、模式化,但在多年后阿多诺解释说,对"工业"这个词不要太注重字面的理解,它是指事物本身的标准化[2]。也就是说,文化工业并不是一个严格的经济学术语,"工业"更多的是一种隐喻,以"工业化"的形容来反映文化层面的商业化,反映以印刷工厂为代表的复制技术对文化创意的侵蚀。20世纪70年代,法国文化产业学者主张用复数的"文化产业"(cultural industries)来代替单数的"文化工业",他们反对阿多诺和霍克海默采用单数形式的"cultural industry"一词,因为它被局限在一种文化工业化的"单一领域"之中,无法反映文化产业所具有的复杂程度及多样维度[3]。此后,"文化产业"逐渐取代"文化工业"正式成为一个经济学术语,成为一种中性的、普遍的知识。作为一个行业门类的"文化产业"亦同农业、工业一样成为国民经济发展的重要力量。

不同于其他产业门类,文化产业不论在经济形态还是文化形态上都较为特殊,因而不同的学者对文化产业有着不同的理解。英国学者尼古拉斯·加汉姆(Nicholas Garnham)在1983年把文化产业的概念囊括进地方经济政策,他认为:"文化产业指那些使用同类生产和组织模式如工业化的大企业的社会机构,这些机构生产和传播文化产品和文化服务,如报纸、期刊和书籍的出版部门、影像公司、音乐出版部门、商业性体育机构等等。"[4]加汉姆从文化的商品性和服务性的角度来界定文化产业,在其中我们仍能看到"文化工业"的影子。相比之下,英国文化产业研究专家大卫·赫斯蒙德夫(David Hesmondhalgh)关于文化产业的定义更能突出其文化性与社会性,他将"与社会意义的生产最直接相关的机构"视为文化产业,认为其本质是创造、生产和流通文本(text)[5]。英国曼彻斯特大学大众文化研究所执行主席贾斯汀·奥康纳

---

[1] Adorno T W. Culture Industry Reconsidered[M]//The Culture Industry: Selected Essays on Mass Culture. London: Routledge. 1991: 98-99.
[2] 刘海龙,黄雅兰. 试论"文化工业"到"文化产业"的语境变迁[J]. 山西大学学报(哲学社会科学版),2013,36(2):110-118.
[3] 大卫·赫斯蒙德夫. 文化产业[M]. 张菲娜,译. 北京:中国人民大学出版社,2007:18.
[4] 参见汉娜尔·考维恩的《从默认的知识到文化产业》,转引自:苑捷. 当代西方文化产业理论研究概述[J]. 马克思主义与现实,2004(1):98-105.
[5] Adorno T. The Culture Industry: Selected Essays[M]. London: Routledge, 1991: 85.

(Justin O'Connor)主张文化产业应兼顾文化性和商业性,他认为:"文化产业是指以经营符号性商品为主的那些活动,这些商品的基本经济价值源于它们的文化价值"[1],不仅包括传统的文化产业,如广播、电视、出版、唱片等,还包括传统的艺术形式,如手工艺、戏剧、音乐演出、画展、会展等。进入21世纪,随着创意产业、创意经济的兴起,文化产业的内涵也开始强调创意与创造性特征。澳大利亚麦考瑞大学教授、前国际文化经济学会主席大卫·索斯比(David Throsby)将文化产业定义为"在生产中包含创造性,凝结一定程度的知识产权并传递象征性意义的文化产品和服务"[2]。文化产业中的创意性、独特性、知识产权的专属性开始受到关注。

在国内,文化被赋予产业属性源自1985年,我国统计部门颁布的《关于建立第三产业统计的报告》首次将文化艺术划分到第三产业,自此文化产业在国民经济和社会发展指标体系中获得了"产业"的身份。我国学者对于文化产业的理解主要来源于西方,但同时也受到本土文化事业概念的影响。胡惠林将文化产业视为一个以精神产品的生产、交换和消费为主要特征的产业系统[3]。薛永武则认为文化产业是通过创造文化、传播文化与消费文化(消费者享受文化,但需要购买服务)有机统一的经济形态,以营利为主要目的[4]。与强调精神与文化的生产与消费不同,方宝璋强调文化产品,他认为文化产业是按照工业标准从事文化产品的生产或文化服务,通过满足人们的精神文化需要而获取利润的法人文化企业的集合体[5]。文化产业不仅生产无形的精神文化,还要生产有形的文化产品。

在政府层面,2000年10月,党的十五届五中全会通过的《中共中央关于制定国民经济和社会发展第十个五年计划的建议》中,首次正式使用了文化产业这一概念。2003年9月,《文化部关于支持和促进文化产业发展的若干意见》将文化产业界定为"从事文化产品生产和提供文化服务的经营性行业"。2004年,我国国家统计局对文化和文化产业的界定和划分就大体上沿用了这个思路,将文化及相关产业定义为"为社会公众提供文化产品和文化相关产品的生产活动的集合"。此后基本沿用了此定义。

总体来看,文化产业的概念主要包括以下方面:一是文化和精神的属性,表现为思想、观念、习俗等;二是社会及公共属性,文化产业可以满足人民日益增长的精神文化需求;三是文化产业的物质属性,文化产业必定有相应的文化产品;四是文化产业的经济属性,文化产业是以工业化的生产模式来从事文化产品生产、流通、消费的行业。可以发现,文化产业本身并不和创造性、创新性直接关联,但随着创意经济、创意产业在国内的发展,部分学者开始关注文化产业中具有创造性的部分,并逐渐演化出了文化创意产业的概念。

(二) 从创意产业到文化创意产业

进入21世纪,在对文化产业如火如荼的讨论中,创意产业(creative industries)一词逐渐走

---

[1] 林拓等.世界文化产业发展前沿报告(2003—2004)[M].北京:社会科学文献出版社,2004:136.
[2] 孙连才.文化产业教程[M].北京:中国传媒大学出版社,2012:9.
[3] 胡惠林.文化产业概论[M].昆明:云南大学出版社,2005:118.
[4] 薛永武.论文化产业的经济属性和社会属性[J].山东大学学报(哲学社会科学版),2016,218(5):32-40.
[5] 方宝璋.略论中国文化产业的内涵与分类[J].当代财经,2006(7):65-69.

红。创意产业又称创意经济、创意工业或创造性产业,是围绕着创造力、创新力、创意点而形成的产业。在经济全球化不断发展、国际市场竞争日趋激烈的情况下,传统农业、工业、服务业面临着转型升级,单纯依靠产品与服务难以在市场中取得比较优势。于是,各行各业纷纷从新技术、新形式、新思想、新文化等方面寻找创意,通过设立特色项目、打造创意产品,实现自己的竞争优势,从而形成一批饱含创新和创意的特色产业。

利用创意来发展经济的思想最早可追溯到德国经济思想家约瑟夫·熊彼特(Joseph Schumpeter)。20世纪初,他在创新理论中提出,现代经济发展的根本动力不是资本和劳动力,而是创新,因为创新的关键在于知识和信息的生产、传播和使用。接着,保罗·罗默(Paul Romer)在1986年撰文指出,"新创意(idea)会衍生出无穷的新产品、新市场和财富创造的新机会,所以新创意才是推动一国经济成长的原动力"[1]。创意发展的思想首先吸引到英国政府的关注,1997年英国首相安东尼·布莱尔(Anthony Blair)提出"新英国"的构想,伦敦被定义为创意之城。1998年,由布莱尔担任主席的英国创意产业特别工作组出台《英国创意产业路径文件》,首次将"源自个别创意、技术及才干,通过对知识产权的开拓和利用,具有创造财富和就业潜力的行业"统称为"创意产业"[2],包括广告、建筑、艺术与文物交易、工艺品制作、时尚设计、时装设计、电影及影像制作、互动休闲软件、音乐制作、表演艺术、出版业、软件开发、电视广播等13个行业。创意产业上升为国家产业政策和国家发展战略。

创意产业概念一经提出就受到了各国的重视,许多国家和地区纷纷加入创意产业的探索。哈佛大学经济学教授理查德·凯夫斯(Richard Caves)将创意产业看作"提供给我们宽泛地与文化、艺术或仅仅是娱乐价值相联系的产业和服务"[3]。英国经济学家约翰·霍金斯(John Howkins)在《创意经济》一书中从产权的角度对创意产业进行了界定,即创意产业是"产品都在知识产权法的保护范围内的经济部门"[4],包含著作权(copyright)、专利(patent)、商标(trademark)和设计(design)等多种知识产权形式。霍金斯从一个较为宽泛的角度来定义创意产业,其本意是通过创意投入把所有产业联系在一起,凡是通过知识与思想的创新带动的商品生产及服务都属于创意产业。在这个意义上,创意产业成为"创意+产业",创意成为各行业发展的一个重要推动力。2006年,联合国教科文组织定义创意产业如下:"结合创意生产和商品化等方式,运用无形的文化内涵,创造出内容密集型的产业活动。且这些内容基本上受著作权保护,形式是物质的商品或非物质的服务。"[5]

我国创意产业仍处于起步发展阶段,对创意产业概念的探索还在进行当中。我国学者张京成在《中国创意产业发展报告》中给创意产业的定义是"那些具有一定文化内涵,来源于人的

---

[1] 国家中长期科学和技术发展规划领导小组办公室.国家中长期科学和技术发展规划战略研究报告[R].2004.
[2] 英国创意产业特别工作小组.英国创意产业路径文件[EB/OL]. http://www.culture.gov.uk/creative/creative_industry.html.[访问时间:2023-03-05]
[3] 理查德·凯夫斯.创意产业经济学——艺术的商业之道[M].北京:新华出版社,2004:37-38.
[4] 约翰·霍金斯.创意经济[M].李璞良,译.台北:典藏艺术家庭股份有限公司,2003:9.
[5] 束俞俊,汤楠,汪传雷.文化创意产业文献综述[J].中国商界(上),2010(4):70-71.

创造力和聪明智慧,并通过科技的支撑作用和市场化运作可以被产业化的活动的总和"[1]。丁俊杰、李怀亮和闫玉刚在《创意学概论》中将创意产业定义如下:"在世界经济进入知识经济时代这一背景下发展起来的一种新兴产业,是个体创造性劳动与现代大规模文化生产紧密结合的产业。它推崇创新,推崇个人创造力,强调文化艺术为现代文化工业生产提供具有知识产权性质的、可转化的创意设计与构思,由此而支持和推动经济的发展。"[2]厉无畏认为,创意产业是以个人的创新想法、技能和先进技术等智慧要素为核心资源,通过整合的活动,引起制造和市场消费环节的价值增值,为社会创造财富增长和就业机会的产业[3]。

在我国,对于创意产业的概念至今未达成共识,特别是与文化产业的概念始终纠缠不清。创意产业本身的概念就具有较大的模糊性,在国际学术界存在争议:一方将创意产业限定在"文化""艺术"的产业领域而排除科学和技术产业;另一方却认为创意产业涉及国民经济的所有行业,只要存在个人创意和知识产权的活动都可被称为创意产业,从而引发"是凯夫斯太狭隘,还是霍金斯太包容"的疑问[4]。

我国文化产业的概念受英国影响。英国在20世纪80年代使用的还是"文化产业"一词,但在90年代布莱尔上台后以"创意产业"代替"文化产业",力图回避"文化产业"这一概念所提示的"产业"对"艺术"的伤害[5]。在英语语境中,"创意"通常指的是艺术与文化的创意。但在中文语境里,创意的范围更为普遍,可以涉及各行各业,于是引发了学者们关于是否要以"创意产业"代替"文化产业"的大讨论。

有的学者坚持"文化产业"这种说法,认为文化本身暗含着创意。例如,胡惠林认为创意指的是"创造意义",而一切意义的行为都是文化行为,创意本身就属于文化,"文化产业"既有"复制"意义,同时又有"创意"内涵,完全可以反映现有的创意产业形态[6]。也有不少学者支持"创意产业"这种说法,认为创意产业是对文化产业的超越,摒弃了传统低效率的"复制",更强调创意的内涵。如张振鹏认为,文化产业把文化变成商品,但创意产业不仅包括把文化变成商品这一单向过程,还在商品中融入创意的元素并使之成为该商品的主导和标志性元素[7]。金元浦也认为,创意产业是文化产业发展到新阶段的产物,是相对传统的文化产业发展创新的更高形态,也是文化产业内调整升级和产业管理突破原有边界的必然结果,而且创意产业指向一种更广泛的创意经济[8]。在学者们对创意产业的概念界定中,创意产业与文化产业密切相关,它脱胎于文化产业,是文化产业的高级形态。但创意的概念本身较为宽泛,单纯的科技发明有时也被称为新创意,如农业引进新品种、工业引进新材料,这些局限于技术专业的创新很

---

[1] 张京成.中国创意产业发展报告(2006)[M].北京:中国经济出版社,2006:7.
[2] 丁俊杰,李怀亮,闫玉刚.创意学概论[M].北京:首都经济贸易大学出版社,2011:95.
[3] 厉无畏.创意改变中国[M].北京:新华出版社,2009:3.
[4] 斯图亚特·坎宁安.从文化产业到创意产业:理论、产业和政策的涵义[M].北京:社会科学文献出版社,2004:89-90.
[5] 闻媛.文化政策话语的演变:从文化的经济化到经济的文化化[J].学海,2017(4):101-108.
[6] 胡惠林.对"创意产业"和"文化产业"作为政策性概念的一些思考[J].学术探索,2009,125(5):33-34.
[7] 张振鹏,王玲.我国文化创意产业的定义及发展问题探讨[J].科技管理研究,2009,29(6):564-566.
[8] 金元浦.论创意经济[J].福建论坛(人文社会科学版),2014,261(2):62-70.

难和文化联系起来,或者说需要"创意"将之与更为普遍的社会文化联系起来。显然,前者很难纳入创意产业,只有经过"创意化""文化化"之后才能被称为我们所谓的创意产业,如创意农业、创意工业等。

在此种情况下,为了避免创意产业概念的泛化,我国学者不约而同地给创意产业加上"文化"的限定,用"文化创意产业"(cultural creative industries)代替"创意产业"。"文化创意产业"这一概念受到欢迎,就在于它集"文化产业"与"创意产业"这两个概念于一身,涵盖了更为广阔的文化经济活动,在中国语境里也弥补了"文化产业"概念的不足[1]。文化创意产业既区别于传统文化产业,如传统的手工艺、民间戏剧等,又区别于专业性的科技创新;既表达了传统文化和现代文化的交融,又反映了文化与科技的契合。虽然文化创意产业与文化产业、创意产业不是完全同一的概念,但它们各自覆盖的产业领域存在着交叉和重复。可以说,文化产业与创意产业之间的交叉与融合就是文化创意产业,当然其中的边界始终处在动态的游离和复合当中,彼此互相包含、互相渗透(见图1-1)。

图1-1 文化创意产业

二、文创产业的基本内涵、特征与分类

文创产业是传统文化产业发展到一定阶段的产物,是文化产业从粗放式发展模式向高层次精细化发展模式的转变,是从低端现有文化产品的简单再生产向高端文化创意产品的创造性生产转变的结果。当下,文创产业正以前所未有的发展速度与发展规模在全球范围内崛起,并日益成为经济社会发展的新的增长点。但是,到目前为止,人们对于文创产业的基本内涵仍未达成共识,不同国家或地区对其的称呼各有侧重。比如,美国称"版权产业",日本称"内容产业"或"休闲娱乐业",英国、澳大利亚称"创意产业",法国、韩国、芬兰等统称"文化产业",西班牙称"文化休闲产业",德国称"文化创意产业"。文创产业的产业特征差异不大,但对其概念还需要进一步探索与讨论。

(一)文创产业的基本内涵

在我国,"文化创意产业"概念最早在我国台湾地区使用,试图融合文化与创意产业的概念。2002年,我国台湾地区将文化创意产业列为十大重点投资计划之一,意图在知识经济时

---

[1] 兰建平,傅正.创意产业和文化创意产业[J].浙江经济,2008(4):40-41.

代,通过开拓创意领域,利用人文与经济的结合发展文化产业。文化创意产业被定义为源自创意与文化积累,透过智慧财产的形成与运用,有潜力创造财富与就业机会并促进整体生活环境提升的行业。该定义在英国"个人创意"的基础上,加入了"文化积累"的概念,将文化与创意相结合,正好对应了"文化创意产业"的内涵[1]。同时,文化创意产业被分为三个大类:①文化艺术核心产业,即精致艺术之创作与发表,如表演(音乐、戏剧、舞蹈)、视觉艺术(绘画、雕塑、装置等)、传统民俗艺术等;②设计产业,即建立在文化艺术核心基础上的应用艺术类型,如流行音乐、服装设计、广告与平面设计、影像与广播制作、游戏软件设计等;③创意支援与周边创意产业,即支援上述产业的相关部门,如展览设施经营、策展专业、展演经纪、活动规划、出版营销、广告企划、流行文化包装等。显然,我国台湾地区文化创意产业更多集中在文化与艺术领域,追求的是美学经济。

我国香港地区起初依循英国惯例在 2003 年的《香港创意产业基础研究》中使用了"创意产业"的概念,然而到了 2005 年,香港特区政府施政报告中,将"创意产业"改称"文化创意产业",其定义如下:"文化艺术创意和商品生产的结合,包括表演艺术、电影电视、出版、艺术品及古董市场。音乐、建筑、广告、数码娱乐、电脑软件开发、动画制作、时装及产品设计等行业。"[2]同样,该定义试图融合"文化产业"和"创意产业"两个不同的概念,以便适应香港文化创意产业的在地化发展。

"文化创意产业"概念首次出现在党和政府的重要文件里是在 2006 年 9 月中共中央办公厅、国务院办公厅印发的《国家"十一五"时期文化发展规划纲要》。纲要里提到要加快建设文化创意产业中心城市、文化创意产业园,培育文化创意群体和创意人才,促进文化创意企业发展等。这表明文创产业正式上升为国家战略和国家政策,成为国家重点发展的战略性新兴产业。2006 年 12 月,北京市统计局、国家统计局北京调查总队联合制定发布《北京市文化创意产业分类标准》,将文化创意产业定义为"以创作、创造、创新为根本手段,以文化内容和创意成果为核心价值,以知识产权实现或消费为交易特征,为社会公众提供文化体验的具有内在联系的行业集群"。与以前的文化产业不同,该定义在保留文化的同时,加强了对创新、创意的强调。相比国家统计局 2004 年制定的《文化及相关产业分类》,文化创意产业较文化产业扩展了知识产权服务、其他专业技术服务和其他计算机服务等行业内容[3]。其核心是文化与经济融合、文化与科技融合,凭借文化创意和科技创新两大引擎推动文化创意产业成为经济发展的新动力。

国内学者也从不同角度对文创产业进行了定义。金元浦曾提出一个较为宽泛的定义:"文化创意产业是在全球化的条件下,以消费时代人们的精神、文化、娱乐需求为基础的,以高科技的技术手段为支撑的,以网络等新的传播方式为主导的一种新的产业发展模式。"[4]丁俊杰认

---

[1] 王美雅. 文化创意产业研究的回顾与前瞻[J]. 艺术设计研究,2010(3):83-88.
[2] 香港大学文化政策研究中心. 香港创意产业基线研究[EB/OL]. https://g-city.sass.org.cn/2022/0704/c5430a455508/page.htm. [访问时间:2023-03-12]
[3] 吴庆阳. 文化创意产业概念辨析[J]. 经济师,2010,258(8):57-58.
[4] 金元浦. 我国文化创意产业发展的三个阶梯与三种模式[J]. 中国地质大学学报(社会科学版),2010(1):26-30.

为,文化创意产业"是建立在新经济、全球化、科学与艺术、技术与文化等新条件下,在广义文化范畴内,以创作、创造、创新为根本手段,以文化内容、创意成果为核心价值,以知识产权或消费为交易特征,为社会创造财富并且提供了广泛就业的一种新的产业形态"[1]。李世忠也给文化创意产业下了一个明确的定义:"文化创意产业是指依靠个人的知识、智慧、技能、灵感、天赋,通过科技与艺术这两大手段,对文化资源进行创造、重构、嫁接和提升并与其他产业融合生产出具有文化艺术元素的高附加值的产品与服务,以满足人类感性需要和理性精神需求的产业。"[2]

"文化创意产业"一词目前仅中国使用,可以说是我国的独创理念,是具有中国特色的文化产业和创意经济形式。在纷繁复杂的定义中,总体来看,文创产业的概念始终围绕着三个方面,即文化为体、创意为用、技术赋能。首先,文创产业突出了文化的基础作用,强调文创产业是建立在文化资源基础上的,不仅涵盖历史文化资源、民俗文化等,还包括众多现代流行文化、亚文化等多种文化形态。我国作为一个历史悠久的文化大国,有海量的历史文化资源亟待开发,文创产业对文化的强调将有助于传统文化的"创造性转化与创新性发展"。其次,文创产业凸显了创意的核心内涵,更加注重创意的源头作用、价值链的意义,重视产业链的上游。文创产业还发展了"创意"的跨界能力,将文创产业与众多行业勾连起来,加速了产业间的融合。最后,文创产业离不开高新技术的加持,无论是文化资源的开发、转化,还是创意的形成与实现,技术的赋能都极其重要。比如,沉浸式体验、虚拟景观、元宇宙文创等,都是在技术发展的基础上实现的。

(二) 文创产业的特征

文创产业被誉为"第四产业",不同于第一、第二、第三产业的划分,它超越了一般的产业概念、产业属性和产业分类,打破了传统的产业界限,是对产业链中文化创意环节的提炼、分解和重组[3],将无形、抽象的创意作为产业链的源头,融合到从制造业到服务业的各行业当中,从而带来整个产业价值的提升。文创产业改变了以往只有资本及劳动力实体才能生产的观念,展现出其不同于传统产业的独特特征。

1. 高知识性

文化创意产业属于智慧型产业,具有知识密集的特征。它将许多饱含人类知识、智慧和灵感的"小点子""新想法",通过产业化运作,生成创意产品或创意体验,实现知识与文化的创意转化。文创产业是知识经济时代的产物,它不同于传统制造业等依靠机器、厂房、资源和劳动力的劳动密集型产业,而是依靠文化创意资源、知识资源、创意群体的高文化、高技术、高知识、高管理的智慧型产业;不同于传统产业生产的物质产品,文创产业的产品可以是有形的商品,也可以是无形的服务。此外,文创产业是以技术为依托的产业形态,与信息技术、传播技术以及人工智能技术等密切相关,因而呈现出智能化的特征。

2. 高技术性

文创产业属于高新技术型产业,具有技术密集的特征。文创产业的发展极大地依赖技术

---

[1] 丁俊杰. 对文化创意产业发展的观察与思考(一)[J]. 大市场·广告导报,2006(9):100.
[2] 李世忠. 文化创意产业相关概念辨析[J]. 兰州学刊,2008(8):162.
[3] 姚东旭. 文化创意产业的界定及其意义[J]. 商业时代,2007,375(8):95-96.

的发展状况,技术发展往往是助推文创产业转化升级的重要动力。当前,随着信息技术勃兴,文创产业逐渐迈向数字时代,数字文创产业成为文创产业主流。云计算、虚拟技术、物联网、软件定义、人工智能、区块链等新一代信息技术与文化创意产业融合,形成了智慧文旅＋、云旅游、智能会展、文化智能治理、虚拟产业集群、元宇宙展厅等新式数字文创产业形态。技术发展不仅带来了创意想法、创意手段、创意机会的增加,同时还可以进一步对传统文化、流行文化、亚文化进行技术开发,为文化的创造性转化、创新性发展提供技术保障。文创产业具有科技创新与内容创新高度融合的特征,技术是产业发展的重要杠杆,每一次的科技创新都能激起文化领域的革命性变革。高技术性是文化创意产业的重要特征,文创产业始终离不开技术加持。

3. 高融合性

文创产业具有较高的融合性特征,主要表现在文化的无处不在和创意的无限跨界能力,一项创意,多重使用。文创产业凭借着"文化"与"创意",可以实现与各行各业的相互融合、相互渗透。一方面,文创产业可以与第一产业农业、第二产业工业融合,将文化底蕴与创意理念应用于传统的农业和工业,开发出具有文化与科技元素的文化创意农业和文化创意工业,如将农业与旅游业结合改造为创意农田风景游,将工业与旅游业结合改造为工业 LOFT、工业展览等。另一方面,文创产业可以借传统制造业来延伸自己的产业价值链,通过创建 IP,围绕 IP 生产一系列周边文创产品,如手办、创意服装等,通过文创产业带动传统制造业。文创产业的高融合性对于优化产业结构、促进产业升级、转变经济发展方式具有重要的意义。

4. 高附加值性

文创产业具有高附加值的特征。文创产业处于科技创新、创意设计、文化生产与产品研发等产业价值链的高端环节,不同于传统文化产业标准化的"复制",文创产业的知识化、智能化、创意性、融合性决定了其高附加值特征。文创产业的高附加值性主要表现为文化与创意对相关文化产品的赋值,其中的符号价值与精神价值所占比重越来越大。以服装业为例,服装业是一个传统行业,但当我们将文化创意融入进去以后,服装业就成了附加值行业。比如,迪士尼、哈利·波特等各种联名款的服装,其符号价值可能大大超过其使用价值,其中的文化性比重更大。此外,文创产业的生产往往是复杂性的智慧劳动,相比传统行业单一的简单劳动,复杂劳动的价值内涵更高,因而生产出的产品往往具有较高的附加值。

5. 高风险性

文创产业是一个高风险行业,具有投入大、见效慢、周期长等特点。文创产业的产品不再是传统的满足基本生活需要的物质性产品,而是着重于精神层面需求,具有文化性、娱乐性、心理性的文化产品。精神层面需求往往具有多样性、易变性,不同性格、不同地区、不同年龄的人,其精神需求大不相同,因而文创产业的风险较高。此外,文创产业中的文化生产与创意创造也具有极大的不确定性,个人灵感、理念往往受时间、环境、社会等方面影响,具有较高的不确定性。但高风险也意味着高收益,一旦一项文创项目得到受众的普遍欢迎与青睐,其产生的效益将不可估量。

(三) 文创产业的分类

从文化工业、文化产业到文化创意产业,不同的定义与称呼反映的是不同时期、不同文化背景、不同国家与地区文创产业发展阶段上的差异。因此,文创产业的分类也各不相同(见表1-1)。

表1-1　主要代表性国家文化创意产业分类

国家或组织	产业概念	行业分类
联合国	文化产业	10个大类:文化遗产、出版印刷业和著作文献、音乐、表演艺术、视觉艺术、音频媒体、视听媒体、社会文化活动、体育和游戏、环境和自然
英国	创意产业	13个行业:广告、建筑、艺术品与文物交易、工艺品制作、时尚设计、时装设计、电影及影像制作、互动休闲软件、音乐制作、表演艺术、出版业、软件开发、电视广播
美国	版权产业	4个大类:核心版权产业、交叉版权产业、部分版权产业、边缘版权产业。主要包括视觉艺术与绘画艺术、音乐、出版、剧场制作、歌剧、电影与录像、广播电视、摄影、软件与数据库、广告服务、玩具与游戏、室内设计、博物馆、发行版权产品的一般批发与零售、电信与因特网服务
日本	内容产业	3个大类:内容制造产业、休闲产业、时尚产业。主要包括影像业(电影、动漫)、音乐业、游戏业、出版业(图书、教材、动漫书刊)、旅游业、游戏业、时尚业等
韩国	文化产业	17个行业:影视、广播、演出、音像、美术、文物、广告、出版印刷、创意设计、传统工艺品、传统服装、传统食品、游戏、动画、卡通形象、多媒体、影像软件、网络及其相关产业

较早建立文化产业分类标准的是联合国教科文组织,联合国教科文组织将文化产业定义为"按照工业标准生产、再生产、储存以及分配文化产品和服务的一系列活动",其中包含文化遗产、出版印刷业和著作文献、音乐、表演艺术、视觉艺术、音频媒体、视听媒体、社会文化活动、体育和游戏、环境和自然10个行业大类[1]。

英国创意产业将就业人数、成长潜力、原创性三个原则作为标准,划定了广告、建筑、艺术品与文物交易、工艺品制作、时尚设计、时装设计、电影及影像制作、互动休闲软件、音乐制作、表演艺术、出版业、软件开发、电视广播13个行业作为创意产业的范畴。

美国则以版权产业为核心,强调文创产业的知识产权属性,是指生产经营具有版权属性的作品(产品),并依靠版权法和相关法律保护而生存发展的产业[2]。美国将版权产业划分为四大部分,即核心版权产业、交叉版权产业、部分版权产业和边缘版权产业。核心版权产业包括出版与文学、音乐、剧场制作、歌剧、电影与录像、广播电视、摄影、软件与数据库、广告服务等。交叉版权产业包括电视机、收音机、光盘(CD)、电子游戏设备及其他相关设备等。部分版权产业包括服装、纺织品与鞋类、珠宝与钱币、家具、瓷器、玩具与游戏、建筑、工程、室内设计、博物

---

[1] 蔡尚伟,温洪泉.文化产业导论[M].上海:复旦大学出版社,2006:6-16.
[2] 王操.文化创意产业比较研究:内涵、范围界定、发展现状和趋势[J].国外社会科学前沿,2019,473(10):47-55,84.

馆等。边缘版权产业是指那些服务于受版权保护的作品或其他物品宣传、传播、销售的产业。

日本主要是内容产业,是指以知识性、信息化和创意性内容为主的行业,强调文创产品中的文化内容属性。日本内容产业分为内容制造产业、休闲产业、时尚产业三大类。内容制造产业有电脑网络、电视、多媒体、新闻、书籍杂志、音乐等行业;休闲产业有学习、鉴赏、体育、运动、旅游、电子游戏等;时尚产业则包括时尚设计和化妆品。

韩国的文化产业是指与文化商品的策划、开发、制作、生产、流通、消费等有关的产业(韩国1999年《文化产业振兴基本法》第2条)。具体行业门类如表1-1所示。

我国目前对文化创意产业没有明确的分类标准,相关产业分类标准见于文化产业的分类。2004年,我国国家统计局发布了《文化及相关产业分类》,该文件将文化产业划分为三个层级,即文化产业核心层、文化产业外围层和相关文化产业层(文化产业延伸层),如图1-2所示。核心层主要是生产、创造直接满足人们精神需要的文化产品(包括货物和服务)的一系列生产活动。其中,在媒介技术的助推下,现代传媒业无疑是核心中的核心。相关文化产业层即文化产业的延伸层,主要是文化生产的物质资料和技术设备,不涉及内容生产和传播,大多属于经济属性,文化和意识形态的属性较少。文化产业外围层则为文化产品的生产活动提供所需的文化辅助和中介服务,主要发挥其社会性功能。随着文创产业的发展,特别是互联网行业的崛起,2012年、2018年国家统计局又对《文化及相关产业分类》进行了修订与完善。根据最新的分类标准,原来的三层分类被取消,取而代之的是更符合中国现实的二分法,即分成文化核心领域和文化相关领域两部分,包含新闻信息服务、内容创作生产、创意设计服务、文化传播渠道、文化投资运营、文化娱乐休闲服务、文化辅助生产和中介服务、文化装备生产、文化消费终端生产九个大类,其中前六类属于文化核心领域,后三类属于文化相关领域。

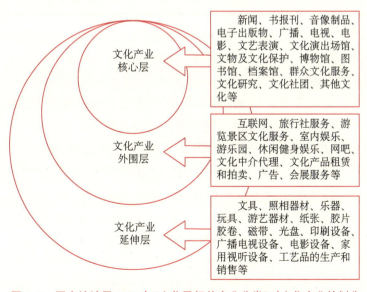

图1-2 国家统计局2004年《文化及相关产业分类》对文化产业的划分

部分地方政府在国家文化产业概念和分类标准上,依据本地区文创产业发展特点,发布了本地区的文创产业分类标准。北京2006年发布的《北京市文化创意产业分类标准》,将文化创意产业划分为9个大类,分别是文化艺术,新闻出版,广播、电视、电影,软件、网络及计算机服务,广告会展,艺术品交易,设计服务,旅游、休闲娱乐,其他辅助服务。上海2011年发布了《上海文化创意产业分类目录》,2013年进行了修订完善,主要包括媒体业、艺术业、工业设计业、建筑设计业、时尚创意业、网络信息业、软件与计算机服务业、咨询服务业、广告及会展服务业、休闲娱乐服务业、文化创意相关产业等。文创产业起步较早的中国台湾地区和中国香港地区,也都对文创产业进行了划分,虽然部分行业具体表述不同,但在核心领域方面大致保持一致(见表1-2)。这些地方性的分类标准,参照了发达国家创意经济模式,将创意内容放在了文创产业的重要位置或凸显位置。

表1-2 北京、上海、香港和台湾对文化创意产业的分类

地区	产业概念	行业分类
北京	文化创意产业	9类:文化艺术,新闻出版,广播、电视、电影,软件、网络及计算机服务,广告会展,艺术品交易,设计服务,旅游、休闲娱乐,其他辅助服务
上海	文化创意产业	11类:媒体业、艺术业、工业设计业、建筑设计业、时尚创意业、网络信息业、软件与计算机服务业、咨询服务业、广告及会展服务业、休闲娱乐服务业、文化创意相关产业
台湾	文化创意产业	13类:出版、电影与录像、工艺、广播、电视、表演艺术、音乐与文化展演设施、广告、设计、建筑、视觉艺术、软件数字游戏、创意生活
香港	文化创意产业	11类:广告、建筑、艺术品与古董及手工艺品、设计、数码娱乐、电影与录像、音乐、表演艺术、出版、软件与电子计算、电视与电台

综上所述,我们可以发现,各国、各地区由于文创产业发展阶段、自身经济、社会历史环境的差异,在文创产业的行业划分上各有侧重,对文创产业理解也各有不同。如美国重视法治而文化资源相对匮乏,因而其文创产业重视知识产权保护,倾向于采用"版权产业"的称谓和统计口径。在美国,文化艺术、手工艺和演出等方面没有单独进行核算,而把重点放在软件、广告、游戏等方面[1]。英国拥有较为丰富的文化资源,且自身文创产业较为发达,因而在文化的基础上更强调其创意属性,围绕创意进行行业划分,其重点在影视、出版、音乐、广告等方面。

但不论是文化产业、版权产业,还是内容产业、文化创意产业,其产业内容基本都属于文化艺术的创作、生产与传播领域,大多涉及出版印刷、建筑、文化艺术、演出、工艺、设计、广告、电影电视广播、游戏、软件及服务、音乐等。此外,文创产业的行业划分始终处在变动调整之中。特别是进入21世纪,互联网信息技术的发展为文化创意产业注入了新的活力,文创产业已经不再是文化或艺术本身,而与数字技术紧密结合。科学技术与文化艺术高度融合,极大地拓宽了文创产业领域。2018年发布的我国文化产业最新分类标准就是基于"互联网+"为依托的文

---

[1] 王伟伟.加快中国文化创意产业发展研究[D].沈阳:辽宁大学,2012:25.

化新业态不断涌现而进行的调整,将原来的大类由10个修订为9个、中类由50个修订为43个,小类由120个修订为146个。行业类别不断调整是文创产业的常态。2018年以来,文创产业相关领域又发生了很大的变化,如组建了新的文化和旅游部,调整了媒体、知识产权等领域的归属部门;行业间也不断融合,"媒体+电商""文化+科技"等概念层出不穷。这些新领域、新门类也在推动着更新的产业分类标准的到来。

三、文创产业的核心及基本要素

文创产业是融合文化、知识、创意、科技、市场等多种元素的混合体,其中,文化、创意、市场是文创产业的重中之重,是文创产业发展的核心。一个成功的文创产品和项目离不开对文化资源的开发、对创意理念的运用以及对市场受众需求的满足。此外,从文创产业的运作过程来看,文创作者、文创产品、文创传播与渠道、文创体验构成了文创产业从生产到消费的四大要素。

(一)文化创意产业的核心

随着移动互联、云计算、大数据、人工智能、元宇宙等技术的勃兴,文化创意产业在数字技术赋能中逐渐朝着融合化、数字化、智能化方向前进。但其发展过程始终离不开三大核心,即文化、创意和市场。

1. 文化

文化是文创产业的基础,是创意的来源。音乐、艺术、文学、戏剧、电影、视频、游戏等文化产品和服务都根植于各种文化传统、价值观和文化体验。文化构成了文创产业的基本元素,是文创产业的基础资源。文化不仅能孕育创意,也能催生产业。

那么,什么是文化呢?对于文化的定义纷繁复杂,1952年美国人类学家阿尔弗雷德·克罗伯(Alfred Kroeber)和克莱德·克拉克洪(Clyde Kluckhohn)在《文化:概念和定义的批评考察》一书中收集的关于文化的定义就有160余种。其中最为经典的应属1871年英国著名人类学家爱德华·泰勒(Edward Tylor)在其《原始文化》一书中对"文化"的界定:文化或文明,从其宽泛的民族志意义上来理解,是指一个复合整体,它包含知识、信仰、艺术、道德、法律、习俗以及作为社会成员的人所习得的其他一切能力和习惯[1]。在该定义中,文化被认为是一个集合体,具有总体性的"复合整体"(complex whole)特征,它涵盖了一个特定社会或社群中物质的和非物质的一切外在和内在的活动。除了对文化的整体把握,泰勒还给出一系列可经验、可观察的构成要素,如知识、信仰、艺术、道德等,尽可能地扩大了文化的外延。

文化类型是对文化进行分类的术语,关于文化类型的讨论同对文化定义的讨论一样活跃。目前,文化有二分法、三分法、四分法等多种分类方式。二分法将文化分为物质文化和精神文化两大类;三分法纳入制度文化,将文化分为物质文化、制度文化和精神文化三大类;四分法则将文化分为物质、制度、风俗习惯、思想与价值等。

---

[1] Tylor E. Primitive Culture[M]. London: John Murray Publishers Ltd, 1871:1.

此外，根据所要突出的文化具体特征的不同，文化还有其他分类方式。

按照地理与地域分类，可以将文化分为不同的地域文化，如中华文化、欧洲文化、非洲文化等；也可以根据地貌分为高原文化、冰雪文化、水乡文化、海洋文化等。不同地域的文化在历史、语言、文学、艺术、哲学等方面都有不同的特征。

按照历史时期分类，可以将文化分为不同的历史时期文化，如古代文化、中世纪文化、现代文化等；也可以根据生产业态分为农业文化、工业文化、后工业文化等。不同历史时期的文化在思想、价值观、艺术、科技等方面都有不同的特征。

按照社会群体分类，可以将文化分为不同的社会群体文化，如民间文化、官方文化、少数民族文化等。不同社会群体的文化在传统、习俗、信仰、语言、艺术等方面都有不同的特征。

按照艺术形式分类，可以将文化分为不同的艺术形式文化，如音乐文化、舞蹈文化、戏曲文化、美术文化等。不同艺术形式的文化在表现形式、审美标准、风格特点等方面都有不同的特征。

按照主题内容分类，可以将文化分为不同的主题内容文化，如红色文化、宗教文化、科技文化、体育文化、娱乐文化等。不同主题内容的文化在思想、价值观、知识体系、社会功能等方面都有不同的特征。

我国地大物博、历史悠久、文化灿烂，具有海量的可供开发的文化资源。比如，文学作品中的四大名著是被反复开发的文化大 IP。《西游记》多次被翻拍为电影，如成为一代经典的《大话西游》；还多次被开发成游戏，如成为许多人青春记忆的《梦幻西游》。在地域上，我国北有哈尔滨冰雪景观，南有桂林山水甲天下，西有吐鲁番西域风情，东有上海都市文化。在文化艺术上，有书法绘画、传统戏曲、雕塑、建筑等。在非遗上，有传统节庆、庙会、信仰、传说、手工技艺等。不少文化被制作成文创产品，或被开发成历史街区、文化景区，以及形式多样的创意体验项目。海量优质的文化资源构成了我国文创产业的基础，是我国文创产业发展的不竭动力与活力源泉。

2. 创意

我国是一个文化资源大国，但从文化资源走向文创产业，还需要一个关键：创意。创意是文创产业中实现文化价值和产品价值的主导力量，其最大的意义在于对文化的转化。创意能够为产品和服务赋予新的文化创意元素，为消费者提供与众不同的新体验，从而带来产品与服务的增值。美国微软公司创始人比尔·盖茨(Bill Gates)说："创意具有裂变效应，一盎司创意能够带来不计其数的商业利益、商业奇迹。"[1]可以说，创意是人类实践活动中最具有创造力的创新、出奇的部分。它包括各种新想法、小点子、新策划，以及各种新思想、新发现、新设计、新制作、新技术等。

文创产业的创意属性，是近二三十年被赋予的。随着国外创意经济和创意产业的兴起，我国传统文化产业开始强调其中的创意性，通过创意驱动来推动文化生产力的发展。被誉为"世

---

[1] 转引自郭嘉.以宽容精神促进创意产业发展——访全国政协副主席厉无畏[N].人民日报，2009-07-28(18).

界创意产业之父"的英国学者约翰·霍金斯在《创意经济》中认为,创意就是"催生某种新事物的能力,它表示一个或多人创意和发明的产生,这种创意和发明必须是个人的(personal)、原创的(original)、有意义的(meaningful)和有用的(useful)"[1]。一个好的创意往往既是有用的也是有意义的,既具有文化价值,又具有商业价值。

创意有市场的维度。创意具有公共性,只有那些满足公众需求的创意才算成功的创意。一个好的创意,不仅仅是创意本身,还是时代特征、社会环境、文化环境等综合因素的结果。如考古盲盒,将时下流行的盲盒概念与文物结合,将青铜器、古钱币、兵马俑、铜佛、银牌等"微缩文物"藏入土中,让消费者自己动手"考古"。盲盒的随机性和不确定性等特征,给消费者带来新鲜刺激的文化体验,同时还能传播传统文化知识。好的创意一定符合市场规律,不仅包括一般的供需定律,还包括具体的产品、服务、项目等自身的规律。不可否认的是,好的创意可以让文化传递,让传承的效率最大化。

创意还有技术的维度。如今,移动互联、虚拟现实(virtual reality,VR)、增强现实(augmented reality,AR)、区块链、人工智能、元宇宙等技术不断发展,成为创意的一大推动力。曾经天马行空的想法在技术发展的过程中不断被实现,如虚拟沉浸式体验、全息影像等。在技术的推动下,文创产业逐渐转向数字文创产业,成为一个以技术为底层设施的文化产业。数字技术大规模应用于文化领域,为文化生产注入了现代科技元素和创意元素。以"创意+科技"为特征的动漫、游戏等为文化提供了新的表现形式与传播渠道。移动互联网和云计算等技术的广泛应用,大大增强了既有文化形态如演艺、出版、休闲娱乐、文博等的表现力和覆盖面。数字影像、精准推送、数字三维虚拟展示等技术在文化产品和文化场景中的应用,极大地增强了文化体验效果,增强了文化行业的活力[2]。

3. 市场

文化是资源,创意是手段,而市场则是文创产业的导向。文创产品的生产重点不仅在于其本身的文化属性,更重要的还有其商品属性,需要得到市场的检验与认同。市场发展能够推动文化创意的产生与发展,市场变化可以引领文化创意的发展方向[3]。可以说,市场是文创产业的检阅台和风向标,是受众需求的体现。一个优秀的文创产品具备较高的精神价值,这些精神价值能够极大地满足人民群众的精神需求,人们喜闻乐见。

改革开放40余年来,我国现代化进程不断向前,社会经济持续繁荣发展,经济结构也随之优化和完善。根据国家统计局公布的数据,2022年我国国内生产总值达120.4724万亿元,其中第三产业所占比重为53.4%[4],成为我国的经济支柱,是国民经济的第一推动力。第三产业的崛起意味着民众消费结构与消费市场的变动,从原来的物质性消费逐渐转向非物质的精

---

[1] 约翰·霍金斯. 创意经济——如何点石成金[M]. 洪庆福,等译. 上海:上海三联书店,2006:17.
[2] 傅才武. 科技赋能 创意涌流[EB/OL]. 人民日报文艺微信公众号,https://mp.weixin.qq.com/s/QMuAalII2C-sdgxgrypNtw. [访问日期:2023-3-13]
[3] 薛可,余明阳. 文化创意学概论[M]. 上海:复旦大学出版社,2020:165.
[4] 国家统计局关于2022年国内生产总值最终核实的公告[EB/OL]. http://www.stats.gov.cn/sj/zxfb/202312/t20231229_1946058.html. [访问日期:2023-12-29]

神性消费，从追求使用价值转向更多地追求符号价值，从对低端产品的需求逐渐升级为对高端文化产品的需求，从大众化的文化产品逐渐转向个性化的文化产品。文化市场整体上越来越趋于精细化、个性化。此外，随着媒介技术的不断普及，以数字化为特征的下沉市场逐渐崛起，开辟了短视频、直播、手游、网购等新兴行业。文化市场的消费转向一定程度上反映了民众的需求变化，只有把握住了民众的需求，才能在文创产业的供给侧进行结构性调整，生产出更多既具有经济效益又具有社会效益的文化创意产品。

英国学者基斯·尼格斯(Keith Negus)曾说，文化可以催生一个产业，一个产业同样可以催生一种文化。对于文创产业来说，做强市场主体、优化文化产品供给侧的同时，还要扩大文化消费、引导提升文化消费品质，让文化消费成为扩大内需的新引擎。文化需要培育，市场同样也需要培育，而且一个不断壮大的市场反过来也能够转化成文化，成为满足人们精神需求的产品。例如，茶饮界的蜜雪冰城于2018年正式推出"雪王"品牌形象，打造了一个以"雪王"为核心的IP产业链条。凭借其庞大的消费群体，蜜雪冰城的周边文创月销量超过10万件，创造出基于冷饮行业的"雪王"文化。以市场与产业为基础，通过文化赋能增强非文化产业的文化性，是产业文化融合创新的运作逻辑。在这个过程中，产业是资源，文化与创意是对产业进行二次开发的手段，提升产业的符号价值和精神价值。如星巴克的溢价销售、徐工集团的机械模型、王者荣耀游戏中的英雄手办等，普遍在自己原有市场的基础上进行文创开发，从而扩大市场范围，实现了跨界融合。

(二) 文创产业的基本要素

文创产业包括从文化生产到文化消费的全过程，其中的各个环节构成了文创产业的基本要素，主要包括四个实体要素，即创意者、文创产品、创意传播和创意体验。首先，文创产业必须有一个好的创意，而创意的诞生离不开一大批文创作者，离不开艺术家、设计师、手艺人等的创意理念、创意思想。其次，有了创意还不够，还需要有产品，通过产品将创意表达出来。再次，在注意力经济的当下，要想文创产品受到关注还需要有创意传播渠道，将文创产品传播出去。最后，文创产品的归宿是受众，增强受众的消费体验是文创产业的关键一环。

1. 创意者

创意者，即文化创意的生产者，是文化创意产业发展的起点和源头。创意者往往是具备广泛人文和科学知识的复合型人才，具有较强思维能力、联想能力以及创新能力。国内学者薛永武将文化创意者的能力概括为复现的想象能力、自由联想的能力、创意的想象能力、鉴赏艺术的能力、创造艺术的能力、文艺编导的能力和策划设计的能力[1]。创意是文创产业最珍贵的东西，但创意归根到底是"人"的创意，因而对于文创产业来说，创意人才是推动产业发展的原动力，是创意产业的核心竞争力。美国著名城市经济学家理查德·弗罗里达(Richard Florida)提出"创意阶层"，他认为美国创意阶层的崛起改变了过去以大企业为推动力的经济体系，而转

---

[1] 薛永武. 论文化创意人才的能力[EB/OL]. 元浦说文公众号，https://mp.weixin.qq.com/s/qzf11YTcBbxVHiqxPvZelA. [访问日期：2023-3-23]

为以创意者为推动力的创意经济体系，创意人才的聚集成为经济发展的关键[1]。

英国创意经济学者约翰·霍金斯在《创意生态》一书中指出，21世纪是一个创意经济的世纪。在这个时代，人人都是创意者[2]。在我国，随着互联网的技术赋权，越来越多的普通人也加入创意领域，形成了"业余＋专业"的创意者网络。一大批用户生产内容（user generated content，UGC）、专业用户生产内容（professional user generated content，PUGC）的内容生产者，如网络作家、视频作者等，在专业人士的指导下，通过知识、经验指导或者大数据指导，成为明星创意者[3]。

我国推行的"文产特派员"制度就是以文化创意人才为要素，推动乡村文化产业发展从而带动乡村振兴，这些文产特派员往往是各行各业的创意人才，包括公务员、企业家、创业者、社会工作者、艺术家、设计师等。他们作为乡村"首席运营官"，开展"一村一员"特派服务，引导支持当地产业发展和文化发展，与村党支部书记形成"双轮驱动"，共建人文乡村，共走乡村高质量发展之路。

2. 文创产品

文创产品是创意的物质表征，是创意者知识与智慧的结晶。文创产品是文创产业中生产出的制品或任何制品的组合，包括硬件载体和文化创意内容。其中，创意内容是区别于其他普通产品的价值所在，具有核心地位。不过随着媒介技术发展，创意内容的载体不断与时俱进，从短视频、直播到元宇宙等，科技创意赋能文化内容，从而涌现出不少新潮时尚、风靡一时的文创产品。

根据文创产业的行业划分，文创产品可以分为影视文创产品、广告文创产品、动漫文创产品、网络文创产品、旅游文创产品、会展文创产品以及其他相关行业文创产品，如农业文创产品、工业文创产品等。在文创产品的分类中，不少学者倾向于文化商品和文化服务的两分法。文化商品指的是可供交换的文化产品，往往以实物的形式满足人们的文化消费需求。文化服务则是以提供劳动或体验的形式满足人们的文化消费需求的活动。这样的划分主要从物质的角度切入，将文创产品分为有形的和无形的两种产品，也可以分为文化硬件和文化软件。不过，这两种文创产品并不是截然分开的，不少文创产品以组合或融合的形式出现。例如，"只有河南·戏剧幻城"是以农业为特色的主题公园，它既可以属于农业文创产品，也可以属于旅游文创产品，既有相关的实物衍生品，也有剧场式的文化体验等，逐渐成为河南文旅行业的品牌项目。

3. 创意传播

互联网时代，海量的视听内容使注意力成为稀缺资源。文创产品要想从纷繁复杂的内容产品中脱颖而出，离不开当下的新媒体传播，而且是不同于传统传播手段的创意传播。所谓创

---

[1] Florida R. The Rise of the Creative Class[M]. New York: Basic Books, 2002:67-72.
[2] 向勇."创意者经济"引领数字文化产业新时代[J]. 人民论坛,2020,674(19):130-132.
[3] 腾云. 什么是创意者网络2.0[EB/OL]. https://mp.weixin.qq.com/s/udFnrGZ4IUFRHK7_brF7iw. [访问日期:2023-3-25]

意传播,指的是依托沟通元进行创意构想,并利用传播资源呈现沟通元的表现形式。在分享、互动和协同创意中,创造交流、创造话题、创造内容,进而创造传播效果[1]。沟通元是实现创意传播的"元点",是创意传播的核心要素,它往往能够引起用户的兴趣,带动用户参与。如蜜雪冰城"你爱我,我爱你,蜜雪冰城甜蜜蜜"的歌曲,脍炙人口的音乐掀起一股蜜雪潮流和用户的二次创作。再如《人民日报》新闻作品《快看呐!这是我的军装照》,激发了用户的普遍参与,在H5的参与中实现了红色文化传播。沟通元可以是一个话题、一段音乐、一个标语、一个故事,它是一种基于内容的文化单元。可以说,挖掘并运用能够引爆的沟通元,是实现创意传播的核心。

实现创意传播,还需要充分利用当下的数字技术,以技术创意赋能文创传播。现有的数字技术包括:虚拟现实、增强现实、混合现实(mixed reality,MR)、元宇宙、全息投影等。以最新的元宇宙为例,2022年由智度集团和智度股份、国光电器合资公司智度宇宙研发的国内首个艺术元宇宙社区"Meta彼岸",将中秋节的赏月活动移植进来。用户通过"Meta彼岸"客户端就可以在虚拟空间中赏月,只需要按动按钮即可在"Meta彼岸"元宇宙空间感受月相变化;在感官的引领下,进行空间、理念与想象的全方位交互体验。

4. 创意体验

随着体验经济的到来,对于文创产品的消费不能仅限于视听维度,更重要的是提高产品的体验感,让消费者在全方位的体验中实现精神需求的满足。体验经济最早是由美国著名未来学家阿尔文·托夫勒(Alvin Toffler)于1970年在其《未来的冲击》一书中提出的,指的是以商品为道具、以服务为舞台、以提供体验作为主要经济提供品的经济形态。体验经济正从服务经济中分离出来,成为产品经济、商品经济、服务经济后的第四个经济阶段。

目前的创意体验主要表现为以下形式:一是和旅游业融合,以文化创意主题乐园、主题公园、主题旅游的形式实现文创体验,如北京环球影城、迪士尼乐园、沉浸式红色旅游(如井冈山、红旗渠、延安等红色景点)等;二是以剧本杀、狼人杀、三国杀、密室逃脱等新兴文创体验业态,通过全方位打造文化情境,还原传统文化场景,实现文创体验;三是以技术为支撑,通过VR/AR、5D电影、元宇宙、全息影像等进行文化创意的消费与体验。

第二节　旅游产业

随着我国社会经济繁荣发展,居民可支配收入水平逐步提高,外出旅游已经走进千家万户,成为人们的重要生活方式。每逢假日,背上背包,约上亲友,开启一段说走就走的旅行,已成为人们的重要选择。"十三五"期间,国内旅游、入境旅游、出境旅游全面繁荣发展,我国已拥有全球最大国内旅游市场,成为全球第一大出境旅游客源国和第四大入境旅游接待国。2019

---

[1] 陈刚,沈虹,马澈,等.创意传播管理:数字时代的营销革命[M].北京:机械工业出版社,2012:55-56.

年,我国旅游总收入6.63万亿元;国内旅游游客60.06亿人次,比上年同期增长8.4%;入境旅游1.45亿人次,年均增长2.0%;出境旅游1.55亿人次,年均增长7.3%。2019年,旅游业对GDP的综合贡献达到11.05%[1]。旅游业涉及面宽、辐射面广、带动性强,已成为我国战略支柱性产业,在扩大内需、促进消费、拉动经济上发挥着至关重要的作用。本节以旅游产业为研究对象,主要探讨旅游和旅游产业的概念、旅游产业的构成以及旅游产业的发展等内容。

一、旅游的概念、特征及其要素构成

(一)旅游的概念

一提到"旅游",人们想起的就是休闲、娱乐、观光、度假等远离居住地的户外活动。在我国,"旅游"一词最早出现在南朝梁代诗人沈约(441—513年)的《悲哉行》中:"旅游媚年春,年春媚游人。"意思是说游人留恋春天的美景,而美景也在取悦着游人。这时的"旅游"就已经包含外出旅行游览的意思了。英文"tourism"第一次出现是在1811年版的《牛津词典》中,对其的解释为"离家远行,又回到家里,在此期间参观游览一个或几个地方",这是对"旅游"最早的描述。

由于旅游内涵繁杂,以及旅游活动发展阶段存在差异,国内外对旅游的认识尚未达成统一。不同学者、旅游从业者对旅游的认知和研究角度各有侧重,旅游的定义林林总总,大约不下几十种。但总体来说,可以分为两类:一是理论性定义,二是技术性定义。理论性定义着重于对旅游活动本质、趋势、规律的探讨,而技术性定义则倾向于从业界调查统计的角度对旅游目的、时间、游客身份进行界定。

1. 国际上比较有影响的旅游定义

1927年,德国《国家科学词典》中将旅游"狭义地理解为那些暂时离开自己的住址,为了满足生活和文化的需求,或个人各种各样的愿望,而作为经济和文化商品的消费者逗留在异地的交往"。该定义强调旅游的社会交往性,同时将旅游与经济行为联系在一起。

1942年,瑞士学者沃尔特·亨泽克尔(Walter Hunziker)和库尔特·克雷夫(Kurt Krapf)出版《普通旅游学概要》。在该书中,旅游的定义如下:"旅游是非定居者的旅行和暂时居留而引起的现象和关系的总和。这种旅行和逗留不会导致长期居住,以及从事任何赚钱的活动。"1970年,该定义被国际旅游科学专家协会(International Association of Scientific Experts in Tourism, AIEST)采用,成为著名的"艾斯特"定义[2]。

美国学者迪恩·麦肯奈尔(Dean MacCannell)则认为,旅游是人们对现代生活困窘的一种积极回应,旅游者为了克服这些困窘而追求一种对"本真"(authentic)的体验。该定义将"体验"纳入旅游的范畴,强调旅游的本质是一种体验[3]。

---

[1] 于帆.加强创新驱动,聚力高质量发展——"十三五"旅游发展描绘"诗与远方"[N].2021-02-03(1).
[2] 集体编写组.旅游概论[M].天津:天津人民出版社,1983:2.
[3] MacCannell D. Staged Authenticity: Arrangements of Social Space in Tourist Settings[J]. American Journal of Sociology, 1973, 79(3): 589-603.

20世纪80年代,联合国世界旅游组织[1](United Nations World Tourism Organization, UNWTO)曾一度使用"人员流动"(movements of person)来代替"旅游"(tourism)一词,指的是"人们出于非移民及和平的目的或者出于能够导致实现经济、社会、文化及精神等方面的个人发展及促进人与人之间的了解与合作等目的而发生的迁移"[2]。到了20世纪90年代,联合国世界旅游组织和联合国统计委员会针对旅游统计的问题给出了旅游的权威性定义:旅游是人们为了休闲、商务或其他目的,暂时离开自己的惯常环境(一般不超过一年),前往某些地方旅行及在该地的逗留活动[3]。

2. 国内关于旅游的代表性定义

由于我国旅游业起步较晚,国内关于旅游的认识大多从改革开放之后才开始。1985年,我国经济学家于光远将旅游视为"现代社会中居民的一种短期的特殊生活方式,这种生活方式的特点是异地性、业余性和享受性"[4]。

李天元主编的《旅游学概论》将旅游定义为人们出于移民和就业以外的目的,离开自己的常住地前往异国他乡的旅行和逗留活动,以及由此引起的现象和关系的总和[5]。

张凌云对国际上流行的30种旅游定义和概念做了梳理和归纳,认为旅游是人们一种短暂的生活方式和生存状态,是人们对于惯常的生活和工作环境或熟悉的人地关系和人际关系的异化体验,是对惯常生存状态和境遇的一种否定[6]。

徐菊凤梳理并分析了国内外旅游学术界长期以来对旅游定义、旅游本质、旅游与休闲的关系、旅游与旅行的关系等基本问题的分歧性意见,在辨析各种观点合理性与非合理性的基础上,提出旅游特指人的活动,是人们利用余暇在异地进行的一种休闲体验活动[7]。

谢彦君等在《基础旅游学》中对旅游的定义为"个人以前往异地寻求审美和愉悦为主要目的而度过的一种具有社会、休闲和消费属性的短暂经历"[8]。谢彦君后来对其旅游概念进行修正,加深了对旅游体验的认识,将旅游定义为"个人利用其自由时间并以寻求愉悦为目的而在异地获得的一种短暂的休闲体验"[9]。

国家统计局2015年发布、2018年修订的《国家旅游及相关产业统计分类表》对旅游进行了技术上的定义,认为:"旅游是指游客的活动,即游客的出行、住宿、餐饮、游览、购物、娱乐等活动;游客是指以游览观光、休闲娱乐、探亲访友、文化体育、健康医疗、短期教育(培训)、宗教朝拜,或以公务、商务等为目的,前往惯常环境以外,出行持续时间不足一年的出行者。"

---

[1] 联合国世界旅游组织,1975年1月2日成立,2003年成为联合国专门机构,2024年1月23日更名为联合国旅游组织。
[2] 转引自李天元.旅游学概论[M].7版.天津:南开大学出版社,2014:40-41.
[3] 转引自张立明.旅游学概论[M].武汉:武汉大学出版社,2003:35.
[4] 于光远.掌握旅游的基本特点,明确旅游业的基本任务[J].旅游时代,1986(1):4-5.
[5] 李天元.旅游学概论[M].7版.天津:南开大学出版社,2014:43.
[6] 张凌云.国际上流行的旅游定义和概念综述——兼对旅游本质的再认识[J].旅游学刊,2008,137(1):86-91.
[7] 徐菊凤.关于旅游学科基本概念的共识性问题[J].旅游学刊,2011,26(10):21-30.
[8] 谢彦君.基础旅游学[M].2版.北京:中国旅游出版社,2004:73.
[9] 谢彦君.旅游的本质及其认识方法——从学科自觉的角度看[J].旅游学刊,2010,25(1):26-31.

（二）旅游的特征

旅游是社会生产力发展到一定阶段的产物,既是一种消费行为,又是一种文化体验活动,同时还是一种休闲娱乐活动。对于旅游的定义各有侧重,但大多离不开旅游的综合性、异地性、暂时性、体验性等。

1. 综合性

旅游是一种综合性活动,基本覆盖了一个人生活中的方方面面。换句话说,旅游就是换一个地方生活,涉及饮食、住宿、交通、游玩、娱乐、购物等。此外,不同的旅游目的和主题,还有着不同的侧重。如研学旅游,就将受教育、学知识带进旅游活动中,在旅行中实现学习和教育的目标。再如医疗康养旅游,将旅游与健康服务结合在一起,让人在旅游的过程中实现养生、养老,获取身心健康。可以说,旅游与社会、经济、文化、自然等多种要素都有关系。随着旅游产业与其他相关产业的进一步融合,旅游的综合性将更加显著。

2. 异地性

"生活不止眼前的苟且,还有诗和远方",一句话道破了旅游的意义与特征。旅游是人们暂时摆脱惯常生活环境,前往异国他乡获取身心体验的活动。其中的"远方"揭示了旅游的异地性,也就是说旅游必须是前往一个较为"陌生"的而且带有某种憧憬的地方来获得某种体验的活动。在自己居住地与工作地点之间的日常性的通勤自然就不属于旅游的范畴。"远方"某种程度上反映了人们异地向往的心理情结,是人们追求美好生活的方式。旅游的异地性内涵丰富,既包括地理上的区别,也涵盖文化与心理上的差异[1]。

3. 暂时性

旅游不同于移民、定居、就业,它是暂时性的,在结束旅行活动后,还需要返回原居住地。也就是说,旅游只是日常生活中的闲暇和间隙,它有着时间限制,如果超过一定的时间就会被视为定居或者移民。根据国内外对旅游的技术性定义,普遍将一年的时间作为一个参照标准。外来旅游者在旅游目的地的连续停留时间不能超过一年,如果超过一年将不再纳入来访旅游者的统计范畴。

4. 体验性

旅游是一种追求体验的活动,不论是游览名胜古迹、欣赏锦绣山河,还是品尝美味佳肴、体验异域风情,都是一种身与心的体验,或放松,或消遣,或娱乐,从而满足需求、愉悦自我。旅游体验不同于日常的生活体验,它具有新奇、有趣、刺激等特点。随着现代数字技术的发展,旅游的体验性不断加强,沉浸式体验成为旅游业普遍追求的目标。例如,博物馆旅游借助新的互动技术以及镜像呈现技术,让静态的文物动起来,在互动体验中增进了人们对文物知识的了解。再如,一些古镇、古城通过还原古代的小镇场景,让游客在古镇街道中有穿越体验之感。

（三）旅游的构成要素

旅游要素是指构成人类旅游行为的存在并维持其运动的必要的最小单位,是构成旅游行

---

[1] 曹诗图,钟晟."诗和远方"的旅游本质解读[N].中国旅游报,2021-7-21(3).

为必不可少的因素[1]。目前最普遍、最深入人心的旅游要素是吃、住、行、游、购、娱。这六个要素精辟地概括了旅游活动，是目前对旅游业描述最简洁、最准确、传播最广的概念。但随着旅游业的转型升级，新的旅游要素也被挖掘出来。

1. 传统旅游六要素

传统旅游六要素就是覆盖旅游全部内容的吃、住、行、游、购、娱等活动，是旅游的基本要素。

"吃"就是旅游过程中的饮食，既包括满足日常生活所需的普通餐饮，也包括极具当地特色的风味美食。我国饮食文化底蕴深厚，各个地方饮食习惯差异较大。几乎在各旅游景点、景区都存在反映当地特色的美食，或建有相应的美食一条街等，以满足游客的口腹之欲。

"住"指的是旅游中的住宿业，也就是酒店。旅游过程中，休息的时间仅次于游玩时间，因此，住宿是旅游中非常重要的一个环节。只有游客休息好了，才能有更多的精力游玩。

"行"指旅游过程中的交通。旅游具有异地、流动等特征，因此，交通成为其不可或缺的要素。在过去，交通是阻碍我们旅游的一大障碍，从一个地方到另一个地方往往需要花费大量的时间成本和金钱成本。随着我国交通网络体系日益发达，八横八纵的高铁网络建成，外出旅游越来越便利。

"游"一般指的是景区、景点，是旅游的最终目的地。在六个要素中，"游"占据着核心地位，是旅游的中心环节。其他五个要素往往是"游"的辅助条件。在我国，根据旅游资源划分，旅游可以分为基于历史文化资源的人文旅游和基于自然资源的自然旅游。人文旅游往往是以宫殿庙宇、禅林寺院、亭台楼阁、建筑群落等为目的地而展开的旅游活动，自然旅游则是依托自然景观，以观光和体验山河湖海、星空草原等而开展的旅游活动。

"购"通常指的是针对旅游纪念品的购买行为。旅游纪念品被喻为"带得走"的文化。购买旅游纪念品往往能够延长游客短暂的旅游体验，以旅游纪念品作为旅游经历的见证。

"娱"指的是旅游过程中的娱乐活动，如景区中的民俗风情演出，典型的有桂林山水的《印象·刘三姐》、杭州的《印象·西湖》、海南的《印象·海南岛》等。

2. 新旅游七要素

随着我国全面进入大众旅游时代，传统旅游六要素越来越难以满足人们更高质量、更具个性的旅游需求，从而在六要素的基础上拓展了新的旅游七要素，即"文、商、养、学、闲、情、奇"。

"文"指的是旅游中的文化。文化历来是旅游的基本内涵，旅游是文化的一种重要形式。旅游本质上是了解目的地的文化并进行交流的人文活动。因此，文化对旅游来说至关重要。

"商"指的是商务旅游，我国经济发展推动了商务旅游、会议会展旅游、奖励旅游等新的旅游形式和旅游需求。会奖旅游以规模大、时间长、档次高和利润丰厚等突出优势，被认为是高端旅游市场中含金量最高的部分。

"养"指的是康养旅游，包括养生、养老、养心、体育健身等健康旅游新需求、新要素，如以身

---

[1] 鲁明勇,覃琴.旅游要素的多维系统认知与拓展升级研究[J].商学研究,2018,25(3):106-114.

体检测、医学治疗、春观花、夏避暑、秋赏月、冬泡泉等形式,达到放松身心、怡情养性、祛邪扶正、延年益寿等目的的深度旅游体验活动。

"学"是指研学旅游,包括修学旅游、科考、培训、拓展训练、摄影、采风、各种夏令营和冬令营等活动,包括红色研学、农业研学、科技研学等形式。

"闲"是指休闲度假,包括乡村休闲、都市休闲、度假等各类休闲旅游新产品和新要素,是未来旅游发展的方向和主体。

"情"是指情感旅游,包括婚庆、婚恋、纪念日旅游、宗教朝觐等各类精神和情感的旅游新业态、新要素。

"奇"是指探奇,包括探索、探险、探秘、游乐、新奇体验等探索性的旅游新产品、新要素,如国内的漠河找北、寻秘贵州,国外的印尼巴厘岛梯田火山人文徒步、美国西部国家公园大峡谷徒步等。

二、旅游产业的界定及其构成

旅游产业也被称为"旅游业",旅游活动的规模化发展成就了旅游产业。旅游产业被认为是21世纪的绿色朝阳产业,是当今世界各国经济发展的重要组成部分与支柱产业。不同于其他具有同类属性的产业类型,旅游产业是一个综合性产业,具有较高的融合性和跨界性。

(一) 旅游产业的定义

旅游产业真的是产业吗?一直以来,学者们对此争议不断。这主要在于,依据产业经济学的界定,一种产业往往是同类企业的集合,如餐饮业,不论中餐、西餐,还是韩料、日料,它们都是给民众提供饮食服务的行业。然而,旅游产业却涵盖餐饮业、酒店业、交通业等多种行业。按照此标准来分析的话,旅游业似乎并不是一种产业。事实上,世界上许多国家(地区)在制定产业分类标准时,都未将旅游业作为一个产业类目明确分类,但在实际的经济发展中,几乎无一例外地都将发展旅游业作为一项重要内容。

关于旅游产业的界定,许多学者根据不同的立场角度上给出了不同的定义。

日本旅游学者土井厚认为"旅游业就是在旅游者和交通住宿及其他有关单位之间,通过办理旅游签证、中间联络、代购代销,通过为旅游者导游、交涉、代办手续,并利用本商社的交通工具、住宿设施提供服务而获取报酬的事业"[1]。

美国旅游学家唐纳德·伦德伯格(Donald Lundberg)在《旅游业》一书中认为:"旅游业是为国内外旅游者服务的一系列相关的产业。旅游关联到旅客、旅行方式、膳宿供给、设施和其他各种事物。它构成了一个综合性概念。"[2]

世界旅游理事会将旅游业看作"为游客提供服务和商品的企业,包括接待(旅馆、餐馆)、交通、旅游经营商和旅游代理商、景点、为游客提供供给的其他经济部门"[3]。

---

[1] 集体编写组.旅游概论[M].天津:天津人民出版社,1983:101.
[2] 转引自刘曙霞.旅游学概论[M].南京:南京大学出版社,2018:49.
[3] 转引自威廉·瑟厄波德.全球旅游新论[M].北京:中国旅游出版社,2001:15.

我国学者李天元在《旅游学概论》中指出："旅游业就是以旅游消费者为服务对象,为其旅游活动的开展创造便利条件并提供所需商品和服务的综合性产业。"[1]

谢彦君在《基础旅游学》中从广义和狭义两个角度对旅游产业进行了界定。广义的旅游业指的是"由各种生产或销售能满足旅游者多重需要的组合旅游产品的旅游企业以及旅游相关企业构成的集合";狭义的旅游业是指"由各个生产或销售能满足旅游者愉悦需要的核心旅游产品的旅游企业构成的集合"[2]。

旅游产业涉及行业众多,不能以传统狭义的产业概念(即同类企业的集合)来理解,而应该采用更为广义的产业概念。在国内外各学者的定义中,旅游产业的突出特征表现在其综合性上,即由一系列相关行业组成。因此,旅游产业类似第一产业、第二产业、第三产业这样的综合性概念。三大产业内部可以进一步划分,如工业可以分为轻工业、重工业,轻工业还可以继续分为纺织工业、食品工业等。同样,旅游产业也可以进一步细分为住宿业、旅行社业、旅游景区业等。在三大产业的分类上,旅游产业显然属于第三产业,是第三产业中众多行业的集合,是"产业的产业"。尽管旅游产业涉及面广,产业边界较为模糊,但它始终围绕着一个核心对象——旅游者。旅游产业通过提供各种产品和服务,满足旅游者在旅游活动中的各种需要,实现产业的正常运转。也正由于旅游产业的综合性、跨界性,旅游产业与相关产业的互相融合与渗透逐渐衍生出一种新型的产业业态,成为未来产业发展的新方向。

(二) 旅游产业的构成

旅游业作为一个融合性、综合性产业,对其产业界定、具体构成至今未达成共识。目前,学术界对旅游产业的构成主要有以下三种认识。

1."三大支柱"说

"三大支柱"说诞生于早期的旅游产业研究中。随着旅游产业在全球的兴起,其业态发展得到了联合国的关注。根据联合国《所有经济活动的国际标准产业分类》[3],在对旅游产业具体部门的收入分析中发现,任何一个国家旅游者的旅游消费开支大多流向了三个行业,分别是旅行社业、交通运输业和住宿业。因此,这三个行业被普遍视为旅游业的基本构成部分。由于受到国际观念的影响,我国学者也通常将旅行社业、交通运输业和住宿业看作旅游业的主要行业,并称其为旅游业的"三大支柱"。

随着旅游产业的不断发展,有学者在三大支柱的基础上,又提出还应该包含旅游商品业,一起构成旅游产业的"四大支柱"[4]。但在第四个行业的选择上分歧不断,有学者倾向于旅游景区业,与旅行社业、交通运输业、住宿业并列为四大支柱,并强调旅游景区业的核心地位[5]。

---

[1] 李天元. 旅游学概论[M]. 天津:南开大学出版社,2002:38.
[2] 谢彦君. 基础旅游学[M]. 北京:中国旅游出版社,2010:131.
[3] UN. Indexes to the International Standard Industrial Activities[A]. UN Statistical Papers, Series M No. 4, Rev. 2 Add. 1, Indexed Edition, New York, 1971.
[4] 刘伟,朱玉槐. 旅游学[M]. 广州:广东旅游出版社,1999:108-109.
[5] 张涛. 旅游业内部支柱性行业构成辨析[J]. 旅游学刊,2003(4):24-29.

2. "五大部门"说

20世纪90年代中期开始,关于旅游产业的"五大部门"说流行起来,逐渐成为国际旅游学界中的主流观点。"五大部门"说立足于一个国家、地区的旅游产业发展,特别是从旅游目的地营销的角度认识旅游产业。旅游产业的五大部门,除了上述的旅行社业、交通运输业、住宿业外,还包括旅游场所经营部门和各级旅游管理组织[1]。五个部门构成旅游目的地发展的重要元素,它们之间存在着共同目标和不可分割的相互关系。五个部门互相配合、协同运转,通过吸引、招徕和接待外来旅游者促进旅游目的地的经济发展。其中,各级旅游管理组织并不属于营利性的商业部门,但它们在旅游对外营销、旅游基础设施建设以及促进和扩大旅游业规模与盈利方面发挥着重要的作用。

随着旅游产业规模扩张、产业边界的不断外移,"五大部门"逐渐被拓展为"八大部门"。李天元在《旅游学概论》中分析了旅游者在旅游活动中涉及的行业和部门,认为我国旅游产业应该分为八大部门,分别是餐饮服务部门、住宿服务部门、交通运输部门、旅游景点部门、旅游纪念品/用品零售部门、娱乐服务部门、旅行社部门,以及旅游行政机构和旅游行业组织。其中前六个源自旅游活动的六个基本要素,即吃、住、行、游、购、娱,而后两个部门主要提供旅游中介和支持的作用[2]。

3. 直接和间接旅游企业

斯蒂芬·史密斯(Stephen Smith)在旅游研究中通常将旅游业划分为两类,即直接旅游企业和间接旅游企业[3]。直接旅游企业(direct tourist firms)往往指专门为旅游者提供服务、其营业收入大多来自旅游者的企业,对旅游者有较强的依赖性。例如,旅行社业、旅游景点业、部分交通运输业等,对旅游者依赖度较高,没有旅游者的存在几乎无法生存。间接旅游企业(indirect tourist firms)业务中虽然包含为旅游者提供服务的部分,但其旅游营业收入在总收入中的份额并不是很大,旅游者的存在与否并不危及其企业生存,如景区周边餐饮业,在旅游旺季的时候收入可能更高,但在旅游淡季则会以当地居民为主要服务对象。

(三)重要的旅游产业部门

旅游业是一个关联性极强的产业,随着旅游产业与相关产业的深度融合,旅游业不仅与食、住、行、游、娱、购六大核心行业直接相关,还涉及传媒、互联网、会展等多个行业。下文将介绍三个重要的旅游产业部门。

1. 旅游景点(区)

尽管"三大支柱"的划分并未囊括旅游景点(区),但随着旅游景点(区)的改造升级、创意发展,旅游景点(区)的地位不断攀升,逐渐在旅游产业中占据核心位置。旅游景点(区)甚至成为人们出游的首要因素和主要目的,可以说,没有旅游景点(区)就没有旅游产业。旅游景点(区)包含了旅游产业的核心,即旅游吸引物,是旅游吸引物最重要的来源。所谓旅游吸引物,指的是具有吸引国内外游客前往游览的明确的区域场所,能够满足游客游览观光、消遣娱乐、康体

---

[1] 李天元.旅游学概论[M].7版.天津:南开大学出版社,2014:154.
[2] 李天元.旅游学概论[M].7版.天津:南开大学出版社,2014:155.
[3] Smith S L J. Tourism Analysis: A Handbook[M]. 2nd ed. Essex: Longman, 1995:35.

健身、求学求知等旅游需求,应具备相应的旅游服务设施并提供相应旅游服务的独立管理区,包括风景区、文博院馆、寺庙观堂、度假区、自然保护区、主题公园、游乐园、农业、经贸、体育、文化艺术等[1]。旅游吸引物可以是现存旅游资源,也可以人为创造。如鸟巢、水立方、北京798艺术区、上海新天地等,它们就是创造出来的旅游吸引物,最终发展成旅游景点(区)。基于此,旅游景点(区)可以这样理解:旅游景点(区)是具有某种旅游吸引物,为旅游者提供参观、游玩、娱乐或增长知识等服务而设立和管理的休闲活动场所。

根据旅游的内容和表现形式,旅游景点(区)一般可分为以下八个类型。

(1) 古代遗迹。即经考古挖掘并加以保护与展示的历史遗迹。如河南洛阳二里头遗址、四川三星堆遗址、陕西秦始皇兵马俑等,都属于古代遗迹。

(2) 历史建筑。即以历史上遗留下来的建筑物为主要游览内容的旅游景点(区),包括历史上遗留的城堡、宫殿、名人故居、寺院庙宇、民居等,如故宫、长城、少林寺等。

(3) 博物馆。即存放并展示特定历史文物典藏的建筑物或者机构,按收藏内容可分为综合类、艺术类、考古类、民俗类、人物类、自然类等,如国家博物馆、军事博物馆、民俗文化馆等。

(4) 公园类。即凭借特色的自然环境和植物景观而设立的旅游景点(区),包括国家公园、地质公园、自然保护区、著名的花园和园林等。黄山、泰山、九寨沟、神农架等都属于这类景区。

(5) 野生动物园区。即以观赏野生动物为主要活动内容的旅游景点(区),如动物园、海洋馆、观鸟园、蝴蝶庄园等。

(6) 美术馆。即以收藏、展览历史或传统的美术作品为主要活动内容的景区,如中国美术馆、上海美术馆、个人美术展览等。

(7) 主题公园。即以某个内容为中心而兴建的大型人造游览娱乐区,如迪士尼主题公园、深圳世界之窗、北京环球影城等。

(8) 早期产业旧址。即在废弃的早期工业旧址基础上开发的参观景点,让旅游者了解早期的产业形态,如早期的采矿业、机械建造业、铁路运输业等。河南郑州的二砂文创园、福州的马尾造船厂旧址都属于此类。

2. 旅游住宿业

旅游住宿业是旅游产业的重要组成部分,它是指为临时投宿的旅游者提供短期留宿场所的产业类型,包括饭店、宾馆、酒店、旅馆、旅社、客栈、招待所、度假村等。我国住宿业经过40多年的高速发展,形式越来越多样,住宿规模在全球处于领先地位。根据国家统计局数据,2019年旅游住宿的产业增加值为3 602.8亿元,占全部旅游及相关产业增加值比重为8%[2]。

住宿业可以说是旅游业的基础设施,住宿的改善往往能带来旅游品质与体验的提升。我国为了维护和提升旅游目的地的形象,对旅游饭店的质量进行了等级评定,以满足不同消费层次旅客的需求。评定标准主要是酒店位置、设施配备情况、服务水准的高低等。一般来说,酒

---

[1] 鲁勇. 广义旅游学[M]. 北京:社会科学文献出版社,2013:128.
[2] 国家统计局. 2019 年全国旅游及相关产业增加值 44 989 亿元[EB/OL]. http://www.gov.cn/shuju/2020-12/31/content_5575774.htm. [访问时间:2023-03-22]

店设施、装修、服务越好,酒店的档次越高,消费也越高。

常见饭店等级制度主要有星级制和级差制。星级制用五角星来表达,从一星级到五星级分别评价。级差制通常也分为五个级别,有用 A、B、C、D、E 来区分的,也有用豪华型、高档型、舒适型、经济型以及其他来区分的。我国为了与国际接轨,在旅游饭店等级划分上采用星级制。根据 2023 年最新修订的《旅游饭店星级的划分与评定》(GB/T 14308—2023),我国旅游饭店共分为五个级别,用星的数量和颜色来表示旅游饭店的星级,即一星级、二星级、三星级、四星级、五星级(含白金五星)。最低为一星级,最高为五星级(见表1-3)。

表 1-3 旅游饭店等级星级划分标准

星级	一般划分标准(设施设备、服务项目与质量)
★	设备简单,具备食宿两个基本功能,满足客人最基本的旅游需要
★★	设备一般,除具有客房餐厅外,还具备购物、邮电等服务设施,服务质量较好
★★★	设备齐全,除提供优质的食宿外,还有会议室、健身房、咖啡厅等休闲娱乐设施,服务质量好
★★★★	设备豪华,服务齐全,服务质量优秀,酒店环境幽雅
★★★★★	饭店的最高等级,不仅具有其他星级酒店所具有的设施服务,还有游泳池、网球场、桑拿房、温泉等休闲娱乐场地,满足客人旅游度假的需求

随着我国全面进入大众旅游时代,旅游者对住宿的需求不再仅仅是一张床、一间房,而是在住宿的过程中更深层次地体验异域文化、感受旅游新的交流场景。新的旅游需求也催生了旅游住宿新业态。当下,除了传统的星级酒店,旅游住宿业还出现了精品酒店、主题酒店、沉浸式酒店等多种住宿形态。另外,共享民宿、户外帐篷、房车、集装箱酒店等非标准住宿业态开始不断涌现,为旅游住宿业的发展注入了新的活力。

3. 旅游交通业

旅游交通业指的是为旅游者提供某种交通方式或手段,实现其从一个地点到另一个地点的空间转移过程的部门和企业的集合体。旅游交通对旅游产业的意义重大,是旅游发展不可或缺的重要因素。

首先,旅游交通是旅游者实现旅游的必要条件。旅游意味着空间流动,而交通工具是使旅游者流动起来的重要保证。在过去,由于交通不发达,旅游者在旅游过程中往往需要在交通上花费大量的时间成本和金钱成本,因而外出旅游只是少数人的选择。然而随着铁路、公路、航空等不断发展和完善,人们的活动范围大大拓宽,旅游的动机也愈发强烈。可以说,现代旅游业之所以有如此规模,一个重要原因就是交通运输的发展。其次,旅游交通掌握着旅游业的命脉。人们在选择旅游景点(区)时,重点考虑的一个因素就是交通便不便利、路上会不会堵、汽车好不好停。那些游客进得来、散得开、出得去的旅游景点(区)往往是人们优先选择的旅游目的地。最后,旅游交通是旅游产业收入的重要组成部分。在各国的国内旅游收入中,旅游交通收入始终占有相当的比重。我国在国内旅游交通收入上,虽然没有确切的统计,但根据目前国内旅游出行总人次,旅游交通的收入在国内旅游总收入中的比例可能会更高。以 2019 年我国国际旅游外汇收入统计来看,2019 年中国国际旅游外汇收入为 1 312.54 亿美元,其中长途交通国际旅游外汇收入为 401.91 亿美元,占比 30%[1]。

旅游交通的方式多种多样,可分为铁路、公路、航空、水运以及其他特殊旅游交通等类型,与之对应的交通工具是火车、汽车、飞机、轮船等。从旅游者的旅游过程来看,旅游交通还可以分为三个层次。第一层次是外部交通,即旅游客源地与旅游景点(区)所在城市之间的交通方式,其空间尺度可能跨国或跨省,通常采用航空、铁路、高速公路等形式。第二层次是旅游中心城市与旅游景点(区)之间的交通方式,主要有铁路、公路和水路等方式。例如,旅游者从桂林到阳朔,既可以选择陆上交通,也可以选择乘坐客轮。第三层次是景区内部交通,可以采用徒步、观光车、索道、游船等。

随着旅游需求的多样化、旅游交通的不断发展,交通运输不再仅充当旅游业基础保障的角色,开始与旅游业融合。交通本身被挖掘为旅游吸引物,成为主导旅游业的重要元素,即所谓的交旅融合。如著名的 318 川藏公路、新疆独库公路等,成为人们自驾、徒步的著名"景区"。

2016 年 8 月,国家发改委与国家旅游局联合印发的《全国生态旅游发展规划(2016—2025年)》首次提出"国家风景道"的概念,国务院发布的《"十三五"旅游业发展规划》提出在全国打造 25 条国家风景道。其中,河北"国家一号风景大道"、"千里太行"风景道,以及贵州"乌江源百里画廊"、荔波"绿宝石风景道"等纷纷开工建设,成为一条条靓丽的自驾游风景线。

三、新时期旅游产业的创新发展

随着我国经济持续稳定发展,人民收入水平稳步提高,旅游已成为全民生活消费的重要内容之一,成为人民群众生活水平提高的重要指标[2]。随之而来的是旅游产业逐渐发生着从规模旅游向优质旅游、从小众旅游向大众旅游、从传统旅游向智慧旅游、从景点旅游向全域旅游的深刻转变,旅游产业进入了大众旅游的新时期。

(一) 智慧旅游

智慧旅游是顺应信息技术发展而产生的,是智慧城市和智慧地球两个概念的延伸。它是指以新一代信息技术、智能技术实现旅游资源、信息资源和社会资源的整合、共享与有效利用,从而满足旅游者个性化需求[3]。早在 2014 年,我国政府就在《国务院关于促进旅游业改革发展的若干意见》中提出要加快智慧景区建设。2021 年,我国"十四五"规划提出"深入发展大众旅游、智慧旅游,创新旅游产品体系,改善旅游消费体验"要求。2022 年,《"十四五"旅游业发展规划》进一步提出推进智慧旅游发展,打造一批智慧旅游城市、旅游景区、度假区、旅游街区,培育一批智慧旅游创新企业和重点项目,开发数字化体验产品,发展沉浸式互动体验、虚拟展示、

---

[1] 华经情报网. 2019 年全国旅游外汇收入及各地区排行统计分析[EB/OL]. https://baijiahao.baidu.com/s?id=1697453112564701655&wfr=spider&for=pc. [访问时间:2023-03-28]

[2] 李晓红. 中国正迎来大众旅游发展的新时代[N]. 中国经济时报,2016-06-20(6).

[3] 雷晓琴,谢红梅,范丽娟. 旅游学导论[M]. 北京:北京理工大学出版社,2018:150.

智慧导览等新型旅游服务,推进以"互联网+"为代表的旅游场景化建设[1]。

为了推动智慧旅游建设,2022年9月,文化和旅游部资源开发司、国家发展改革委社会发展司联合发布《智慧旅游场景应用指南(试行)》,旨在通过拓展场景应用加快推进智慧旅游发展,其中智慧旅游的应用共分为以下十个场景[2]。

(1) 智慧信息发布。运用大数据、云计算、生物识别、数字媒体等技术,获取与旅游环境和游客体验相关的流量、气象、交通等信息,通过公众号、小程序、微博、短视频等渠道即时发布,帮助游客了解旅游目的地综合信息,科学确定出行或游览计划。

(2) 智慧预约预订。运用5G、大数据、云计算、人工智能等技术,在公众号、小程序、移动App、门户网站等多种渠道建设票务分时预约预订模块。该场景可以实现线上票务预约预订服务,精准控制游客规模,统筹分时分区游览,避免游客游览时间集中和空间集聚。

(3) 智慧交通调度。运用物联网、5G、大数据、云计算、地理信息系统(geographic information system, GIS)、卫星定位等技术,实时监测和分析道路及交通工具的通行状况、分布位置等信息。该场景可优化旅游区域内的交通运输环境,提高通行效率,提升游览舒适度和安全性。

(4) 智慧停车。运用图像识别、卫星定位、地理信息系统、红外热成像、传感等技术,实时监测采集车位预约、使用等信息,实现停车场优化利用。该场景可为游客停车提供精准化、便捷化服务,提升停车场管理能力和使用效率。

(5) 智慧游客分流。运用5G、大数据、物联网、地理信息系统、生物识别等技术,依托游客流量大数据平台,动态预测拥堵区域和时段,及时告知游客调整游览线路,科学疏导分流。该场景可实时监控游客流量,有效疏导拥堵,提高游览舒适度和安全性。

(6) 智慧导览讲解。运用大数据、人工智能、虚拟现实、基于位置服务(location-based service, LBS)等技术,采取语音、文字、图片、视频等形式,为游客提供基于位置的个性化路线推荐、导览和讲解等服务。该场景有助于帮助游客合理安排游览线路,满足游客的个性化和多样化游览需求。

(7) 沉浸式体验。运用AR、VR、MR、裸眼3D、4D/5D、全息投影等技术,创新内容表达形式,打造虚拟场景、多维展陈等新型消费业态,丰富数字旅游产品的优质供给。该应用场景有利于增强代入感和互动性,提升游客的感官体验和认知体验。

(8) 智慧酒店入住。运用大数据、物联网、传感、生物识别等技术,利用自助服务设备,为游客提供身份证扫描、人证对比、核对订单、确认入住、票据打印、自助续住、房卡发放回收、一键退房等服务。该场景可帮助游客在酒店实现快速入住,提升游客入住体验。

(9) 智慧旅游营销。运用大数据、云计算、融媒体等技术,收集游客受众分类、规模数量、结

---

[1] 中华人民共和国国家发展和改革委员会."十四五"旅游业发展规划[EB/OL]. https://www.ndrc.gov.cn/fggz/fzzlgh/gjjzxgh/202203/t20220325_1320209_ext.html.[访问时间:2023-04-05]

[2] 文化和旅游部资源开发司,国家发展改革委社会发展司.智慧旅游场景应用指南(试行)[EB/OL]. https://www.mct.gov.cn/whzx/bnsj/zykfs/202210/t20221010_936361.html.[访问时间:2023-04-05]

构特征、兴趣爱好、消费习惯等数据,通过游客画像分析确定市场开发方向、锁定消费客群。该场景有利于细分客源市场,实现精准高效营销。

(10) 智慧安全监管。运用5G、大数据、云计算、物联网、人工智能、图像识别、地理信息系统、智能视频监控等技术,建立实时监测、通话与定位、SOS救援等系统,打造立体化、全覆盖、智能化安全防控网络。该场景有利于及时发现和有效处治各类安全隐患,保障游客人身安全和旅游环境安全。

(二) 全域旅游

全域旅游是近些年旅游产业发展的一大热词,自2016年1月在全国旅游工作会议中被提出后,仅仅400多天便上升为国家战略。2016年7月,习近平总书记在宁夏考察时指出:发展全域旅游,路子是对的,要坚持走下去。2017年,"大力发展全域旅游"被写进政府工作报告,成为国家重要的旅游发展战略。

所谓全域旅游,指的是各行业积极融入其中,各部门齐抓共管,全城居民共同参与,充分利用目的地全部的吸引物要素,为前来旅游的游客提供全过程、全时空的体验产品,从而全面地满足游客的全方位体验需求[1]。全域旅游不再将旅游局限于某个景点,而是将旅游拓宽至某个区域,整个区域都是旅游景区。当下火热的网红城市就是全域旅游的突出形态和创新载体,秉承着"城市即景区"理念,将城市全域作为旅游的目的地。例如,重庆市通过营销打卡的形式打造出洪崖洞、轻轨穿楼、长江索道、磁器口、8D悬空车库等网红景点,吸引了大量游客来渝旅行,塑造了网红城市的形象,为重庆旅游产业带来了更多的生机。

全域旅游不仅是旅游产业发展的新模式,更是一种新的区域发展模式,是县域经济、市域经济在新常态下的一种创新形态和模式[2]。它的目标就是促进旅游业从单一景点景区建设管理向综合目的地服务转变,从门票经济向产业经济转变,从粗放低效方式向精细高效方式转变,从封闭的旅游自循环向开放的"旅游+"转变,努力实现旅游业现代化、集约化、国际化,是最大限度满足大众旅游时代人民群众消费需求的发展新模式[3]。

全域旅游有两大核心理念,分别是"旅游+"和"互联网+"。"旅游+"源于产业融合理念,旅游业不是单一的产业,而是一个综合了多个生产和消费要素的无边界、综合性产业,具有非常强的扩散性和综合性。通过"旅游+"可以形成多产业的资源整合,形成全域旅游的产业融合发展模式。如"旅游+农业""旅游+乡村",打造农事参与、民俗体验、赏花晒秋、摄影采风、研学修学等多种农业旅游基地,形成农业旅游产业带、乡村旅游圈,建设特色旅游村镇。此外,旅游还可以"+工业""+文化""+教育""+科技""+交通""+健康""+体育"等。"互联网+"是在万物皆媒的社会背景下提出的。在当下媒介化社会的背景下,互联网已经成为我们生活中的基础设施。旅游也逐渐演变为一种移动化、网络化、媒介化的生活方式,互联网助推旅游

---

[1] 厉新建,张凌云,崔莉.全域旅游:建设世界一流旅游目的地的理念创新——以北京为例[J].人文地理,2013,28(3):130-134.
[2] 韩燕平,王协斌.旅游学概论[M].2版.北京:北京理工大学出版社,2017:175.
[3] 华旅兴."全域旅游"热词[M].北京:人民出版社,2018:7.

成为智慧化的全新移动生活,成为一切产业融合的主渠道和通路结构[1]。在"互联网+"的推动下,"云旅游""元宇宙旅游""沉浸互动式旅游"成为旅游发展的新业态,为中国旅游业注入了强大的动力。

(三) 文化旅游

"诗与远方"是旅游的精髓与核心,也是旅游过程中追求个人身心体验的本质意义所在。其中,"诗"是文化之所在,以"诗"照亮"远方"就是通过优秀文化赋值旅游产业,让旅游中的"诗"与"远方"紧密相连。党的十八大以来,随着旅游业从粗放式向集约化、精细化发展,"以文促旅,以旅彰文"成为各地旅游业发展的口号,文化旅游呼之欲出。

早在1987年,我国学者魏小安就在《旅游文化与文化旅游》一书中提出了"文化旅游"的概念,认为"对于旅游者来说,旅游活动是经济性很强的文化活动,但对于旅游经营者来说,旅游业是文化性很强的经济事业。强调旅游业的文化特点,正是为了使以经济目标为主的综合性目标得以更顺利地实现",并且指出中国的文化旅游活动具体体现在制度文化、传统文化、民族文化、民间文化四个方面[2]。然而,直到21世纪第二个十年,文化旅游才真正成为一个热门话题。数十年来,旅游业的大步跨越不可避免地存在重经济、轻文化,过度逐利、急于变现的弊病,出现了不少粗制滥造、邯郸学步的现象,既扫了游客的兴致,又糟蹋了远方的桃源。在此背景下,文化之于旅游的重要性再次被提起,文化成为旅游的核心与内在。

理解文化旅游可以从三个方面入手。一是强调文化资源。文化资源是旅游产业开发的基础。文化资源不局限于传统文化,而是包含过去、现在和未来的任何一个文化形态。既有少林寺、长城这种历史文化资源,也有迪士尼、横店影视城这些现代文化资源,还有三体、漫威等未来科幻文化资源。旅游产业开发的核心(旅游吸引物)往往普遍建立在这些文化之上,成为吸引、维系旅游者的重要来源。即使那些以自然资源为基础的旅游活动,最后往往也会在文化的作用下被赋予人的意义,如冰雪旅游有冰雪文化,高山旅游有高山文化等。二是强调旅游者的体验,文化旅游往往侧重旅游者在旅游过程中所拥有的获得感、愉悦感、认同感,强调"异地身心自由体验",从而回归旅游的本质。因此,高质量的旅游不仅仅是"到此一游"式的走马观花,而是基于感情、故事的一段沉浸式体验。三是强调文化是旅游产业可持续发展的动力。随着人类社会的不断发展、人类足迹的不断蔓延,万事万物都在经历着"文化化"的历程,从而附带上人类的精神与情感。文化的遍在性为旅游产业提供着可持续发展的动力,任何关于人的场所、事件、体验都可以成为人们的旅游动机和旅游目的地。总之,文化对旅游产业的渗透是多方面的,贯穿于各个环节,是推动旅游产业可持续发展的重要驱动力[3]。

文化是旅游的灵魂。文化旅游既是一种旅游的类型,也是旅游产业发展到一定阶段的产物。目前,根据文化形态的不同,文化旅游可以分为文化遗产旅游、民俗文化旅游、主题公园旅游、乡村文化旅游、城市文化旅游、工业文化旅游、文化旅游演艺等。

---

[1] 林峰. 全域旅游孵化器[M]. 北京:中国旅游出版社,2017:91.
[2] 魏小安. 旅游发展与管理[M]. 北京:旅游教育出版社,1996:329-336.
[3] 桑彬彬. 旅游产业与文化产业融合发展的理论分析与实证研究[M]. 北京:中国社会科学出版社,2014:39.

第三节 旅游与文创的融合

文旅融合是当下文化与旅游界的热词,旅游产业与文化产业的融合发展对于创新产业发展模式、实现产业转型升级具有重要意义。2018年3月,第十三届全国人民代表大会第一次会议批准了《国务院机构改革方案》,将原先分设而立的文化部与国家旅游局合并组建为文化和旅游部。文化和旅游部的组建标志着文旅融合已成为国家层面的发展部署,是国家促进文旅有机融合发展的顶层设计,对我国文化事业、文化产业和旅游业的发展有着重大意义[1]。本节,我们以文旅融合现象为研究对象,从文化旅游出发探讨旅游文创这一深度融合方式,分析旅游与文创融合的背景与动力,以及旅游文创融合的表现及其产生的新业态等。

一、文化旅游的进阶:旅游文创

在我国旅游产业发展的几十年里,文化旅游迅猛增长是我国旅游业最突出的特征之一,并且仍是未来旅游发展的重要趋势。然而,随着旅游需求日益多样化和个性化,传统以历史文化资源开发的"观光型"文化旅游一定程度上限制了文化旅游的发展,同质化、单一化、复制性的文化旅游吸引物,如大差不差的民俗表演、毫无特色的小吃街、各景区清一色的旅游纪念品,造成了旅游者的旅游倦怠。在同质化的文化旅游中,北京的南锣鼓巷与云南的风情街区没有多大的差别,遍布江南的水乡古镇也令人难以察觉不同之处[2]。在如此背景下,创意在文化旅游中的重要性被提上议事日程,文化旅游开始向旅游文创的方向进阶发展。

(一)文化旅游与旅游文创

文化旅游是文化与旅游融合的初级形态,简单地说就是将历史文化传统转化成旅游吸引物,以供民众进行浏览、观赏和学习,重点突出的是文化资源的共享共用。罗伯特·麦金托什(Robert Macintosh)最早将文化旅游定义为"旅游者了解别人的历史遗产,了解他们的生活和思想的活动"[3]。2017年9月,联合国世界旅游组织将文化旅游定义为"一种游客出于学习、寻求、体验和消费物质或非物质文化吸引物或文化产品的本质动机的旅游活动"[4]。在这些定义中,尽管文化从"他们的生活和思想"变为普遍的"物质或非物质"文化吸引物或文化产品,文化的内涵和外延不断延伸,但文化旅游仍然是以文化为资源、以旅游为形式和载体的游客活动,并没有突出文化与旅游相融的特性与本质。因此,在传统文化旅游概念的指导下,文化旅游存在自身缺陷,以一个城市和地区的文化遗产作为特色的文化旅游模式往往会造成路径依

---

[1] 黄晓辉,刘玉恒,刘小波. 文旅融合:以诗照亮远方[M]. 北京:中国建筑工业出版社,2019:2.
[2] 岳乾. 旅游产品同质化当破[EB/OL]. 中国经济网,http://www.gov.cn/xinwen/2016-09/30/content_5113819.htm. [访问时间:2023-04-07]
[3] 罗伯特·麦金托什,夏希肯特·格波特. 旅游学:要素、实践、基本原理[M]. 上海:上海文化出版社,1985:23.
[4] UNWTO. UNWTO Tourism Definitions[M]. Chengdu:UNWTO, 2019:1-55.

赖或路径锁定。已经被验证成功的、相对"安全"的文化遗产利用模式必然会被全世界的其他城市和地区借用和复制[1]。文化旅游发展不可避免地落入单一化、同质化的窠臼。

文化是旅游的灵魂，旅游是文化的载体，文化与旅游具有天然的耦合性。但文化与旅游的融合不是简单的加法，而应该是乘法，通过文化与旅游的乘数效应实现文化旅游及其相关产业共同可持续发展。随着国家文旅融合政策的不断推动，文化与旅游在文创产业的助推下逐渐开始步入深度融合阶段，以"旅游＋文创"为突出特征的旅游文创的概念被提了出来。汇集新思想、新发现、新设计、新制作、新技术的创意元素成为文化与旅游之间的"乘法"和催化剂，通过对文化资源的创造性转化与创新性发展与利用，旅游文创成为有效避免文化旅游同质化、实现文化旅游转型升级的重要议题。

旅游文创，即旅游文化创意，指的是在一定文化资源和旅游资源的基础上，依托创造性的构思以及创意性的理念，实现文化与旅游的深度有机融合，以满足旅游者不断多样化、个性化的旅游需求的产业形态。旅游文创是文化、创意和旅游三种业态的融合，是文化产业、创意产业和旅游产业的交集。旅游文创既属于文创产业，也属于旅游产业。从文创产业来看，旅游文创是在旅游领域对文化资源的创造性转化与创新性利用，以打造旅游中的文创产品或体验，属于文创产业中的一个行业类型。从旅游产业来看，旅游文创是文化资源通过创意开发成为旅游产品所引致的旅游活动与现象的总和。总之，旅游文创是以文化为资源、以创意为手段、以旅游为形式的相关产业活动，包括但不限于景(点)区文创、酒店文创、交通文创、美食文创、纪念品文创等产品形态。

旅游文创与文创旅游在概念上都是旅游产业和文创产业融合的体现，只是在侧重点上略微存在差异。旅游文创以旅游为基础，立足于文创视角，通过强调旅游中的创意、点子、想法，推动文创与旅游的深度融合；文创旅游以文创为基础，立足于旅游视角，通过将文创打造为旅游吸引物，实现文创与旅游的强强联合。前者是从旅游到文创的融合，本身具有旅游吸引物，借文化创意实现旅游吸引物的进阶赋能；后者是从文创到旅游的融合，文创本身并不构成旅游吸引物，但将其旅游化后，文创作为旅游吸引物便可实现自身的再增值。旅游文创与文创旅游的概念差别并不大，两者是文创与旅游融合的一体两面，旅游文创应用到旅游产业中就形成了文创旅游。在某种程度上可以说，旅游文创就是文创旅游。本书中，为了凸显创意在旅游产业发展中的重要性，我们采用旅游文创来表述旅游业与文创产业融合而成的相关产业形态。

旅游文创与传统文化旅游存在着不同。文化旅游强调文化资源的原真性，即作为旅游主体的游客在旅游活动中所观光、消费和体验的产品必须是真实的、原本存在的，其中以文化遗产和历史古迹等方面的旅游类型最为典型，如平遥古城、云南丽江古城、武当山古建筑群、河南"天地之中"等。旅游文创则强调文化资源的开发与转化，侧重文化旅游中的创意元素。如果说文化旅游是跟着文化资源走，那么旅游文创是带着资源走，让资源为我所用。在保证文化原真性的基础上，凭借创意手段，提高旅游产品的附加值，增强旅游体验。

---

[1] 余召臣.新时代文化创意旅游发展的内在逻辑与实践探索[J].四川师范大学学报(社会科学版),2022,49(2):80-87.

正如文化产业发展到一定阶段就会产生文创产业,旅游文创也是文化旅游发展到一定阶段的产物,是文化旅游转型升级的结果。随着大众旅游时代的到来,旅游产业从量的累积进入质的转变阶段,旅游需求越来越个性化、多样化,人们希望在旅游过程中有更多的参与、互动与体验,因此,旅游文创生产成为衡量一个旅游产品能否成功的标志。旅游文创也是文化与旅游的深度融合,文化与旅游不是简单的加法,而是互相渗透。文化创意可以以旅游为中心,与旅游六要素进行深度贴合,如创意饮食、创意住宿、创意交通、创意景点、创意娱乐、创意纪念品等。旅游也可以以文化创意为中心,与影视、游戏、动漫、广告、传媒等联动,实现旅游与文创的融合与共同发展。总而言之,旅游文创既是文化旅游发展到一定阶段的产物,也是"旅游+""文创+"等各相关产业不断融合的结果。

(二)旅游文创的实现形式

旅游与文创的融合与互动是文化和创意对旅游产业价值链进行互补渗透、辐射延伸和融合孵化,从而产生新的产业价值的过程[1]。文化创意可以利用文化旅游资源,创新整合旅游产品,提高其附加值;同时,也可以借旅游的形式,拓宽文创的消费场景,增强文创消费体验。随着全域旅游和大众旅游时代的到来,旅游与文创的融合表现在对整个旅游目的地环境的创意加工,一切皆可旅游,一切皆可创意。

1. 旅游的文化创意化

旅游的文化创意化是以旅游产业为主导,将文化创意纳为旅游开发的手段与工具,并对传统旅游产业进行创造性转化与创新性发展的过程。由于旅游开发的传统模式已相对成熟,将文化创意的理念、思想与经验运用到旅游产业中相对容易,目前旅游文创大多属于此种类型[2]。对中国旅游产业发展而言,文化创意能够更深层次地对旅游资源进行二次挖掘、整合与再利用,从而赋予旅游创造性地演绎、展示历史或文化的能力,赋予旅游产业新的体验性、文化性、艺术性和参与性,提高旅游产业的吸引力和竞争力。比如,以桂林山水为背景的大型实景演出《印象·刘三姐》就是以旅游为主导的旅游文创融合,依托桂林传统的山水旅游,创造性地将山水作为舞台演出的背景,同时以少数民族的日常生活为主题,为游客献上一场场具有民族风情的山歌表演,不仅提升了游客的旅游体验,还开发出新的旅游吸引物,形成了新的消费内容和消费场景。

旅游的文化创意化一般分为三个方面:一是旅游生产的创意化;二是旅游宣传的创意化;三是旅游消费的创意化。首先,在旅游生产的创意化过程中,文化创意主要集中于对以文化资源为主要旅游吸引物的赋值,通过将其创意精华转移至旅游吸引物、旅游设施、旅游产品等物质载体或旅游服务、旅游活动等非物质载体,实现旅游产业的增值。其次,在旅游宣传的创意化中,宣传创意往往是实现旅游营销的重要手段,通过创意性的表达、展示,利用创意性的媒介技术和渠道,激起旅游者的旅游欲望,促成旅游消费。最后,在旅游消费的创意化过程中,依靠媒介技术、终端设备升级,如 VR/AR、全息影像、元宇宙等,增强旅游者的互动参与,提升游客

---

[1] 李柏文.文化创意+旅游业融合发展[M].北京:知识产权出版社,2019:18.
[2] 薛可,余明阳.文化创意学概论[M].上海:复旦大学出版社,2020:270.

的旅游消费体验[1]。

2. 文化创意的旅游化

文化创意的旅游化是以文化创意为主导的旅游文创融合模式,将文创产业或活动产生的产品、事件、空间等打造成新的旅游吸引物,使其具有旅游功能,其本质是文创产业的旅游化利用与开发[2]。文化创意的旅游化是全域旅游背景下的典型代表,不仅拓宽了旅游的对象和范围,还扩展了旅游体验的方式和内容。凭借文化创意产品的品牌力、影响力和感召力,可以将文创产业的市场价值延伸至旅游产业,实现旅游市场与文创市场的融合,进而吸引更多的旅游者前来参与体验。一般来说,文化创意产业园、主题公园乐园等都具有旅游开发的条件,如北京798艺术区、上海田子坊、横店影视城、深圳大芬油画村等。它们都是因文化创意而聚集起来的文化空间,有着极具特色的文化特性,形成了独特的文化资源,经旅游产业化改造后成为人们旅游目的地的重要选择。

文化创意的旅游化一般分为文化空间创意的旅游化和文化事件创意的旅游化。文化空间创意的旅游化正如上述文化创意产业园、主题公园等,将创意聚集的空间改造成旅游目的地,从而吸引游客前往体验与消费,这类创意集聚的空间往往具有艺术性、时代性、新潮性等特征。文化事件创意的旅游化则是指经过专门的组织、营销与策划的文化创意性活动与事件,并且依赖这些活动与事件实现吸引旅游者前来参观、体验的目的。文化创意性事件与活动包括各类音乐节、动漫节、演唱会、游戏赛事、体育赛事、民俗表演等,以事件与活动的形式吸引旅游者前往目的地城市,从而带动相关产业共同发展。以浙江西塘汉服文化周为例,2013年,方文山在西塘古镇发起汉服文化周,经过十年耕耘发展,"穿汉服、游西塘""看汉服、到西塘"逐渐成为广大汉服文化与传统文化爱好者的共识。将"穿汉服"的文化活动与西塘古镇旅游相结合,大大提高了旅游过程中的沉浸感和参与感。据不完全统计,西塘汉服文化周累计吸引了上百万汉服同袍和传统文化爱好者参与其中,带动相关产业收入超三亿元。

3. 产业的文化创意化、旅游化

产业的文化创意化、旅游化是以产业融合为主导的旅游文创融合模式,其本质是"文创+""旅游+"相关产业过程,利用创意性的想法、理念对其他产业(如农业、工业等)进行创造性的转化与改造,赋予其创意特色和旅游功能,从而生成新的旅游文创产品与业态,如工业创意旅游、乡村创意旅游、科技创意旅游等。老牌工业国家德国拥有120多条工业旅游线路,而且每一条都和某一行业相关,构成"工业文化之路",如玩具之路、汽车之路、啤酒之路等。德国沃尔夫斯堡的大众汽车城是目前世界上最大的也是第一座汽车主题公园,陈列了大量汽车和汽车部件,还有许多体验性实验装置,它将整个城市纳入汽车工业旅游,从而构成了极具特色的汽车文化城,成为全域旅游的典型业态。

产业的文化创意化、旅游化是产业融合的重要表征,通过创意孵化、旅游赋能,可以打破产

---

[1] 王峰,明庆忠.旅游创意及其实现机理——基于云南省旅游品牌景区的案例聚焦[J].资源开发与市场,2014,30(3):342-345,349.
[2] 李柏文.文化创意+旅游业融合发展[M].北京:知识产权出版社,2019:21.

业边界,延伸产业链条,实现旅游文创的纵向一体化。旅游文创与其他产业的融合产业链一旦形成,不仅会提高旅游文创产业的品质,还能提升传统产业的附加值,实现各产业的同步联动与价值叠加。如围绕钢铁创意旅游所形成的钢铁文化、钢铁材料、钢铁机械、钢铁娱乐、钢铁科技等融合型产业链,这些产业链的空间集聚逐渐形成特色产业体系,成为经济增长的新动力。

二、旅游文创融合的现实背景及其动力系统

旅游产业与文创产业融合发展是在特定背景下提出和推进的,既有产业转型升级的内生性动力,又有政府政策推动的外部动力,还有技术创新所带来的支撑力。这些要素既是旅游文创融合的现实背景,同时又构成了旅游产业与文创产业融合的动力系统。

(一)消费升级推动产业转型

党的二十大报告指出,"高质量发展是全面建设社会主义现代化国家的首要任务"。进入新发展阶段,社会主要矛盾已经转化为人民日益增长的美好生活需要和不平衡不充分的发展之间的矛盾。文化旅游产业既是经济产业,也是人民的幸福产业,从过去的高速发展转向高质量发展,同样面临着亟须提质增效、转型升级的问题。

经历了40多年改革开放,我国消费结构已发生历史性变化,生存资料的消费比重不断下降,享受和发展资料的消费比重不断上升,文化和旅游消费成为人们幸福生活的刚性需求[1]。与此同时,居民消费从原先追求数量逐渐转向追求质量,在文旅消费上更加关注体验感、沉浸感,消费趋于个性化、多样化。以旅游消费为例,曾经以观光游览为主的旅游消费正转向度假旅游、生态旅游、康养旅游等,旅游消费结构不断升级。携程发布的《2019国民旅游消费报告》显示,80后和90后成为旅游消费主力军,个性化的深度旅游体验更受欢迎,好玩、有趣、美食成为旅游选择的重要标准[2]。

消费结构的变化同时也推动着文化与旅游产业的融合与转型升级。我国传统旅游多以观光型为主,产品类型较为单一,难以满足人们日益精细化的旅游需求,因而迫切需要通过转变发展方式提升产业素质,优化产业结构。在这样的压力下,文化创意开始被纳入旅游产业中的核心要素,借助创意性的内容、创造性的方式、创新性的体验丰富产业内涵、提升产业竞争力,从而推动文创和旅游的深度融合,加快旅游业转型发展。例如,在旅游住宿上,酒店不再仅局限于提供休息的功能,而开始被挖掘出更多的文化体验要素,产生了多样化的主题酒店。又如,电竞酒店满足了旅途中组团"开黑"的现实,具备"私人影院"的电影酒店使旅行夜生活变得更加丰富[3]。

(二)政府政策的大力支持

政府政策对文创产业与旅游产业融合发展具有强有力的推动作用。2009年9月,《文化

---

[1] 桑彬彬.旅游产业与文化产业融合发展的理论分析与实证研究[M].北京:中国社会科学出版社,2014:64.
[2] 韦夏怡.携程发布《2019国民旅游消费报告》:80后和90后成旅游消费主力,小镇青年出境游增长快[EB/OL].经济参考报,http://www.jjckb.cn/2019-12/26/c_138657960.htm.[访问时间:2023-04-06]
[3] 携程.2019国民旅游消费报告[EB/OL]. http://www.199it.com/archives/987410.html.[访问时间:2023-04-06]

部、国家旅游局关于促进文化与旅游结合发展的指导意见》提出要"推进文化与旅游协调发展""促进旅游产业转型升级",并对促进文化与旅游深度融合提出明确的意见。这是我国政府出台的第一份关于促进文化产业与旅游产业融合发展的政策性文件,标志着旅游融合发展的理念被纳入国家发展文旅产业的指导思想和方针政策。2009年12月,《国务院关于加快发展旅游业的意见》发布,指出"强化大旅游和综合性产业观念",产业融合被确定为旅游产业发展的重要方向。2014年,《国务院关于推进文化创意和设计服务与相关产业融合发展的若干意见》出台,从文化创意的视角推动相关产业的融合,其中明确指出发展文创产业有利于国民经济新的增长点的培育、发展创新型经济、推动产业结构调整和发展方式转变、加快实现由"中国制造"向"中国创造"转变。此外,还有《"十三五"时期文化扶贫工作实施方案》《国务院办公厅关于促进全域旅游发展的指导意见》《中共中央、国务院关于实施乡村振兴战略的意见》《"十四五"旅游业发展规划》《"十四五"文化发展规划》等政策文件。这些重大政策虽然涉及各行各业,但普遍都提到了产业间的融合互动,特别是发挥以文创产业、旅游产业为形式的"文旅+"的融合带动作用。

2018年,文化部与国家旅游局合并组建文化和旅游部,是文旅融合走上新台阶的标志,是国家从机构改革的制度层面对文旅融合的进一步推动。文化和旅游部的成立,可以为文创旅游产业发展扫清制度障碍,有利于文化旅游资源的协同管理。通过统筹文化和旅游两大产业,可以解决原先文旅部门之间难以有效沟通的问题,推动文化和旅游在政府管理层面的有机合作,为文旅产业融合发展营造一个良好的政策环境。

(三)数字化技术加速文旅融合

产业融合往往是在科学技术发展的推动下产生的,其概念最早源于技术领域。美国学者内森·罗森伯格(Nathan Rosenberg)最早提出"技术融合"的概念,强调了生产技术的关联性对未来产业融合发展的重要性[1]。不同产业之间技术的融合使生产技术和工艺流程趋于一致,从而促使不同产业间的技术性壁垒逐渐消失。各产业在拥有共同的技术基础后,原有产业边界日趋模糊,从而导致产业融合的产生。

技术创新是产业融合的源泉,其在推动旅游产业与文创产业融合的过程中发挥着重要的作用。在文化和旅游业中,许多文化价值、理念、创意等的实现,客观上需要一定的技术手段予以支撑和保证。随着5G、移动互联等通信技术的飞速发展,以互联网为核心的数字化技术逐渐成为各行业的信息基础设施。在此背景下,文旅行业的数字化成为转换和促进文旅融合的最佳媒介。数字文旅是文化建设的基础工程,也是旅游发展的产业动能。云演出、云直播、云展览、云旅游等新兴文化和旅游消费场景的出现就是文旅数字化的体现。文创产业和旅游产业越来越依赖相同的数字化技术发展,从而使文化与旅游的产业形态逐渐模糊并趋于一致。特别是在沉浸式旅游、文化体验产品等形式上,"技术支撑"的作用愈发明显。它们活化并增强了文化旅游产品的主题内涵、个性特色,以及产品的形象性、生动性、体验性和互动性,极大地

---

[1] Rosenberg N. Technological Change in the Machine Tool Industry: 1840-1910[J]. The Journal of Economic History, 1963, 23(2): 414-446.

丰富了现代旅游文化产品。"旅游＋文化创意＋科技"三种元素的结合,让旅游业极具想象空间和市场发展前景,文化创意和科技已然成为文化旅游发展的两翼。

2022年,全球首个元宇宙景区平台"张家界星球"上线。该项目首次运用XR融合互动技术,用户可以在元宇宙平台中沉浸式体验张家界的秀美风景。"张家界星球"充分应用了中国移动5G、虚幻引擎5(UE5)游戏引擎开发、云端图形处理器实时渲染等多种融合技术,通过数字孪生构建张家界景区虚拟世界,结合《阿凡达》的电影IP,构建了一个展现大自然鬼斧神工的元宇宙景区平台。

三、旅游与文创融合的表现

随着旅游业和文化产业的繁荣发展,旅游与文创的互动与融合越来越密切,无论在资源层面、产品层面,还是在组织层面、市场层面,两产业都相互影响、彼此促进,呈现出相互渗透、互动融合的发展态势。文创产业拓展了旅游资源的外延,提升了旅游产品的附加值;旅游产业则促进了对文化资源的开发与保护,促进了文化的交流与传播,并拓展着文化产业的发展空间。

(一)资源融合

资源融合是旅游文创融合的基础,也是旅游产业与文创产业融合的原始形态。一般来说,文创产业以文化资源为主,旅游产业则以旅游资源为主。但随着"旅游＋""文创＋"战略的发展,旅游文创的资源融合逐渐扩展到三个层面:一是传统文化资源构成旅游文创融合的基础性资源;二是文化创意资源构成旅游文创融合的拓展性资源;三是其他产业资源的创造性转化构成旅游与文创融合的延伸性资源。

1. 传统文化资源构成旅游文创融合的基础性资源

旅游资源一般分为自然旅游资源和人文旅游资源两大类。其中,人文旅游资源既具有旅游功能属性,又具有文化产业属性,既属于旅游资源,同时也是文化资源,如古代遗迹、历史建筑、文化习俗、非物质文化遗产等。这些人文旅游资源大多源于传统历史文化,是人类在改造世界的过程中不断创造、凝结的产物。在资源的挖掘与整合上,这些传统文化资源既可以被开发成旅游观光、体验的项目,也可以被开发成文艺演出、电影、电视剧等文化产业项目。可见,旅游资源与文化资源之间具有广泛的关联性和共通性。一项资源,多重使用,成为文旅融合的显著特征。例如,《宋城千古情》《吴越千古情》《印象·西湖》等文艺演出,通过挖掘民族文化和地方特色,在旅游的基础上开辟文艺演出产品,实现了文创与旅游的强强联合。

2. 文化创意资源构成旅游文创融合的拓展性资源

文化创意资源是在现代文化与技术支撑下所形成的文化旅游资源,它不仅包括流行文化,如影视文化、动漫文化、游戏文化等,也包括传统文化的现代化转化,如河南春晚舞蹈节目《唐宫夜宴》以唐朝历史文化为资源,通过运用5G＋AR技术,将大唐盛世的文化形象完美地呈现在荧屏上。《唐宫夜宴》打破了对传统历史人物的刻板印象,将唐朝宫女憨态可掬的一面呈现给大家,赢得了广泛好评,从而掀起一股河南博物院的旅游热潮,同时唐宫仕女的文创手办也成为人们重点消费的对象。

在文化创意资源中,创意占据核心地位,是资源转化的重要手段。创意植根于文化,同时也生产文化,创意本身可以发展成为吸引物。北京环球影城是基于现代影视文化资源而建造的文化主题乐园,其中包括哈利·波特的魔法世界、变形金刚基地、功夫熊猫盖世之地、好莱坞、小黄人乐园、侏罗纪世界努布拉岛等主题乐园,使电影人物出现在现实生活中,是影视文化创意与旅游的一次完美结合。北京环球影城的"话痨"威震天因其金句频出而成为园区的顶流,实现了影视 IP 场景化、沉浸式体验,成为旅游文创融合的经典案例。

3. 其他产业资源的创造性转化构成旅游文创融合的延伸性资源

其他产业资源是指在"旅游+""文创+"的打造与转化下,使其同时具有旅游功能和文化创意的属性,从而构成旅游文创融合开发的资源。特别是在全域旅游的背景下,跨界融合成为一个显著特征,如创意农业旅游、创意工业旅游。一般来说,其他产业被打造成旅游资源首先得经过文化创意赋能,文化创意是其他产业资源成为旅游吸引物的重要元素。在其他产业中融入传统文化,或为其设立鲜明独特的主题,或结合多种科技元素,可以使得其他产业在文化创意加持下变得更加时尚现代,从而被更多人喜爱。

(二) 产品融合

产品是利用资源作为生产的投入和基础并经过生产过程从而实现的相应产出。文创与旅游的资源融合一定程度上决定了其产品的融合。产品功能和价值的融合性特征模糊了文创产品和旅游产品之间的固有边界。文创产品可以成为吸引游客的亮点,并打造成旅游景点(区);旅游景点(区)则可以开发出满足旅游者需求的相关文创产品。在产业融合中,生产融合性旅游文创产品以满足人们多样化的消费需求是产业融合的最终目的。产品融合主要体现在以下方面:一是产品生产的融合;二是产品消费场景的融合;三是产品宣传推广的融合。

1. 产品生产的融合

产品生产的融合指的是不论文创产业还是旅游产业,其产品的生产过程逐渐趋于一致,生产的最终产品逐渐合二为一的过程。旅游产品和文化产品普遍都含有文化属性,具有满足人们精神层面需求的功能,因而不论文创产业还是旅游产业,文化和创意始终是文旅产品生产的重要元素,也是旅游与文创融合的基础。通常来说,旅游文创融合的产品往往包含两类。一类是基于空间维度的旅游文创产品。比如,文化产业园、创意主题公园、电影城等空间旅游园区依靠一定的文化资源,经创意化改造后成为具有旅游吸引物特征的旅游产品。著名的案例就是迪士尼,先做动漫、影视等纯文化产业内容,后又通过空间化(迪士尼主题公园)实现了旅游文创融合[1]。另一类是基于文化体验的旅游文创产品,如景区剧本杀、VR 云旅游、沉浸式主题酒店等。这些体验式的旅游文创产品或依靠技术,或依靠场景打造、角色扮演等,极大地提高了旅游文创产品的体验性,增强了旅游参与性、故事性。旅游也从"走马观花"切换到"沉浸体验"模式,激发游客更多参与感、获得感。

---

[1] 黄潇婷.融合空间和内容,带动文旅"大产业"发展[J].人文天下,2019,135(1):9-11.

2. 产品消费场景融合

场景理论由特里·克拉克(Terry Clark)和丹尼尔·西尔(Daniel Silver)在《场景：空间品质如何塑造社会生活》一书中提出，认为由美学知觉和由欲望转化而来的活动和舒适物，能够转化成文化与价值观的外化符号，形成具有鲜明特征的场景，这些场景能够被人们识别、区分，并对人们的行为产生影响[1]。所谓场景，指的是一个由硬件设施和软件系统构建的系统，主要有社区、建筑、人群、文化活动和公共空间五大构成要素。其中，硬件包括建筑与空间，软件主要是指这些设施与活动背后所体现的审美趣味、价值观、生活方式和体验等文化性要素[2]。由于文创产业和旅游产业都是追求消费体验的产业，消费场景的融合就成为旅游文创融合发展的直观呈现，也是旅游文创融合发展最核心的终端产品之一，其融合情况是衡量旅游文创融合发展水平的重要标尺。

旅游文创产品的消费场景融合体现在三个方面。一是终端融合，随着数字化技术在文旅行业的快速应用，线上线下一体化、在线在场相结合的数字化文旅消费新场景正在形成。旅游文创的消费终端逐渐集中到民众的智能设备中，以"云旅游""云演出""直播带货"等多种文旅消费形式丰富了旅游文创的消费场景。二是沉浸融合，既有文化创意园、主题乐园、文化小镇等基于实地场景的沉浸式融合，又有 VR、元宇宙等基于技术场景的旅游文创沉浸式融合形式。三是叙事融合，一个故事，多重讲述。旅游文创产品的消费场景不仅是单一的空间概念，更是一个叙事概念。叙事场景突出了产品消费的故事性，游客在产品消费中不只是旁观者，更是参与者，通过沉浸式体验，跟随产品文化故事的此起彼伏，参与故事的生产与传播。

3. 产品宣传推广融合

无论旅游产品还是文化产品，一个好的产品要取得不错的经济效益，都少不了关于产品的宣传推广。产品的宣传推广是旅游文创产品的重要组成部分，是向旅游者展示旅游目的地形象和产品魅力的重要手段[3]。在旅游业蓬勃发展的当下，旅游文创宣传推广的重要性不言而喻。酒香也怕巷子深，景好也要勤吆喝。从《丁真的世界》带动理塘旅游爆火到西安大唐不夜城的"盛唐密盒"走红，以微博、微信、短视频为代表的社交媒体功不可没，其中生动形象的创意性宣传极大地刺激了受众的旅游兴趣与冲动，拉动了旅游消费。

在信息化社会，旅游文创产品的宣传推广离不开"两微一端一抖一书"的传播矩阵。其中，"两微"指的是微博、微信，"一端"指的是新闻客户端，"一抖一书"则分别指的是抖音短视频和小红书。"两微一端"是当下传播的基本配置，要想在注意力经济时代一举成名，还得依靠创意性的短视频。随着云计算、大数据、人工智能等技术的不断进步，抖音短视频已成为旅游文创最核心、最新颖的宣传推广方式，依靠场景再现、精准推送以及在场互动，通过口碑效应打造了一个个网红产品、网红景点。以西安通过抖音推广城市旅游为例，西安的旅游宣传以城市背景

---

[1] 白晓晴,李尽沙.融合场景视域下旅游文创的传播机制与价值流动研究[J].中国新闻传播研究,2021(6):178-189.
[2] 陈献春,钟廷雄,蒲钊等.关于构建文旅新场景、深化文旅融合发展的研究[N].中国旅游报,2020-01-07(3).
[3] 薛可,余明阳.文化创意学概论[M].上海:复旦大学出版社,2020:275.

音乐、本地饮食、景观景色和科技感设施作为西安城市特色,建立起一个更具中国特色和辨识度的立体的西安城市形象[1]。此外,小红书因其小众、个性、独特的风格,成为旅游的"种草地"。旅游攻略、拍照打卡、文创种草、非标准景点的挖掘成为小红书的重要内容。

(三) 组织融合

旅游和文创的组织融合主要表现在原本分设而立的旅游组织(机构)和文创组织(机构)不断合并和联合的活动与现象。旅游文创的组织融合既是旅游产业和文创产业不断发展的结果,也是两大产业融合互动、转型升级的需要。由于文化和旅游的视角存在差异,在融合过程中需要从部门、系统、组织机构等方面对文化机构和旅游机构进行融合工作的搭建。目前,组织融合大致分为政府机构的融合、企业层面的融合以及数字化的平台融合。

1. 政府文化与旅游部门的融合

在旅游产业与文化产业不断融合发展的背景下,文化和旅游部的组建改变了原来文化和旅游分割的工作方式,统筹规划文化产业、旅游产业,推动文旅产业的有机融合,从机构改革层面实现了文旅管理部门的融合。

在地方文化机构改革方面,省级文化和旅游部门基本延续了国务院机构改革方案的规定动作,将原先分设的文化厅和旅游厅合并组建文化和旅游厅。值得一提的是,海南省基于当地经济社会发展情况整合了旅游、文化、体育等领域,组建海南省旅游和文化广电体育厅。在县市级层面,各地市差异开始凸显,一部分沿用上级的方案,组建文化和旅游局,另一部分则依据自身情况,将广电部门或体育部门纳入进来,设立文化广电和旅游局或文化广电旅游体育局。典型的有郑州市文化广电和旅游局、长沙市文化旅游广电局、深圳市文化广电旅游体育局。随着各文化部门管理职责的整合,"多领域互补"将形成行业整体优势,过去"文化+""旅游+""广电+""体育+"的独立模式向"1+3+N"和"整体同步+"模式转变,形成一个全新的行业整体融合模式。

2. 旅游企业和文化企业的合并

旅游文创融合的直接结果便是大量多元化、混合型企业的出现。资源融合、产品融合以及市场融合都要通过各旅游和文化产业内的企业执行和实施才能得到最终的落实,因此,企业融合也是旅游文创融合的直接表现。旅游产业和文化产业原本就具有一定的互补性,在日益激烈的市场竞争中,为了追求规模经济效益,各企业不断扩大自己的生产经营范围,通过跨产业、多元化经营降低生产成本,通过业务融合开发出更多的融合性产品和服务[2]。在具体的融合上,一方面,组建大批的文旅集团,曾经各地市级的文化投资公司和旅游公司纷纷合并,成立文旅发展集团;另一方面,开展多元化经营,如华谊兄弟在电影业务的基础上开辟了电影小镇、电影世界等,融创中国在地产的基础上,开辟文旅、会展等业务。

文旅融合发展已成为各企业的战略选择,以深圳华侨城集团为例,该企业凭借"文化+旅

---

[1] 张静.抖音短视频对西安城市形象建构与传播策略探析[D].保定:河北大学,2019:42-43.
[2] 桑彬彬.旅游产业与文化产业融合发展的理论分析与实证研究[M].北京:中国社会科学出版社,2014:78.

游＋城镇化"的发展战略,在全国50多个城市中布局了主题公园、电子科技、住宅社区、都市文旅综合体、文化演艺、美丽乡村、创意产业园区、精品酒店等多种业态,培育了欢乐谷、锦绣中华、世界之窗、东部华侨城、欢乐海岸、欢乐田园、安仁古镇、OCT-LOFT华侨城创意文化园、深圳华侨城大酒店等一系列文旅行业领先品牌和项目,展现出文旅融合巨大的发展潜力,已成为亚洲领先的主题公园集团。

3. 数字化的平台融合

随着以人工智能、大数据、云计算、区块链、5G等现代信息技术为核心的新技术革命的来临,全球正在进入全新的数字时代,数字化成为各行各业发展的重要方向。在文旅融合方面,数字技术对文旅产业也进行着全方位、多角度、全链条的改造,旨在打破文化和旅游产业的边界,实现文旅产业深度融合发展[1]。但是,传统文旅企业存在着信息技术障碍,自身难以实现信息化、数字化改造,因此,与互联网公司合并、联合就成为企业的重要选择,从而实现了"文化＋旅游＋互联网"企业的融合。2017年11月,百度知道与中青旅遨游旅行携手,在旅游目的地、签证等垂直领域,开展知识生产、分发、分享等多层次的合作,探索"互联网＋旅游"、内容营销等领域的合作模式。2019年,字节跳动公司新增信息咨询业务,并在抖音商家个人主页中新增"门票预订""酒店预订"等功能。2021年5月,抖音内测小程序"山竹旅行",包含门票和酒店预订等功能。目前,文旅系列活动从"种草"到消费基本都在互联网平台完成,实现了文旅产业的平台融合。

(四) 市场融合

市场融合是旅游文创融合的高级阶段,打破了旅游市场与文化市场的边界,从而出现市场交叉与渗透的融合现象。市场融合既是旅游文创融合的动力,也是旅游文创融合的结果。随着文旅融合的深入,文化和旅游的市场融合也由最初的部分交互逐渐走向共生互融的统一目标市场。此外,在市场营销的创新、文旅品牌整合与培育上,也出现了融合共生的现象,形成一次营销、多方受益的传播效果。

1. 目标市场的融合

通常来讲,传统旅游市场以大众市场为主,异地化(外来游客)消费占主导,旅游者追求好看、好玩;传统文化市场则以精英市场为主,本地居民消费占据多数,追求文化熏陶和品位。但随着文旅融合的不断发展,两个相对独立的市场开始出现交集,其突出特征是外地游客开始对旅游目的地的文化产品产生偏好,从而出现了目标市场的融合。

所谓目标市场,是企业决定进入并为之提供产品和服务的那部分顾客群体或细分市场[2]。对于文创产业和旅游产业来说,目标市场融合意味着消费者需求出现了共生相融的态势。那些能够体现文化独特性、鲜活性、多样性的旅游场景越来越具有吸引力和感染力,成为旅游者的重要选择。根据2019年3月中国青年报社社会调查中心的一项问卷调查,在制定文

---

[1] 夏杰长,贺少军,徐金海.数字化:文旅产业融合发展的新方向[J].黑龙江社会科学,2020,179(2):51-55,159.
[2] 林巧,王元浩.旅游市场营销:理论与中国新实践[M].杭州:浙江大学出版社,2018:136.

化旅游路线时,82.1%的受访者会选择有大文化IP背景的景点[1]。可见,在旅游中感受文化创意,在文化创意中进行旅游已成为人们文旅消费的重要标准。

以德云社为例,德云社在传统相声艺术的基础上,加入时代创意元素和现代故事,深受广大年轻人的喜爱。德云社所在的地区逐渐成为当地的旅游名片,去听一场德云社的相声成为旅游过程中一次重要的文化体验。北京德云社的大本营原天桥乐茶园、南京德云社所在地老门东历史文化街区都已成为著名的网红景点。即使那些不了解相声的游客,也会在网红效应的带动下,走进茶馆进行一场文化体验之旅。

2. 市场营销的融合

市场营销的融合指的是原先文创和旅游分开的营销策略逐渐融为一体的过程,通过将区域的旅游产品与文创产品统一在一个拥有较高市场知名度的品牌下,能够在很大程度上提高产品的知名度和竞争力,实现旅游产业与文化产业彼此支撑、相互促进、协同发展[2]。简单地说,就是一个品牌、多方使用,一次营销、多方受益。任何一个品牌的打造都会产生连带效应,如河南卫视《唐宫夜宴》的出圈,既带动了博物馆旅游,同时也带来了相应文创产品的增收。

在全域旅游背景下,越来越多的营销都采用了文旅一体的方式,或以整体带动局部,或以局部带动整体。例如,淄博烧烤的走红带动了淄博旅游,与之相匹配的还有当地的旅游景点和非遗文创等;长沙茶颜悦色的品牌塑造也带来长沙旅游业的发展,人们前往目的地并不仅是为了喝一杯奶茶,还是为了体验目的地的风土人情。这是以局部带动整体的案例。此外,在以整体带动局部方面,各地的文旅市场营销目前都开始以区域整体为营销对象,如多地文旅局长"披挂上阵",以网红官员的形式为家乡代言、为旅游助力,他们往往借助美景、美食、美游、美宿、美物等来塑造一个整体的目的地形象,带动当地的文旅行业发展。以文创带动旅游,以旅游带动文创,旅游文创融合营销是未来文旅市场营销的一大趋势。

四、旅游与文创融合新业态

(一) 文创和饮食的结合

在整个旅游消费系统中,富有创意性的美食绝对容易成为网红产品。文创和饮食的结合既可以打造成旅游吸引物,也能提高饮食的特色,打造饮食品牌。文创和饮食的结合,不仅要好吃,更重要的还要好看、好晒、好传播[3]。近几年,舌尖上的文创深受年轻人喜爱,各旅游景区也努力跟进,创造出文创雪糕,如故宫瑞兽雪糕、玉渊潭樱花雪糕、西安城墙雪糕、武汉黄鹤楼雪糕,以文物、建筑为外形,不仅让旅游文创可看可听,还能品尝。虽然之后出现同质化、低廉化等问题,但也为文创与饮食的结合提供了可供参考的思路,值得借鉴与学习。

(二) 文创和住宿的结合

文创与住宿的结合,就是将文化创意的元素融入住宿环境,打造独特的入住体验。目前常

---

[1] 王品芝,等.出门旅游忙于"打卡"不如来点文化[N].中国青年报,2019-03-28(8).
[2] 赵磊.旅游产业与文化产业融合发展研究[D].合肥:安徽大学,2012:26.
[3] 黄晓辉,刘玉恒,刘小波.文旅融合:以诗照亮远方[M].北京:中国建筑工业出版社,2019:33.

见的创意手法就是将文化 IP 和酒店结合,打造基于 IP 的主题酒店。例如,全球首家史努比酒店"Peanuts Hotel"于 2018 年 8 月 1 日在日本神户开业,其灵感源于原创漫画《花生漫画》中的场景:史努比的朋友们(一群候鸟)在它家里睡着了,就好像是在它们自己家里一样。创办人希望这个酒店能带给史努比爱好者们一种家的感觉。在国内,不少电竞酒店、电影酒店等主题酒店也吸引了众多游客入住。

(三)文创和交通的结合

文创与交通的结合是指在旅游过程中,将文创元素运用到旅游交通线路中、将文创产品应用于交通设施、在交通场景中开展文创活动等。这种结合可以增加文旅产业附加值,提升用户体验和吸引力。例如,在野生动物园中,增加动物形态的旅游大巴,让人们在观赏动物的时候有更加沉浸、逼真的体验。又如,高速公路服务区的创意化改造,使之成为网红服务区。以苏州阳澄湖服务区为例,它将园林、昆曲、古桥、老字号等苏州精髓元素融入服务区,逛一个服务区就能在一天内完成打卡游览园林、体验科技馆和非遗馆、品尝老字号美食、欣赏昆曲和评弹等日程。此外,还可以设置旅游巴士、主题公交、文化地铁列车等,来实现文创与交通的结合。

(四)文创和景点的结合

旅游景点已从曾经资源主导的时代步入文化创意主导的时代,文化创意旅游景区成为未来旅游业的发展方向。文创和景点的结合可以形成差异化特色,构建景点的创意品牌,提升旅游景点的竞争力。目前,文创和景点的结合有两种形式:一是以景点为主导引入文创元素,如结合景区的历史和文化,将文创 IP 融入其中,如洛阳洛邑古城打造汉服妆造品牌,穿汉服游洛阳成为一大亮点;二是以文创为主导引入旅游元素,如迪士尼主题公园、北京环球影城、电影小镇、电影城等。

(五)文创和纪念品的结合

文创与旅游纪念品的结合是最常见的旅游文创融合方式,也是旅游文创变现的直接渠道。旅游文创纪念品不再仅包括文物、图画、书法等传统文创产品,还更多地考虑到大众的需求,而外延至人们的饮食、生活、办公、学习、家居、娱乐等各领域。如在饮食上,不仅有文创雪糕,还有文创棒棒糖、文创烤鸭、文创白菜等,这些文创产品既可以做成美食,也可以做成摆件和手办,让人们品尝之后还能带得走。再如一些旅游盲盒、景区积木等,不仅可以带得走,还能在旅游结束后继续体验,延长文化旅游的时间。

 案例研读

"只有河南·戏剧幻城":中国乡土"范"儿的主题公园

一片片麦田、一面面黄土高墙、一台台沉浸式的戏剧,很难想象一个集"黄河、粮食、土地、传承"等元素,颇具"土气"的主题公园在现代化的当下能受到如此欢迎。2021 年芒种时节,"只有河南·戏剧幻城"正式对游客开放。两年来,该景区虽然经历五次闭园、六次开

园,但仍旧高水平接待来自全国235个城市的155万人次游客,成为中原地区一张璀璨的文旅名片,并逐渐发展成一个能与迪士尼、环球影城媲美的具有中国乡土特色的主题公园。2021年11月,"只有河南·戏剧幻城"与北京环球影城、上海迪士尼乐园等景区共同入选"2021文旅融合创新项目";2023年8月,"只有河南·戏剧幻城"又同上海迪士尼乐园一起入选第一批全国智慧旅游沉浸式体验新空间培育试点名单,成为旅游沉浸式体验的经典案例。

一、"只有河南·戏剧幻城"为何全网叫好

与环球影城、迪士尼注重娱乐、动漫文化不同,"只有河南·戏剧幻城"以中国乡土文化为底色,将通俗的日常生活文化纳入高雅、严肃的戏剧艺术形式,通过沉浸式体验,彰显厚重的中原文化、传统文化。"只有河南·戏剧幻城"是中国首座全景式全沉浸戏剧主题公园,也是目前世界最大的戏剧聚落群,共拥有33个剧场,其中有3个主题剧场、3场震撼大剧、2场夜间大秀、10座微剧场、27个情景戏剧空间,超过33个演出地点。"只有河南·戏剧幻城"的成功出圈,一方面源于其植根于"乡土"的传统文化,另一方面则是源于其对传统建筑的创意设计以及在技术加持下的文化创造性转化。此外,也离不开协同一体的整合传播模式。

(一)植根传统:"只有河南·戏剧幻城"的文化基因

一部河南史,半部中国史。"伸手一摸就是春秋文化,两脚一踩就是秦砖汉瓦。""河南"这个主题本身自带流量,存在许多话题标签,如"5 000年华夏文化""老家河南的根亲文化""郑州的铁路文化"等,具有较强的吸引力。"只有河南·戏剧幻城"可以说是中原文化的集大成者,演出内容极为丰富,涉及"历史、苦难、亲情、传承、豫文化"等,凭借沉浸式戏剧的方式,生动展现了中原文化的辉煌与苦难。每位游客都能在其中找寻埋入心底的历史记忆,或是那328米长的夯土墙,又或是那气势磅礴的百亩麦田,再或是那"哐哧哐哧"响的绿皮火车。浸入其间的体验,让游客仿佛回到了过去。正如景区主题曲《只有河南》的那句歌词:"一年又一年,往事如云烟;待你归来时,依然是少年。"土地、小麦、地坑、粮食、火车……此情此景,引人共鸣。

(二)创意设计:"只有河南·戏剧幻城"的建筑奇迹

独特的实景建筑设计是旅游沉浸式体验的重要一环。"只有河南·戏剧幻城"着重"大棋盘"的设计理念,以中国棋局的"方"为母题,每一个院子就是一个世界、一个天下。以方格作为空间布局的母题,以院落作为戏剧体验的载体,构成丰富而又捉摸不定的"迷阵",如同开"盲盒"一般,带给人沉浸式的戏剧体验。其核心区域为328米见方的巨型城郭,以黄土和麦子为主要设计语汇,拥有56个不重样的格子空间、气势磅礴的百亩麦田、360米长的夯土墙,形成了别具一格的建筑风格。其中,一比一还原的地坑院是河南特有的居住符号,被称为中国北方的"地下四合院",它不仅是土地的印记、黄土的雕塑,更是民间的智慧、乡土的象征。独特的建筑风格成为年轻人喜爱的网红打卡点,300多米的夯土大墙对见惯了钢筋水泥的都市人无疑是一个差异化的视觉感受,随手一拍就是大片。

(三)技术赋能:"只有河南·戏剧幻城"的文化表达

作为第一批全国智慧旅游沉浸式体验新空间培育试点,技术在"只有河南·戏剧幻城"中发挥着举足轻重的作用。沉浸式体验不仅在于实景建筑的空间营造,更重要的还有技术层面"声光电"的文化表达。"只有河南·戏剧幻城"将文化与科技深度融合,经过大量的创新实验寻求最佳视觉表达。其"声""光""电""画"等高度集成化与智能数字系统均处于行业内领先水平。以8个升降台、5个旋转升降台为主要载体的幻城剧场,勾勒出"幻城"独特的建筑形态。火车站剧场智能翻板配合56道机械麦穗吊杆,通过智能控制呈现波澜壮阔的滚滚麦浪。闭园大秀《文明之光》则将夯土建筑与多媒体数字艺术结合,采用30台30 000流明的投影设备,辅以12只激光灯和麦田雾森等设备,将千年前的《清明上河图》《千里江山图》重现在眼前,筑成历史的巨幅"画卷"。

(四)整合传播:"只有河南·戏剧幻城"的传播创新

在社交媒体时代,好酒也怕巷子深,一个成功的文旅项目离不开传播的造势。"只有河南·戏剧幻城"通过抬声量、争流量、造口碑等方式一炮走红,并在之后运营的过程中,继续保持着相应的热度。首先,在开业初期,景区通过邀请数10位头部旅行关键意见领袖(key opinion leader,KOL)采风为观众"种草",而且还邀请同行业文化类5A级旅游景区为其"打call";更重要的是,"只有河南·戏剧幻城"在开业初期多次登上央视栏目,其中包含《新闻联播》《朝闻天下》《第一时间》《晚间新闻》等多个栏目,不仅为景区增加信任背书,而且极大地扩张了景区的声量。其次,利用河南卫视传统文化的风潮,积极借势,多渠道引流,几乎覆盖了当下所有主流媒体平台,如微博、微信、抖音、快手、小红书等。仅抖音上"只有河南·戏剧幻城"话题阅读量就已超11亿次。最后,利用口碑效应,形成多级传播。优质的内容、独特的建筑风格、良好的服务体验让观众自发地在社交媒体上发布游玩感想以及相关游玩攻略,从而吸引其他游客前来体验。

二、从旅游实景演艺到文旅沉浸戏剧:旅游演艺的升维

"只有河南·戏剧幻城"是王潮歌继"印象"系列实景演出、"又见"系列情境体验剧之后的"只有"系列戏剧幻城导演作品。目前,全国的戏剧幻城共有四个,分别是"只有峨眉山·戏剧幻城""只有爱·戏剧幻城""只有河南·戏剧幻城"以及"只有红楼梦·戏剧幻城"。从"印象"系列,到"只有"系列,可以说是沉浸式文旅质的飞跃,也是旅游与文创深度融合、不断迭代的结果。

旅游为主、演艺为辅是"印象"系列实景演出的文旅融合逻辑,通过旅游带动演艺发展,以实景演艺丰富景区文化内涵,二者相互借力。2004年,王潮歌与张艺谋、樊跃共同打造的山水实景演出《印象·刘三姐》成为民俗文化创意旅游具有代表性的成功案例,并开创了一个全新概念的创意旅游资源开发模式。白天是民俗传统文化实景主题园区,晚上则是以实景演出为主的文化演出剧场。可以说,《印象·刘三姐》是"桂林山水"旅游的文化衍生品,自然景观在前,旅游演艺在后。一方面,借山水的名头在内容上实现壮族文化凝结;另

一方面,凭借晚上的实景演出让游客看得好、记得深、留得住。

如果将山水实景演出视作文化旅游演艺1.0时代的代表,那么沉浸式的剧场演出则是2.0时代旅游演艺作品的主要特征[1]。文旅融合逻辑从旅游一端开始向文化倾斜,"又见"系列情境体验剧是其主要代表。这类文化旅游演艺项目利用先进的技术手段,打造震撼的舞台空间效果,改变观演关系,加强观众的参与感,同时融入当地深厚的文化底蕴,为观众塑造一个沉浸式的表演环境。例如,《又见·平遥》剧场的整体设计思路来源于北方典型的"沙瓦建筑",剧组用超过一万平方米的建筑面积还原了清末平遥古城,作为剧场内的布景,真实环境的再现为塑造沉浸体验构建了深厚的基础。从山水实景过渡到室内近距离沉浸式的人造景观,繁复、奇特的空间分割和精彩的故事演绎带给观众全新的旅游演艺体验,使其成为各地旅游的文化名片。在这样的模式下,剧场演出逐渐成为和当地景区旗鼓相当的旅游吸引物。

在"又见"系列的基础上,"只有"系列开启了文旅沉浸戏剧的3.0时代。这类演艺项目往往弱化自然资源景观,而凸显当地文化特色。文旅融合的逻辑开始出现倒转,文化主导的旅游市场正初具雏形。在四大"只有"系列中,"只有爱·戏剧幻城""只有红楼梦·戏剧幻城""只有河南·戏剧幻城"皆弱化旅游目的地,而凸显文化主题。"只有河南·戏剧幻城"更是位于名不见经传的中牟县,当地旅游资源较为匮乏,难以招揽游客。"只有河南·戏剧幻城"却集河南文化之大成,使中牟县成为热门的旅游目的地,拉动了当地经济增长。当然,不同于以往观赏性的旅游演艺,"只有河南·戏剧幻城"不是过目即忘的浅层娱乐感官体验,而是以厚重文化为题材,通过大量且多元的沉浸戏剧表现形式,呈现5000年的辉煌与苦难,希望带给游客更多的文化感受和思考。"只有河南·戏剧幻城"正成为河南地区的一张名片,它的成功也预示着未来文化高附加值的文旅产品将成为旅游文化市场发展的主流。

三、启示:文化与创意如何赋能旅游目的地?

从实景演艺1.0时代,到文旅沉浸式戏剧3.0时代,是文化、创意与旅游不断融合、相互发展的产物。"只有河南·戏剧幻城"的成功也是旅游目的地中牟县的成功,是文化、创意赋能旅游目的地的结果。中牟县这个曾经的农业大县,凭借着"只有河南·戏剧幻城"不断出圈,正实现着从农业大县到文旅强县的华丽转身,其中可以给予我们许多启示。

首先,文化是核心,故事是关键。"只有河南·戏剧幻城"之所以能够感动众多游览者,除了规模的震撼外,更在于把悠远厚重的河南文化内涵用朴实易懂的形式予以再现,用戏剧故事带来直观震撼,展示了河南人包容、朴实、坚韧、智慧、忠义的精神,而这种精神文化是国人共有的。以技术再现场景,用故事再现文化,一个成功的文旅项目必须塑造自己的文化内涵。

其次,科技是支撑,沉浸式体验是目的。进入信息时代,"文旅+科技"的多元融合已经

---

[1] 钟晟,代晴.文旅融合背景下旅游演艺沉浸体验的演化趋势[J].文化软实力研究,2021,6(5):64-74.

成为文旅融合背景下旅游演艺产品创新突破的新命题,其目的就是带给人逼真的沉浸式体验。这种体验既是跨越空间的,又是跨越时间的;既能与远方的他人相遇与对话,又能与历史名人实现交互。随着虚拟现实(VR)、增强现实(AR)、混合现实(MR)、三维实景(3D IVR)、人工智能(artificial intelligence,AI)等新兴虚拟技术的不断涌现,人类再造现实、实现穿越的可能性正愈发成为现实,谁掌握了最先进的技术,谁就拥有了吸引游客的最佳吸引物。

再次,戏剧即一切。戏剧艺术具有先锋性,可以融合一切可融合的元素。与传统的观光浏览不同,戏剧自身带有叙事性、沉浸性,能够通过内容吸引游客。与传统舞台戏剧不同,文旅戏剧是戏剧与文旅街区、景区的融合,是戏剧沉浸性的升维,不仅其内容可以带来沉浸感,其作为载体的场所也可以强化沉浸感。正因如此,沉浸式戏剧与文旅目的地在场景氛围的营造上有着天然的契合性,"旅游+戏剧"就得以有机结合。从千城一戏到千戏一城,从旅游景区到戏剧聚落,"只有河南·戏剧幻城"的创新之处就在于,它不仅仅是景区配套的文旅衍生品,更是景区本身,是"被消费的主体"。

最后,构建文旅项目的新阵地。中牟县作为曾经的农业大县,如今却拥有"11个主题公园+15个文创聚落+9个创新园区",成为"中国主题公园第一县"。文旅项目本身就是"文化+旅游+创意"的跨界存在,一个项目可以推动区域的文商旅融合发展,打造多元业态,多个项目则可以达成规模经济:一方面,可以提升项目周边的配套服务,包括但不限于吃、住、行、游、购、娱,甚至包括教育培训、艺术空间、社群交流等;另一方面,也能带动当地就业,拉动消费,推动经济增长。项目本身不但是一个文旅消费产品,更是一个业态跨界交流的平台空间。依托文旅产业的集聚优势,可以推动"文旅+创意""文旅+科技""文旅+商业""文旅+演艺"等产业融合全面深化拓展。

资料来源:绿维文旅.主题公园的"新物种":一座以"沉浸式"戏剧演艺为内容,有21个剧场的戏剧幻城[EB/OL]. https://mp.weixin.qq.com/s/zzNhN9eYIkcPTsqAt81g5g.[访问时间:2023-07-09]

思考题

1. 请谈谈文创产业的核心及其基本要素。
2. 新时期旅游产业有哪些创新发展?
3. 旅游与文创融合的表现有哪些?

本章参考文献

[1] 刘海龙,黄雅兰.试论"文化工业"到"文化产业"的语境变迁[J].山西大学学报(哲学社会科学版),2013,36(2):110-118.

[2] 大卫·赫斯蒙德夫.文化产业[M].北京:中国人民大学出版社,2007.
[3] 林拓,等.世界文化产业发展前沿报告(2003—2004)[R].北京:社会科学文献出版社,2004:136.
[4] 胡惠林.文化产业概论[M].昆明:云南大学出版社,2005.
[5] 薛永武.论文化产业的经济属性和社会属性[J].山东大学学报(哲学社会科学版),2016,218(5):32-40.
[6] 方宝璋.略论中国文化产业的内涵与分类[J].当代财经,2006(7):65-69.
[7] 理查德·凯夫斯.创意产业经济学——艺术的商业之道[M].北京:新华出版社,2004:37-38.
[8] 约翰·霍金斯.创意经济[M].李璞良,译.台北:典藏艺术家庭股份有限公司,2003.
[9] 张京成.中国创意产业发展报告[R].北京:中国经济出版社,2006.
[10] 丁俊杰,李怀亮,闫玉刚.创意学概论[M].北京:首都经济贸易大学出版社,2011.
[11] 厉无畏.创意改变中国[M].北京:新华出版社,2009.
[12] 斯图亚特·坎宁安.从文化产业到创意产业:理论、产业和政策的涵义[M].北京:社会科学文献出版社,2004.
[13] 闻媛.文化政策话语的演变:从文化的经济化到经济的文化化[J].学海,2017(4):101-108.
[14] 胡惠林.对"创意产业"和"文化产业"作为政策性概念的一些思考[J].学术探索,2009,125(5):33-34.
[15] 张振鹏,王玲.我国文化创意产业的定义及发展问题探讨[J].科技管理研究,2009,29(6):564-566.
[16] 金元浦.论创意经济[J].福建论坛(人文社会科学版),2014,261(2):62-70.
[17] 王美雅.文化创意产业研究的回顾与前瞻[J].艺术设计研究,2010(3):83-88.
[18] 金元浦.我国文化创意产业发展的三个阶梯与三种模式[J].中国地质大学学报(社会科学版),2010(1):26-30.
[19] 丁俊杰.对文化创意产业发展的观察与思考(一)[J].大市场·广告导报,2006(9):100.
[20] 蔡尚伟,温洪泉.文化产业导论[M].上海:复旦大学出版社,2006.
[21] 王操.文化创意产业比较研究:内涵、范围界定、发展现状和趋势[J].国外社会科学前沿,2019,473(10):47-55,84.
[22] 王伟伟.加快中国文化创意产业发展研究[D].沈阳:辽宁大学,2012.
[23] 薛可,余明阳.文化创意学概论[M].上海:复旦大学出版社,2020.
[24] 向勇."创意者经济"引领数字文化产业新时代[J].人民论坛,2020,674(19):130-132.
[25] 陈刚,沈虹,马澈,孙美玲.创意传播管理:数字时代的营销革命[M].北京:机械工业出版社,2012.

[26] 李天元.旅游学概论[M].7版.天津:南开大学出版社,2014.

[27] 张凌云.国际上流行的旅游定义和概念综述——兼对旅游本质的再认识[J].旅游学刊,2008,137(1):86-91.

[28] 徐菊凤.关于旅游学科基本概念的共识性问题[J].旅游学刊,2011,26(10):21-30.

[29] 谢彦君.基础旅游学[M].2版.北京:中国旅游出版社,2004.

[30] 谢彦君.旅游的本质及其认识方法——从学科自觉的角度看[J].旅游学刊,2010,25(1):26-31.

[31] 刘曙霞.旅游学概论[M].南京:南京大学出版社,2018.

[32] 刘伟,朱玉槐.旅游学[M].广州:广东旅游出版社,1999.

[33] 张涛.旅游业内部支柱性行业构成辨析[J].旅游学刊,2003(4):24-29.

[34] 鲁勇.广义旅游学[M].北京:社会科学文献出版社,2013.

[35] 雷晓琴,谢红梅,范丽娟.旅游学导论[M].北京:北京理工大学出版社,2018.

[36] 厉新建,张凌云,崔莉.全域旅游:建设世界一流旅游目的地的理念创新——以北京为例[J].人文地理,2013,28(3):130-134.

[37] 韩燕平,王协斌.旅游学概论[M].2版.北京:北京理工大学出版社,2017.

[38] 华旅兴."全域旅游"热词[M].北京:人民出版社,2018.

[39] 林峰.全域旅游孵化器[M].北京:中国旅游出版社,2017.

[40] 魏小安.旅游发展与管理[M].北京:旅游教育出版社,1996.

[41] 桑彬彬.旅游产业与文化产业融合发展的理论分析与实证研究[M].北京:中国社会科学出版社,2014.

[42] 黄晓辉,刘玉恒,刘小波.文旅融合:以诗照亮远方[M].中国建筑工业出版社,2019.

[43] 罗伯特·麦金托什,夏希肯特·格波特.旅游学:要素、实践、基本原理[M].上海:上海文化出版社,1985.

[44] 余召臣.新时代文化创意旅游发展的内在逻辑与实践探索[J].四川师范大学学报(社会科学版),2022,49(2):80-87.

[45] 李柏文.文化创意+旅游业融合发展[M].北京:知识产权出版社,2019.

[46] 薛可,余明阳.文化创意学概论[M].上海:复旦大学出版社,2020.

[47] 王峰,明庆忠.旅游创意及其实现机理——基于云南省旅游品牌景区的案例聚焦[J].资源开发与市场,2014,30(3):342-345,349.

[48] 桑彬彬.旅游产业与文化产业融合发展的理论分析与实证研究[M].北京:中国社会科学出版社,2014.

[49] 黄潇婷.融合空间和内容,带动文旅"大产业"发展[J].人文天下,2019,135(1):9-11.

[50] 白晓晴,李尽沙.融合场景视域下旅游文创的传播机制与价值流动研究[J].中国新闻传播研究,2021(6):178-189.

[51] 陈献春,钟廷雄,蒲钏等.关于构建文旅新场景、深化文旅融合发展的研究[N].中国旅游报,2020-01-07(3).

[52] 张静.抖音短视频对西安城市形象建构与传播策略探析[D].保定:河北大学,2019.

[53] 夏杰长,贺少军,徐金海.数字化:文旅产业融合发展的新方向[J].黑龙江社会科学,2020,179(2):51-55,159.

[54] 林巧,王元浩.旅游市场营销:理论与中国新实践[M].杭州:浙江大学出版社,2018.

[55] 赵磊.旅游产业与文化产业融合发展研究[D].合肥:安徽大学,2012.

[56] 黄晓辉,刘玉恒,刘小波.文旅融合:以诗照亮远方[M].北京:中国建筑工业出版社,2019.

[57] 钟晟,代晴.文旅融合背景下旅游演艺沉浸体验的演化趋势[J].文化软实力研究,2021,6(5):64-74.

[58] Adorno J W. Culture Industry Reconsidered[M]//The Culture Industry:Selected Essays on Mass Culture. London:Routledge,1991:98-99.

[59] Rosenberg N. Technological Change in the Machine Tool Industry:1840-1910[J]. The Journal of Economic History,1963,23(2):414-446.

[60] UNWTO. UNWTO Tourism Definitions[M]. Chengdu:UNWTO,2019.

[61] Smith S L J. Tourism Analysis:A Handbook[M]. 2nd ed. Essex:Longman,1995.

[62] MacCannell D. Staged Authenticity:Arrangements of Social Space in Tourist Settings [J]. American Journal of Sociology,1973,79(3):589-603.

[63] Tylor E. Primitive Culture[M]. London:John Murray Publishers Ltd,1871.

[64] Florida R. The Rise of the Creative Class[M]. New York:Basic Books,2002.

[65] Throsby D. Economics and Culture[M]. Cambridge:Cambridge University Press,2001.

第二章

旅游文创理论

学习目标

学习完本章,你应该能够:
(1) 了解旅游文创的本体理论。
(2) 了解旅游文创与其他学科之间的关系。
(3) 了解旅游文创的基本原则。
(4) 了解旅游文创的历史沿革。

基本概念

旅游文创 旅游学 文化学 创意学 传播学 心理学 民俗学

第一节 旅游文创的基础理论

要想了解旅游文创,就必须了解其基础理论,即旅游文创理论的内容与发展。作为一门新兴的交叉学科,旅游文创与诸多学科有着紧密联系,在学理研究与实践应用中相互借鉴。本节对旅游文创的本体理论以及与旅游文创联系密切的相关学科理论进行介绍,试图阐释其之间的关系,以对旅游文创后续内容的介绍起到铺垫作用。

一、旅游文创的本体理论

(一)熊彼特的创新理论

1. 创新理论的诞生

自19世纪七八十年代开始,资本主义发展的内部矛盾与外部冲突不断,经济危机与第一次世界大战也给资本主义的生存和发展带来了巨大挑战。因此,许多学者开始探讨资本主义的未来发展方向。在此背景下,美籍奥地利政治经济学家约瑟夫·熊彼特(Joseph Schumpeter)在1912年出版的《经济发展理论》一书中明确提出了"创新"概念,并阐述了创新在经济发展中的重要作用。熊彼特把"创新"定义为"生产函数的重新建立"或"生产要素之新的组合",即创新就是建立一种新的生产函数[1],把一种从未有过的关于生产要素和生产条件的"新组合"引入生产体系。之后,熊彼特在《经济周期》和《资本主义、社会主义和民主》等著作中对创新理论进行了更深入的阐释与延伸,并形成了独特的创新理论体系[2]。

2. 创新理论的内涵与基本观点

创新理论强调在经济发展过程当中,生产技术的革新和生产方法的变革起到重要作用。在熊彼特看来,创新就是不断挖掘企业可利用资源、重新组合企业内外资源,创造新产品、新工艺、新流程等,进而提升企业生产效率[3]。同时他还指出,采用一种新的产品、采用一种新的生产方法、开辟一个新的市场、控制一种新的供应来源、实现一种工业的新组织是创新的五种手段。简言之,可以总结为产品创新、技术创新、市场创新、资源配置创新和组织创新的"五创新"[4]。

以"五创新"为基础的创新理论体系,主要包括以下五个基本观点:①创新是生产过程中内生的。经济变化是体系内部自行发生的变化,而非外部强加的。②创新是一种"革命性"变化。

---

[1] 郑吉伟.关于国家创新体系问题的再探讨[J].社会科学家,2000(4):51-54.
[2] 张经强.国际性技术外溢对北京高技术产业技术创新绩效影响的实证研究[J].科技管理研究,2013,33(4):90-94.
[3] 张瑞林,李林.熊彼得创新理论与企业家精神培育[J].中国工业评论,2015(11):94-98.
[4] 师博.市场创新与中国经济增长质量[J].治理现代化研究,2020,36(6):43-51.

熊彼特充分强调创新具有突发性和间断性的特点,主张对经济发展进行动态性分析研究,而这种动态性研究则是"创新理论"的重点。③创新同时意味着毁灭。经济发展的新组合意味着与旧组织展开优胜劣汰的竞争,其实质是经济实体内部的一种自我更新。④创新必须能够创造出新的价值。新工具或新方法的使用在经济发展中发挥作用,最重要的含义就是能够创造出新的价值。⑤创新是经济发展的本质规定[1]。在其后期的著作中,熊彼特进一步阐述了创新的性质并提出了"创造性破坏"的概念——创新不断地从内部破坏旧的经济结构而代之以一种新的经济结构。在熊彼特的分析中存在两个层次的"创造性破坏":一是垄断不断出现又不断被打破的产业层次的"创造性破坏";二是资本主义最终被社会主义所取代的社会制度层面的"创造性破坏"。其中,前者是后者的动力[2]。

3. 创新理论的价值与影响

熊彼特的创新理论影响深远,至今仍具备重大的借鉴意义。首先,创新理论的出现为分析经济现象提供了一种新的基本工具,并形成了微观(企业家与创新)、中观(社会网络)、宏观(经济周期)的理论体系,为经济学、工程学、社会学、心理学等其他学科开辟了一个全新的研究视角,推动了整个社会经济和学科研究的发展。其次,熊彼特创新理论体系中提出的创新与企业家精神不仅让公司管理成为创新研究的热点,也让创新成为指导企业运营与发展的重要理论基础。最后,自20世纪中期起,创新理论开始影响国家公共政策的制定。美国、德国、日本、韩国等国家也开始逐步鼓励创新,创新政策逐渐成为各个国家发展的重要策略[3]。

自20世纪90年代起,文化创意产业出现并快速兴起,成为对熊彼特创新理论的一次重要突破。尤其在信息技术的推动下,创新被认为是各创新主体、创新要素交互复杂作用下的一种复杂涌现现象,是创新生态下技术进步与应用创新的创新双螺旋结构共同演进的产物。关注价值实现、关注用户参与、以人为本的创新2.0模式也成为新世纪对创新的重新认识、探索和实践[4]。在文化产业新业态的生成过程中,创新驱动起到了至关重要的作用。推动文化产业新业态产生的主要动力来自技术进步与人类创意与创新,但从某种角度看,创意与创新甚至比技术进步更为重要[5]。技术进步本身是一种创新或以创新为先导,更重要的是,创意与创新涵盖的内容不仅仅停留在技术层面,更深入文化产业生产、流通和消费的各个环节[6]。因此,文化产业又常常被称为"文化创意产业",该概念突显了创新、创意在文化产业发展中的先导力量。

(二)霍金斯的创意经济理论

1. 创意经济理论的诞生与界定

进入后工业时期后,流行于工业时代的消费主义逐渐呈现出消费形态非物质化、消费动机

---

[1] 张瑞林,李林. 熊彼得创新理论与企业家精神培育[J]. 中国工业评论,2015(11):94-98.
[2] 刘志铭,郭惠武. 创新、创造性破坏与内生经济变迁——熊彼得主义经济理论的发展[J]. 财经研究,2008(2):18-30.
[3] 薛可,龙靖宜. 文化创意传播学[M]. 上海:复旦大学出版社,2022:24-25.
[4] 董中保. 中小企业技术创新和相关法律问题研究[M]. 北京:经济管理出版社,2012:52-56.
[5] 张骁儒. 深圳文化发展报告(2016)[M]. 北京:社会科学文献出版社,2016:223-225.
[6] 吕庆华. 略论文化创意产业的赢利模式[J]. 生产力研究,2008(20):103-105,134.

需求化、消费行为休闲化等特征,这些都推动传统工业向着创新改革方向发展。同时,传统产业的发展也在这一时期出现了利润缩水、资源能源耗尽、产品附加值低、经济效益低下等诸多问题,迫使传统产业谋求新的发展出路。各种情况的出现逐渐催生一种新的经济形态,即创意经济。传统产业纷纷投身于创意经济,开始从对自然资源、劳力资源、产业资源的依赖,转向对人自身的知识创新与文化创意等创意资源的依赖,重视在经济发展过程中的创意、创新作用。1997年,英国布莱尔政府在约翰·霍金斯(John Howkins)等人的协助下制定了文化创意产业发展的相关政策,此举带动了全球创意经济的浪潮。2001年,霍金斯的《创意经济》出版,他在书中提出并阐述了"创意经济"(creative economy),该书成为创意产业的开山之作,霍金斯也因此被誉为"世界创意经济之父"。

2. 创意经济理论的内涵与延伸

霍金斯认为,创意(creativity)是"利用想法来创造另一个新想法"的过程,并指出"创意经济"是指创意产品的生产、交换和使用体系。在《创意经济》中,霍金斯采用观察交易数量与价格的方法来计算创意经济的市场价值。他认为,复制是一般市场的核心,但是实体作品或经验在艺术品市场中更有价值。因此,他提出自然资源和有形的劳动生产力将被知识和创意所取代,知识和创意将成为未来财富创造和经济增长的主要源泉[1]。与此同时,霍金斯还提出"创意成长三部曲",也被称为"创意生态三原则",即"人人有创意,创意需要自由,自由需要市场"。具体而言:"人人有创意"是指每个人天生都具备寻找新的、有趣的、实用的、可能的事物的本能和冲动,都可以成为创意者;"创意需要自由"则指创意者不仅需要内在的自我表达自由,而且需要外在的环境自由,以此帮助他们进行有针对性的创意思考和创意行为;"自由需要市场"强调创造和购买在创意经济中同等重要,人们需要花费时间、注意力去了解市场信息,以帮助寻找自己感兴趣的东西[2]。

3. 创意经济理论的应用与影响

自2001年霍金斯的《创意经济》出版后,创意经济理论被迅速、广泛地应用于各国文化产业及创意产业的发展,许多学者也基于各自的研究视角对创意经济进行了不同的研究。区别于英国政府和霍金斯从产业视角来定义创意经济,新英格兰从集群的角度对创意经济进行了全新的表述:创意经济是一个由创意集群(creative cluster)、创意劳动力(creative workforce)、创意社区(creative community)三部分组成,以提升地区竞争力和生活质量为发展方向的社会经济体系。该定义以集群分析思维代替产业经济分析,重视文化艺术在社会中的重要作用,将创意经济的发展与社会整体发展结合,并充分考虑非营利性公共机构和独立艺术创作者的贡献。理查德·弗罗里达基于创意人才的视角重新解读了创意经济,并提出了一个全新的理论分析框架。他认为,在已经到来的创意经济时代,创意已经取代资本、土地等要素成为推动经济增长的新引擎,而构成创意经济的核心三要素便是创意人才(talent)、技术(technology)与包

---

[1] 王仰东,谢明林,安琴,等.服务创新与高技术服务业[M].北京:科学出版社,2011:132.
[2] 约翰·霍金斯.新创意经济3.0[M].马辰雨,王瑞军,王立群,译.北京:北京理工大学出版社,2018:45-55.

容(tolerance)[1]。因此,吸引和留住拥有创意才能的人才成为获取竞争优势的主要来源。创意旅游作为文化创意产业和传统旅游业结合的新型经营模式,给全球各地区的创意经济及旅游经济提供了创新性思路和实现手段。

(三)弗罗里达的创意阶层概念

1. 创意阶层的诞生与内涵

2002年,理查德·弗罗里达(Richard Florida)在《创意阶层的崛起》(*The Rise of the Creative Class*)一书中基于城市发展的视角提出了"创意阶层"的概念。随着创意经济时代的到来,整个世界的社会和文化价值观都发生改变,而创意成为各国经济增长和城市发展的主要驱动力。基于这样的发展趋势,弗罗里达认为,在创意经济时代,美国的社会阶层构造发生了重要变化,除了劳动者阶层(working class)和服务业阶层(service class),一个新的阶层在悄然兴起,那就是创意阶层[2]。弗罗里达把创意阶层分成"具有特别创造力的核心"(super creative core)和"创造性的专门职业人员"(creative professionals)两个组成部分。前者包括科学家、大学教授、诗人、小说家、艺术家、演员、设计师、建筑师、引导当代社会潮流的小说家、编辑、文化人士、咨询公司研究人员以及其他对社会舆论具有影响力的各行各业人士,后者包括高科技、金融、法律及其他各种知识密集型行业的专门职业人员[3]。

2. 创意阶层的特征

根据弗罗里达对创意阶层的深度剖析,创意阶层的特征可以概括为三点。第一,创意阶层具有创意与创造力。弗罗里达认为,那些属于创意阶层的人虽然从事各种不同的行业,但他们有一个共同点,即他们经常会有创新的想法,发明新技术,从事创造性的工作。第二,创意阶层有一些共同的价值观和能力。比如,尊重个性,竞争与实力主义优先,喜欢开放与多样的城市社会环境,具有重新修改规则、发现表面离散的事物间共同联系的能力等,这些价值观会大大解放个人的创造性,从而成为后工业时期资本主义经济成长新的推动力。第三,创意阶层具有独特的生活方式以及价值取向。弗罗里达认为,创意阶层在选择工作时,除了关注工资以外,还特别重视工作的意义、工作的灵活性与安定性、同事间的关系、技术要求、公司所在城市等其他因素[4]。

3. 创意阶层概念的影响

弗罗里达在《创意阶层的崛起》中指出,创意社会要吸引创意人才、激励社会创新、推动创意经济发展,必须具备人才、技术和宽容三要素,这就是著名的"3T"理论。具体而言,技术是指创新技术和高新技术,人才就是从事创意工作的人群,而宽容则指人文社会环境的高包容度。开放、包容、多元的社会环境才会吸引更多创意人才聚集,进而推动创新技术、创意产业的不断发展,即"宽容吸引人才,人才创造科技"。弗罗里达创意阶层概念的提出不仅引发了各国学者对创意阶层与创意城市经济发展的讨论与研究,而且也对各国发展创意产业、吸引创意人才、

---

[1] 顾伟宁.创意经济的内涵及理论渊源[J].对外经贸,2013(9):124-125.
[2] 李具恒.创意经济理论"信念硬核"孵化[J].科学·经济·社会,2008(1):45-49,55.
[3] 丁俊杰,李怀亮,闫玉刚.创意学概论[M].北京:首都经济贸易大学出版社,2011:101.
[4] 理查德·佛罗里达.创意阶层的崛起[M].司徒爱勤,译.北京:中信出版社,2010:122-128.

打造创意城市提供了诸多参考,"3T"理论也成为评价地区创意程度的重要理论之一。随着创意产业的发展,创意阶层的聚集成为发展文创产业的关键,具有创造力的人力资本将成为文创产业发展的决定性因素。

(四)法兰克福学派的文化工业批判理论

1. 文化工业与文化工业批判理论的诞生

文化工业(culture industry)是指凭借现代科学技术大规模复制、传播文化产品的娱乐业体系,包括商业性的广播、电影、电视、报纸、杂志、流行音乐等各种大众文化和大众媒介。文化工业的产生并非偶然。19世纪末20世纪初,资本逐利的方式随着资本积累的增长也开始发生变化。在如此形势下,文化不断资本化、组织化与机械化,开始进行规模化生产,也吸引越来越多的人从事这个行业,文化工业逐渐形成。同时,生活水平的不断提高也让人们更加注重精神层面的需求,琳琅满目的文化娱乐产品开始出现,并以商品的形式用于销售或提供服务以满足人们的文化需求,文化工业日渐成熟和快速发展。

伴随文化工业的迅速发展,人们的生活也发生了巨大的改变,对文化工业的认识与思考逐渐深刻。一方面,现代工业在第二次世界大战结束后进入迅速发展时期,数量繁多、品类丰富的文化商品涌入人们的生活,文化工业迅速发展并崛起。不可否认,文化工业的发展大大促进了文化的传播和繁荣。另一方面,在市场经济的推动下,文化被包装成文化商品,并开始进行大规模批量化生产,逐渐进入大众消费市场。同时,文化艺术的产出方式也随生产技术的进步而不断变化。大量的艺术复制品开始引发各国学者对文化、工业及其技术的思考与反思。

20世纪30年代,对于文化工业的批判逐渐出现,文化工业批判理论也因此诞生。1947年,法兰克福学派学者西奥多·阿多诺和马克斯·霍克海默在《启蒙辩证法:哲学断片》一书中正式提出了文化工业批判理论。他们认为,资本主义的发展已经使"电影和广播不再需要作为艺术",而转变成了"工业",因而以"文化工业"指代这些新的文化现象。之后,这一学说在20世纪50—60年代产生了更为广泛而深远的影响。

2. 文化工业批判理论的基础

法兰克福学派在对大众文化进行批判时,借鉴了马克思早期的劳动"异化"理论与卢卡奇·格奥尔格(Lukács György)的"物化"理论。马克思在《1844年经济学哲学手稿》中提出"异化"理论,并论述了劳动异化的四种形式或规定性,即劳动产品的异化、劳动活动本身的异化、人的类本质的异化和人与人的异化。他认为,人在资本监督和压迫下所进行的劳动是非自发行为,是一种让人主体性日益丧失甚至沦为机械化碎片的劳动异化现象。而这种劳动异化与科学技术、工业社会日益复杂的分工也有深层的关联。法兰克福学派另一重要理论来源是卢卡奇的"物化"理论,是在他1923年出版的《历史与阶级意识》一书中提出的。卢卡奇批判了现代工业背景下的文化商品化发展,并认为资本主义发展引发了物化和商品拜物教现象,而随着这些现象不断产生影响,人类的主体性也会逐渐丧失。

此外,法兰克福学派文化工业批判理论也受到黑格尔、康德、弗洛伊德和浪漫主义等众多西方哲学思潮的影响,提出和建构了一套独特的批判理论,旨在对资产阶级的意识形态进行彻底批判。因此,法兰克福学派在西方社会科学界也被称为"新马克思主义"的典型,并在理论和方法论上以反实证主义而著称。

3. 文化工业批判理论的影响与应用

文化工业的产生并非一种偶然,而是伴随着资本的积累和资本逐利而出现和发展的。原本非工业类型的文化不断被资本化、组织化与机械化,文化成为一种工业,工业扩大到精神生产领域,从中可以赚取利润,也吸引了越来越多的人投身其中。文化产品成为彻底的商品,在标准化的生产模式中被大批量生产出来,这也是造成文化产品千篇一律的原因。与此同时,大众在这样的文化环境中失去本身的个性。法兰克福学派围绕文化工业展开的讨论虽然是特定历史语境中的产物,理论局限性在所难免,但是其对文化批判的研究对于我们如何看待今天的文化发展仍然具有相当重要的参照价值,为我们提供了重要基础及理论依据。

伴随着我国改革开放的不断深入,市场经济体制日益走向完善,文化产业早已被卷入市场经济的大潮,文化产品的商品化和市场化已经成为不争的事实。文化市场的繁荣为广大民众提供了浩瀚的文化海洋,丰富了广大人民群众的精神文化生活。同时,人们在精神层面的需求也越来越多,为满足人们的需求,文化产品开始以丰富多彩的方式出现在人们的生活中。文化作为国家发展的重要产业,也为国家经济发展注入了新鲜的血液。但是,伴随着文化的商品化和市场化的发展,市场上各类文化产品层出不穷的"快餐"文化替代了原来朴素自然的文化消遣。在为文化的繁荣发展感到欣喜之时,更要对文化工业所生产的产品对人们的某些精神侵蚀加以重视。如何看待文化产品的商品化趋势,如何处理好文化艺术的社会效益与经济效益的关系,这是一个难题,要求我们对文化工业的发展问题加以探讨。

(五)派恩和吉尔摩的体验经济理论

1. 体验经济的诞生与内涵

20世纪70年代,美国未来学家阿尔文·托夫勒在其著作《未来的冲击》中首次提出"体验经济"概念,称未来的市场经济将是一种体验经济[1],制造体验的企业将成为市场经济中的佼佼者,但该概念当时并没有引起人们的注意。之后,美国著名商业战略专家约瑟夫·派恩二世(Joseph Pine II)和詹姆斯·吉尔摩(James Gilmore)在1999年出版的《体验经济》一书中将"体验"定义为"企业以服务为舞台,以商品为道具,以消费者为中心,创造能够使消费者参与、值得消费者回忆的活动"。这里的"体验"从消费者角度进行经济产出的划分,将顾客和用户的感受、感想和感怀置于特别重要的位置上,和之前生产者主导的经济活动存在很大的差别。

2. 体验经济的特征与类型

"体验经济"概念提出后,迅速引起了国内外学者的广泛关注,学者们以派恩和吉尔摩的认知为基础,对体验经济的概念进行了剖析和扩充,并归纳出体验经济区别于原有经济形态的一些特征[2]。一是企业经济活动的重点不同。在体验经济中,企业的主要经济活动是给客户提

---

[1] 王海玉,张淑华. 从体验到认同:实体书店"重做"模式研究[J]. 编辑之友,2021(11):50-56.
[2] 张承耀. 体验经济的六大特征[J]. 瞭望新闻周刊,2005(4):61.

供舞台,供客户进行体验消费。二是经济提供品的特性不同。不管是具有可替代性的农矿产品,还是具有有形性的工业品,抑或是具有无形性的服务,在消费者消费之后都将烟消云散。体验经济则不同,它提供的体验品主要就是让消费者实现自我,给消费者留下终生难忘的体验。三是影响消费者需求的主导因素不同。在产品经济和服务经济中,影响消费者的主导因素是产品或服务的特色和用途。因此,厂家或商家在销售产品或提供服务时,往往强调自己的产品或服务有何特色和用途,但实际上常常并非如此,导致消费者吃亏上当。在体验经济中,影响消费者的主导因素则是感觉、感受或情感等[1]。

3. 体验经济的价值与影响

体验经济是满足人们各种体验的一种全新经济形态,也被认为是继产品、商品和服务经济阶段后的第四经济发展阶段,是进化之后更高、更新的经济形态。体验经济从服务经济中分离之后,更加注重消费者的个性化消费需求,关注消费者在消费过程中的自我体验[2]。在市场需求的引导下,无论有形的产品还是无形的服务都更精于体验环节的个性设置,以吸引消费者的关注和消费,使消费者在享受感官体验的同时满足文化层次需求,并通过消费者的主动或被动参与,形成一种感官、情感、思维、行为上的关联经历,最终达到满足消费者体验价值需求的目的。现代旅游业在文化与旅游进行了深度融合之后,更加关注人们在旅游方面的消费需求。低层次的旅行游览已经不能满足现代人的旅行需求,个人化、深层化、多元化的需求让人们的旅游模式从"被动式"跟随旅游转变为"沉浸式"体验旅游[3]。体验旅游的新趋势改变人们的消费模式,将传统的以物质产品或物化形态为基础的消费模式转化为以精神文化或创新创意为内容的消费,即文旅消费模式。这样的消费模式能够提供更多以文化为中心、更具个性化和独创性的产品,可以不断满足旅行者的精神需求,达到精神愉悦的高层次消费体验。

二、旅游文创的学科背景

旅游文创是一门交叉性应用学科,其主要的学科基础是旅游学、文化学和创意学。文化是旅游文创的灵魂,创意是旅游文创的引擎,而旅游则是文化和创意的载体。此外,传播学、心理学、民俗学、社会学、管理学等学科也为旅游文创在理论和方法上提供了理论支撑。本节将对旅游文创与各个学科之间的关系开展阐述。

(一) 旅游文创与旅游学

1. 旅游学概述

(1) 旅游学的兴起。"旅游"是旅游学研究的基本概念,作为一种多元化的经济现象和社会活动,旅游的核心内容是食、住、行、游、购、娱,也包括整个旅游过程中发生的文化交流、主客互动、游客间互动等,相关研究涉及多个学科和领域的知识[4]。对于旅游,往往存在两种理解:

---

[1] 祝合良,Schmitt B H. 如何认识体验经济[J]. 首都经济贸易大学学报,2002(5):14-17.
[2] 杨咏. 基于体验视角的旅游文创产品优化方法[J]. 包装工程,2022,43(6):259-268.
[3] 徐宏. 体验经济视角下的黔东南州民族节庆旅游开发[J]. 人文天下,2020(17):61-64.
[4] 陈晔. 旅游理论从哪里来? 基于管理学理论发展的思考[J]. 旅游导刊,2018,2(5):11-18.

一种是日常生活中所说的旅游,其意义等同于旅游活动;另一种是从学术的角度把旅游作为旅游学研究的对象,此时的旅游便具有了科学的意义和抽象的概念。不同的学者对于旅游的研究视角不同,其理解也不同,因此,对于旅游给出的定义也不尽相同。1991年,世界旅游组织在《旅游统计国际大会建议书》中对旅游的概念给出了如下定义:旅游是指一个人旅行到其通常环境以外的地方,时间少于一段指定的时段,主要目的不是在所访问的地区获得经济效益的活动。其中,"通常环境以外"是为了排除那些在居住地以内的旅行和日常的旅行,"时间少于一段指定的时段"是为了排除长久的移民活动。

旅游学理论的萌芽最早发端于19世纪末的西方世界。1899年意大利国家统计局局长波狄奥发表的《关于意大利外国旅游者的流动及其花费》一文被认为是从学术角度研究旅游现象最早的研究性文章,该文也拉开了旅游学研究的序幕。1927年,第一部具有真正理论意义的旅游学专著《旅游经济学讲义》在意大利诞生。但真正大规模、多学科加入旅游学的研究还是第二次世界大战以后的事情。第二次世界大战结束后,旅游研究的中心逐渐转入北美、澳大利亚等地区,德国、美国、日本等相继出现了旅游学研究的热潮,各种理论著作和文章层出不穷,并逐渐构建起了旅游学理论的基本框架,研究内容主要涉及旅游地理学、旅游人类学、旅游社会学、旅游心理学、旅游发展史、旅游经济学、旅游地规划及景观设计等方面[1]。

国内旅游学的研究是与我国旅游业的实践发展历程和旅游高等教育的发展历程一致的,起步于20世纪70年代末80年代初。1980年前后,在国家旅游局的支持和指导下,国内多所高校设立了旅游系(专业)。90年代初,由于国内高考取消了地理科目,很多院校将地理专业改为旅游专业。相较于西方,国内的旅游研究虽然起步较晚,但学科研究发展快,专业旅游院校和旅游研究机构的建立为学科发展和旅游学基础理论的研究奠定了良好的基础,同时呈现出教育产业化和专业设置市场化的趋向。

(2)旅游学的研究视角。由于旅游活动的复杂性,旅游研究一直以来从地理学、经济学、管理学、人类学、社会学等相关学科中汲取养分,借鉴相关理论与知识。多学科介入旅游研究是由当前研究所处的历史阶段决定的[2]。在旅游学科概念体系完善的过程中,学者们也借鉴相关学科的理论,衍生出一些旅游研究的概念,如游客凝视(tourist gaze)理论、旅游地生命周期(tourism area life cycle,TALC)理论、旅游体验(tourist experience)理论、旅游目的地竞争力(tourism destination competitiveness,TDC)理论等。

① 游客凝视理论。1990年,英国学者约翰·厄里(John Urry)在其著作《游客凝视》中通过借用福柯的"医学凝视"概念,创造性地提出了一个新概念"游客凝视"。厄里认为旅游是人们离开自己的惯常环境到一个陌生地域去凝视自己原本生活获取不到的独特的景观符号和文化符号,以达到愉悦心情、探索求知、冒险刺激等方面的旅游体验。游客凝视理论的内容包括以下四个方面。第一,凝视不仅仅是指"观看"这一动作,它具有历史性和社会性。旅游凝视实质上包括旅游欲求、旅游动机、旅游行为等一系列过程,是一种隐喻和理论抽象,是旅游者对旅游

---

[1] 张立明,敖荣军.旅游学概论[M].武汉:武汉大学出版社,2003:21.
[2] 谢彦君,李拉扬.旅游学的逻辑:在有关旅游学科问题的纷纭争论背后[J].旅游学刊,2013,28(1):21-29.

地的一种作用力。第二,旅游者的凝视具有"反向的生活"性、支配性、变化性、符号性、社会性、不平等性等特征。第三,摄影是旅游者凝视的有形化和具体化。第四,旅游者的凝视使旅游地被消费,可能引起旅游地文化发生所谓"舞台化""表演化"倾向,并使旅游地在时间和空间上被重构,最终形成一个完全被旅游者消费的地方[1]。旅游凝视理论的贡献在于:从现代与后现代文化、工业社会与后工业社会、大众旅游与后旅游的研究体系考察人类旅游现象,把凝视的权利运用到对旅游观光的分析中,颇具前瞻性和独创性。但其局限性也很明显。一方面,厄里强调"差异性是旅游现象的关键"的观点具有明显的片面性。当今旅游业发展过程中呈现出的"麦当劳化"(McDonaldization)和"迪斯尼化"(Disneyfication)表明,差异性未必是旅游吸引物的唯一要义,人们的旅游动机和行为远比追求视觉胜景更为多样和复杂。另一方面,厄里在解释旅游对旅游地的影响时,只强调了旅游者对旅游地文化和居民的单方面凝视,强调旅游者的凝视处于主动和支配地位。但事实很可能是,凝视是双方互有的。随着旅游地的发展,当地人可能会反过来对旅游者的凝视产生重要影响。

② 旅游地生命周期理论。旅游地生命周期理论是描述旅游地系统动态演化的基础理论,不仅是旅游理论体系的重要组成部分,也是指导旅游地可持续发展实践的重要工具[2]。1980年,理查德·巴特勒(Richard Butler)在借鉴营销学界著名的产品生命周期理论和生物学生命周期理论的基础上,于《加拿大地理学家》杂志上首次提出 TALC 理论[3]。巴特勒认为旅游地像产品一样,也经历一个"从生到死"的过程,只是变化的是旅游者的数量而非产品销量。影响目的地不断地进化和改变的因素包括旅游者偏好与需求的变化,物质设备与设施不断退化以及可能的更新,以及原生态自然和文化吸引物的改变(甚至消失)。巴特勒提出旅游目的地的演化要经过六个阶段,即探索阶段、参与阶段、发展阶段、稳固阶段、停滞阶段和衰退或复苏阶段。TALC 理论主要可以概括为四个方面内容:第一,旅游地的时空变化形态,包括游客接待量时间上的"S"形变化和旅游要素由核心到外围的扩散;第二,旅游地演化路径六个阶段性的特征变化;第三,影响旅游地演化的基本要素;第四,旅游地演化的方向,即旅游发展必然伴随吸引力的下降,人为的管理可实现复苏或者延长生命周期,但旅游地发展突破承载力阈值后,衰退就难以避免。TALC 理论的诞生意味着旅游地演化理论研究在一定时期内达到新高度[4]。该理论也被用来分析目的地的增长状况,考察导致目的地从一个阶段深化到另一个阶段的周期性影响因素及其转折点的特征。这为目的地管理决策者制定规划方案、进行市场促销等提供了依据。在周期的每一阶段,预期市场成长、市场份额、竞争激烈程度和利润率都有所不同。因此,不同阶段要求不同的营销和管理策略。

③ 旅游体验理论。阿尔文·托夫勒在《未来的冲击》中第一次构建了一个体验经济分析的基本框架,标志着体验经济及体验作为经济提供物的开端。1999 年,派恩和吉尔摩在《体验经

---

[1] 邹统钎.旅游学术思想流派[M].2 版.天津:南开大学出版社,2013:265-282.
[2] 祁洪玲,刘继生,梅林.国内外旅游地生命周期理论研究进展[J].地理科学,2018,38(2):264-271.
[3] Butler R W. Tourism Area Life Cycle[M]. Oxford: Goodfellow Publishers Limited, 2011.
[4] Singh S. The Tourism Area Life Cycle: A Clarification[J]. Annals of Tourism Research, 2011, 38(3): 1185-1187.

济》一书中指出,体验经济是继农业经济、工业经济、服务经济之后人类经济生活发展的第四个阶段,它追求的最大特征就是消费和生产的个性化[1]。旅游与体验经济有着千丝万缕的联系。旅游是人们满足了基本生理需求和物质需求之后所产生的更高、更新的精神需求,对旅游者而言是一种愉悦、快乐的经历,是一种旅程和暂居的审美体验。旅游者面对丰富的选择,不再只注重旅游产品的功能,而喜欢感性地寻找和享受产品及服务所带来的独特体验,追求文化与精神的消费。从心理学角度看,旅游体验是一个基于旅游主体过去的记忆和对未来的憧憬而被"想象"充实的领悟过程。旅游体验具有以下特征:价值性,旅游者通过旅游满足自身的身体和精神需求,获得深刻体验与感悟,满足自己在平常生活中没有满足的某种期望;主观性,旅游体验是一种实实在在的切身感受,这种感受通过间接方式是难以获得的;情境性,旅游体验是旅游者在特定的情境中参与旅游活动的动态过程;参与性,旅游者越来越注重在旅游活动过程中发挥自身的能动性和创造性,在参与中体验旅游活动的过程和结果,在细节和惊奇中感受旅游的乐趣和意义;文化性,随着人们精神层面的需求越来越强烈,旅游活动的文化性越来越受到旅游者的关注。

④ 旅游目的地竞争力理论。国外学者自20世纪60年代就开始关注区域旅游竞争问题,研究最初集中于旅游地之间旅游资源的竞争。到20世纪80年代,研究的主旋律开始转向强调旅游需求,把提高客源市场份额作为旅游竞争的目标;20世纪80年代末,旅游形象成为旅游竞争研究的主题。旅游领域的竞争力研究始于20世纪90年代,1993年,国际旅游科学专家协会会议在阿根廷召开,专门研讨了长途旅行目的地的竞争力问题。之后国内外学者纷纷从不同的角度对旅游目的地竞争力进行了研究。在众多研究成果中,哈佛大学商学院教授迈克尔·波特(Michael Porter)提出的钻石模型,以及布伦特·里奇(Brent Ritchie)和杰夫里·克劳奇(Geoffrey Crouch)共同提出的旅游目的地可持续竞争力模型,成为旅游业竞争力研究领域具有代表性的分析模型。钻石模型多用于分析一个国家某种产业为什么会在国际上有较强的竞争力,波特认为决定一个国家某种产业的竞争力的因素有四个:生产要素,包括人力资源、天然资源、知识资源、资本资源、基础设施;需求条件,主要是本国市场的需求;相关产业和支持产业的表现,这些产业和相关上游产业是否有国际竞争力;企业的战略、结构和竞争对手的表现。除此四大要素之外,还存在两大变数——政府政策与机会。之后,里奇和克劳奇在波特的钻石模型基础上提出了应用于旅游目的地竞争力评价的综合模型。该模型基本上由四个主要部分决定:核心资源和吸引物(core resources and attractors)、支持性因素和资源(supporting factors and resources)、目的地管理(destination management)、限制性因素(qualifying resources)[2]。里奇和克劳奇认为,旅游目的地竞争力是在比较优势(资源禀赋)基础上发掘竞争优势(资源配置)的过程。在他们的模型中,核心资源和吸引物是旅游者选择某地作为旅游目的地的基本条件,包括地理概况、文化与历史、市场联系、活动组合和上层设施。市场联系即关系的纽带是至关重要的,旅游目的地管理者在处理这个问题时不仅要区分这些纽带关系(个人的和组织的)

---

[1] 黄小珊.基于体验的图书馆服务创新[J].科技情报开发与经济,2012,22(1):40-42.
[2] 赵磊,庄志民.旅游目的地竞争力模型比较研究[J].旅游学刊,2008(10):47-53.

所涉及的对象,而且要决定如何使用这些联系去刺激、引导游客到访特定的旅游目的地[1]。该模型得到世界旅游组织的认可与推广。

2. 旅游文创与旅游学之间的关系

旅游学作为研究旅游者活动和旅游产业活动的学科,是开展旅游文创的基础。一方面,旅游学的理论研究成果是旅游文创的重要依据。具体来说,旅游学中关于游客心理、旅游地演化、游客文化背景、旅游地核心资源和吸引物等多方面的研究,都可以对旅游文创的研究和实践提供指导。例如,旅游体验理论可以帮助旅游文创工作者在设计旅游产品时思考如何更好地满足游客的个性化需求等。另一方面,旅游学中所使用的实地调查法、统计分析法、个案研究法等诸多研究方法也可以为旅游文创的调研、策划等所借鉴,协助旅游文创的开展。例如,可以采用旅游学中的实地调查法,深入不同旅游地,对旅客开展实地调查,获取一手资料,这对于旅游文创具有十分重要的参考价值。随着我国文化旅游的兴起,旅游文创也成为旅游活动和旅游学研究中的重要内容。

(二) 旅游文创与文化学

旅游文创研究主要是以文化学为核心展开对旅游文创的研究。文化学实质上是一切人文学术的共同基础,也是研究旅游文创的重要理论支撑。在此对文化学的相关内容进行简述,并进一步梳理文化学与旅游文创的关系。

1. 文化学概述

(1) 文化学的兴起。文化学是一门研究和探讨文化的产生、创造、发展演变规律和文化本质特征的学科。文化学以一切文化现象、文化行为、文化本质、文化体系以及文化产生和发展演变的规律为研究对象。简言之,文化学是研究文化现象或文化体系的学科[2]。

"文化学"或"文化科学"的概念源于德国。1838 年,德国学者列维·皮格亨(Larergen Peguienhn)首次提出"文化科学"一词,主张建立专门的学科。德国学者古斯塔夫·克莱姆(Gustav Klemm)的《人类普通文化史》(十卷本)于 1843—1852 年出版,其中使用了"文化学"一词。克莱姆给文化下了一个具有现代精神的定义:文化即"习俗、工艺和技巧,和平和战争时期的家庭生活和公共生活,宗教,科学和艺术"。克莱姆还把文化进化分为野蛮、养驯、自由三大阶段,并强调了地理与人文之间的关系。1871 年,英国文化人类学家爱德华·泰勒(Edward Tylor)在克莱姆的文化定义基础上,在《原始文化》一书中给文化下了定义:所谓文化或文明,就其广泛的民族学意义来讲,是一复合整体,包括知识、信仰、艺术、道德、法律、习俗以及作为一个社会成员的个人所习得的其他一切能力和习惯[3]。泰勒也因此被称作"英国文化人类学的奠基人"。1909 年,德国化学家、诺贝尔奖获得者威廉·奥斯特瓦尔德(Wilhelm Ostwald)在《文化学之能学的基础》中正式提出文化的科学即"文化学"的概念:"把人类种系与全部其他动物物种区别开来的这些独特的人种特性,都被包括在文化一词之中。因此,对这门关于人类特

---

[1] 冯学钢.基层文旅产业的发展困境与突破方向[J].人民论坛,2023(3):100-104.
[2] 林坚.文化学研究:何以成立? 何以为用?[J].探索与争鸣,2012(10):60-65.
[3] Tylor E B. Primitive Culture[M]. London: J. Murray, 1987: 1.

殊活动的科学可能最适于称作文化学。"

现代文化学理论研究始于美国学者阿尔弗雷德·路易斯·克鲁伯(Alfred Louis Kroeber),他著有《文化成长的形貌》《文化发展的结构》《我们和文化》等,是最先从事现代文化学理论研究的学者。他认为,文化具有清晰的内在结构和外在层面,有其自身的规律,有必要建立一门独立的学科,即文化学学科,对人类独特的文化现象进行系统的研究。他提出了一整套概念,后来成为现代文化学的基本概念和理论,如文化构架、行为模式、符号系统、原型文化、文化价值观、文化系统、文化动力学、文化工程学、文化心理学等。1949年,美国文化人类学家莱斯利·怀特(Leslie White)在《文化的科学——人类与文明研究》一书中,主张将文化学从一般的自然科学和社会科学中划分出来。他把文化视为一个完整的体系,包括工艺、社会和意识形态三个分体系,并倡导研究文化的普遍进化。以该书和怀特1959年出版的《文化的进化》为标志,具有现代意义的文化学初步形成。怀特也被誉为"文化学之父"。20世纪50年代,苏联学术界开始从一般意义上对文化进行研究。马尔卡良、阿尔诺利多夫等文化学者先后出版了《文化论纲》《马克思列宁主义文化理论原理》《文化理论和现代科学》《文化和社会》《文化和价值》《人和文化》等文化研究专著。

在我国,"文化学"一词最早由李大钊于1924年在《史学要论》一书中使用。随后黄文山、陈序经、阎焕文、朱谦之、孙本文、费孝通等多位文化学学者在文化学研究领域多有建树,先后出版了多部文化研究著作或译作,如《文化论》《文化社会学》《中国文化的出路》等。20世纪80年代以后,中国掀起了"文化热"。1982年,钱学森呼吁建立文化学,主张从整个社会系统来研究文化事业并建立文化学学科。但文化学研究系统目前尚未完全建立,这也成为下一步我国文化研究发展的方向。

(2)文化学的研究视角。文化学的理论流派比较多,如进化学派、传播学派、历史学派、社会学派、结构主义、功能学派、心理学派、文化相对主义等。如果把文化学的交叉学科都计算在内,文化学的流派就更多,如文化经济学、文化地理学、文化生态学、文化符号学、文化政治学、行为文化学、知识文化学、信息文化学等。本书仅就文化生态学、文化符号学、文化心理学、文化经济学和文化地理学做相关介绍。

文化生态学是一门用生态学方法研究文化的起源、发展、变迁、传播、消费的新学科,其学科特点可以概括为与时俱进、潜移默化、包罗万象[1]。20世纪50年代,美国人类学家朱利安·斯图尔德(Julian Steward)首先提出了文化生态学理论。文化生态学的理论背景是:人类赖以生存以及文化得以生成的环境不仅包括自然因素,还包括社会环境因素、政治环境因素、经济环境因素,从更大程度上讲,是在以自然为前提的条件下,经过人类的长期活动而形成的"环境-人-文化"复合的生态系统。斯图尔德认为,文化生态学的研究方法有三个主要的步骤:首先,分析生产技术与环境的相互关系;其次,分析以一项特殊技术开发一特定地区所涉及的行为模式;最后,确定环境开发所需的行为模式影响文化的其他层面至于何种程度。文化生态

---

[1] 李平.文化生态学研究进展及理论构建[J].佛山科学技术学院学报(社会科学版),2015,33(2):70-77.

学最初的目的是探索"环境-文化-人"互相影响的方式,其研究内容包括以生态学的方法研究文化的起源、发展、变迁、传播、消费等。文化的运用及文化的影响力借助文化传得以实现,而传播效果则受文化环境的制约,优良的文化环境使传播的速度加快,不良的文化环境则是传播过程中的阻碍。现实中,文化压抑、文化污染、文化入侵等不利于文化传播的现象时有发生,对于如何提高文化传播的效果,生态学中生态环、生态场、生态节点、生态圈等概念为解决这一问题提供了方向指引。与此同时,当文化作为一种产品时,只有被接受、被认可、被消费才能最终体现其价值,而文化消费的环境除了受到消费者主体素质修养影响外,还取决于风俗习惯、文化氛围、时间和经济状况等外部因素。文化被什么群体接受和消费、文化在哪种情况下被认同等消费生态是文化生态学必须回答的问题。

文化符号学是把文化视为一种符号或象征体系进行研究的科学。文化符号学认为,文化通过符号进行意义表达,人们也凭借符号进行知识和态度的交流、存储和传播,同时要在符号系统中理解文化的内涵。最早提出文化符号论的是德国文化哲学家恩斯特·卡西尔(Ernst Cassirer),20世纪二三十年代,他以"人是符号的动物"之立论为基础,对人类所有的精神文化现象做了全面的符号形式研究,为文化符号学的创立奠定了坚实的理论基础。到了20世纪三四十年代,美国人类学家莱斯利·怀特在卡希尔的基础上,进一步把"符号"看作文化学的基本"范式",认为文化是一种模式化了的符号交互作用系统,其本质、意义生成及进化规律须从人类特有的符号编码活动方面加以说明,文化学就是对这个自给自足的符号系统的科学研究。怀特的文化研究开创了文化学的新领域——文化符号学[1]。目前,世界上比较系统的文化符号学有两个流派:一个是以尤里·洛特曼(Juri Lotman)为代表的莫斯科-塔图学派;另一个是以安伯托·艾柯(Umberto Eco)为代表的符号学派。前者因其更为系统的理论为当今学术界所推崇[2]。在洛特曼错综复杂的文化符号学理论体系中,符号圈、二阶模式化、文化文本、集团记忆等概念构成了其理论的基石。洛特曼所创的文化符号学把人类的认知、思维与表达、交流结合起来,并把这种关系从社会范围扩大到民族和民族之间,形成一种民族和民族之间的认知、思维与表达、交流的文化符号学。

文化心理学是一门研究人类文化心理或文化行为的学科。1969年,人类学家乔治·戴沃斯(George DeVos)和亚瑟·希普勒(Arthur Hippler)在《文化心理学:人类行为的比较研究》中首次使用了"文化心理学"这一术语,被认为是文化心理学的起源。他们在心理学研究中注入文化的因素,使得人们认识到无论从整个心理学研究过程来看,还是从研究中的对象、方法及研究者来看,任何心理学研究都存在于特定的文化背景中,不可能脱离文化的影响而存在。20世纪80年代以后,文化心理学的研究开始重视心理活动中的主观建构方面,其中以雅各布·坎特(Jacob Kantor)的观点最具代表性,他强调文化心理学的研究主体是人的主观世界。坎特试图把个人、社会与文化结合起来,从有意义的社会实践活动出发,以解决人与社会、文化之间的分裂状态。坎特的这种认识与理解指出人的心理和行为属于意向性活动过程,强调了主观

---

[1] 袁久红.文化符号学的理论与方法初探[J].东南文化,1991(5):6-14.
[2] 郭鸿.文化符号学评介——文化符号学的符号学分析[J].山东外语教学,2006(3):3-9.

建构在人的心理活动中的重要价值,对20世纪80年代后期的文化心理学者的观点有着相当深远的影响。值得一提的是,早在20世纪30年代,中国著名心理学家潘菽就提出了心理学中国化的先进思想。1948年费孝通先生出版的《乡土中国》一书更是探讨中国社会结构与文化格式的集大成之作[1]。费孝通先生经过对中国各地长期的田野研究工作,实证性地还原了中国人当时的生活原貌,他所提出的"差序格局"概念对中国人社会关系的深刻解读至今未被超越。近年来,在全球政治格局瞬息万变的大环境之下,各种文化思潮风起云涌,文化心理学也发生了向后现代化、民族化、本土化等方面的转向,文化心理学的研究已然进入了一个多元共生的全新时代,跨学科合作和交叉型综合研究也成为当今文化心理学界的主流[2]。纵观中国心理学发展史,可以发现文化心理学研究早已在社会学、管理学、教育学等分支学科得到广泛应用。文化心理学的主要研究方法包括释义学、民族志、现象学等。

文化经济学被看作一门运用文化研究和经济学研究相结合的分析方法,以文化经济运动规律为主要研究对象的学科,是一门以综合性与交叉性为特征的人文科学和社会科学,兼具基础研究和应用研究双重特性。国内外对于文化经济学的研究大致包括文化经济学的"时空论"、文化产业制度经济学(或文化产业政策经济学)、文化(产业)市场经济理论、文化遗产经济学、国际文化经济学等方面[3]。路易吉·吉索(Luigi Guiso)等人于2006年较早系统梳理文化对经济产出的影响路径和机制[4]。该研究更将文化因素定义为在宗教、种族以及社会群体中进行代际传承且相对稳定的风俗习惯、信念、价值观等,这为文化经济学实证研究领域的变量选择和计量估计提供了操作依据。国外文化经济学的研究整体上呈现三条发展脉络:第一条脉络重点关注文化因素对宏观经济发展的影响效应及可能机制;第二条脉络重点关注文化因素在微观市场主体决策过程中扮演的角色;第三条脉络重点关注经济发展对文化偏好形成的反向作用,集中表现为生产方式、经济增长率、城市化水平、贸易开放度等宏观经济变量如何影响个体的性别观念、风险态度、价值观、幸福感等[5]。近年来,中国传统文化的核心特质和丰富内涵也受到中国经济学者们的高度关注,具有本土文化特征和制度底色的文化经济学研究成果不断涌现。本土经济学者们在借鉴国外相关研究的基础上,重点从以下三个方面对中国社会文化与经济之间的共生关系进行了实践路径上的探索:其一,中国情境下文化因素对宏观经济绩效的影响;其二,文化特征及文化多样性对特定制度背景下的公司治理的影响;其三,文化对个体经济决策的作用机制。基于中国独特的儒家文化传统和宗族延续特征,较多研究侧重从文化的多方面构成要素出发解读中国居民的消费、储蓄、投资、代际支持等经济行为。

文化地理学是研究人类文化空间组合的一门人文地理分支学科,也是文化学的一个组成

---

[1] 钟年. 人类心理的跨文化研究[J]. 中南民族学院学报(哲学社会科学版),1996(1):45-50.
[2] 宋佩佩. 文化心理学的发展演进与新局新机[D]. 西安:陕西师范大学,2021:111-114.
[3] 陈柏福. 文化经济学理论研究与展望[J]. 求索,2016(5):67-72.
[4] Guiso L, Sapienza P, Zingales L. Does Culture Affect Economic Outcomes? [J]. Journal of Economic Perspectives, 2006(20): 23-48.
[5] 李树,邓睿,陈刚. 文化经济学的理论维度与实践进路[J]. 经济研究,2020,55(1):204-208.

部分。它研究地表各种文化现象的分布、空间组合及发展演化规律,以及有关文化景观、文化的起源和传播、文化与生态环境的关系、环境的文化评价等方面的内容。文化地理学的研究目的是探讨各地区人类社会的文化定型活动、人们对景观的开发利用和影响、人类文化在改变生态环境过程中所起的作用,以及区域特性的文化继承性,也就是研究人类文化活动的空间变化。1882年,德国地理学家弗里德里希·拉采尔(Friedrich Ratzel)在《人类地理学》一书中提出了"人类地理学"一词,主要是在人类学基础上论述地球与其居民生活的关系。到了20世纪初,美国人类学家阿尔弗雷德·克罗伯(Alfred Kroeber)认为地理因素应该替代时间因素,居于学术研究的突出地位。在他的这一思想和早期的文化地理学思想影响下,美国地理学家卡尔·索尔(Carl Sauer)提出了关于文化地理的重要论点,主张用文化景观来表达人类文化对景观的冲击。他认为文化地理学主要通过物质文化要素来研究区域人文地理特性,文化景观既有自然景观的物质基础,又有社会、经济和精神的作用,他还强调人文地理学是与文化景观有关的文化历史研究。受索尔影响的美国文化地理学者被称为文化地理的伯克利学派[1]。第二次世界大战以后,文化地理的研究除了对文化景观、区域文化历史的探讨之外,瑞典地理学家托尔斯腾·哈格斯特朗(Torsten Hagerstrand)将空间扩散分析法应用于文化传播的研究,形成了文化地理的瑞典学派[2]。中国文化地理的思想起源很早,历代各类著作、方志中有大量文化地理资料记载,但很少有人专门从事这方面的研究。20世纪80年代,在与西方文化地理学的交流中,中国文化地理学逐渐复兴。与之相较,中国历史文化地理此时已步入学术正轨,代表性的著作有两部,其一是1986年出版的周振鹤与游汝杰合著的《方言与中国文化》,其二是1991年出版的卢云的《汉晋文化地理》。在文化地理研究中,语言和宗教是两个最重要的文化要素。进入20世纪90年代,学界开始着手以省(区、市)为范围的区域性历史文化地理研究。在美国学者柯文(Pail Cohen)看来,区域历史文化地理研究方法主要有两方面:一是探究该地区与其他地区的文化差异;二是分析本地区内部的文化地域差异。当代的中国历史学家、民族学家、人类学家等大多从本学科研究的需要出发考虑文化的地区差异和文化起源的地理背景,历史地理学、聚落地理学、地名学等地理学研究中亦涉及相关内容,但文化地理学尚未成为独立研究的学科。

2. 旅游文创与文化学的关系

旅游文创与文化学密不可分,旅游文创离不开文化消费市场,离开了文化消费市场的旅游文创就成了无源之水、无本之木,就会失去生机与活力。培育旅游消费市场,特别是旅游文化消费市场,是推进旅游文创产业发展的重要环节。文化是人类创造的精神和物质的总和,且文化具有地域性、民族性、差异性。随着年代的更迭,文化的特性不断叠加,各地文化差异性的沟壑也会扩大,而文化底蕴则会愈加深厚,文化特色愈发明显。在这样的前提下,旅游就成为文化传承发扬的最佳载体,文化则是旅游的主干灵魂,而旅游文创便是文化和旅游结合的完美结晶。在当前我国文旅融合的大背景下,文化与旅游、旅游创意、旅游文创相辅相成,加强对文化

---

[1] 张洁玉.旅游主题策划的理论与实践[D].上海:华东师范大学,2011:11.
[2] 包亚明.场所精神与城市文化地理学[N].文汇报,2017-10-20(14).

学的研究探讨显然已经成为旅游文创持续发展的重要课题。以实践为导向进行研究的前提是对中国文化的关注,文化在旅游行为中的映射值得我国学者深入观察,并将其总结升华为理论。旅游文创既要继承和发扬传统文化和本地文化,又要增强旅游地文化的包容性、异质性和多元性,通过弘扬民族文化推动地区和国际交流,在旅游研究领域中贡献更多中国智慧。

(三) 旅游文创与创意学

1. 创意学概述

(1) 创意学的兴起。创意学是从创意的整体出发,通过创意思维和创意行为来研究创意的内涵、功能、产生、发展规律的综合性学科,是一门新兴的边缘性交叉学科。创新是创意的起源,经济学家熊彼特被看作创意研究的鼻祖,早在20世纪初,他就敏锐地指出,现代经济发展的根本动力不是资本和劳动,而是创新。在《经济发展理论》中,他提出,创新就是建立一种新的生产函数,也就是把一种从来没有过的关于生产要素和生产条件的新组合引入生产体系。熊彼特的"五创新"理念中的"组织创新"也可以被看作初期、狭义的制度创新。继英国率先提出创意产业战略之后,日本、韩国、新加坡等国家相继出台政策,推动本国文化创意产业的发展。20世纪90年代,我国把"创新"一词引入科技界,形成了"知识创新""科技创新"等各种提法。2005年,党的十六届五中全会召开,第一次将自主创新提升到国家战略的高度,对我国的创意产业和创新服务型产业的发展产生了巨大的推动力。自此,"创新"一词在我国发展并进入社会生活的各个领域。目前,创意学的研究从学理层面、框架设计层面直接进入产业实践层面。行业发展上,创意学也已进入更多国家(地区)的战略实践层面和全球发展的共同机制层面[1]。

(2) 创意学的研究视角。创意学作为一个独立的学科和课程,产生时间并不长,但是随着现代工业的发展,人们越来越注意到创新、文化等以往被忽略的要素对产业发展的影响。在这一背景下,国际上有关创新创意对经济发展的影响以及创意产业相关要素的研究由来已久。创意学的主要研究视角包括文化视角、创新视角和产业视角。

① 从文化视角看创意学。首先,人的衣食住行、社会实践、伦理观念以及对其身处世界的认识和改造都属于文化形式,换句话说,人类自从进入社会生活,便开拓了高于其自然属性的文化,由此,人的生活方式、风俗习惯、心理特征、审美情趣、价值观念等就获得了历史性和传统性价值。其次,文化包含着丰富而深邃的认识价值。文化是人们认识和实践成果的反映,是人们智能、力量和价值的凝聚与体现,它是人类全部历史创造的精神体系的具体体现。最后,文化是人类物质生活和精神生活的沉淀和积累,发挥着与时俱进的应用价值。所以,文化可以看作人类智能力量的持续开发形态,它的生存基础是人类在社会发展过程中物质生活的探索和精神生活的升华[2]。在文化的形成和发展过程中,其特性以及对不同时代社会的独特的影响成为调节不同时期社会生活的稳态系统。

② 从创新视角看创意学。"创"是创新,是手段和措施;"意"为文化,是附加值的实现载体。

---

[1] 生奇志,单永斌,徐佳佳.创意学[M].北京:清华大学出版社,2016:15-16.
[2] 丁俊杰,李怀亮,闫玉刚.创意学概论[M].北京:首都经济贸易大学出版社,2011:22-31.

"创"与"意"的结合能够实现文化的多重经济价值在创新动力推动下的增值效应,从而形成创意资本[1]。熊彼特提出的具有划时代意义的创新理论,将创新引入经济可持续发展的基本要素里。由此可见,创新是现代经济增长的核心要素,而创意与创新的特定关系就决定了创意学具有创新内涵的必然性。

③ 从产业视角看创意学。创意学的产业内涵应当是知识文化在经济发展中地位日益提升的结果。创意产业的直接产生前提是企业以创新为主要手段,进行以文化价值增值为目的的资本运营。具体来说,就是采取新技术、新材料、新组织形式、新管理方式等创新措施,进行创意产品生产,在此基础上研究潜在市场,分析市场需求,提供文化服务,实现文化价值的市场增值,并且在知识创新进步的基础上,不断扩大生产,增强文创产品市场的竞争力和控制力,实现创意资本和企业的集聚和集中,从而形成产业化运作。

2. 旅游文创与创意学的关系

旅游和创意之间有着十分密切的关联。旅游发展需要创意,也激发出许多创意;创意推动旅游发展,也丰富了自身的内涵。这对深化旅游的社会作用具有重要意义,对促进旅游地健康发展有深刻启示,对创新旅游经济理论体系亦大有裨益。对于旅游开发而言,创意起着"画龙点睛""标新立异""点石成金"的作用,是旅游地确定主题、塑造形象、整合资源、提升价值的重要法宝。在旅游开发实践中,创意大致可以分为三种情形:一是发现意义;二是创造意义;三是创新意义。在旅游地发展的不同生命周期阶段,上述三种情形会交叉使用,表现出创意的综合性、复杂性。一般地,在探索、参与、发展阶段常用的是发现和创造意义,在巩固、停滞、衰落阶段则亟须创新意义[2]。

(四) 旅游文创与传播学

1. 传播学概述

(1) 传播学的兴起。传播学是一门研究人类一切传播行为、传播过程及其规律的学科。20世纪40年代,以威尔伯·施拉姆(Wilbur Schramm)为首的美国学者在美国政府、军方、基金会等大力资助下逐步创立传播学学科。之后,传播学于20世纪50年代传入英国、德国、法国、意大利、苏联等欧洲国家。1982年,传播学创始人、集大成者施拉姆访问中国,开启了"传播学进入中国的破冰之旅"。

从传播学诞生之时起,美国学者就从多个视角对传播学理论开展了探索,提出了以文字、图形、数学公式等表述的种类繁多的传播模式,并运用这些模式来解释信息传播的机制和本质、描绘传播过程与传播效果、预测未来传播的形势和结构等。美国著名政治家哈罗德·拉斯韦尔(Harold Lasswell)、美籍德国社会心理学家库尔特·卢因(Kurt Lewin)、美籍奥地利社会学家和心理学家保罗·拉扎斯菲尔德(Paul Lazarsfeld)、美国试验心理学家卡尔·霍夫兰(Carl Hovland)为传播学的成立和发展做出了不朽的贡献。日本的传播学研究始于第二次世界大战

---

[1] 丁俊杰,李怀亮,闫玉刚.创意学概论[M].北京:首都经济贸易大学出版社,2011:20-21.
[2] 李庆雷,杨洪飞.论旅游与创意的关系及其启示[J].大理大学学报,2021,6(7):44-49.

结束以后，主要呈现两大特点：一是沿袭外国(主要是美国)的理论体系，并着重发展了强调受众有权直接参加传播过程的社会参与论；二是实践优先于理论。苏联自20世纪60年代起开始重视传播学理论研究。苏联学者根据自己的研究分别提出了各自的传播模式，最著名的是菲尔索夫传播模式和阿列克谢耶夫传播模式。传播学本身具有边缘性、交叉性和综合性的特点，因此，传播学的研究方法有很多，其中最常用的有调查研究法、内容分析法、控制实验法和个案研究法。

中国的传播学研究通常被认为始于1978年。改革开放使得我国的政治、经济、社会和文化呈现出新格局，随着高等教育和科研体系向西方全面开放，传播学在我国有了教材和学科史叙事。传播学作为舶来品在中国也经历了跨文化理论"旅行"中的主客互动。20世纪80年代，大量西方传播学术语和理论被引入我国传统新闻学研究体系，其主要成果体现为传播学基础知识的普及。20世纪90年代至21世纪初，这一阶段的主题是强调社会科学研究方法，以规范传播学的学科体系与学术研究。后传播学一度陷入低潮与沉寂，直到1992年邓小平南方谈话后才再次活跃起来[1]。这一时期，中国学界对西方传播学的认知日益深化、细化，并逐渐将其放在更大的社会科学语境下把握。2008年至今，这一阶段的主题是学术自觉，如传播学本土化或者中国化。经过30年的引进、消化和吸收，中国传播研究已经具备了"批判吸收、自主创新"的充足条件，应针对鲜活的中国社会历史与传播经验，有机地吸纳和结合外来理论的科学因素，进而创造性地开创中国理论与流派。

(2) 传播学的研究视角。1948年，传播学四大奠基人之一拉斯韦尔在《社会传播的结构与功能》中提出了传播过程及其五个基本构成要素，即谁(who)、说了什么(what)、通过什么渠道(in which channel)、对谁说(to whom)、取得什么效果(with what effect)，称为"5W模式"。这个模式简明清晰地呈现了传播过程，并奠定了传播学研究的五大基本内容，即控制分析、内容分析、媒介分析、受众分析和效果分析[2]。

传播者是传播活动的起点，因而也成为早期传播学研究的重要内容。传播者负责信息的收集、加工、传递等重要任务，可以是个人或者集体。有关传播者的早期研究主要有美国学者弗雷德·西伯特(Fred S. Siebert)、西奥多·彼得森(Theodore Peterson)和威尔伯·施拉姆从传播者制度环境角度提出的"四种传播体制"(集权式、自由式、社会责任式和共产主义式)，以及卢因的"把关人"概念等。在大众传播时期，传播者是指专业化的传播组织及其从业者，"体制"与"把关"的概念尤为突出。进入互联网时代，传播者不再局限于传统的专业传播者，互联网及新媒体让任何个人都可以成为传播者，成为自媒体人，扩大了传播者的范围，相关研究开始侧重传播者能力与责任方面，如传播者素养与伦理道德、传播者之间的知识鸿沟和数字鸿沟等。

传播内容是传播活动的中心环节，也是传播活动所要传达的信息所在。因此，传播内容一直是传播学者关注的重点，如通过对传播信息进行内容分析，了解信息与传播者、受众之间的关系，以及对传播内容进行符号分析、叙事分析、互文性分析等文本分析。此外，批判学派从文

---

[1] 李彬,刘海龙.20世纪以来中国传播学发展历程回顾[J].现代传播,2016,38(1):32-43.
[2] 薛可,龙靖宜.文化创意传播学[M].上海:复旦大学出版社,2022:32-34.

化研究视角分析传播内容,如法兰克福学派对文化工业的批判、文化研究学派的电视媒体"编码-解码"研究等,他们侧重探讨文化与社会之间的关系,进而反思人类文化实践的复杂性与多样性,寻求文化传播与发展的新思路。如今,数字技术飞速发展,传播内容的表现形式更加多样,也成为影响研究传播内容的重要因素之一。因此,有关传播内容表现形式的研究日渐增多,传播内容与其他因素之间的关系也逐渐成为关注重点。

传播渠道是传播活动、传播行为得以实现的重要手段。在传播中,传播渠道即传播媒介,也就是传播信息符号的载体。传播媒介从早期的符号媒介、手抄媒介到后来的印刷媒介、电子媒介,发展到如今的网络媒介等新媒体,不断更新、融合发展,传播学关于传播媒介的研究从未停止。在大众传播时代,传统媒体成为诸多传播学者研究的重要内容,尤以电视为甚。在互联网出现后,媒介环境派学者开始从技术角度探讨媒介的特性以及媒介与社会之间的关系,如马歇尔·麦克卢汉(Marshall McLuhan)的"媒介是人体的延伸""媒介即讯息"等论述。如今,5G技术、互联网技术、数字技术等不断催生各种各样的新媒体,它们也逐渐成为各国学者进行传播研究的新热点,如视频博客(vlog)、短视频、网络直播等。

受众在传播活动中扮演着越来越重要的角色,是传播活动的重要参与者。在传统大众传播语境下,受众是指信息传播过程中的接收者或受传者,是传播的对象,也是读者、听众和观众的统称。早期传播学的受众研究主要集中在传受关系、受众心理与行为研究,以及受众在传播活动中的权利与作用等内容。阿瑟·詹森(Arthur Jensen)与大卫·罗森格伦(David Rosengren)于1990年发表《受众研究的五种传统》一文,将受众研究分为效果研究、使用与满足研究、文学批评、文化研究和接受分析五个研究取向。其相关理论主要有个人差异论、社会关系论、文化规范论、社会参与论、使用与满足理论、游戏理论等。伴随着经济的发展、社会的进步,传播活动愈加多样,传播媒介愈加多元,受众的特征和传受关系也随之发生改变,受众已经不再是单一的接收者、使用者、消费者,也可以成为信息的传播者或传播内容的生产者,受众研究与传播效果研究之间的关系也变得越来越密切。

传播效果是指传播者发出信息经媒介传至受众而引起受众思想观念、行为方式等发生变化。传播学中关于传播效果的研究最具现实意义,其结果与结论可以对传播活动产生直接而明显的影响。传播学关于效果的研究始于20世纪初,早期的效果研究也取得了丰富的理论成果,如"子弹论""有限效果论""适度效果论""强效果论",同时也出现了诸多学理概念,如议程设置、沉默的螺旋等。互联网时代虽未形成较为成熟的传播效果理论,但是美国学者杰克·麦克劳(Jack McLeod)将传播效果研究系统地梳理为五大类:微观与宏观效果,变化与稳定效果,积累与非积累效果,短期与长期效果,认知、态度与行为效果。随着媒体在新时代的发展,传播效果的研究越来越贴近实践与现实,与传播内容和受众之间的关系也愈加密切。

2. 旅游文创与传播学的关系

旅游文创的研究离不开传播学的理论框架与方法指导,传播学是文化创意学的工具,也是旅游文创基本流程的重要参考。本书以传播学理论作为探讨基础,以传播学的基本流程为框架结构,以传播学五要素为基本视角,开展旅游文创相关内容的阐述。同时,传播学的相关研究可以为旅游文创提供学理支撑。首先,传播学中关于媒介的研究可以为旅游文创在认识媒介特点、选择媒介渠道、进行媒介组合等方面提供重要的参考依据。其次,传播学中关于受众的研究从传播与媒介角度出发,侧重研究如何通过传播影响受众、获得有效传播效果,因而旅游文创在分析目标受众、研发有价值文创产品、采取具有针对性传播策略时,受众研究具有关键性的参照作用。最后,传播学中的效果研究是最具现实意义的研究内容,其研究理论与方法对旅游文创的开展具有借鉴意义,其研究成果也将影响旅游文创的发展走向与创意切入的新视角。

在文化传播领域,媒介融合趋势不断深化,文创产品以实用物为载体,对文化意义进行创意呈现,其所呈现的文化符号体系可流动于多元媒体平台,通过传播与接收,发挥文化传播与价值转化的作用。在文化旅游业的发展中,文创产品已经成为文旅场景不可或缺的重要组成部分。移动互联网的普及促进了空间与媒介场景的虚实融合,数字技术使旅游空间和媒介影像合二为一,旅游已经形成了融合实体空间和虚拟空间的双重体验,旅游文创产品的符号意义也开始嵌入数字媒介,旅游文创产品的价值呈现出动态化、延续性的属性。在媒介融合与文旅融合的发展趋势下,旅游产业从业者的文化传播意识已经觉醒,新媒体开始被广泛运用于文创产品的展示和销售环节,媒介传播通过激活视觉、听觉、触觉等,可以激发消费者的复合认知,影像符码与日常生活交融渗透,为旅游者创造了多维、流动、混合的体验。

(五)旅游文创与心理学

1. 心理学概述

(1) 心理学的兴起。心理学的名称来源于希腊语,是一门研究人类行为活动和心理现象的科学,按照理论和实践应用的偏重不同又可划分为基础心理学与应用心理学,研究涉及认知、情绪、思维、人格、行为习惯、人际关系、社会、家庭、教育等多领域。

德国心理学家威廉·冯特(Wilhelm Wundt)是科学心理学的创始人,被称为"近代实验心理学之父"。1879年,冯特在哲学和生理学的基础上建立了生理心理实验室,把心理学引入科学领域,提出用自然科学的理论和方法解释心理学,使心理学从哲学的束缚中解脱出来,成为一门独立的学科。自此,心理学便遵循自然科学的榜样,探寻作为一种客体存在的心理运行规律。

其他早期重要的心理学家包括赫尔曼·艾宾浩斯(Hermann Ebbinghaus)、西格蒙德·弗洛伊德(Sigmund Freud)等。此时,精神分析学派兴起。之后,在整个20世纪上半叶,行为主义学派支配了当时的心理学,代表人物为伯尔赫斯·弗雷德里克·斯金纳(Burrhus Frederic Skinner)。当时流行的认知主义重视内在认知历程,代表人物有让·皮亚杰(Jean Piaget)、尼尔·米勒(Neal Miller)、赫伯特·西蒙(Herbert Simon)等。我国近代著名教育家蔡元培于1928年创办心理研究所,直接推动了我国心理科学的发展。由于心理学的研究方法与手段的多样化而存在许多流派,如构造主义、机能主义、格式塔学派、行为主义、精神分析、人本主义、认知心理学等。心理学包含的研究领域甚广,并使用许多不同的方法来研究心理过程与行为,主要有观察法、实验法、个案研究法等。

(2) 心理学的研究视角。心理学主要分为理论心理学和应用心理学两大领域,其下又可分为许多次领域,如认知心理学、社会心理学、文化心理学等诸多细分领域。

社会心理学(social psychology)是一门研究个体和群体的社会心理、社会行为及其发展规律的学科。社会心理学在个体水平和社会群体水平上对人际关系进行探讨。在个体水平上的研究内容有个体社会化过程、交往、言语发展,以及伙伴、家庭、居住环境及学校对个人的影响等。在社会群体水平上的研究内容有群体交往结构,群体规范、态度、种族偏见、攻击行为,风俗习惯和文化等[1]。19 世纪 90 年代,加布里埃尔·塔尔德(Gabriel Tarde)的《模仿律》(1890年)、西皮奥·西格勒(Scipio Sighele)的《犯罪的群众》(1891 年)、古斯塔夫·勒庞(Gustave Le Bon)的《乌合之众》(1895 年)等著作陆续问世,为社会心理学的形成奠定了基础。1908 年,美国社会学家爱德华·罗斯(Edward Ross)和英国心理学家威廉·麦独孤(William McDougall)不约而同地发表了名为《社会心理学》的专著。西方把这一年作为社会心理学诞生的年份。第一次世界大战结束以后,美国心理学家戈登·奥尔波特(Gordon Allport)和德国心理学家瓦尔特·默德(Walther Moede)开创了实验社会心理学方向。1924 年,奥尔波特的著作《社会心理学》问世,标志着社会心理学进入快速发展时期。当时大量的研究范式集中体现在依托数学和物理学的原理,这为社会心理学构建起严谨的科学体系,进而奠定了定量精确研究的方向。20 世纪 40—50 年代,在第二次世界大战和卢因学派的影响下,社会心理学主要研究群体影响和态度问题。所罗门·阿施(Solomon Asch)等人开展对从众现象的研究。以卡尔·霍夫兰为首的耶鲁学派发表了一系列有关说服的研究。利昂·费斯廷格(Leon Festinger)提出了认知失调理论,这个理论成为 20 世纪 60 年代的研究重心。到了 20 世纪 70 年代,由弗里茨·海德(Fritz Heider)的《人际关系心理学》一书奠定了基础的归因理论成为研究重点。20 世纪 80 年代以来,认知社会心理学和应用社会心理学日益受到重视。目前,社会心理学家的观点有所改变,主要表现在认识到实验方法的局限性,重视现场研究,重视应用研究,重视以现场应用研究检验实验室研究所得的理论,加以修正、补充和发展。今天的社会心理学家强调,从现场研究到实验室研究,或从实验室研究到现场研究,往复循环、相互论证。

消费心理学(consumer psychology)是研究消费者在消费活动中的心理现象和行为规律的学科。从 20 世纪初到 20 世纪 60 年代,消费者心理和行为研究迅速发展,并逐渐被广泛应用于市场营销活动,最终发展成为独立的消费心理学。1901 年,美国心理学家沃尔特·斯科特(Walter Scott)提出,广告应作为一门学科进行研究,心理学在广告研究中应该发挥重要作用,这被认为是第一次提出有关消费心理学的问题。1903 年,斯科特在《广告原理》一书中较为系统地论述了影响消费者心理和行为的各种因素。此后近半个世纪,美国许多心理学家积极从事有关消费问题的各项心理研究与实验。20 世纪 30 年代的经济大萧条令许多发达国家出现生产过剩、产品积压的问题。为了刺激消费,企业聘请了大量的心理学家,试图了解消费者的需求,提高消费者对商品的认识,诱发消费者的购买动机。20 世纪 50—60 年代,有关消费者心

---

[1] 金盛华.社会心理学[M].2版.北京:高等教育出版社,2005:13.

理和行为的研究蓬勃发展。来自心理学、经济学、社会学的学者纷纷从事有关研究,并相继提出许多理论。1960年,美国心理学会设立消费心理学分科学会,被认为是消费心理学作为一门独立学科诞生的标志。20世纪70年代以来,国外有关消费者心理与行为的研究进入全面发展和成熟的阶段。20世纪80年代中期,中国开始系统地从国外大量引进有关消费心理的研究成果。随着研究工作的深入,学者们针对中国市场特点进行了相关研究。在我国,消费心理学主要研究内容包括三个方面。第一,研究消费者心理过程、心理状态和个性心理。消费心理学将心理学的一般原理运用于营销领域,通过对消费者个性心理的研究,了解形成不同的消费习惯、消费方式及消费结构的内在心理基础。第二,研究影响消费者心理和行为的社会因素、经济因素及市场环境。消费者所处的社会环境大到政治制度、社会风气、社会习俗、家庭结构、经济发展水平、市场供求等,小到消费者购物的场所、购物环境、服务方式与态度、广告宣传、企业声誉及商品品牌等,都直接或间接地影响并制约着消费心理活动的发展和变化过程,对研究消费者心理和行为起着至关重要的作用。第三,研究消费者的需求动态和消费心理变化趋势。随着社会主义市场经济的发展,人们的消费水平和消费结构发生了很大的变化,消费行为与消费动机越来越复杂,消费的内容和形式日趋多样化。物质产品的丰富和人民生活水平的提高使人们的需求层次发生了明显变化,越来越注重生活质量、生活品位的提高,重视精神方面需求的满足。因此,对于消费心理与消费行为变动趋势的研究和把握对企业营销者来说十分重要。消费心理学的主要研究方法有观察法、访谈法、问卷法、实验法等。

设计心理学(design psychology)是通过对人们的心理状态进行分析和评价,尤其是对人们的需求进行剖析和探讨,在设计方面得以体现,以迎合人们的心理需求[1]。将设计心理学作为一个独立的学科分支是20世纪90年代之后,而设计心理学的相关理论如心理学、美学、工程学、设计艺术等学科都由来已久。伴随着人们社会生活的进步和发展,设计心理学有着明显的学科交叉属性。现代设计心理学大致产生于20世纪40年代后期。其一,第二次世界大战中的人机工程学、心理测量等应用心理学科得到迅速发展,于战后转向民用,实验心理学以及工业心理学、人机工程学中很大一部分研究都直接与生产、生活结合,为设计心理学提供了丰富的理论来源。其二,随着西方进入消费时代,逐渐丰富的社会物质生产呈现繁荣景象,为了在日益激烈的市场竞争中获胜,市场开始以样式设计、风格交迭等开展促销。由此,消费者心理和行为研究逐渐盛行,设计也逐渐成为商品生产中重要的环节,并出现了大批优秀的职业设计师,这些职业设计师中的一部分人反对单纯以样式为核心的设计,想要真正为使用者设计。其中代表人物是美国设计师迈克尔·格雷夫斯(Michael Graves),他率先开始想要用诚实的态度来研究用户的需要,为人的需要设计,并开始有意识地将人机工程学理论运用于工业设计[2]。20世纪60年代以后,与设计心理学相关的消费心理学、广告心理学、工业心理学和人机工程学研究都取得了巨大发展,主要表现在实证研究越来越多,并且与生产和消费实践结合也日趋紧密。美国认知心理学家唐纳德·诺曼(Donald Norman)在《设计心理学》中将产品设

---

[1] 刘哲军,杨贤传.试析设计心理学在室内设计中的应用[J].西昌学院学报(自然科学版),2018,32(1):42-44,67.
[2] 柳沙.设计心理学[M].上海:上海人民美术出版社,2013:8-21.

计与心理学的理论结合,从生活、情感、未来设计等方面进行了全面的论述。根据设计心理学的研究可知,大多数产品在设计的过程中都以满足消费者的心理状态以及消费者的需求为基础进行设计,文创产品也不例外。

2. 旅游文创与心理学的关系

旅游文创的研究与心理学的研究领域存在交叉。近年来,国家大力扶持文创产业,旅游文创产业也呈现蓬勃发展势头。旅游文创具有一般文创产品的双重属性,即经济价值属性和文化价值属性。一方面,文创产品属于一种商品,能够通过它来获取相应的经济利益;另一方面,文创产品又不等同于普通的商品,它是文化内容的一种载体,是一种精神产品,通过它能够很好地彰显传统文化元素,给人们带来文化认同感与归属感,满足人们差异化、审美化、体验化的心理需求[1]。随着社会的进步和经济的繁荣发展,人们不只追求物质的丰盛,更加追求精神上的丰盈,消费者对于旅游文创产品的追求也逐步从实用性向满足情感与心理需求转变。因此,对于企业而言,旅游文创实践者要了解消费者的消费心理和行为,进行正确的经营决策,提高企业的服务水平,正确引导消费。在市场竞争不断加剧的大环境下,为了提高企业的经济效益,企业要在产品生产出来前了解消费者的需要、动机、习惯及其变化规律,预测消费者的行为。与此同时,旅游文创产品的设计不仅要符合当下消费者的社会心理,抓住游客的消费心理,也要符合旅游消费者对于旅游产品的设计心理。因此,对于旅游文创实践人员来说,要深入研究心理学在旅游文创产品设计中的重要价值和意义,运用社会心理学、消费心理学、设计心理学等相关心理学理论,设计出大众喜爱的优秀文化创意产品,从而促进中国文创产业的长远发展。

(六) 旅游文创与民俗学

1. 民俗学概述

(1) 民俗学的兴起。民俗学是研究民间风俗习惯的一门科学,其研究对象是民众日常生活的文化传承。所谓民俗,就是历代相传的习俗、风尚,也就是民间流传的人民群众的文化。它包含物质生活、社会生活、精神生活等许多方面,并且与人类学、社会学、民族学、历史学等众多学科都有密切关系。由于民俗现象在国内外的普遍存在,加之近代许多民族、国家有民族自我认识、争取民族独立等方面的需求,促使民俗学在世界范围内得以广泛而深入地发展。民俗学既可以服务社会精神文明建设,又可服务国内外旅游和文化交流事项等。

民俗学发端于欧洲。近代欧洲各国民俗学是伴随着民族主义的发展而兴起的,而它的发端多由搜集整理民间口头作品开始。18世纪后期,欧洲社会经历了剧烈的转型,不仅发生了北美独立战争、法国大革命等剧烈社会政治变革,而且在精神文化领域也经历了一场大革命——民族主义思想开始崛起。西方的民族主义思想以国家为单位,强调一国民族性和排他性,希望建立具有统一的民族精神的独立国家,统一的民族精神同时也有利于国家独立和统一的政治诉求。在国家被外来文化入侵的情况下,希望能够找到真正代表民族特色的东西,而那些在民

---

[1] 马敬丹.心理学理论在文化创意产品设计研究中的应用[J].文化创新比较研究,2022,6(4):114-117.

间流传、未被外来文化"入侵"的民间口头传说就成了收集整理的第一选择[1]。民俗学早期的代表人物是德国的格林兄弟(Brüder Grimm)。但民俗学(folklore)一词却是1846年才由英国考古学家威廉·约翰·汤姆斯(William John Thoms)首先提出的。它的本义是"民众的知识"或"民间的智慧"(the lore of folk),内容包括传说、歌谣等口头文学,节庆活动、祭祀仪式等通常所说的民俗,还有囊括各种手工技艺的民间工艺、民间艺术等。

20世纪初,民俗学传入中国,研究目标被转化为开掘民众文化的精神财富。中国民俗学从20世纪20年代开始获得快速发展,以《歌谣周刊》(北京大学)、《民俗周刊》(广州中山大学)为主要舞台展示自己的成就。民俗学在传入中国之初即确立了其在中国的文化立场和现实目标,特别是在社会转型、文化启蒙的关口,其研究目标在于认识民众的生活和欲求,并实现社会的改良和历史的发展。1949年以后,因为特殊的历史时期,民俗学作为学科一度近乎停滞,但作为它的组成部分的民间文学仍得到发展。1976年"文化大革命"结束后,民俗学又逐渐恢复。在改革开放的新时期,民俗学作为一科显学而为世人瞩目。尤其是在我国向联合国教科文组织承诺保护口头非物质文化遗产之后,民俗学获得了长足的发展。1978年,中国民俗学奠基人钟敬文起草了《建立民俗学及有关研究机构的倡议书》,推动了民间文学和民俗学在改革开放之后的发展。20世纪80年代至90年代初是中国民俗学发展的黄金时期。改革开放和思想解放给刚刚恢复的中国民俗学带来生机,中西方文化的强烈撞击唤醒了人们强烈的民俗意识。20世纪80年代以来,民俗学依托语言文学专业的力量,在高校纷纷建立起硕士点和博士点、研究所和研究中心。1997年,"民俗学"成为社会学一级学科下的二级学科。民俗学在当代担负着传承民族优秀传统文化、增强民族凝聚力的光荣使命。

(2) 民俗学的研究视角。民俗学有很多分支,主要包含理论民俗学、应用民俗学、历史民俗学三大分支。

理论民俗学对民俗事象发生、发展、演变以及其性质、结构、功能等方面的规律进行理论探索,包括对综合或单项问题进行研究。理论民俗学研究民俗学的基本概念、基本理论和主要方法。基本概念如民俗学、民俗的概念,基本理论如功能学派的民俗学理论、神话传说的民俗理论等,主要方法如哲学、比较等民俗学和民俗研究法。理论民俗学不同于记述民俗事象的民俗志,也不同于研究民俗历史发展的民俗史,它是民俗本体论的研究,意义在于通过大量民俗现象与民俗资料的研究,提出理论性的综合概括,提高人们对民俗本身的理论认识,阐述其规律性的基本原理,指导人们的民俗活动与实践,发展学科建设,丰富与推动科学文化的发展。

应用民俗学是一门实用性很强的民俗学重要分支学科,侧重民俗应用的具体研究。应用民俗学以民俗学原理作为指导,对具体的民俗问题进行研究,探讨民俗在当代的发展变化,讨论民俗的应用范围、应用对象、应用功能、应用资源、应用前景等问题。应用民俗学的重点

---

[1] 邹本涛.民俗学概论[M].北京:科学出版社,2012:11.

是对民俗应用的具体研究。它主要研究与日常应用有关的民俗问题，如节日游艺、岁时食品、行业服饰、日用民间工艺美术、日用民间器具、各项生活习俗、商品消费、居室陈设、家庭与社会中的人际关系、国际交往、待人接物的礼仪、旅游中的史地民俗知识、婚丧大事中的民俗运用等。因此，应用民俗学具有研究范围的广泛性、理论上的直接性以及具体性三大特征。

历史民俗学是民俗学学科体系的重要组成部分，它是关于民俗事象的历史研究以及历史社会民俗事象、民俗记述与民俗评论的研究，通常包含民俗史、民俗学史、文献民俗志三方面。民俗史研究侧重从文献资料中抽绎出民俗事象的传承变迁脉络，并对特定时期的民俗情形做总体、综合的研究与分析，指出民俗传承变化的历史特点。民俗学史研究即民俗学学术发展史研究，研究内容包括民俗学的起源和演变过程、前人在民俗学发展过程中所做的工作、民俗学发展的一般特性等。文献民俗志研究重点研究历代撰述的记叙与反映民俗生活的民俗文献，包括历代文人有关民俗的记录和民众生活中各种实用的活态文献。

2. 旅游文创与民俗学的关系

在文旅融合的大背景下，旅游与文化的融合趋势不断深化，文化旅游已成为不同于欣赏自然风光的新型旅游形式。民俗文化是一种独特的文化形式，与旅游相结合能有效丰富旅游文化的内涵。中国是一个统一的多民族国家，每个民族都有独特而灿烂的民族文化和风俗习惯。即使同一个民族，在不同地域，其民俗也有很大差异。这种差异化的民俗风情会给游客带来不同的旅游体验，也是游客欣赏的重要内容。例如，傣族泼水节是可以在旅游过程中体验到的文化符号。从旅游活动的角度看，民俗风情被有效地融入旅游活动。在民俗文化旅游中，游客可以从历史、艺术、文化等方面享受知识和美的熏陶，既满足了人们的好奇心，又提高了人们的旅游兴趣。民俗文化本身具有地域特色，民俗文化旅游可以通过多种方式带动地方经济效益的增长。例如，挖掘和利用民俗建筑、饮食、歌舞、娱乐等民俗文化符号，地方旅游可建设风情园、博物馆、民俗文化村等活动场所。

三、旅游文创与其他学科

除了以上提到的学科以外，旅游文创还与多个学科存在着交叉关系。例如，管理学可以从组织管理、过程管理、人才管理等角度，为旅游文创提供制度、模式、方法等方面的理论依据和实践参考；文学可以从内容生产、文案创意、表现形式等方面为旅游文创提供灵感，提升旅游文创的审美价值和传播价值；民族学在弘扬民族文化、增强文化自信等方面为我国旅游文创的持续发展提供了源源不断的动力，尤其是民族文化中诸多的文化遗产与非物质文化遗产都成为旅游文创产品开发与设计的重要内容。此外，社会学、经济学、法学、广告学、市场营销学等都可以从学术理论与实践应用方面为旅游文创提供借鉴与参考。

第二节 旅游文创的基本原则

为保证旅游文创在新时期的健康可持续发展，旅游文创需要把握一定的原则。本节将详细阐述开展旅游文创时要遵守的四个基本原则，即遵循旅游和文化发展规律、突出区域性特色文化资源、重视游客消费体验与诉求以及严守文创伦理与法律底线。

一、遵循旅游和文化发展规律

旅游与文化具有天然的互补性、强关联性、高渗透性、边界模糊等特点。人们对旅游享受的追求表面上看是经济发展驱动的结果，但从深层次上看是出于人对于精神满足的需要，人们选择出游的目的主要是追求精神上的享受。对于旅游者来说，旅游是离开家求新、求知、求乐的一种社会活动。在旅游活动中，人们时刻都在触摸文化脉搏、感知文化神韵、汲取文化营养。文化变迁理论认为，文化在社会变迁中将发生功能上的改变，从满足人们制度、物质上的生产、生活需要，转为实现人们审美、心理上的满足。因此，旅游本质上就是一种文化体验、文化认知与文化分享。

从产业层面看，文化产业和旅游产业因其本质属性和特征具有天然的耦合关系。从本质属性看，文化产业和旅游产业都是拥有经济、文化双重属性的综合性产业，文旅融合发展能够带动文化和旅游产业转型升级，催生新兴产业，激发企业发展活力。一般来说，文化旅游产业包含以下四个规律。

第一，市场生态创新是基础。文化产业实现创新发展，必须系统推进文化消费习惯的升级、产业链各环节的完善、各种类型文化企业的发展壮大，形成合理的市场生态。在当前发展形势下，还要树立互联网思维，搭建文化项目平台，在文化企业之间以及文化企业与消费者之间形成交流、互动和共享机制，在更大范围形成文化产业发展共生效应和集聚效应。

第二，科技创新是关键。互联网时代，文化与科技融合发展的趋势日益明显。推动文化产业创新发展既需要内容创新，也需要技术创新。只有依托先进科技不断提高文化产品的科技含量，才能把好的内容创意完美呈现出来。因此，文旅产业应立足各地资源优势，打造一批特色鲜明、创新能力强的文化科技企业，让先进科技真正成为文化产业创新发展的重要引擎。

第三，产品创新是核心。文化产业集情感价值、审美价值、思想价值于一体。只有不断推进文化产品创新，才能使其所蕴含的价值观念、思想情感、人文情怀等得到广泛认同，进而实现经济效益和社会效益。当前，应运用大数据等手段，及时捕捉人们文化消费的心理、习惯等，推动文化产品从单一向多元、从传统向现代转型升级，提高文化产品的附加值与竞争力。

第四，管理创新是保障。良好的管理是文化产业创新发展的必要条件。提升管理效能，应该坚持重心下移、上下贯通，在发展潜力大、集聚程度高的文化产业功能区、文化产业园区建立专门的管理机构,还可以通过组建文化产业咨询委员会为文化产业创新发展提供咨询平台。在文化人才管理上,鼓励文化企业引进高端技术型人才和创新型人才,允许柔性引进和多点执业,充分发挥人才的作用。此外,还应加强知识产权保护,既制定实施针对性强的保护办法,又提供知识产权申请、评估、交易等服务,保护和促进文化产业创新发展。

旅游文创的出发点是发展文化创意事业,最终的落脚点是让人们通过旅游文创产品直接"触摸"到其中的文化,因而旅游文创产品不仅要呈现、体现和传达地域地区的某个文化特色,还要做到文化内核的延伸,要能够满足游客在不同区域文化景区中想要获得的归属感。因此,在新的历史时期下,在文旅融合的大背景下,一方面,我们需要树立文化自信,用文化丰富旅游内涵、提升旅游品位。深入梳理和挖掘优秀文化资源,把更多文化内容、文化符号纳入旅游线路、融入景区景点,营造浓厚文化氛围,满足人们多样化、个性化、高品质的文化消费需求,丰富国内外游客的文化旅游方式,于无声中传递中华民族的文化魅力。另一方面,要有效推动文化和旅游的产业结构调整,提升文旅产业核心竞争力及附加值,为国民经济向高质量发展迈进提供新动能。

二、突出区域性特色文化资源

文化旅游是以活动为中心的动态体验性旅游,而文创产品则被誉为"可带走的文化"。文化资源的分布具有区域性特征,不同地区的文化资源禀赋不尽相同。在人类发展过程中,受自然条件和经济社会发展程度等因素的影响,世界上的每个民族都形成了不同的语言、文字、艺术、道德、风俗习惯等民族文化传统,正是这种独特的文化传统使一个民族与其他民族区别开来。我国地大物博、民族众多、历史悠久,文化博大精深、源远流长、异彩纷呈,由于各地区自然条件、生产方式、经济条件、生活结构等的不同,从而形成了具有强烈地域特点的文化传统,这是各地形成自己独特旅游发展品牌的重要基础[1]。这些具有浓郁的民族性、地方性和区域性的文化资源是发展文化旅游的潜力所在。因此,我们应充分考虑地区之间的文化差异性和经济不平衡性。一方面,利用地域文化元素做文创产品开发,展现和继承中华民族文化的优秀传统;另一方面,要探索最适合本地特点的文化资源开发模式,因地制宜发展具有区域特色的文化产业,真正达到人无我有、人有我优、人优我特,切忌人云亦云、盲目跟风[2]。

在文创产品的开发上,首先,旅游文创要持有主客共享理念。只有充分尊重在地居民的生活文化和利益诉求,才能更好地将本土文化自然地传递给游客,建立游客和目的地之间长久的联系。因此,旅游文创主体在设计景区、产品时需要尊重所在地的地域文化,充分发挥地域应有的传统特色,以此发挥文化的依托性作用,不局限于外在文化形式,力求实现深度挖掘,重点突出当地文化传统。其次,旅游文创设计者不但要对中国传统文化有深入了解和认知,同时还要注重自身的生活体验,充分了解消费者群体的实际需求,从现实生活中寻找和发现设计的灵感,将情感融入文创产品设计。最后,坚持继承传统与创新发展有机结合,坚持古为今用,依托

---

[1] 黄永林. 文旅融合发展的文化阐释与旅游实践[J]. 人民论坛·学术前沿,2019(11):16-23.
[2] 邓香莲. 论文化产业的地域特色及金融业对地域文化产业的支持[J]. 农村金融研究,2012(1):17-22.

丰厚的历史文化资源,深入挖掘文化内涵,注重传统文化的当代表达、世界表述,结合现实文化旅游需求,融入现代价值观念与现代生产生活方式,不断推陈出新,促进文化创造性转化和创新性发展,将历史活化,讲好中国故事,丰富旅游内核,让文化更生动、旅游更有味。

旅游文创的灵魂在于文化资源所具有的独特性和原真性,因此,旅游文创产品最重要的设计要素是地域性,这也是吸引消费者购买的关键因素。旅游文创产品越具有地域性,越具有当地特色,就越受到游客的喜爱。地域性的元素具有地域代表性,地域间文化的不同主要体现于人文或资源环境的不同,将地域文化形象化时,一个地区和另一个地区的文化差异就很明显。旅游文创产品的地域性主要表现在元素的地域性、材质的地域性、市场的地域性等三个方面:①旅游文创产品的元素地域性是指对具有地域特色文化的人文风俗、自然景观、文化遗产、出土文物等进行文化梳理,建立素材库进行设计元素的开发;②旅游文创产品的材质地域性是指以当地特有材质或者自然特产为产品的材料进行生产;③旅游文创产品的市场地域性,简言之就是以旅游景点、博物馆或者车站为销售地点,形成以景区为主的地域文化品牌特色亮点。旅游文创产品只有以地域文化特色为载体设计或者代表地区的标志性文化,才能给消费者带来地域文化的特殊记忆[1]。

旅游文创产品设计的关键是其文化内涵。通过结合文化与创意,使文化很好地融入产品,旅游文创产品就成了显性文化和隐性文化的传递者。旅游文创产品的文化内涵有助于游客了解该地区的历史、人文、自然面貌,还有助于了解该地区人们的心理、社会环境、价值观以及审美。对于游客,不同文化在旅游文创产品中的体现才是产品的购买价值所在。用创意挖掘民族文化旅游资源,既包括对遗失于现实生活、具有旅游开发价值资源的抢救、整理与呈现,也包括对已经开发利用的民族文化资源做更深层文化价值的探索、研究以及创造性整合,达到优化旅游资源组合的目的。但是,目前很多旅游文创产品和项目缺乏对于在地文化内涵的深入理解,仅将文化作为一个符号简单附加于旅游文创产品,无法实现传播文化内涵的目的。例如,一些乡村旅游项目由于不恰当地植入外来文化,破坏了游客对于美丽乡村的印象,更谈不上传播我国历史悠久的农耕文明,不利于旅游目的地的可持续发展。

综上所述,旅游文创要在尊重历史、尊重文化、尊重个性的基础上,坚持继承传统与创新发展有机结合,依托丰厚的区域历史文化资源,丰富文化旅游融合载体形式、创新文化旅游表达方式,大力推动传统文化和民族文化元素与现代旅游消费相融合,打造当代大众喜爱的文化旅游产品,打造具有鲜明地域特色、时代特色和个性特色的文化旅游新产品和新业态,建构具有地域特色的文化旅游产业体系,建构具有中国特色的高质量发展的文化旅游产业体系。

三、重视游客消费体验与诉求

随着人们生活水平的不断提高、国内消费结构的不断升级与城镇化建设的持续加快,外出旅游已经不单单是传统的观光游览,有品质的文化旅游才能带来更多的体验感、满足感和幸福

---

[1] 刘亚文.基于地域文化的旅游文创产品设计研究[D].景德镇:景德镇陶瓷大学,2018:15-19.

感,"好不好"已经成为满足人民日益增长的美好生活需要的重要评价标准。与此同时,在数字化的驱动下,文旅产品的生产与消费实现了跨时空与跨群体的多元融合。注重好看好玩、有个性、强推荐的互联网生活方式为旅游文创提供了新的用户环境与土壤。旅游文旅消费群体及体验需求越来越趋向多样化、个性化、自主化、品质化。互联网重新定义了旅游的消费方式,延伸了旅游体验的时空意义。旅游全过程与数字媒体的互嵌度日益加深,网络的内容生产、网友之间以及用户与自身之间的价值互构成为现实旅游地之外的又一体验空间。互联网带来的算法、直播技术、购买平台等打通了从供应到需求的所有通道,在驶入快车道的消费驱动下,旅游产品和体验日益创新[1]。

与此同时,随着互联网技术的不断发展,互联网旅游已成为一种趋势,越来越多的人选择通过互联网预订旅游产品。互联网旅游的用户群体越来越广泛,用户对于旅游产品提出了各种不同的诉求。

(1) 信息透明度。互联网旅游的一个重要特点是信息透明度,用户可以通过互联网获取更多的旅游信息。然而,在海量的信息面前,用户需要的是筛选出最有用的信息。因此,用户渴望获得更准确、全面和实时的产品信息和客观的服务质量信息。旅游企业应该妥善处理产品信息和客户服务信息的发布,从而确保信息的准确性和客观性。

(2) 个性化需求。随着用户需求的不断升级,用户个性化要求也越来越高。例如,用户可能需要特别定制的旅游产品、定制的行程、个性化的服务、社交性旅游等体验。因此,旅游企业需要从用户需求的角度出发,提供更符合个性化需求的产品和服务,同时,通过大数据技术实现个性化推荐,更好地引导用户选择旅游产品。

(3) 安全性保障。旅游产品涉及诸多安全问题,如交通安全、财产安全、人身安全等,这些都是用户关注的重点。因此,旅游企业需要为用户提供一系列安全保障措施,如签署旅游安全承诺、提供旅游保险、签署服务保障协议等,从而增强用户的信任感和安全感。

(4) 社交体验。社交体验是互联网旅游的重要特征之一。许多用户希望在旅游过程中结交新朋友、分享旅游体验。因此,旅游企业应该为用户提供更多社交性质的旅游产品和活动,激发用户的社交需求,增强用户的参与感和黏性。

为适应这些变化,旅游文创产业要顺应数字产业化和产业数字化发展趋势,推动5G、AI、AR、VR、大数据、超高清等技术在旅游文化创作、生产、传播、消费等各环节应用[2],改造提升演艺、娱乐、工艺美术等传统业态,培育线上演播、数字艺术、沉浸式体验等新业态、新模式。首先,要充分运用现代高新科技(如 AR、VR、MR、AI 等)创新文化旅游形式,提升旅游文创产品的创意,打造让大众喜闻乐见的旅游文化新产品和新业态。要从只注重旅游文创产品的创意设计,转向更注重旅游文创 IP 形象策划设计,让旅游文创产品形象化、故事化,即"更好看、更有趣"。其次,要从注重旅游文创产品本身的创意设计,转向更注重文创产品销售空间的创意设计,让旅游文创产品场景化、体验化,即"环境好、氛围好"。最后,旅游文创产品要从注重传

---

[1] 孙九霞. 文旅产业发展的新动向与新趋势[J]. 人民论坛,2023(9):98-102.
[2] 胡和平. 认真学习宣传贯彻党的二十大精神 繁荣发展文化事业和文化产业[J]. 公关世界,2023(1):22-25.

统的线下销售,转向更注重互联网上的营销和销售,要做得了短视频也做得了直播,让游客"足不出户就可以买到心仪的文创产品"。

四、严守文创伦理与法律底线

伦理与法规是任何行业必须遵守的规则,也是行业有序良性发展的保障,文创领域也不例外。随着文创作品社会影响力的日益提升,其对于社会风气、社会安定、青少年教育和社会价值观的引导都产生了很大的影响。与此同时,与文创相关的伦理争辩与法律纠纷也变得愈加普遍。那么,旅游文创作为文创的一部分,应该遵循什么样的伦理准则?文创行为涉及哪些法律范畴?文创行业与活动中出现了哪些困境?其原因是什么?对文创人员的品性修养与行业规范有哪些要求?

(一)伦理与法律

伦理与法律虽相互交织但又是两个不同的范畴。首先,从形式上看,伦理规范具有模糊性,主要存在于人们的共同意识中,它强调义务的遵守,但通常缺乏强制的力量;法律则具有明确的形式性,以权利义务并重的方式调整人们的行为,并以国家强制力为后盾。其次,从调整对象上看,伦理道德既对行为进行规制,也对思想进行调整;法律注重人的行为,虽然它也关注行为背后的意志因素,但纯粹的意志层面并非法律关注的对象。最后,从内容上看,伦理范畴的问题属于"法无禁止"范围,行为主体"享有放弃自我约束义务而仍然可以免除实际惩罚的行为自由的意志";法律问题则意味着应该由法定主体运用相应程序及法律依据予以解决,虽不排斥私力救济,但涉及民事权益维护的自助行为不得僭越既有的法律规范。

作为新兴产业与学科,文化创意乃至旅游文创都处于发展阶段,因而当前国内外对于"文创伦理"和"文创法律"的概念暂无统一界定。文创伦理的重点内容包括承担社会责任、引领社会文化的走向、陶冶社会情操、制定宏观政策制度、规范媒介的传播、关注产权安全、保护传统文化、规范从业者行为、保障消费者权益等方面。文创法律的重点内容包括"创意"的法律界定、文创产品及权益人知识产权的保护、不同法律间的兼容与协调问题、技术等社会环境带来的变化挑战等方面。

(二)我国文创伦理的规范方式

鉴于各国国情、发展水平不同,各国文创伦理的规范方式也不尽相同。目前我国文创伦理的规范方式包括如下四个方面。

第一,国家、各级政府层面。国家及各级政府的文件、方针、政策是文化创意产业发展的指南针,这些文件从发展方向、指导理念等方面对文创伦理建设起到高屋建瓴的作用。文创产业主要受到文化和旅游部的指导与监管。文化和旅游部的主要职能为贯彻落实党的宣传文化方针政策,研究制定文化和旅游工作政策措施,统筹规划文化事业、文化产业、旅游业发展,深入实施文化惠民工程,组织实施文化资源普查、挖掘和保护工作,维护各类文化市场(包括旅游市场)秩序,加强对外文化交流,推动中华文化走出去等。例如,2000年10月发布的《中共中央关于制定国民经济和社会发展第十个五年计划的建议》提出"深化文化体制改革""完善文化产业政策"的任务,并首次在政府文件中使用了"文化产业"的概念。2014年发布的《国务院关于推进文化创意和设计服务与相关产业融合发展的若干意见》指出要引导文化产业集约发展。2022年8月,中共中央办公厅、国务院办公厅印发了《"十四五"文化发展规划》,该文件从大文化的角度全局架构,对我国未来几年的文化发展做出了科学安排。与此同时,行业还受到各省(区、市)宣传部门的指导与监督。各省(区、市)的宣传部门主要负责贯彻执行中央关于宣传工作的方针、政策,研究制定和部署属地内的宣传工作,负责指导、协调宣传思想文化事业的改革和发展,协调推进文化产业工作。

第二,行业层面。相较于国家层面的伦理规范,行业层面的规范更为直接具体,但其并不一定完全是行业自发,也可能存在相关政府部门的管理或推动。行业规范主要表现为成立组织、协会、联盟,举办会议、论坛等,对行业主体发起倡议,或对伦理问题进行探讨。

第三,高校教育方面。高校及相关教育人员虽不是文创活动的直接主体,但其开展的各类组织化的活动以及开设的学科在营造良好文化创意氛围、为准文创从业者奠定伦理品质以及为行业提供后备力量等方面发挥着重要作用。

第四,从业人员方面。我国目前没有针对文创行业从业人员的整体伦理规范,但已有各具体行业的伦理规范,这些伦理规范对从业人员起到了监管和约束作用。

(三)我国文创伦理失范的表现及原因

文创伦理失范直接体现在作为物的创意文化产品、作为人的创意文化主体两个方面各自暴露出的"假恶丑"现象。创意文化产品的伦理失范主要体现在侵权盗版、虚假广告、网络谣言、新闻敲诈和淫秽色情五个方面。例如,有些旅游文创产品开发商以加快打造文创品牌为由,使用国家未注册、未经审核的商标标识名称进行销售;有些旅游文创开发商以创新为借口,擅自在他人的专利产品上粘贴图案,声称是自己的产品并进行销售。

创意文化主体的伦理失范则主要体现在诚信缺失、价值观扭曲和涉嫌黄赌毒三个方面。例如,一些文创产业从业者,特别是具有广泛影响力的影视、体育、网络等方面的明星、博主、意见领袖、持异议者,大肆冲击公共伦理道德底线;还有一些名人不断传出道德丑闻并涉嫌犯罪,严重影响了全社会的道德氛围[1],尤其对青少年影响更大。

导致文创伦理失范的原因是多样的,但是主要来自以下五个方面:①快速的社会转型。社会转型涉及社会结构、社会运行机制、国家治理等诸多领域,物质层面、制度层面的转型必然导致社会心理与价值观念的转型,而社会转型期往往伴随着社会矛盾和思想纷争,出现失范、紊乱、震荡等现象。②职能部门监管缺位。相关政府部门和组织机构未能尽到职责,制定的方案可能脱离实际,相关配套未能充分发挥作用,这些都易导致各方追求各自利益的现象愈演愈烈。③文化活动的策划、生产和传播等主体未能正确认识文化资源的重要性,出现滥用、误用、浪费和忽视文化资源等一系列违背伦理规范的行为。④消费者品位格调不高,寻求刺激生产,整体文创市场往低谷方向发展。⑤高校等文创人才培养机构对文化伦理的教育、宣传、引导力

---

[1] 金元浦.国际文化创意产业伦理问题研究的内容与路径——文化创意产业伦理研究之一[J].山东社会科学,2015(2):69-75.

度不够,未能使文创理论深入人心。

(四)我国文创法律的监管方式

仅靠文创伦理的自律是不够的,文创法律在规定义务和保障权益等方面发挥着重要作用。

首先,中国在宪法中将文化权作为一项公民的基本权利加以规定,还积极加入《经济、社会及文化权利国际公约》,并努力采取措施履行公约规定的各项义务,保障公民自由从事文化活动,创造、生产、传播、消费或欣赏文化产品并以此获得利益的权利。

其次,在具体行业领域,中国文创产业的立法工作已经取得一些成绩,关于文化产业及其产品内容的审查管理法规越来越完善。

再次,综合运用《中华人民共和国商标法》《中华人民共和国专利法》《中华人民共和国著作权法》等多种保护手段提供全方位综合保护。

最后,中国积极加入知识产权的国际条约,如《保护工业产权巴黎公约》(Paris Convention for the Protection of Industrial Property)、《保护文学和艺术作品伯尔尼公约》(Berne Convention for the Protection of Literary and Artistic Works)、《保护非物质文化遗产公约》(Convention for the Safeguarding of the Intangible Cultural Heritage)、《保护和促进文化表现形式多样性公约》(Convention on the Protection and Promotion of the Diversity of Cultural Expressions)、《生物多样性公约》(Convention on Biological Diversity)、《与贸易有关的知识产权协定》(Agreement on Trade-Related Aspects of Intellectual Property Rights, TRIPS)、《视听表演北京条约》(Beijing Treaty on Audiovisual Performances)、《世界知识产权组织版权条约》(WIPO Copyright Treaty)等。

(五)中国文创法律的监管困境

首先,中国现有的立法无论理念还是制度都远不能满足文创产业发展实践的需要,主要表现在两个方面:①立法理念的偏差。长期以来,中国对文创产业重审批管理,轻保障发展。有些法规还带有计划经济体制的痕迹,偏重管理、限制、义务和处罚内容的设定,权利意识薄弱,保障和服务的思想体现得远远不够;有的部门偏重通过立法为本部门设定甚至超范围设定各种审批权、管理权、处罚权,部门利益法制化现象依然存在。②立法内容的缺陷。例如,对伴随经济社会发展而出现的一些新行业和新文化现象缺乏相应立法的调整,即使那些已经颁布的法律法规也存在体系不健全、立法相对滞后、立法系统性较差,投资、税收文化市场管理体系不完善等问题。

其次,技术变革带来文创法律监管挑战。例如,大数据技术对知识产权保护提出挑战。一方面,数据信息的指数级增长和广泛应用加大了知识产权的创新开发难度,为知识产权侵权行为提供了工具;另一方面,大数据的开发共享与知识产权保护又相互冲突。

最后,跨国文创活动运作、文创产品交易、文创人员沟通等因国际上缺乏对"文化创意"的统一界定,易出现误解、纠纷等[1]。

---

[1] 薛可,余雪尔.文化创意伦理与法规[M].上海:复旦大学出版社,2022:11-26.

综上所述,旅游文创不能成为法外之地,旅游文创产品及产业链的每一个环节都必须遵守法律法规。旅游文创不仅具有商业与经济价值,同时也具有文化与社会价值,肩负着推动中华优秀传统文化"活起来"的重任。因此,旅游文创的主体与设计者不能单一地迎合市场,更要正向引导消费者,以自己的实际行动促进文化市场更加繁荣、规范、有序。与此同时,还应当从建设社会主义精神文明与法治国家的高度,提高行业法律意识与社会伦理道德标准,摒弃低俗、庸劣、违法的创意与行为,设计和生产有益人民身心健康、积极发展的正能量旅游文创产品。

第三节 旅游文创的历史沿革

一、文化创意的历史沿革

(一)农耕文明时代:文化创意的现象

文化和创意从人类诞生之日起便应运而生。史前人类通过岩画、洞穴绘画或壁画等"神秘符号"的形式,展现和记录其打猎、欢庆、神圣祭祀、日常生活等场景以及他们对未来的向往,这些成为文化创意的最早雏形[1]。例如,非洲部落的人体装饰艺术是在身体的各个部位佩戴带有图案花纹的刻印或饰物,这些图案花纹往往与图腾、部落、宗教等息息相关,凸显了非洲独特的文化韵味。

约公元前4000年至公元5世纪,文字的出现使得文化与文明得以保存与流传,也成为人类文化创意发展的起点。文字记录和保存了古代时期人类文明所取得的重要成就,也诞生了中国的老子、孔子等诸子百家,古希腊的毕达哥拉斯、苏格拉底、柏拉图,印度的释迦牟尼,波斯的琐罗亚斯德,他们均从不同角度对宇宙、生命、社会、政府、制度等问题给出了自己的解答。与此同时,古希腊人将科学从神学中分离出来,中美洲玛雅文明中的天文学、象形文字及复杂的历法体系也成为科学技术发展的重要起源。亚里士多德、欧几里得、阿基米德等对科学、天文、物理等学科的基础性研究成为现代科学的发展基础。各种思想体系、科学思想在这一时期竞相迸发与不断发展,最终成为当今各重要文化的核心内容,也成为文化创意的重要历史积淀和精神基础。

进入中世纪(5—16世纪)以后,随着"重商主义"成为主导社会经济的思潮,自中世纪初持续而来的"禁欲主义"在中世纪末被逐渐打破,奢侈消费重新开始受到推崇,并进一步影响了所有普通大众的消费行为,为文化创意进入大众消费市场奠定了基础。以日本为例,中世纪的日本不断吸收外来文化,并使其与日本以"武道士"为代表的民族传统形成融合。日本文化的包容性特点使日本逐渐衍生出诸多影响世界的特色文化,如寿司文化、动漫文化、艺伎文化等,这

---

[1] 薛可,余明阳.文化创意学概论[M].上海:复旦大学出版社,2021:38-40.

些也都成为当今世界文化创意的重要素材。

　　印刷术的出现拉开了人类历史上大众传播的帷幕,而印刷时代的到来则使文化创意的广泛传播成为可能。随着人类的迁徙和商品的流动进入不同的国家,特色各异的文化开始通过印刷媒介打破原先地域的区隔,使多元文化开始逐渐互通、交融,以致创意的迸发。印刷媒介的诞生也为文化创意提供了最初的大众传播渠道,为文创产业发展打下了技术基础。

　　17世纪至18世纪时期,西方通过文艺复兴(Renaissance)、宗教改革(Reformation)和启蒙运动(Enlightenment)三大思想解放运动逐渐产生了近代西方文化。三次思想解放运动使民众从封建愚昧中获得解放,推动了欧洲政治文化的进步,也成为现代文化创意的重要来源和积淀,科学技术的发展因文艺复兴运动的深入而更加尊重人权。图书馆事业的良好发展,为意大利的科学技术与文化创作提供了肥沃的土壤,诞生了一批又一批科学家和艺术家[1]。其中,意大利建筑学家莱昂·巴蒂斯塔·阿尔伯蒂(Leon Battista Alberti)以阿基米德的几何学为依据,创立了"透视法"学说,帮助人们在二维平面上展现空间关系,对绘画、建筑、设计等领域的发展做出了极大的贡献。此后,哥白尼出版了《天体运行论》,书中提出了"日心说"体系,推动了宇宙天文研究,而天文学的相关知识与元素也成为后来文化创意发展的重要来源[2]。科技的发展带来了欧洲各国的跨洋活动,进一步促进了世界各大洲的交流与融合,东西方文化相互影响,不同地域间的文化发生交融碰撞,刺激了各类文化艺术的创作,也促进了文化创意的萌发与崛起。17世纪下半叶开始,重商主义逐渐被节俭消费的观念所代替,为文创市场的开拓和迅速兴起积聚了力量。

(二)工业文明时代:文化创意的雏形

　　18世纪60年代,第一次工业革命从英国开启。打字机与印刷术使得这一时期的文学和艺术创作达到了前所未有的便捷程度,也为文化创意的诞生和实施提供了全新的手段。作为电磁技术在信息传播领域的首个应用,电报的发明大大提升了信息传播的速度,打破了印刷媒介时代"信息的传播即运输"的概念,突破了远距离信息传播的障碍,传播速度和范围得到了极大的改善。随后,广播和电视的出现则进一步提升了信息的感染力,文化创意的传播路径也随之得到了极大的丰富和拓展,展现形式不再局限于静态的文字和图片,而是能够以视觉和听觉的双重融合方式进行传播与实践,从而带来了文化创意史上的第一次蓬勃发展。西方科技的迅速发展使东西方发展差距急剧扩大,致使东西方曾经的平等交流在18世纪末画上了句号,这也意味着东西方文化碰撞完成了第一个阶段。直至20世纪中叶,在西方实施全球殖民统治并将其意识形态向世界各地全面扩张的过程中,东方各国先后出现学习西方以达到自强的追求,通过现代党派先后取得民族独立,并将实现国家工业化和现代化作为奋斗目标,迈过了东西方文化碰撞的第二个阶段。至第二次世界大战结束,世界上大多数国家都获得了独立,并确立了自己的发展目标,东西方文化碰撞也进入新的阶段。不同于之前的碰撞阶段,西方国家开始以非暴力手段对东方国家的经济、文化产生影响,而东方文化亦在交融中不断壮大,逐渐形成自

---

[1] 魏妍.文艺复兴时期的意大利[J].收藏投资导刊,2019(4):58-71.
[2] 薛可,余明阳.文化创意学概论[M].上海:复旦大学出版社,2021:43.

己的特色。

19世纪中叶,欧洲各国、美国、日本等相继完成了资产阶级革命或改革,很大程度上促进了经济和科技的发展。1866年,西门子发明了发电机,使得电力供给得到保证。爱迪生发明了留声机,各类音乐文化作品得以保存并流传。随着电影技术的逐渐成熟,电影行业在欧洲正式诞生,并大大推动了文化创意的发展。1946年,世界上第一台电子计算机埃尼阿克(ENIAC)在美国问世,1948年,克劳德·香农(Claude Shannon)给出了信息通信的模型,这些为信息论和数字通信奠定了重要基础。数字媒介的诞生极大地提高了信息传输的稳定性和可靠性,使信息可以通过计算机处理和多媒体呈现,同时大大降低了信息传播的成本。这些使文化创意深入个人成为可能,在无形中推动了民间文学和艺术创作,并为文化创意的发展提供了更为丰富的传播和实践手段。在自由主义经济理论盛行的社会思潮中,第二次工业革命完成,资本主义经济制度不断完善,极大地推动了社会生产力的发展与人们整体生活水平的提高,并产生了以享乐主义为中心的"消费主义"。在这一时期,越来越多人开始在闲暇消费中投入更多的资金,并且商品的购买行为也更多地指向精神层面,这为文创产业的发展带来了契机,文化创意也在19世纪末进入空前活跃的发展阶段。

(三)信息文明时代:文化创意的发展

1994年,Web 1.0时代的到来拉开了信息时代的序幕。虽然信息符号仍然保持了数字媒介时代的数字符号,但其复制机制由过去的一对一复制转变为一对多复制。静态的HTML网页是信息时代伊始的主要特征,文字和图片可以在网页中直观地展示,并通过链接技术将资源与资源进行互联,形成单向的信息传播模式。

为了解决Web 1.0无法实现网络平台用户间沟通与互动的问题,以"参与、创造、传播信息"为特征的Web 2.0随后诞生,满足了网络平台中人与人交流、沟通、互动的需求,人人都成为新媒体中的"传播主体"。在此过程中,文化创意具有了"草根化"特征,文创产品制作者、传播者、销售者的界限逐渐模糊,任何网民都可以在网络上展示和传播自己的文化创新观点或产品,文化创意源源不断地在新媒介生态中涌现。与此同时,文创产业也开始逐步拓展线上平台,通过网络裂变达到更佳的传播效果[1]。信息时代促进了以服务业为代表的第三产业的极速发展,也带来了生产和消费领域的巨大变化,进而带来了社会消费观念的变化。人们对于商品不再仅仅停留在使用价值的消费,而是转向了"炫耀性消费"即意义消费。后现代时期的消费行为更多是为了彰显购买者的个性、满足消费者的情感需求,这种消费行为也展现出愈演愈烈的态势,并开始向普通大众扩散,极大地促进了文创产业的发展。大量具有文化意义的商品被生产出来,"概念化消费"和"个性化消费"成为这个时期的重要消费特征。人们对于"文化符号"的追求使得各类文化创意开始融入日常生活的各个角落,文创产业也进入蓬勃发展的黄金时期。

作为Web 2.0的发展与延伸,Web 3.0将所有杂乱的网络信息以最小单位进行拆分,并进行语义的标准化和结构化,最终实现了信息之间的互动和基于语义的链接。这样的技术使得

---

[1] 刘岩.技术升级与传媒变革:从Web1.0到Web 3.0之路[J].电视工程,2019(1):44-47.

互联网能够"理解"各类信息,从而实现基于语义的检索与匹配,为用户提供更加个性化、精准化和智能化的搜索[1]。新科技的不断迭代催生着不断更新的文化创意。在 Web 3.0 时代,随着 VR、AR 等新兴数字传播技术的出现,以更快捷、互动性和沉浸式为典型特征的新型传媒极大地丰富了文化创意的实施手段,也为文化创意的未来带来了无限可能。

(四)文化创意的学科成形

自 20 世纪 90 年代以来,文创产业迅速发展,已经在 21 世纪初期成为许多国家的重要支柱产业。从全球来看,英国的音乐产业、美国的电影业和传媒业、日本的动漫产业、韩国的网络游戏业等都成为国际上的标志性产业,产生了跨文化、跨国界、跨种族的重要影响。在全球文创产业的版图中,各国发展不均衡,主要集中在以美国为核心的北美地区,以英国为核心的欧洲地区,以及以日本、中国、韩国为核心的亚洲地区。早在"文化创意"这一概念被提出之前,西方各国就开始对创意人才、艺术人才进行培养。美国注重以产业为导向的人才链建构,并建立了应用型和理论型文化创意学科人才双轨培养制度。英国作为世界创意产业的发源地,强调创意的导向思维,将人才培养纳入产业需求,注重对学生创意的过程培养。相比之下,日本和韩国则更加重视本国传统文化的传承。韩国有近 300 所高校设置了文化创意学科相关专业,将民族传统文化根植于各专业培养,通过促进产学研一体化培养,重点关注影视、动漫、游戏、广播等产业中的创意型人才。同样,日本的文化创意学科尤其重视对"内容原创力"的教育,重视民族文化的融入。此外,要求学生除了掌握相关专业的理论知识外,还要对先进技术有所了解和涉猎,并鼓励学生将文理交叉的研究成果运用于实践。其他各国也都立足于本国文创产业的实际发展和文化资源优势,并以各自优势资源为先导,发展出各自独特而鲜明的文化创意学科人才培养模式。

与国外文创产业相比,中国文创产业起步较晚,仍在摸索中前进,但资源非常丰富,资源优势转化为产业优势的潜力巨大[2]。2009 年,《文化部、国家旅游局关于促进文化与旅游结合发展的指导意见》提出要在新形势下促进文化与旅游深度结合,打造文化旅游系列活动品牌,打造高品质旅游演艺产品,利用非物质文化产业资源优势开发文化旅游产品等。2012 年,《国家"十二五"时期文化改革发展规划纲要》将文创产业纳入新兴文化产业行列,并提出加快产业发展的要求。自此,文创产业逐渐成为我国文化产业的重要组成部分之一,也被纳入国内众多城市文化发展战略,"文化创意"一词也伴随产业的不断发展逐渐进入国内大众视野。随后,中国紧随国际文化创意发展趋势,加快发展文创产业步伐,开发中国传统文化资源,推进文创产品研发与文创产业园区建设。党的十八大以来,数字技术的创新与发展主导着我国文创产业发展的走向,推动着文创产业的转型升级,数字技术创新促使文化生产要素不断实现优化组合,大大拓展了文创产业的发展空间。

2006 年,中国召开了首届创意产业大会,大会提出了创意产业应包括数字软件、工业设计、

---

[1] 段寿建,邓有林.Web 技术发展综述与展望[J].计算机时代,2013(3):8-10.
[2] 邓文君.数字时代法国文化创意产业的创意环境构建研究[J].深圳大学学报(人文社会科学版),2014,31(6):141-145.

广告公关与咨询策划、创意地产与建筑、品牌时尚、广播影视、新闻出版、文化艺术、工艺品、创意生活等十大产业。与这十大产业相关的研究与专业,包括设计、创作、制作、表演、咨询等,都属于创意产业活动的范畴[1][2]。2008年,王万举提出创立文化创意学的构想,之后文化创意学逐渐设立并成为一门为文创产业培养输送人才的学科,涵盖了创意产业活动相关的专业,在各高校的发展中逐步形成了特色鲜明的培养模式,如开展"政、产、学、研"四位一体的教学模式,开拓文化产业研究基地的实践平台,形成国际化的产业合作,实现基于实践需求的就业互动等。

二、旅游文创的历史沿革

近年来,国内外学者对旅游业与文创产业的互动发展进行了大量研究。国外学者从创意经济发展和创意旅游角度对二者的互动发展进行了深入探讨。被誉为"世界创意经济之父"的英国经济学家约翰·霍金斯在其代表作《创意经济》一书中深入分析了创意经济的内涵及特征,为旅游业与文创产业的融合提供了新的思路[3]。欧洲旅游与休闲教育协会执行委员格雷格·理查兹(Greg Richards)在《旅游创意及发展》一书中对创意旅游这一新业态进行了研究。国内学者也从不同角度对旅游业与文创产业的互动发展进行了探讨。杨娇从供给、需求和环境三者互动角度对旅游业与文创产业的融合发展进行了系统研究[4]。杨颖从价值链视角出发,对旅游业与文创产业的内涵、价值传递、空间布局等进行了深入研究[5]。邹芸提出在产业渗透模式、产业重组模式和产业延伸模式的基础上,构建适合以多元融合路径、多样化融合模式为主的旅游产业及文创产业融合发展机制[6]。

我国学者对旅游文创的基础研究并不深入,大多是在国外相关研究的基础上,结合我国文创的发展状况而得出相关结论,且主要集中于旅游创意产品的设计、发展旅游文创的意义及相关对策,以及旅游文创开发、人才培养等具体层面。由于对于旅游文创至今没有形成一个统一的概念,目前对于旅游文创的解释大多综合了旅游文化、文化创意等概念,并且在现有的文献资料中,旅游文创往往与文创旅游、旅游文创产品、旅游文创产业等混为一谈。按时间来划分,国内旅游文创的发展大致可分为布局阶段、萌芽阶段和爆发迭代阶段,而在这三个阶段中,国内旅游文创大抵也主要围绕博物馆,逐步向景区、酒店等其他行业延伸。

(1) 布局阶段(2006—2012年)。2006年,国务院印发《国家"十一五"时期文化发展纲要》,首次提出"文化创意产业"。随后,北京、上海、深圳等城市积极推进文创产业,并制定相关发展规划。2008年,故宫博物院成立"故宫文化创意中心",推出了一系列文创产品,开启了博物馆文创发展事业。故宫博物院也是国内第一家开淘宝店的博物院。总体来看,这个阶段的旅游文创处于初探阶段。

---

[1] 邱丽娜,张明军. 关于数字创意人才培养的若干思考[J]. 高等理科教育,2008(3):62-64.
[2] 戴卫明. 论高等学校创意人才培养的问题及对策[J]. 当代教育论坛(下半月刊),2009(7):51-53.
[3] Howkins J. Creative Economy: How People Make Money from Idea[M]. London: Penguin Books, 2001.
[4] 杨娇. 旅游产业与文化创意产业互动发展的研究[D]. 杭州:浙江工商大学,2008:48-56.
[5] 杨颖. 旅游业与创意产业的融合[J]. 南京人口管理干部学院学报,2009,25(1):67-70.
[6] 邹芸. 旅游产业和文化创意产业融合发展机制研究[J]. 改革与战略,2017,33(7):126-128,132.

(2) 萌芽阶段(2013—2015年)。2013年7月,台北"故宫博物院"面向社会征集创意,随后推出"朕知道了"纸胶带,该胶带迅速爆红,一度卖到断货。受其启发与影响,时任北京故宫博物院院长的单霁翔意识到了旅游文创产品的巨大潜力。在实地学习借鉴台北"故宫博物院"的文创经验后,故宫举办了一场"把故宫文化带回家"的文创设计大赛,第一次面向公众征集文化创意,并接连推出"奉旨旅行"行李牌、"朕就是这样汉子"折扇等多款旅游文创产品,市场反响极佳。随后,北京故宫博物院又在文创领域上线了首个iPad应用"胤禛美人图"以及"每日故宫"应用程序(App)。截至2015年年底,北京故宫博物院共计研发文创产品8 683种,包括服饰、陶器、瓷器、书画等系列,产品涉及首饰、钥匙扣、雨伞、箱包、领带等。与此同时,自2014年起,国家各项支持文旅文创相关文件的发布为旅游文创的持续发展提供了政策支持与保障。2014年8月,《文化部、财政部关于推动特色文化产业发展的指导意见》发布,鼓励各地发展文化旅游等特色文化产业。2015年以后,我国先后出台了《博物馆条例》和《关于推动文化文物单位文化创意产品开发的若干意见》等一系列政策,明确博物馆可以从事商业经营活动,与文化创意、旅游等产业相结合,助推文创产业发展进入"快车道"。

(3) 爆发迭代阶段(2016年之后)。故宫文创跳脱出严肃古板之态,用更接地气的创意方式将故宫文化带到消费者的身边,故宫在文创上取得的成功带动了整个博物馆行业乃至国内旅游文创的爆发。2016年被视为国内旅游文创元年。据统计,截至2016年12月,全国4 526家博物馆中,被国家有关机构认定具有文创产品开发能力和产业规模的有2 256家,这也意味着,仅博物馆类目,就有近半数加入了浩浩荡荡的文创大军。数据显示,截至2017年年底,通过外包开发、授权生产、自主研发和跨界合作的方式,以及线上与线下相结合的营销模式,故宫文创产品已突破10 000种,销售收入达到15亿元,超过1 500家A股上市公司的收入。故宫文创的收入从2013年的6亿元,增长到2017年的15亿元[1]。与此同时,多个互联网公司也开始了文旅产业的布局,以新技术实现新文创。"云游敦煌"便是数字化文创应用于文化遗产保护、传承、活化的重要例证。除旅游景区外,酒店也投入文创产业,以ZMAX酒店品牌为例,旗下社交电商"宇宙不正经Z货铺"便是面向热衷于探索、有好奇心的年轻人的文创品牌。

这一阶段,在日益庞大的旅游市场的助推下,旅游文创得以快速发展,以博物馆文创产品成交规模为例,2019年上半年整体规模比2017年同期翻了三倍。中国的线上博物馆文创市场每年以超过100%的增速高速增长,博物馆旗舰店累计访问达16亿人次,是全国博物馆接待人次的1.5倍。旅游文创也成为政府政策反复提及的内容与部署。党的十八大报告提出,要把文化创意产业发展成为国民经济的支柱性产业;党的二十大报告进一步明确提出要"坚持以文塑旅、以旅彰文,推进文化和旅游深度融合发展"。

从2018年开始,随着文化和旅游部的成立,文化产业和旅游产业在用地政策、金融政策、补贴政策等方面实现对接,开启了中国文旅产业的大时代。在经历了"产业洗礼期""智慧洗礼期""互联网洗礼期""全域洗礼期"之后,旅游产业迎来了"文化洗礼期"。在众多"旅游+文化"

---

[1] 黄升民,杜国清,陈怡. 中国广告主营销传播趋势报告 No.9[M]. 北京:社会科学文献出版社,2020:265.

的组合模式中,文创类产品业态成为文化与旅游结合最直接、最有延展性、最富有生命力的,创意创新驱动力更强,文创成为文旅产业的重要支撑。文化创意与旅游业的互动本质是文化和创意对旅游业价值链的渗透、辐射和延伸,促使旅游产业价值链增值。

然而,我们也要看到,随着越来越多的人和机构涌入旅游文创市场,也存在投机者对市场的干扰,文创市场呈现出表面的热闹与喧闹,真正令人拍手叫好的旅游文创产品和商业模式却少之又少。总体上来看,旅游文创在我国还处于起步阶段。因此,在国家文旅深度融合的大战略背景下,对旅游文创开展更深入和系统的研究显得尤为重要。

案例研读

从淄博出圈再看网红城市的生成逻辑

2023年3月起,在互联网社交平台上,常常看到有人一手拿小饼,一手拿烤串,握在手里一撸,有的大学生从上车出发就已经开始隔空练习淄博烧烤的撸串手法(见图2-1)。从绘制烧烤地图、开通烧烤公交线路,到治安、食安、交通、消防等各部门全方位护航,无不显示出当地政府的用心和周到[1]。在这之后,国铁济南局进一步开通济南至淄博的烧烤专列,淄博文旅局长化身推荐官,淄博市又顺势举办了烧烤节、音乐节,建设淄博烧烤城……淄博以迅雷不及掩耳之势走红,给这座城市带来巨大流量。当地文化和旅游部门主动担当作为,强化市场秩序管理、升级精品旅游线路、深化文化故事解读挖掘,着眼长远做好流量转化,创新探索"网红经济"助力文旅消费提振[2]。

图 2-1　淄博烧烤的撸串手法
资料来源:"重启之年",如何将文旅融合落到实处?[EB/OL]. https://www.36kr.com/p/2233417888608647.[访问时间:2023-05-01]

---

[1] 淄博烧烤火爆出圈背后:多措并举打造文旅名片　将流量变"留量"[EB/OL]. https://baijiahao.baidu.com/s?id=1763089467485641362&wfr=spider&for=pc.[访问时间:2023-05-01]
[2] 文旅融合要"出圈"更要"融圈"[EB/OL]. https://baijiahao.baidu.com/s?id=17643072591633313617&wfr=spider&for=pc.[访问时间:2023-05-01]

一、短视频平台打造网红城市的模式成形

在本次淄博烧烤的短视频传播中,我们可以清晰地发现过去网红城市打造的STC(即场景scenario+科技technology+创意者creator)模式依然在延续。短视频平台贯穿内容生产、分发、推广的全链条嵌入,加上地方政府的后续承接、协作,引发公众的参与式内容生产与消费狂欢,俨然成为打造网红城市的底层逻辑之一[1]。

首先,一群素未相识的人在烧烤场景里载歌载舞,人与人之间不再是上下班的擦肩而过,而是以烧烤为媒介相互连接的,去淄博旅游本身不再是单纯为了烧烤,而是为了拥有亲历/参与社会公共事件的可能。其次,短视频平台通过数字技术让普通大众广泛地参与视频观看与创作,为平台和话题注入源源不断的新鲜内容和数据。再次,平台与高流量网红合作进一步加大视频的专业创作和城市营销的传播力度,这种多层次、多维度、多身份、介于专业与业余创作之间的参与式内容生产,使淄博烧烤视频形成"病毒式"传播。最后,地方政府在淄博烧烤火爆出圈之后积极响应与维护,体现了"平台线上推广+政府线下承接"的协同效应。淄博朴素而又有决断力的话语与行动经短视频平台二次传播,再度引发了网友对淄博烧烤和淄博市的深度热议。

二、为什么会是淄博出圈

如果仅对平台模式、数字技术或者政府策略进行讨论,就无法充分解释为什么偏偏会是淄博烧烤火爆出圈。淄博烧烤的火爆,最重要的是因为借由短视频平台将淄博城市本身的文化基因以烧烤的形式再现,并进一步激发了大家对于地方的文化想象。

(一)城市本身有内在的文化基因

淄博是一个从古至今就有内在烧烤文化基因的城市,淄博市也不是在今年烧烤爆红出圈之后才着力发展烧烤行业的。早在2016年,政府就细化了烧烤营业户经营的十条规范,推动淄博烧烤向又好吃又环保的方向发展。2022年,淄博市商务局联合多家单位举办了首届淄博烧烤名店"金炉奖"评选活动。淄博对烧烤行业的长治久攻已经为淄博烧烤文化IP的推广打下了坚实的基础。

(二)人民有淳朴厚实的文化性格

2022年,大约12 000名济南大学生在淄博得到了淄博人民无微不至的关怀。临别之际,淄博专门又招待了这批大学生当地特色烧烤,并约定来年开春再聚。2023年2月,当时在淄博隔离的大学生如约组团来淄博游玩。一则"大学生组团来淄博吃烧烤"的短视频迅速登上同城热搜榜第一,淄博烧烤由此开启了爆红之路。淄博出圈后,拥有千万粉丝的各路网红纷纷到淄博打卡,并自带电子秤亲自评测淄博各色美食小店,结果非但每个卖家都足斤足两,有的甚至还"附赠"了额外的炸肉。这一切都激发了网友对于淄博这座城市的文化想象,厚道、淳朴、不计算、有烟火气,而这种文化想象是与年轻人在一二线城市中每天

---

[1] 如何复制下一个淄博?[EB/OL]. https://wallstreetcn.com/articles/3687432. [访问时间:2023-05-01]

经历的高消费、职场"内卷"以及孤独体验是截然相反的。

三、中小城市打造网红文旅的观念该迭代了

淄博烧烤所代表的实惠、公道、说走就走的低成本、低门槛旅游模式，一方面真实地反映当代青年旅游消费的新动向，另一方面恰恰证明了这些才是中小城市区别于一二线城市，得以在网红文旅上发力的优势所在。当前文旅产业的发展存在对前沿科技、消费潮流无差别追捧的迷思。比如，伴随着近一两年元宇宙的风潮兴起，一些中小城市也加入这一浪潮的追逐，大力兴建"灵境"式VR体验园，引入或兴办大型的沉浸式艺术展，配套以高规格的民宿，希望借此推动城市IP的建设，获得知名度上的跨越式飞升。初衷不可谓不好，成本不可谓不大，但是否与自身城市文化基因关联、适宜自身城市文化IP的构建，就可能存在疑问了。

"淄博烧烤"为三四线城市的后工业化转型提供借鉴：如何深耕自身的城市文化，打造具有独特文化属性的商品/景点/娱乐设施，再借助短视频平台的赋能，满足当前青年文化消费的场景/想象，是每一个旨在网红转型的城市必须思考的底层逻辑。首先要做的就是要跳脱出当前社会以及文创产业对"网红"概念和风格的僵化认知，捕捉社会最真实的文化需求和价值动向。

思考题

1. 请谈谈你对旅游文创相关理论的认识。
2. 请谈谈你如何理解旅游文创与传播学的关系。
3. 旅游文创的基本原则是什么？
4. 试举例说明，旅游文创是一门交叉性极强的应用学科。

本章参考文献

［1］莱斯利·A.怀特（Leslie A. White）.文化科学［M］.曹锦清，等译.杭州：浙江人民出版社，1988.

［2］唐纳德·A.诺曼.设计心理学［M］.北京：中信出版社，2016.

［3］Butler R W. Tourism Area Life Cycle［M］. Oxford：Goodfellow Publishers Limited，2011.

［4］Guiso L，Sapienza P，Zingales L. Does Culture Affect Economic Outcomes？［J］，Journal of Economic Perspectives，2006（20）：23-48.

［5］Howkins J. Creative Economy：How People Make Money from Idea［M］. London：Penguin Books，2001.

[6] Singh S. The Tourism Area Life Cycle: A Clarification[J]. Annals of Tourism Research, 2011, 38(3): 1185-1187.

[7] 包亚民. 场所精神与城市文化地理学[N]. 文汇报, 2017-10-20(14).

[8] 陈柏福. 文化经济学理论研究与展望[J]. 求索, 2016(5): 67-72.

[9] 陈晔. 旅游理论从哪里来？基于管理学理论发展的思考[J]. 旅游导刊, 2018, 2(5): 11-18.

[10] 戴卫明. 论高等学校创意人才培养的问题及对策[J]. 当代教育论坛(下半月刊), 2009(7): 51-53.

[11] 邓文君. 数字时代法国文化创意产业的创意环境构建研究[J]. 深圳大学学报(人文社会科学版), 2014, 31(6): 141-145.

[12] 邓香莲. 论文化产业的地域特色及金融业对地域文化产业的支持[J]. 农村金融研究, 2012(1): 17-22.

[13] 丁俊杰, 李怀亮, 闫玉刚. 创意学概论[M]. 北京: 首都经济贸易大学出版社, 2011.

[14] 董中保. 中小企业技术创新和相关法律问题研究[M]. 北京: 经济管理出版社, 2012.

[15] 段寿建, 邓友林. Web 技术发展综述与展望[J]. 计算机时代, 2013(3): 8-10.

[16] 龚鹏, 丁水平. 旅游学概论[M]. 北京: 北京理工大学出版社, 2016.

[17] 顾伟宁. 创意经济的内涵及理论渊源[J]. 对外经贸, 2013(9): 124-125.

[18] 郭鸿. 文化符号学评介——文化符号学的符号学分析[J]. 山东外语教学, 2006(3): 3-9.

[19] 胡和平. 认真学习宣传贯彻党的二十大精神 繁荣发展文化事业和文化产业[J]. 公关世界, 2023(1): 22-25.

[20] 黄升民, 杜国清, 陈怡. 中国广告主营销传播趋势报告 No.9[M]. 北京: 社会科学文献出版社, 2020.

[21] 黄小珊. 基于体验的图书馆服务创新[J]. 科技情报开发与经济, 2012, 22(1): 40-42.

[22] 黄永林. 文旅融合发展的文化阐释与旅游实践[J]. 人民论坛·学术前沿, 2019(11): 16-23.

[23] 金元浦. 国际文化创意产业伦理问题研究的内容与路径——文化创意产业伦理研究之一[J]. 山东社会科学, 2015(2): 69-75.

[24] 李彬, 刘海龙. 20 世纪以来中国传播学发展历程回顾[J]. 现代传播, 2016, 38(1): 32-43.

[25] 李具恒. 创意经济理论"信念硬核"孵化[J]. 科学·经济·社会, 2008(1): 45-49, 55.

[26] 李平. 文化生态学研究进展及理论构建[J]. 佛山科学技术学院学报(社会科学版), 2015, 33(2): 70-77.

[27] 李庆雷, 杨洪飞. 论旅游与创意的关系及其启示[J]. 大理大学学报, 2021, 6(7): 44-49.

[28] 李树,邓睿,陈刚.文化经济学的理论维度与实践进路[J].经济研究,2020,55(1):204-208.

[29] 林坚.文化学研究:何以成立?何以为用?[J].探索与争鸣,2012(10):60-65.

[30] 刘亚文.基于地域文化的旅游文创产品设计研究[D].景德镇:景德镇陶瓷大学,2018.

[31] 刘岩.技术升级与传媒变革:从 Web 1.0 到 Web 3.0 之路[J].电视工程,2019(1):44-47.

[32] 刘玉平,陈洁,周恋榕.文化产业策划学[M].济南:山东人民出版社,2018.

[33] 刘哲军,杨贤传.试析设计心理学在室内设计中的应用[J].西昌学院学报(自然科学版),2018,32(1):42-44,67.

[34] 刘志迎,徐毅,庞建刚.供给侧改革:宏观经济管理创新[M].北京:清华大学出版社,2016.

[35] 刘志迎.现代产业经济学教程[M].2版.北京:科学出版社,2014.

[36] 柳沙著.设计心理学[M].上海:上海人民美术出版社,2013.

[37] 吕庆华.略论文化创意产业的赢利模式[J].生产力研究,2008(20):103-105,134.

[38] 马洪元.旅游学基础[M].南京:东南大学出版社,2007.

[39] 马敬丹.心理学理论在文化创意产品设计研究中的应用[J].文化创新比较研究,2022,6(4):114-117.

[40] 祁洪玲,刘继生,梅林.国内外旅游地生命周期理论研究进展[J].地理科学,2018,38(2):264-271.

[41] 邱丽娜,张明军.关于数字创意人才培养的若干思考[J].高等理科教育,2008(3):62-64.

[42] 如何复制下一个淄博?[EB/OL].https://wallstreetcn.com/articles/3687432.[访问时间:2023-05-01]

[43] 沈德立.基础心理学[M].上海:华东师范大学出版社,2003.

[44] 生奇志等.创意学[M].北京:清华大学,2016.

[45] 师博.市场创新与中国经济增长质量[J].治理现代化研究,2020,36(6):43-51.

[46] 宋佩佩.文化心理学的发展演进与新局新机[D].西安:陕西师范大学,2021.

[47] 孙福良.创意产业基础理论研究[M].上海:学林出版社,2014.

[48] 孙九霞.文旅产业发展的新动向与新趋势[J].人民论坛,2023(9):98-102.

[49] 王仰东,谢明林,安琴,等.服务创新与高技术服务业[M].北京:科学出版社,2011.

[50] 魏妍.文艺复兴时期的意大利[J].收藏投资导刊,2019(4):58-71.

[51] 文旅融合要"出圈"更要"融圈"[EB/OL].https://baijiahao.baidu.com/s?id=17643072591633313617&wfr=spider&for=pc.[访问时间:2023-05-01]

[52] 谢彦君,李拉扬.旅游学的逻辑:在有关旅游学科问题的纷纭争论背后[J].旅游学刊,2013,28(1):21-29.

[53] 徐丹丹,等.北京文化创意产业发展的金融支持研究[M].北京:经济科学出版社,2011.

[54] 徐宏.体验经济视角下的黔东南州民族节庆旅游开发[J].人文天下,2020(17):61-64.

[55] 薛可,龙靖宜.文化创意传播学[M].上海:复旦大学出版社,2022.

[56] 薛可,余明阳.文化创意学概论[M].上海:复旦大学出版社,2021.

[57] 薛可,余雪尔.文化创意伦理与法规[M].上海:复旦大学出版社,2022.

[58] 杨娇.旅游产业与文化创意产业互动发展的研究[D].杭州:浙江工商大学,2008.

[59] 杨颖.旅游业与创意产业的融合[J].南京人口管理干部学院学报,2009,25(1):67-70.

[60] 杨咏.基于体验视角的旅游文创产品优化方法[J].包装工程,2022,43(6):259-268.

[61] 袁久红.文化符号学的理论与方法初探[J].东南文化,1991(5):6-14.

[62] 约瑟夫·熊彼特.经济发展理论[M].北京:商务印书馆,1990.

[63] 张承耀.体验经济的六大特征[J].瞭望新闻周刊,2005(4):61.

[64] 张洁玉.旅游主题策划的理论与实践[D].上海:华东师范大学,2011.

[65] 张经强.国际性技术外溢对北京高技术产业技术创新绩效影响的实证研究[J].科技管理研究,2013,33(4):90-94.

[66] 张立明,敖荣军.旅游学概论[M].武汉:武汉大学出版社,2003.

[67] 张乃英.创意产业理论与实践[M].上海:同济大学出版社,2015.

[68] 张瑞林,李林.熊彼得创新理论与企业家精神培育[J].中国工业评论,2015(11):94-98.

[69] 张骁儒.深圳文化发展报[M].北京:社会科学文献出版社,2016.

[70] 郑吉伟.关于国家创新体系问题的再探讨[J].社会科学家,2000(4):51-54.

[71] 钟年.人类心理的跨文化研究[J].中南民族学院学报(哲学社会科学版),1996(1):45-50.

[72] 祝合良,Schmitt B H.如何认识体验经济[J].首都经济贸易大学学报,2002(5):14-17.

[73] 淄博烧烤火爆出圈背后:多措并举打造文旅名片　将流量变"留量"[EB/OL].https://baijiahao.baidu.com/s?id=17630894678564136328wfr=spider&for=pc.[访问时间:2023-05-01]

[74] 邹本涛.民俗学概论[M].北京:科学出版社,2012.

[75] 邹统钎.旅游学术思想流派[M].2版.天津:南开大学出版社,2013.

[76] 邹芸.旅游产业和文化创意产业融合发展机制研究[J].改革与战略,2017,33(7):126-128,132.

第三章

旅游文创定位

学习目标

学习完本章,你应该能够:
(1) 了解旅游文创的市场概况和产品类型。
(2) 了解旅游文创竞品分析的思路和方法。
(3) 了解旅游文创进行用户需求分析的思路和方法。
(4) 了解旅游文创进行市场战略分析的思路和方法。

基本概念

旅游文创市场　旅游衍生品　RMP分析　Kano分析　PEST分析　SWOT分析　市场战略

第一节 旅游文创的市场研究

在旅游文创中,文化占据关键地位,创意被视作生产模式、生产过程,旅游则将文化创意这一产品从供给端输送给需求端。和传统旅游模式迥然不同,旅游文创的构成要素包括文化、创意、技术和市场,在多方因素的共同作用下,形成产业联动效应,为城市和区域经济文化的创意发展提供支持。

中国旅游文创业主要有旅游文创产品、旅游文创接待设施、创意景观、文创活动、文创社区等基本模式。文创产业不仅可以满足人们对文化和艺术的追求,也可以成为经济发展的重要引擎,在推动经济发展、提高城市竞争力、改善城市形象、增加文化软实力等方面发挥重要作用。作为文创产业的一个重要分支,旅游文创可以通过将文化和旅游融合,创造出具有文化内涵和旅游价值的产品和服务,为旅游业和文创产业的发展注入新的动力。在发展旅游文创产业过程中,需要对这一市场的内外环境、产业结构特征、产品需求、战略定位等有清晰的认识。也就是说,对旅游文创市场进行市场定位,是为了更好地满足不同群体的需求,精准定位目标客户,从而更好地开展产品设计、市场营销和服务等工作,提高旅游文创产品的市场占有率和用户满意度。

一、旅游文创市场概述

旅游文创产品是文创产业与旅游产业有机融合下催生的一种产品,涉及领域包括吃、住、行、游、购、娱。这种产品的设计、生产、供给等需要供需双方共同参与,实现全面参与和灵活的双向互动,赋予旅游文创产品极高的附加值。

在 2003 年颁布的《旅游资源分类、调查与评价》(GB/T 18972—2003)中,确定了中国旅游资源有 8 个主类、37 个亚类和 155 个基本类型,看似涵盖了自然和人文要素的各个方面。然而,旅游资源是在动态地发展变化的,其范围和深度随着人们消费需求、认识水平、开发水平的发展而不断变化。在覆盖范围的拓展中,创意产业发挥了重要作用,以其独特的趣味性、知识性、时尚性、创新性不断地将新鲜的元素注入旅游产业发展,并能够对社会经济发展中的各类有形资源、无形资源加以整合,赋予其旅游资源的功能,从而形成新的旅游吸引物。网络游戏、动漫乐园、LOFT、博物馆、音乐节、影视基地等都是伴随着创意产业的发展而出现的新的旅游吸引物[1]。

相关报告和研究数据显示,随着旅游业的不断发展和人们旅游消费的升级,旅游文创市场规模呈现逐年增长的趋势,涌现出越来越多的文创产品和旅游服务,成为中国文化产业的一个

---

[1] 李永菊.旅游文创产业的内涵[J].中国集体经济,2011(15):137-138.

重要组成部分。2020年,国内旅游文创市场受到了一定的冲击。但是,在政府的大力扶持和旅游业复苏的背景下,该市场的发展前景仍然比较乐观。2012—2020年,我国文化产业增加值从1.81万亿元增长到4.5万亿元,年均增速12.1%,占同期GDP的比重从3.36%上升到4.43%,文化产业已经成为经济增长的新动能和新引擎。我国旅游及相关产业增加值也从2014年的2.75万亿元增长到2020年的4.06万亿元,年均增速5.0%,旅游业作为国民经济战略性支柱产业的地位更加巩固[1]。2023年,国内文旅热度持续升温,文化和旅游部4月下旬公布数据显示,2023年一季度,国内旅游总人次为12.16亿,比上年同期增加3.86亿,同比增长46.5%;国内旅游收入为1.30万亿元,比上年同期增加0.53万亿元,同比增长69.5%。文化旅游创意市场潜力进一步放大[2]。

二、旅游文创市场的定义与分类

旅游文创产品是旅游资源的创意转化。伴随着旅游资源观的转变,人们对旅游资源的认识愈发多元,对从旅游资源开发而来的旅游文创产品也保持开放包容的认知。我国学者保继刚、楚义芳和彭华在《旅游地理学》中提出"旅游资源是指对旅游者具有吸引力的自然存在和历史文化遗产,以及直接用于旅游目的的人工创造物"[3]。文创产业与旅游产业融合,在多元的旅游资源基础上开发旅游新项目、新路线、新景观、新服务、新体验、新周边。国内学者管家庆、陈萌亚指出,海内外有学者将文化旅游产品分为广义与狭义:广义的文化旅游产品是指围绕娱乐休闲、自然风光、风景名胜等旅游资源而打造的系列旅游活动产品,能够满足人们的文化感受和精神消费;狭义的文化旅游产品主要是指有形的可体现商品用途和价值的产品,是可供消费者挑选、具有购买价值,并能带回家收藏的有纪念价值的商品。这种文化旅游产品是一种向旅游消费市场提供的单项产品,是以文化为核心吸引点,并根据相关地区地域特色提炼出的具有独特艺术符号的商品,具有唯一性和稳定性,能满足人们使用和消费的需求[4]。

根据旅游文创产品的物质属性和服务形态,通常可以将国内旅游文创市场划分为两大类:一是以景点和服务为核心的文化旅游市场;二是以旅游资源衍生产品为核心的文创纪念品市场。前者主要强调的是一种"带不走"的文创产品形态,如文化遗址、风景名胜、主题公园、创意街区,以及民俗表演和戏曲歌舞演艺等;后者则是一种"带得走"的衍生纪念品,如美食特产、手工艺品、服装饰品、数字藏品等文创周边。无论有形还是无形,它们都体现"源于文化主题、经由创意转化、具备市场价值"的特点。下面是对这两大类旅游文创市场的介绍。

(一)以景点和服务为核心的文创旅游市场

长期以来,以景点和服务为核心的旅游文创形式一直是国内文创旅游产业发展的核心样

---

[1] 每日经济新闻网.中国文旅这十年:以文塑旅、以旅彰文已成经济增长新引擎[EB/OL]. http://www.nbd.com.cn/articles/2022-10-12/2496593.html.[访问时间:2023-10-12]
[2] 文化和旅游部网站.2023年上半年国内旅游数据情况[EB/OL]. https://www.gov.cn/lianbo/bumen/202307/content_6892643.htm.[访问时间:2023-07-18]
[3] 保继刚,楚义芳,彭华.旅游地理学[M].北京:高等教育出版社,1993:53.
[4] 管家庆,陈萌亚.文化旅游产品与艺术衍生品跨界融合开发与设计方法初探[J].艺术教育,2016,292(12):202-203.

态。国内学者李永菊将其概括为旅游文化演出、旅游文化主题公园、旅游文化街区和旅游文化节庆。随着旅游文创产业的进一步升级发展，文创旅游进一步放大融合外延，文创园区的旅游功能被进一步拓展，集群化效应明显，旅游创意小镇迅速发展，文创旅游进一步品牌化。其核心离不开文化创意打造之下的物理空间景观，即广义上成为游客观光消费目的地的景点。

1. 文创旅游场景

（1）历史文化景点。历史文化景点是指具有历史文化价值和历史文化遗产的景点，如古城、古建筑、古寺庙、古塔楼等。作为旅游目的地，其本身就是具备悠远文化价值的旅游产品。历史文化景点在旅游文创市场中具有不可替代的地位，是国家和地方文化的重要载体，是了解一个国家或地区文化底蕴和历史传承的重要途径。一方面，通过抢修、保护、开发等方式，可以将具备历史文化底蕴和价值的资源（大到古城、古镇、古街，小到古建、遗址、墓葬、碑刻）转化为可被参观、游览、欣赏的旅游景观；另一方面，历史文化景点所蕴含的文化元素（如建筑风格、艺术内涵、史料、文物等）都可以作为文创产品的灵感来源，通过产品设计、营销等环节，开发出更符合现代人审美和口味的创意产品，从而吸引更多的游客前来参观、消费和体验。

（2）自然文化景点。自然文化景点是指自然风光和自然地理景观中具有文化内涵的景点，如国家公园、自然保护区、风景名胜区等，具有独特的自然风光和生态环境，是旅游者寻求自然、健康和休闲的重要选择。与历史文化景点类似，自然文化景点也能够通过合理开发、可持续建设的方式不断推出新的创意旅游路线和服务。比如，伴随生态旅游、冰雪旅游等融合性旅游概念而兴起的户外露营、岩洞探险、冰雪运动项目，就是在自然风光原有的绿色资源、冰雪资源基础上开发出更适合都市人、年轻人的旅游产品和配套服务，满足消费者的各方需求。不仅如此，自然文化景点也能够成为旅游文创市场中的重要竞争资源之一。丰富的自然资源景点（如山水、湖泊、河流、冰雪等）不仅能够吸引大量游客和消费者，而且能够成为旅游文创企业的投资热点，促进地方经济和就业的发展。

（3）民俗文化景点。民俗文化景点是指具有当地民俗文化特色的景点和体验，如民俗艺术村、传统节庆、民间工艺制作、庙会民俗等。民俗文化景点开发和建设体现了乡村振兴、传统文化创新性转化和创造性发展等宏观政策的引导。发展民俗文化景点创意，是乡村旅游的重要组成部分和发展方向，是对民间传统文化资源的充分发掘、保护和传承。

（4）文创园区景点。文创园区是一种基于文创产业的园区，以文化、艺术、设计、科技等领域为核心，将工业遗产或历史建筑改造成文创产业聚集区。这种园区以其独特的文化、创意和设计元素吸引了创意型企业、设计师、艺术家等人才聚集，促进了文创产业的蓬勃发展。比如，上海自2004年提出发展文创产业以来，一直将产业园区作为推进的重要载体和抓手，截至2014年年底，全市有106家文创产业园区，这些产业园区的80%以上由旧仓库和旧厂房改建，不少是历史保护建筑和工业文化遗产，形成了一批产业主题特色鲜明的文创产业园区。比如，以文化艺术画廊为特色的M50创意园区，以石库门生活文化及休闲体验为特色的田子坊，以创意设计为特色的"江南智造"，以历史保护建筑为创意特色的1933老场坊，以音乐为主题的音乐谷，以网络视频、网络游戏为主题的张江园区、以时尚创意为特色的环东华集聚区，以绿色低碳为特色的"安垦绿色",以旅游休闲为特色的老码头,等等[1]。文创园区不仅是一个产业发展聚集地,也是一个文化、艺术、设计、科技等领域交流互动的平台,为当地社会经济发展和文创产业的发展做出了积极的贡献。

(5) 文博景点。文博景点是指以收藏、展示、研究文物为主要目的的旅游景点,通常是文化和历史遗产的代表性建筑和场所,包括博物馆、艺术馆、历史遗址等。文博景点除了旅游观光外,更强调文化、艺术和历史的价值与意义,以帮助游客更好地了解、认识和欣赏传统文化为主要目的,同时也能够推动文化产业的发展,推动经济的繁荣和社会的进步。基于不同的体验需求,博物馆旅游的体验设计大致分为三种类型,分别基于文物展出形式、游客的个性化体验需求和游客的参与体验程度[2]。文博景点的旅游文创产品越来越丰富,涵盖了各个领域。常见的创意旅游产品包括文创产品、文创餐饮、文创礼品、文创演出等,这些产品不仅能够满足游客的各种需求,而且还能够为景区带来较高的经济效益。

以上这些广泛意义上的景点,无论是传统上的人文自然风景名胜,还是体现泛社会资源性质的历史街区、工业遗址、小镇村落,都是充分发挥差异性、地域性、民族性文化资源优势,进而实现创新转化的创意景观,共同构成了国内旅游文创市场的整体格局。

2. 旅游文创服务类型

(1) 参观体验。创意旅游的参观体验活动是一种寓教于乐的旅游方式,通过创意设计和互动体验,让游客在旅游过程中获得知识和享受乐趣。下面介绍一些常见的参观体验活动。

① 主题展览。这种活动是在博物馆、美术馆、科技馆等场所举办的,通过主题展览的形式,让游客了解某一领域的知识和文化内涵。例如,以中国古代科技为主题的展览,可以通过互动性强的展品和介绍方式,让游客更好地了解古代科技的发展历程。

② 主题游览。这种活动是在城市或景区举办的,以某一主题为线索,让游客通过游览不同的景点和欣赏不同的展品,了解相关的知识和文化内涵。例如,以古代文化为主题的游览,可以游览古代建筑、博物馆、古迹等景点,感受古代文化的魅力。

③ 互动体验。这种活动是在博物馆、科技馆、主题公园等场所举办的,通过互动体验的形式,让游客参与其中,更好地理解相关的知识和文化内涵。例如,游客参观科技馆时可以参加科技实验、手工制作等活动,深入了解科技的应用和发展。

通过这些参观体验活动,游客可以在旅游过程中获得更丰富、更深入的体验和知识,同时也可以感受到旅游文创的独特魅力。

(2) 艺术表演。创意旅游的艺术表演活动是一种将文化、艺术和旅游有机结合的旅游方式,通过创意的艺术表演形式,让游客获得更深入、更富有感染力的旅游体验。下面介绍一些常见的艺术表演活动。

① 音乐会。音乐会是一种以音乐为主题的艺术表演活动,通常在音乐厅、剧场等场所举办。音乐会的节目形式多种多样,如古典音乐、流行音乐、民族音乐等,通过音乐的表演和演

---

[1] 王慧敏.上海发展旅游文创的思路与对策研究[J].上海经济研究,2015,326(11):113-120.
[2] 徐永红.我国发展博物馆旅游的SWOT分析及对策研究[J].黄河水利职业技术学院学报,2007,73(4):80-83.

奏,让游客感受不同的音乐文化和艺术风格。

② 舞蹈表演。舞蹈表演是一种以舞蹈为主题的艺术表演活动,通常在剧场、广场、公园等场所举办。舞蹈表演的节目形式多种多样,如古典舞蹈、现代舞蹈、民族舞蹈等,通过优美的舞蹈动作和精彩的表演,让游客领略不同的舞蹈文化和艺术风格。

③ 戏曲表演。戏曲表演是一种以戏曲为主题的艺术表演活动,通常在戏曲剧场、广场等场所举办。戏曲表演的节目形式多种多样,如京剧、豫剧、越剧等,通过戏曲唱腔和表演,让游客了解中国传统戏曲文化。

④ 文化节庆典。文化节庆典是一种以传统节日、民俗文化等为主题的艺术表演活动,通常在公园、广场等场所举办。文化节庆典的节目形式多种多样,如民俗展示、民族舞蹈、传统手工艺等,通过丰富多彩的表演和展示,让游客了解和感受不同的民俗文化和传统节日。

(3) 住宿康养。创意旅游的住宿康养活动是一种将旅游和健康康养有机结合的旅游方式,通过创意的住宿和康养体验,让游客在旅游过程中享受健康、舒适的休闲时光。下面介绍一些常见的住宿康养类创意旅游形式。

① 温泉度假。温泉度假是一种以温泉为主题的住宿康养活动,通常在温泉度假村、酒店等场所举办。游客可以在温泉浴池中享受舒适的水疗体验,同时还可以参加瑜伽、按摩等康养活动,让身心得到放松和恢复。

② 禅修旅行。禅修旅行是一种以禅修为主题的住宿康养活动,通常在寺庙、禅修中心等场所举办。游客可以在禅修中体验静心、冥想的过程,让自己的思维和身体得到平衡和调整,同时还可以学习禅宗文化和哲学。

③ 森林康养。森林康养是一种以森林为主题的住宿康养活动,通常在森林度假村、静心园等场所举办。游客可以在森林中散步、呼吸新鲜空气,让身心得到放松和平衡,同时还可以参加瑜伽、太极等康养活动。

④ 养生酒店。养生酒店是一种以健康养生为主题的住宿康养活动,通常在养生酒店、度假村等场所举办。游客可以在养生餐厅享受健康的美食,还可以参加瑜伽、按摩等康养活动,让身体得到调整和修复。

⑤ 特色民宿。特色民宿提供了一种独特的住宿体验方式,让游客在旅游的过程中更好地了解当地文化和生活方式,是旅游文创的重要组成部分。其设计往往与传统文化充分结合,提供能够满足家庭旅行、情侣出游、商务旅行等多种不同需求的住宿类型,还能面向游客提供当地特色美食菜肴,以及手工制作、采摘、书法、绘画等当地文化体验活动,让游客在旅游的同时了解当地的文化和生活方式。

(4) 休闲运动。创意旅游的休闲运动活动是一种将旅游和体育运动有机结合的旅游方式,通过创意的休闲运动体验,让游客在旅游的同时享受运动带来的愉悦和健康。下面介绍一些常见的休闲运动活动。

① 徒步旅行。徒步旅行是一种以步行为主题的休闲运动活动,通常在自然风光优美的地区举办。徒步旅行的路线可以在山区、森林、海滩等,通过步行的方式让游客领略自然风景的

美丽,同时也可以锻炼身体和挑战自我。

　　② 骑行旅行。骑行旅行是一种以骑行为主题的休闲运动活动,通常在道路或山区中举办。骑行旅行的路线可以在城市、乡村或山区,通过骑行的方式让游客体验自然风光和城市景观的美丽,同时也可以锻炼身体和挑战自我。

　　③ 水上运动。水上运动是一种在水上进行的休闲运动活动,如划艇、冲浪、滑水等,通常在海滩、湖泊等水域举办。水上运动的方式多样,可以让游客在水中尽情享受运动带来的快乐,同时也可以锻炼身体和挑战自我。

　　④ 冰雪运动。冰雪运动是一种在冰雪环境下进行的休闲运动活动,如滑雪、滑冰、雪地越野等,通常在冰雪条件较好的山区或北方地区举办。冰雪运动可以让游客在冰雪世界中尽情体验运动的乐趣,同时也可以锻炼身体和挑战自我。

　　(5) 美食餐饮。创意旅游的美食餐饮活动是一种将旅游和美食结合的旅游方式,通过创意的美食体验,让游客在旅游过程中品尝当地美食、了解当地文化和历史。下面介绍一些常见的美食餐饮活动。

　　① 美食之旅。美食之旅是一种以当地美食为主题的旅游活动,游客可以参观当地市场、餐厅、小吃摊等,品尝各种当地美食,了解当地饮食文化和历史。美食之旅也可以结合当地的景点和文化活动,打造出更具特色的旅游体验,如法国结合其历史悠久的环法大赛和享誉盛名的奶酪文化,从 2019 年起,开展一年一度"自行车和奶酪,托盘上的法国"(Vélo & Fromages, la France sur un plateau)活动。该活动以 100 多条自行车骑行路线为标记,覆盖了 8 000 多千米适合骑行的路线和上千个奶酪制作地,这一活动面向所有人,让参与者在分享、发现和相遇中进行骑行之旅,参观农场、酒窖、奶酪制造地,了解工匠如何以技艺丰富各个大区的美食版图。

　　② 烹饪课程。烹饪课程是一种以当地美食制作为主题的旅游活动,游客可以参加当地的烹饪学校或工作室,学习制作当地美食,并了解当地的饮食文化和习俗。烹饪课程也可以结合当地的市场采购和食材介绍,打造出更具特色的旅游体验。比如,泰国在创意旅游开发方面,设立了专门面向外来游客、旨在传授泰国特色美食制作技艺的短期培训课程。以清迈的泰餐烹饪学校、泰国料理厨艺学校和泰国菜烹饪教室为例,其课程内容一般包括到酒店迎接客人、到菜市场认识和采购原料、选择自己想做的菜品、学习制作香料和酱料、学习自选菜品的制作过程、品尝大家完成的菜品、赠送食谱、送客人回酒店等环节。由于项目经营者的理念和资源不同,加之厨艺教师的个性、阅历和技能各异,清迈的泰餐烹饪学校在上课地点、教学方式、延伸服务方面表现出不同的特色。

　　③ 葡萄酒之旅。葡萄酒之旅是一种以当地葡萄酒产业为主题的旅游活动,游客可以参观当地的葡萄园、酒庄、酿酒工厂等,品尝当地的葡萄酒,并了解当地的葡萄酒文化和历史。葡萄酒之旅也可以结合当地的美食文化和餐饮活动,打造出更具特色的旅游体验。法国、意大利、西班牙、希腊、南非等主要葡萄酒产区都结合本国文化资源与人文风情推出了颇具差异性的葡萄酒之旅体验。在西班牙,酒庄旅行体验除了品味美酒,还有葡萄园穿越、乘热气球鸟瞰酒庄等户外探险活动。在安达卢西亚地区的一些著名酒庄,游客还可以欣赏庄园主人精选的艺术

收藏。

④ 特色主题餐厅。特色主题餐厅是一种以独特的主题为特色的餐厅,通常在装修、菜品、服务等方面呈现出鲜明的主题风格,以吸引消费者的眼球。例如,有些主题餐厅会采用特殊的装修风格,如把餐厅装修成古代宫殿、赛车场、太空舱等,让消费者在用餐的同时体验到独特的氛围感受。在菜品方面,主题餐厅通常会研发与主题相符的菜品,如以机器人为主题的餐厅会推出机器人造型的美食,让消费者在用餐的同时感受主题的魅力。

(6) 培训教育。创意旅游的教育培训活动是一种将旅游和教育培训结合的旅游方式,通过创意的教育和培训体验,让游客在旅游过程中学习知识、提高技能和开阔视野。下面介绍一些常见的培训教育活动。

① 文化考察。文化考察是一种以当地文化为主题的教育培训活动,游客可以参观博物馆、历史文化遗迹、文化村等场所,了解当地文化背景、历史和传统,从而拓宽视野和增长知识。如西班牙朝圣之路(Camino de Santiago),它是一条从各个方向汇聚到圣地亚哥德孔波斯特拉(Santiago de Compostela)的朝圣路线。这条路线历史悠久,起源可以追溯到9世纪,是基督教信仰者的朝圣圣地之一。现在,这条朝圣之路已经成为世界级的文化和旅游胜地,每年有数万来自不同的国家和地区的人前来朝圣。沿途可以欣赏到美丽的风景和历史文化遗迹,也可以感受到西班牙人的热情和友好。朝圣之路的主要路线有多种选择,最受欢迎的是法国路线,全程780千米,从法国圣让-皮耶德波尔出发,经过比利牛斯山脉和潘普洛纳等城市,最终到达圣地亚哥德孔波斯特拉。还有其他路线也很受欢迎,如北部路线和葡萄牙路线等。朝圣之路的旅游方式多种多样,可以选用步行、自行车、马匹等方式,也可以选择不同的住宿方式,如宿营、住酒店等。不论哪种方式,朝圣之路都是一次独特的旅游体验,可以让人感受到信仰、自我探索和人际交往的力量。

② 红色教育。创意旅游中的红色旅游以中国革命时期的历史为主题,通过参观纪念馆、革命旧址、纪念碑、纪念馆等方式,向游客展示革命历史的壮丽篇章和革命烈士的英勇事迹,以此传承和弘扬中国革命的精神和思想,主要的活动形式包括参观纪念馆和革命旧址,如延安革命纪念馆、井冈山革命博物馆、革命老区革命博物馆等。在这些场所,游客可以了解中国革命历史的进程、革命领袖的生平事迹以及他们的政治思想,不仅如此,游客还可以参加各种体验性项目,如穿上红军服装,在旧址、博物馆、纪念碑等场所拍照留念,了解当时党员们的日常生活。通过这样的体验,游客不仅能够更加亲近中国革命的历史,还可以感受到革命年代的氛围和文化。华强方特集团在跨界融合IP与红色旅游方面颇为成功。比如,赣州方特东方欲晓主题公园开创了红色培训新课堂、红色旅游新体验,以百余年来中华民族的奋斗历程为背景精心策划,包括六大历史主题区域、十余个方特独家打造的室内大型高科技主题项目,以及数十个室外游乐项目和数百个特色景观景点,可为广大游客带来前所未有的"红色旅游新体验"。园区内既有年轻人喜爱的最新型弹射过山车等刺激项目,也有老年人喜爱的演艺项目,还有小朋友们喜欢的《熊出没》主题区,并配套上百家特色商店和特色餐饮,是红色教育、创意旅游的成功典范。

③ 艺术创作。在旅游文创中,艺术创作以旅游为媒介,通过各种艺术形式展示旅游目的地独特的文化、历史和风景,从而提高旅游目的地的知名度和吸引力。具体艺术创作类型包括美术创作、影视创作、文学创作、表演创作等。比如,福建德化是我国著名陶瓷文化发祥地之一,与江西景德镇、湖南醴陵并称中国三大瓷都。德化传统的旅游开发模式对陶瓷文化和体验性产品开发挖掘不够深入,体验的参与性和生动性不强。当地文旅部门通过就地取材,整合相关资源,开发修学旅游产品系列,其中最具有代表性的是融合陶瓷艺术与手工艺的陶艺教学,通过联动陶瓷博物馆、陶艺教学馆、旅游节、展览会和研讨会,让游客深入陶艺产品车间和瓷盘绘画教室,体验用拉坯机亲手制作陶艺产品,让游客在休闲游览中全面了解陶瓷文化和陶瓷制作知识[1]。安徽黟县西递、宏村民居风物独具诗意,大量明清古建筑饱含古诗画意蕴,在这里最适合画水墨画,也适合画水彩,每年有三百多家艺术学院把这里当作课堂,堪称画家天堂。西递、宏村每年接待大量美术写生艺术创作团队,当地围绕"旅游+研学",融合古村落、古建筑、传统文化、非遗产品,开发各类研学系列产品,成为中外美术爱好者、古镇爱好者、中国传统文化爱好者的重要旅游目的地。

④ 生态教育。生态教育是一种以自然保护和环境保护为主题的教育培训活动,游客可以参加当地生态保护组织或项目,了解当地自然环境、生态保护和可持续发展,从而增强环保意识。旅游者往往身处自然保护区和生态农庄,如天然林、湿地、草原等。在这些场所,人们可以了解生物多样性的重要性、生态系统的构成及其作用等知识,同时还可以学习各种环境保护措施,如垃圾分类、节能减排等。此外,游客还可以参加徒步旅行、野外露营、探险等户外活动,亲身体验自然环境的变化,了解生态系统的特点和生物之间的相互作用。不仅如此,体验生态产品(如有机农产品、野生食材等)也是生态教育的重要一环。近年来,随着生态旅游理念深入人心,许多自然资源繁茂的生态景区开展不同形式的生态保护志愿旅游路线,如北京各森林公园倡导"乐享野趣、无痕山林"文明游园。市民游客入园时,在公园门区领取环保塑料袋,鼓励市民游客沿途捡拾散落垃圾,共同维护森林公园的生态环境。游园结束后,将垃圾送至指定地点,将有机会兑换公园门票或相应奖品。

(二)以衍生纪念品为核心的旅游文创市场

1. 旅游文创衍生品概述

旅游文创衍生品可以被视为狭义的旅游文创产品,它不同于景区和服务,是一种"带得走"的文化产品和符号。旅游文创衍生品具体指以旅游景点、文化遗产、民间艺术等文化资源为原材料,通过创意设计开发出的体现文化内涵、富有艺术价值、具有实用性等特点的产品。它将旅游目的地的文化内涵以及旅游者的情感需求转化为各种文创产品,包括纪念品、艺术品、设计品等。

旅游文创衍生品相较于"旅游产品""旅游商品""旅游纪念品""旅游周边"等概念,具有更加清晰明确的文化属性、商品属性和法律属性内涵。通过"旅游衍生品"这一定义,可以充分将

---

[1] 吕艳伟,郑耀星.创意旅游视阈下德化陶瓷文化旅游发展研究[J].山西师范大学学报(自然科学版),2012,26(2):121-128.

旅游资源与文化产业、艺术创新、市场等核心理念充分融合。其主要特点包括以下五个方面：一是注重文化内涵，其设计理念和元素均源于当地文化资源；二是具有较强的艺术价值，可以通过艺术设计使其更具有文化意义；三是具有实用性，既可以作为纪念品，又可以作为日常用品使用；四是具有市场竞争力，可以作为旅游景区的重要收入来源；五是具有法律属性，知识产权是其重要的组成部分。具体而言，从著作权角度看，因开发类型差异，"旅游衍生品"可能既涉及人身权，如署名权、修改权、保护作品完整权等，又涉及财产权，如复制权、改编权等[1]。《2018年全国旅游工作报告》指出，我国旅游业虽然达到一定规模，但普遍存在文化挖掘力弱、产品同质化重、创新意识淡等问题。

旅游文创衍生品的开发规律主要包括以下三个方面：一是注重围绕文化资源开发，以确保其文化内涵的准确性和深度；二是注重创意设计，以打造独特的文化形象和风格；三是注重实用性和市场竞争力，以满足不同游客的需求；四是注重品牌建设，以提高旅游文创衍生品的品质和形象。同时还要注意保护知识产权，加强市场营销，提高产业配套等方面的建设。

2. 旅游文创衍生品的主要类型

纪念品作为旅游文创衍生品的基本品类，是在旅游过程中作为纪念的物品，可以帮助游客记录旅游的经历和感受，也可以作为礼物或收藏品。购买旅游纪念品被视为观光过程中不可或缺的一部分。创意旅游产品是宣传和挖掘当地旅游资源的重要元素之一，世界各地的旅游目的地都非常重视当地旅游产品的开发。通过纪念品，游客可以更多地了解当地的建筑、文化和风俗习惯。根据这些文创衍生品的消费和使用场景，可以将其分为景区创意旅游纪念品、博物馆创意旅游纪念品、活动创意旅游纪念品和城市形象创意旅游纪念品。

（1）景区纪念品类。景区旅游纪念品是指以景区的特色、历史、文化等资源为原材料，通过创意设计，开发出的具有文化内涵、富有特色、具有实用性的产品。根据不同景区类型，如人文历史、自然风光、红色文化、工业遗产、乡村古镇等，景区旅游纪念品的文化内涵也各有侧重。景区旅游纪念品的设计思路是以景区的特色和文化元素为基础，通过创意设计和巧妙制作，将景区文化和特色与纪念品融为一体，使游客在购买纪念品时有更深入的了解和体验。旅游纪念品的特点是具有地域文化特色、具有情感价值、价格适中、易于携带。主要类型包括各种手办、钥匙扣、明信片、冰箱贴、磁性书签等小型纪念品，以及文创T恤、文创酒杯、文创笔记本等纪念品。成功的景区旅游纪念品往往具有较突出的品牌价值和持久的文化吸引力。比如经典的巴黎埃菲尔铁塔旅游纪念周边，围绕设计师埃菲尔与爱人玛格丽特之间令人动容的爱情故事，埃菲尔铁塔这一标志性景点开发出"铁塔之恋"系列旅游纪念品，包括铁塔模型、铁塔摆件、铁塔钥匙扣、铁塔冰箱贴、铁塔明信片等，通过多种材料和工艺的结合，将埃菲尔铁塔和巴黎的浪漫之都气质充分结合，获得了广泛的好评。

（2）博物馆创意旅游纪念品。博物馆创意旅游纪念品是指以博物馆的藏品、文化、历史等资源为原材料，通过创意设计，开发出的体现文化内涵、富有艺术价值、具有实用性等特点的产

---

[1] 慕晓. 浅论旅游衍生品的属性及其制度规范[J]. 法制与经济，2020，467(2)：164-167.

品。它们可以是文物藏品的复制版。比如，以展出米开朗琪罗的大卫像而闻名的佛罗伦萨美术学院在开发创意旅游纪念品方面，以大卫像为核心，设计开发出迷你版、局部细节版等不同角度的雕像复刻，并将雕像艺术与日常生活、实用价值、旅游情感等元素融合，通过别具匠心的艺术加法或者减法，将大卫像以 U 盘、水龙头、门把手等实用性物件带到游客眼前，深受人们青睐。此外，博物馆纪念品也可以是体现博物馆特色的各种周边，如文具、明信片、邮票、印章等，还有具有讲解功能的各种图书及影印制品。

（3）活动创意旅游纪念品。活动创意旅游纪念品通常是一种限量的产品，它们是为了纪念某一特定旅游活动、文化活动或重大庆典赛事而生产的，如奥运会、世界杯、世博会等体育及文化盛会，或者狂欢节、国庆日、名人诞辰等具有纪念意义的仪式庆典。这些纪念品在活动期间的销售非常热门，成为许多游客的必备纪念品，如 2022 年北京冬奥会期间，吉祥物"冰墩墩"的相关文创产品成为全球范围内炙手可热的活动创意旅游纪念品。这些活动创意旅游纪念品都具有独特的文化内涵和历史价值，不仅是旅游活动的象征，也是珍贵的收藏品。

（4）城市形象创意旅游纪念品。城市形象创意旅游纪念品的设计思路是以城市的特色和文化元素为基础，通过创意设计和巧妙制作，将城市文化和特色与纪念品融为一体，使游客在购买纪念品时有更深入的了解和体验。同时，城市形象创意旅游纪念品也成为城市文化产业的重要组成部分，推动着文化产业和旅游产业的发展。如"天府之国"成都的人文历史和自然资源得天独厚，还拥有全世界最大的熊猫繁育基地，熊猫是成都的重要文化名片之一，将熊猫文化作为成都城市形象创意旅游纪念品的主线，形成"熊猫＋城市""熊猫＋景点"的复合联动，成为一种有效的开发思路。熊猫主题、熊猫形象的玩具、文具、餐具、衣服、饰品等纪念品不仅能够展示熊猫文化，也能够吸引游客的注意力。在机场、火车站、商圈、景点、居民公共设施等线下不同区域，以及电商平台、社交媒体等新渠道进行精准营销，形成了融渠道、多产业链的城市形象创意旅游产品矩阵。

三、国内旅游文创市场的特点

经过多年的发展，我国旅游文创市场走出了一条具有中国特色的发展道路，具体可以概括为以下五个方面。

（一）以 IP 为核心推进文旅融合

以 IP 为核心推进文旅融合是指以知名的影视、动漫、游戏等知识产权为核心，打造文旅融合的多元化产品和服务。这种模式可以提高文旅产品的知名度和吸引力，提升旅游产品的附加值，促进文旅深度融合和各类旅游品牌建设，吸引更多的游客和粉丝参与其中。例如，故宫、阿那亚、中华恐龙园等的文创产品，都是以知名 IP 为核心打造的文旅融合产品。这些主题鲜明的文创实践不仅提供了与历史人文、山水自然相依的文化体验，还融合了景区游玩、文创产品销售、主题餐饮等多种服务，为游客提供了更加全面和丰富的旅游体验。

（二）注重发展个性化、定制化旅游休闲

个性化旅游指为满足旅游者某方面的特殊兴趣与需要，定向开发组织的特色专题旅游形

式,覆盖旅游的全产业链条,背后是愈发品质化、多元化的旅游品位喜好,能针对性地满足旅游者具体的文化旅游需求。各类旅游目的地在开发、建设与设计过程中通过充分的市场细分策略,更多考虑游客差异化需求,推出了许多具有代表性、以市场需求为导向的文创产品和服务,如在少数民族聚居地区发展民族风情旅游、利用厂矿旧址升级改造开发工业遗产主题公园等。

(三)"科技+文旅"深度融合

以数字化展览、虚拟现实体验、智能导览、大数据分析等为代表的信息技术、智能技术助力推动旅游文创发展,开拓景区服务与体验的多元化、纵深化。其中,数字化展览和虚拟现实技术的应用使得游客能够在不同的时间和空间尽情体验文化旅游景点。智能导览则能更好地为游客提供定制化的服务,大数据分析也能够帮助文旅企业更好地了解消费者需求,提高文旅产品的品质。这些技术的应用不仅提高了文旅产品的体验感和互动性,也为文旅产业的发展带来了新的动力和机遇。

(四)"国潮+文旅"方兴未艾

传统文化作为旅游文创推陈出新的重要灵感源泉,体现了创新性发展和创造性转化的内在动力。带有"国潮"属性的文化在多重路径的资源赋能下,内涵得以提炼和外延,实现文化和商业价值的提高,带动文化与旅游创新融合及全产业链的发展。西安大唐不夜城推出"不倒翁小姐姐"和"盛唐密盒"两个具有代表性的古风互动表演节目:前者通过全新的现场互动,用唐朝仕女摇曳多姿的一颦一笑再现唐风古韵,引现场和线上的大量观众大为赞叹;后者则融合了深受年轻人青睐的盲盒文化,让唐朝名士"房玄龄"和"杜如晦"穿越时空,以诙谐脱俗的古风脱口秀和现场答题互动方式传承和推广中国传统文化,获得极佳效果。

(五)跨界营销形式多元

在营销推广方面,跨界融合成为旅游文创提升人气、引爆出圈的重要策略,具体包括联合品牌,跨界推出联名产品或服务,或者结合热点事件,放大旅游文创产品的关注度。跨界合作可以吸引不同领域的消费者,引流效果明显。比如,华侨城与"国家宝藏"和"中国国家地理"两个国家级 IP 联名,在济南落地了其在山东的第一个文旅项目济南华侨城欢乐荟,致力于深挖和调动齐鲁文化、文物资源、文化艺术产业、非遗传统文化,将国家宝藏、东方智慧等文化内涵与地产开发深度融合,实现了文化与产业共赢。四川省级粮油区域公共品牌"天府油菜"联名四川文旅,以其各自熊猫吉祥物的 IP 形象为设计元素,创意推出环保时尚的熊猫文创潮包,将基于熊猫文化、有着四川农产品和四川文旅深厚底蕴的良性熊猫经济充分带动。

四、国内旅游文创市场面临的主要问题

(一)国内文化旅游景点创新开发方面存在问题

1. 模式创新不足

景区旅游文创产品的创新力和创造力不足,产品同质化、雷同化的现象普遍存在,缺乏新颖和独特的文化创意元素、缺乏创新的景区模式和服务模式,在开拓市场、提升服务和转型发展上的动力不足。网络上每次出现一个网红景点,立刻就会被其他景区照抄"作业",但是因为

景区图省事、赚快钱的心理,这种照抄简单粗糙,甚至埋下安全隐患。譬如,有网红景点推出玻璃栈桥,据业内不完全统计,截至2019年,国内近3万家景区,仅玻璃桥(栈道)就造了2 300多座,相当于每10个景区就有一座。还有一些地方"不惜代价地投入巨资,无中生有地制造'旅游特色小镇',但所谓的创意只是简单的复制剽窃,以致旅游收入入不敷出"[1]。

2. 营销手段单一

旅游景区营销手段单一的主要表现包括对传统手段的依赖、数字化营销的缺乏、品牌建设的缺失、营销策略的单一、跨界营销的缺乏、个性化服务的不足和环保意识的缺乏等。许多文化旅游景点的营销手段主要通过线下宣传和广告投放,缺乏更加多元化、个性化的营销方式,较少运用互联网、社交媒体、移动应用等能够充分对接年轻游客需求的新媒体,无法迅速响应市场变化,也无法满足年轻游客的需求。不仅如此,一些景区由于与周边的文化、体育、娱乐等产业缺乏协作和合作而错失了跨界营销的机遇,无法吸引更多的游客。

3. 人才培养不足

在文化旅游景区的发展过程中,缺乏专业化、高素质的人才,无法满足景区发展的需求和要求。目前,我国景区从业人员的专业背景复杂无序,景区从业人员就业门槛较低。从业人员学历层次参差不齐。有学者对珠海主题海洋王国营运部的从业人员进行调研,涉及主管、领班、高级接待、普通员工、实习生和长短兼职等不同对象,发现其中半数人员不具备旅游相关学历背景。这种情况制约了景区从业人员的整体素质,影响了有良好意愿的旅游专业人员对景区的运营和管理[2]。智慧城市、智慧景区等概念的兴起与发展对我国旅游人才的培养提出了新需求,综合来看,发展文化旅游景区需要具备文化传承与创新、旅游规划与管理、营销与推广、创意设计和艺术表现、服务与沟通、团队协作和领导等方面的综合人才。首先,需要更多掌握现代信息技术的人才,能够充分对接监控系统、服务导览、餐饮指南、援助等综合服务,为景区实现高效管理运营提供技术保障。其次,需要大量掌握新媒体营销能力的人才,有效运营景区官方微博、网站、微信公众号、景区App等新媒体平台,为游客提供更加智慧便捷的服务。最后,需要更多拥有创新能力的综合人才,在服务沟通、团队协作等方面具备良好的服务态度,善于沟通和协调,能够提供优质的服务体验,以满足游客的需求和期望。

4. 文化保护问题

在文化旅游景区开发过程中,一些景区为了迎合市场需求,损害了文化遗产的保护,也影响了游客对景区的认知和评价。比如,一些旅游文创景区过度商业化,过度追求经济效益,导致文化资源被过度开发和利用。"进入古镇,到处都是红柳烤肉、臭豆腐、大鱿鱼、奶茶、工艺品铺子,招牌都差不多,建筑样式也大致相同,不同的可能只有明信片上面的地址。"[3]部分景区"千村一面""千镇一面"的问题饱受诟病。休闲场所变身大集市,博物馆成了特色商品店,景区层层收费、雁过拔毛等较为普遍的现象更是让不少游客生厌,直呼"花钱给自己找了不痛快"。

---

[1] 熊正贤.从失序到有序:旅游特色小镇竞合博弈与空间秩序优化[J].改革,2022(10):144-155.
[2] 麦慕贞.旅游景区人才培养存在的问题与对策研究[J].现代职业教育,2019(26):192-193.
[3] 杜鑫.景区过度商业化:莫让"钱景"毁了景区前景[N].工人日报,2022-09-21(5).

文化元素被过度开发和商业化,导致文化本质丧失和受损,不利于旅游文创可持续性发展。

(二)国内旅游文创衍生品开发方面存在问题

1. 旅游文创衍生品的创新层次较低

在旅游发达国家,购物收入在旅游综合收入中占比40%~60%,而我国该占比只有10%~15%[1],说明我国的旅游文创产品还不能真正触达游客的需求点。大部分旅游文创纪念品都是传统的明信片、冰箱贴、钥匙扣等,缺乏创新性和差异化,无法满足消费者个性化需求。商家与开发者更看重短期的经济利益,市场上出售的旅游纪念品质量良莠不齐。当前,文创雪糕炙手可热,据不完全统计,全国大概有上百种文创雪糕,年产量上千万只,这些雪糕造型不一,有的是标志性建筑,有的是特色植物,有的是人物造型,"万物皆可雪糕化",旅游文创成了全民跟风。

2. 制作工艺水平不高

许多旅游文创纪念品的制作工艺较为简单,缺乏精细制作和高端加工技术。一些旅游文创衍生品的制作工艺较为粗糙,材质不符合要求,质量和品控难以有效把控,甚至存在安全隐患,影响产品的外观和品质。

3. 销售渠道有限

旅游文创纪念品的销售主要通过景区礼品店、传统的线下销售渠道和各大电商平台,缺乏更加高效、便捷和多元化的销售渠道。商家应转变经营思路,旅游文创纪念品不应只是在目的地才能购买,更应该通过日常营销、电商推广等,变成人们的日常消费品。

4. 知识产权保护问题

在旅游文创纪念品市场中,知识产权保护问题比较突出,一些企业存在模仿、抄袭等不正当竞争行为,影响了行业的健康发展。究其原因,高成本文创产品的毛利远远低于常规同质化衍生品,导致景区主动设计、销售的热情不高。一拥而上地做考古盲盒、文创雪糕的情况层出不穷,缺乏对原创产品设计开发理念的充分尊重,进而忽略了行业内部知识产权保护问题。

第二节 旅游文创的竞品分析

一、传统旅游产品开发的特点和局限

(一)传统旅游产品开发的特点

1. 资源依赖性强

传统旅游产品通常依赖自然资源和人文资源,这些资源是旅游目的地的核心竞争力,也是

---

[1] 刘妮丽.旅游文创产品为何难破低端怪圈[N].中国文化报,2021-03-27(4).

旅游产品的重要组成部分。例如，著名的世界文化遗产、自然保护区、历史文化名城、海滨度假区等都需要依赖其所具有的资源来开发相应的旅游产品，才能吸引游客。这些资源需要得到妥善的保护和管理，以保证旅游产品的质量和可持续发展。

2. 季节性强

传统旅游产品通常集中在特定的季节和时间段供应，旅游者的旅游需求也往往集中在这些时间段。例如，在夏季海滩度假、冬季滑雪、春季赏花等旅游产品开发中，季节性都会对旅游产品的开发和运营产生很大的影响。因此，旅游目的地必须根据季节特点和游客需求，合理规划和开发旅游产品。

3. 强调文化体验

传统旅游产品通常强调文化体验，游客需要在旅游过程中了解和体验当地的历史文化、风土人情等。这种文化体验的要素包括文化遗产、传统人文景观、历史遗迹、民族风情、宗教信仰等，这些元素的结合和整合将为旅游产业带来文化上的价值和差异化的优势。因此，旅游目的地必须注重文化资源的挖掘和展示，提供丰富多彩的文化体验活动。

4. 依赖传统交通

传统旅游产品通常依赖传统交通工具，如汽车、火车、渡轮等，这些交通工具的特点是速度较慢、舒适性较差，不能很好地适应多变的自然和文化环境，可能会受到交通拥堵、安全问题等不利因素的影响，同时也会给旅游产品的开发和运营带来诸多限制和挑战。因此，旅游目的地必须积极开发和利用新型交通工具，提高旅游产品的可进入性和便利性。

5. 高度商业化

传统旅游产品的开发和经营通常是由旅游企业或旅游目的地政府主导的，旅游产品的设计、生产、营销等环节都受到商业利益的驱动，日常运营往往需要考虑市场需求、消费者行为、盈利模式等商业要素。因此，旅游目的地必须注重市场营销和品牌建设，提高旅游产品的知名度和美誉度。

（二）传统旅游产品开发的局限

1. 项目单一、资源陈旧且缺乏吸引力

传统旅游产品通常以自然景观和人文资源为主，只有单一的景点或者单一的旅游产品，缺乏创新性和新鲜感，难以引起游客的兴趣和好奇心。此外，由于资源的限制和更新速度的缓慢，传统旅游产品可能会过时或缺乏吸引力，导致游客的流失。例如，主打红色旅游市场的韶山风景名胜区在很长一段时间都是面向党政机关和中小学课堂的爱国主义和革命文化教育重要基地，形成公费消费为主的创收模式，但由此造成市场单一、产品单一、产品结构不合理等问题，7个主要景区的28个景点未能得到充分开发，游览内容少、参与项目不足，客观上限制了韶山旅游产业的发展。

2. 开发前期投入过高

传统旅游产品的开发需要大量的前期投入，包括旅游基础设施建设、旅游产品设计、旅游宣传等，这些投入可能需要长时间才能回收，给旅游企业带来财务压力，影响景区的盈利能力。

例如，凤凰古城在旅游开发之前进行了大规模的修缮和改造，成本极高，但回收期很长。

3. 高昂的景区各项开支

传统旅游产品的开发和运营需要高昂的成本，包括人力资源成本、维护保养成本、安全保障成本、能源消耗成本等多个方面。例如，在中国的黄山景区维护保养成本极高，需要耗费大量人力和物力成本。

4. 体制化制约

传统旅游产品的开发和经营需要遵守国家和地方政策具体要求，如景区门票价格、经营时间等方面的规定。政策法规的制约可能会限制旅游产品的创新和升级。例如，中国一些传统景区的管理体制相对僵化，难以适应旅游市场的快速变化。

5. 产品创新和升级困难

传统旅游产品通常缺乏创新性和升级换代的动力，难以满足游客的需求和市场的变化。此外，传统旅游产品的开发和运营往往受到传统思维和观念的限制，缺乏与时俱进的观念，难以应对新的市场需求和消费习惯的变化。例如，我国生态旅游景区主要依托当地自然环境和地形地貌而建，因地制宜开设生态旅游项目，但目前仍存在大量生态旅游景区忽视自然环境的独特性，盲目模仿市场现有成功案例，采用"一刀切""抄作业"的方式，复制发展模式、简化设计和建设难题，导致多个景区旅游形象、目标、定位、产品出现同质化现象，失去了各地区生态资源的个性和特色，造成景区类型单一的局面。

二、旅游文创产品开发的创新指标

随着旅游业的发展和消费水平的提高，旅游文创已经成为旅游业的重要组成部分。旅游文创产品的创新开发也是这一领域的重要议题。旅游文创产品的创新指标来源于市场需求和消费者的不断变化，旨在提高产品的竞争力和市场占有率。在当前经济形势下，创新已经成为企业和产业的核心竞争力，而旅游文创产品的创新发展也是促进旅游业绿色、可持续发展的重要途径。因此，探究和实现旅游文创产品的创新指标具有重要的现实意义和发展前景。旅游文创产品开发的创新指标可以从文化内涵、设计理念、品牌形象、市场需求、科技应用等角度展开。

（一）文化内涵的创新

旅游文创产品的创新应该体现文化内涵的创新，即通过挖掘和展示文化资源的内涵，开发出具有独特性和创新性的旅游文创产品。例如，丽江古城的文化内涵包括纳西族的文化，可以通过文化创意的方式，将纳西族的文化元素融入旅游文创产品的设计和开发，打造具有独特性和创新性的旅游文创产品。

具体而言，旅游文创的文化内涵创新主要体现在四个方面。首先是历史文化内涵的挖掘和更新，发掘和整合历史文化中的新元素，打造出具有当代意义的文化产品。其次是文化产品的多样性和个性化，为游客提供更具个性、特色的文化体验，如将文化元素与艺术、科技等因素结合，设计出各种主题和形式的文化产品。再次是文化产品的互动性和参与性，通过增加游戏、互动等元素,让游客参与其中,增强游客的体验感和参与感。最后是文化产品的数字化和科技化,运用数字技术、虚拟现实等手段,将历史文化场景重现,为游客提供更加生动、直观、沉浸式的文化体验。这些创新元素不仅给旅游文创产品带来了新的形式和内涵,也给文化产业的发展注入了新的活力和动力。

(二)设计理念的创新

旅游文创产品的设计理念应该体现创新性和独特性,能够吸引消费者的眼球和激发其购买欲望,其设计理念创新主要体现在以下三个方面。

首先是文化深度创新,即将文化内涵融入旅游产品的设计与营销。比如,北京故宫博物院文创口红、盲盒、雪糕等一众产品齐出圈,静态的文物被赋予潮流思维,从藏品衍生成旅游商品。

其次是定制化创新,即根据不同游客的需求和兴趣,设计个性化、差异化的旅游产品,打造出更具吸引力和竞争力的旅游文创产品。例如,具有多重IP文化的小黄鸭玩偶是结合维京海盗、古罗马战士等馆内IP与网红小黄鸭IP的成功设计;故宫博物院的数字文创"皇帝的一天"是一款为9~11岁儿童开发的历史科普类游戏数字化产品,设计师在经过严谨的考据及用户调查后,在保证尊重历史的前提下,采用游戏通关的模式引导用户了解古代皇帝的日常,增强了用户在了解历史过程中的趣味性[1]。

最后是体验式创新,通过文化、艺术、科技等元素的融合,设计出更具情感共鸣和人文关怀的文化体验,让游客在旅游过程中获得更加愉悦、满足和深入的体验。在地方特色鲜明的旅游目的地,围绕IP打造体验感通常能够取得事半功倍的效果,它根植于地方文化土壤,可以是民俗名人、历史典故,也可以是一道地方菜、一首民歌、一个当地的记忆,一般是游客心中印象最深刻的部分。以张家界旅游风景区为例,运营团队深入挖掘张家界的人文历史与自然风光,对张家界独具特色的自然景色、民族风俗、湖湘文化,通过现代工艺美学的表达赋予其新的内涵,从福将到、祝福鲵、快乐猴系列,到吉娃喜娃、西兰卡普、艺术银饰系列,从手办玩偶、生活家居、创意配饰等当地特色生活器皿,到当地土特产定制礼盒等文创升级的各类产品,把张家界IP进行文创延伸,使文创产品也具有功能性、实用性,打造出重体验的故事系列核心文创产品。

(三)品牌形象的创新

旅游品牌是区域旅游开发成果和旅游业发展水平的集中体现,它同某个具体旅游产品或旅游产品群相关联。旅游文创产品的品牌形象应该具有独特性和吸引力,能够体现旅游目的地的文化特色和品牌形象。在品牌定位实践中,关键是识别品牌资产的来源,即品牌认知和品牌联想[2]。旅游地品牌资产来源是许多要素的有机联系,其中能够作为品牌形象创新驱动的要素包括旅游资源状况、旅游地区位条件等,可以通过品牌形象的设计和推广,提高品牌的知名度和美誉度,增强消费者对旅游文创产品的信任和忠诚度。

---

[1] 梁华林,丁诗瑶.基于SICAS模型的博物馆文创开发策略研究[J].包装工程,2022,43(S1):42-47.
[2] 傅云新.试论旅游地品牌定位与定位强化[J].商业时代,2005(27):88-89.

（四）市场需求的创新

旅游文创市场需求的创新强调旅游文创产品应该符合市场需求的变化和趋势，能够满足消费者对旅游文化商品的个性化需求。纵观近年来的旅游文创市场可以发现，00 后群体、女性群体、家庭亲子游群体是出游增速最快、活力最强的人群。比如 2021 年，全国 3～15 岁儿童人口有 1.8 亿人，亲子游、家庭游市场巨大，其中女性占比高达 73.1%，是核心决策人群[1]。可以为市场消费主力人群量身定制，引导和培养消费者接受新产品、新服务的旅游习惯。比如，00 后女性偏爱网红打卡、露营、文艺、追星及个性化印象管理体验，中老年女性对怀旧旅游、康养保健服务的需求比较明显，在此基础上，充分发展"她经济"视野，充分发现并覆盖旅游者的消费痛点，不失为可行之策。

（五）科技应用的创新

旅游文创产品的开发和运营应该充分利用科技手段的创新，提高产品的智能化和信息化水平。可以采用虚拟现实、人工智能等技术手段，提高旅游文创产品的设计、生产和营销的效率和质量。比如，当下许多旅游景区抢抓机遇，以数字藏品为抓手，创新玩法、刺激消费，让景区的知名度与客流量得到提升，也为深化文旅融合拓宽了思路。泰山景区推出"五岳独尊""风月无边"等标志性景观的泰山系列数字藏品，用数字化方式诠释泰山文化。

扬州瘦西湖推出数字纪念票，将传统文化的独特魅力和瘦西湖园林的深厚底蕴进行融合。景区数字藏品既可为旅游产业拓展新的价值呈现方式，也可形成更多创意表达形式，尤其是其与历史人文等元素的结合，可以创造出精彩纷呈的文旅数字化成果[2]。

三、旅游文创产品竞品分析的思路与方法

（一）开展旅游文创产品竞品分析的必要性

1. 了解市场竞争情况

竞品分析可以了解市场竞争情况，包括市场规模、市场增长率、主要竞争者数量、市场份额等。例如，国内的旅游市场竞争非常激烈，通过竞品分析可以了解各个地区的旅游市场规模和发展趋势，以制定更加合理和具有竞争力的产品开发和营销策略。

2. 发现自身优劣势

竞品分析可以帮助旅游产品开发决策者发现自身的优劣势，包括产品特点、服务质量、价格定位、品牌形象等。例如，杭州西湖、苏州园林等景点都是具有一定历史文化底蕴的旅游景点，因而在产品开发中，可以突出文化特色和历史底蕴，以此提高产品的竞争力。另外，像澳大利亚的大堡礁，开发者可以通过竞品分析了解其他海岛度假区的优劣势，从而制定更好的产品营销策略。

---

[1] 单钢新，陈怡宁. 新时期我国旅游需求侧管理的内涵与实现路径探讨[J]. 决策与信息，2022，550(10)：24-36.
[2] 魏彪. "景区＋数字藏品"绽放创新活力[N]. 中国旅游报，2023-03-28(2).

3. 优化产品设计和服务

竞品分析可以帮助企业优化产品设计和服务，包括产品特色、服务质量、价格定位等。比如，针对东京迪士尼乐园进行优化产品设计时，设计人员发现日本人在消费时非常注重礼仪和服务体验，因而将服务质量作为提升游客满意度的重要标准，让每一个游客都感到宾至如归。

（二）旅游文创产品竞品分析的思路和应用

旅游文创产品是一个复合概念，以景点和服务为核心的旅游文创产品包含游客在旅游期间所体验到的文化、历史、艺术、创意等元素；以旅游纪念品为代表的旅游文创产品则在游客的旅游结束之后伴随消费者，成为消费者与目的地之间的情感纽带和文化传承的重要方式。因此，无论是开发文创景点与服务，还是拓展文创纪念品市场，都需要对旅游文创产品市场的竞争现状有充分认识，通过比较、分析与借鉴，找到旅游文化资源转化与创新的方向。这里介绍昂普（RMP）模型，帮助我们对旅游文创产品市场的竞争现状进行评估。

1. RMP 模型概述

RMP 模型是进行文化旅游开发时常采用的分析模型，即以旅游产品为核心，从资源（resource）、市场（market）和产品（product）三个方面进行程序式评价论证，最终提出以旅游产品为中心的开发框架思路。这一模型最早于 2000 年由吴必虎教授提出，用以解决区域旅游开发中面临的旅游产品结构过剩、产品开发"高投入、高风险、高产出"等问题，后来逐渐被广泛应用在旅游产品开发策划中[1]。在对旅游文创产品进行竞品分析时，可以采用 RMP 分析模型进行全面评估比较。

（1）资源分析。根据把旅游资源转化为旅游产品的成本，可以将文化旅游资源分为"资源—产品共生型"和"资源—产品提升型"。对前者来说，旅游资源和文化资源本身就是旅游产品，具有较高的资源—产品转化力，如北京八达岭长城、敦煌莫高窟遗址、西安秦兵马俑是高品质的文化资源；对后者来说，把旅游资源转换成产品需要很大的投入，包括交通运输、运营成本、人才需求等，前期开发成本高，资源—产品转化力弱。进行旅游资源分析时，需要从旅游资源类型、文化内容、地域和民族特色等角度，对旅游资源品质进行评定。

（2）市场分析。包括对旅游产品市场当下现状和未来趋势的分析，前者主要包括游客接待情况和客源地构成，后者则从宏观政策环境、旅游消费需求等方面综合分析市场规模和未来发展潜力。

（3）产品分析。通过对竞品的资源、市场、产品三个方面的分析，可以更全面、客观地了解竞品的优劣势和市场竞争力，为自身旅游文创产品开发提供参考和借鉴。

2. 应用

根据旅游产品文化资源的主要类型，我们选择具有代表性的人文景观和自然风光景点，分别对其进行竞品分析。具体分析对象是南京夫子庙和重庆武隆喀斯特风景区。通过 RMP 模型，为其旅游资源开发和竞品分析策略提供思路。

---

[1] 吴必虎.区域旅游开发的 RMP 分析——以河南省洛阳市为例[J].地理研究,2001(1):103-110.

(1) 南京夫子庙的 RMP 分析。夫子庙旅游景区是南京著名的商业和文化旅游区之一，其以夫子庙为核心，包括秦淮河、中华门等景点，是南京市最受欢迎的旅游景点之一。在南京市内，夫子庙旅游景区的竞争对手主要是南京博物院、中山陵等景区，其中，南京博物院拥有丰富的博物馆资源，而中山陵则是南京市的标志性建筑之一。从全国范围来看，在文化资源、历史典故、人文内涵方面与夫子庙能进行横向比较的知名旅游景点包括苏州园林、西安城墙、成都宽窄巷子等，这些景点都代表中国传统文化精髓、体现辉煌灿烂的历史，在创意开发模式上也都有可比之处。采用 RMP 模型对南京夫子庙进行竞品分析，可以找到夫子庙旅游景区创意开发的有效思路。

① 资源方面。夫子庙拥有丰富的文化、历史和旅游资源。夫子庙是中国四大文庙之一，拥有深厚的文化底蕴和历史积淀。同时，夫子庙周边还有许多历史文化景点，如中华门、秦淮河、洪武大帝陵等。通过对资源的分析，可以了解夫子庙的旅游资源优势和开发潜力，为产品开发提供依据。

从旅游资源细分角度看，首先，夫子庙因为江南贡院这一全国规模最大的科举考试场所，坐拥独特的科举主题文化，为建设中国科举文化保护中心、中国科举制度研究中心、中国科举文化展示中心提供了重要发展思路。其次，夫子庙拥有历史悠久的儒家文化资源，作为明清时期冠绝东南各省的孔庙，其齐备的布局和保存较好的地面建筑遗址都具有较高的文物和游览价值。再次，有着"十里秦淮""六朝金粉"之誉的秦淮河曾经上演无数才子佳人的动人故事。最后，夫子庙拥有众多历史悠久的特色历史街区，如贡院西街、瞻园路、东牌楼美食街等，能够充分发挥景区整体吸引力。

② 市场方面。市场方面考虑夫子庙所处的旅游市场，包括客源地市场、竞争对手市场等。通过对市场的分析，可以了解夫子庙的市场定位、客户需求、竞争对手、市场前景等，从而为产品开发提供依据。

③ 产品方面。产品方面分析夫子庙所推出的旅游产品，包括景区门票、观光车、导游服务、住宿餐饮等。通过对产品的分析，可以了解夫子庙旅游产品的特点、优劣势、市场竞争力等，为产品开发提供依据。夫子庙旅游景区的主要旅游产品包括夫子庙、中华门、秦淮河等景点的门票和观光车等服务。

综合以上三个方面的分析，可以得出夫子庙的竞品分析结果和旅游产品开发框架思路，进而制定更加合理、具有竞争力的旅游产品策划方案，提升夫子庙的品牌形象和市场竞争力。例如，夫子庙可以通过提升用户体验、增加互动性等手段来提高旅游产品的竞争力，同时也可以通过推出夜间游、文化活动等新产品来拓展市场。

(2) 重庆武隆喀斯特风景区的 RMP 分析。重庆市武隆喀斯特风景区是国内著名的喀斯特地貌旅游景区之一，其中热门景点包括天生三桥、天坑地缝、仙女山和芙蓉洞，都已列入世界自然遗产名录。《满城尽带黄金甲》《变形金刚4》《三生三世十里桃花》《爸爸去哪儿2》等中外知名影视作品先后在此取景拍摄，进一步带动了武隆自然风景的知名度和影响力，成为国内首屈一指的喀斯特地貌景点代表。这里采用 RMP 模型对武隆喀斯特地貌风景区进行竞品分析，帮助我们理清武隆自然风景名胜探索旅游文创的思路。

① 资源方面。武隆喀斯特地貌风景区位于重庆市武隆区境内，拥有独特的岩溶地貌、山水风光和溶洞景观，其中以天生三桥、芙蓉洞、龙水峡、青龙沟等景点最为著名。仙女山拥有南国罕见的林海雪原，素有"东方瑞士"之称，以懒坝为代表的新晋网红打卡地以奇异的自然景观资源和大地艺术作品深受年轻游客青睐，山水实景表演《武陵印象》也逐渐成为重要的演艺文化符号。经过数十年的创意发展，武隆景区逐渐走上山水自然、人文历史、文化艺术多种资源形态叠加的优势赛道，这些资源是武隆喀斯特地貌风景区的核心竞争力。

② 市场方面。市场方面考虑武隆喀斯特地貌风景区所处的旅游市场，包括客源地市场、竞争对手市场等。武隆风景区的主要客源地市场是重庆、成都、贵阳等周边城市，同时也吸引了不少来自国内外其他地区的游客。竞争市场包括四川的九寨沟、黄龙等著名景区，此外还有张家界、桂林等具有相似自然风光的景区，这些景区都是武隆喀斯特地貌风景区的竞争对手。

③ 产品方面。产品方面分析武隆喀斯特地貌风景区所提供的旅游产品和服务。武隆喀斯特地貌风景区的旅游产品主要包括景区门票、导游服务、交通服务、餐饮住宿等。同时，景区还推出了一系列主题旅游产品，如互动体验式自然教育营地"树顶漫步"、归原小镇临崖精品民宿等，极大丰富了游客的旅游体验。

综上所述，通过 RMP 模型的分析，我们了解到武隆喀斯特地貌风景区具有丰富的资源优势，同时也面临着来自竞争对手市场的激烈竞争。在产品方面，武隆喀斯特地貌风景区已经推出一系列主题旅游产品，丰富了游客的旅游体验。在管理方面，武隆喀斯特地貌风景区建立了完善的管理体系和服务体系，保证了景区的管理水平和服务质量。

第三节 旅游文创的消费需求

一、国内旅游文创市场消费需求概述

（一）旅游消费需求定义

根据微观经济学的定义，消费需求是指人们为了满足物质和文化生活的需要而对物质产品和服务具有货币支付能力的欲望和购买能力的综合，包括消费者的实际需要和消费者的意愿及支付能力。从人的需求层次来讲，旅游产品的消费是一种高层次消费，必须以较高的收入和较突出的消费意愿为前提。《2019 年中国旅游经济运行分析与 2020 年发展预测》指出，旅游业增长具有韧性，对经济增长的作用愈发突出。以 2019 年为例，全年文旅融合效应持续显现，旅游支出占城乡居民消费支出比例超过 20%，文化体验和精神需求主导了旅游消费的演化，不同年龄、不同区域旅游消费分层分级现象相互渗透，消费潜力进一步释放。游客不断向生活空间和休闲空间聚集，旅游已经发生从风景到生活、从景区到社区、从剧场到菜市场等向生活空间和休闲空间的转变，主客共享的时代来临。国内夜游经济推动旅游环境迈上新台阶，冰雪旅

游、避暑旅游、研学游、新团队游、定制游、微旅游等体验性和品质化旅游需求稳步增加。

（二）国内旅游文创消费需求的主要特征

1. 文化属性

旅游文创产品的消费需求具有强烈的文化属性，消费者通常是在旅游过程中认识到当地文化特色后才会购买相关文创产品，希望通过文创产品深入了解当地文化，强化旅游体验。以北京南锣鼓巷为例，作为一条具有浓厚历史文化和地方特色的胡同，通过旅游文创的发展，南锣鼓巷得到了全面的改造和升级。传统的胡同里面新增了各种时尚的店铺、文艺的餐厅、艺术家工作室、民宿等，形成了一种具有时尚、文艺、设计感的文化创意氛围。这种氛围吸引了不少年轻人前来旅游，他们不仅会游览胡同里的古建筑，还会在这里购买手工艺品、品尝特色小吃、感受文艺氛围等，这些活动都体现了旅游文创消费的文化属性。通过旅游消费，游客可以更深入地了解北京的文化历史，感受与传统文化融合的当代魅力，同时也促进了当地文化和旅游业的发展。

2. 个性化需求

消费者对旅游文创产品的个性化需求较高，希望产品能够展现自我特色，更符合自己的需求和审美趣味。比如，一些网红景点专门安排了别具一格的打卡地，它们以特定主题或文化元素为设计灵感，如卡通形象、梦幻色彩、音乐元素等，便于游客充分全面地将地标、美食、美景等视觉符号展示在社交媒体上，以凸显个人的生活方式与审美特质。这些能够放大游客个性化需求的产品和设计充分考量了消费者多样化与差异化的消费需求，是旅游文创市场开拓的重要思路。

3. 情感属性

旅游文创产品的消费需求具有很强的情感属性，通过这些文创产品，游客可以将自己在旅游过程中的情感和记忆传递下去，并且在日后重新回想起这些时刻时，这些文创产品也可以带给他们一份温暖和感动。以杭州宋城千古情为例，这个历史文化主题景区以宋代文化为主题，通过各种文艺表演、文化展示和游乐设施展现宋代气质神韵。游客可以购买到各种既具备宋代文化元素又体现现代设计创意的文创产品，如仿古文具、书法作品、陶瓷器等，以此纪念他们在杭州旅游的珍贵时刻，并通过这些产品传递自己的情感和记忆。比如，游客可能会购买仿古笔作为纪念，因为其在景区里体验了一次古代书法的课程；游客也可能购买陶瓷器作为纪念，因为其在景区里体验了宋代的茶文化。

4. 互动性需求

国内的旅游文创消费互动性需求主要是指消费者在旅游过程中希望通过互动、参与等方式获得更为丰富的文化体验和旅游体验，互动性需求可以提供更多的个性化和差异化体验，增强游客对文化的认知和了解，增加游客的旅游满意度和回头率。以北京故宫为例，游客可以观赏各种历史文物和建筑，了解中国的古代文化和历史。此外，故宫也为游客提供了多种互动性的文化体验，如参观文物修复工作、观看文物保护科技展示、参与传统手工艺制作等。这些活动可以增强游客对文化的认知和了解，同时也可以为游客提供更为丰富、有趣的旅游体验。通过这种互动性的体验，游客可以更加深入地了解中国的文化遗产，从而增强他们对中国文化的认知和了解。

二、旅游文创产品消费需求分析的思路与方法

（一）STP 分析

1. STP 分析思路概述

STP 分析是战略营销的核心内容，其理论基础是美国营销学家温德尔·史密斯（Wendell Smith）于 1956 年提出的市场细分（segmentation），后经由菲利普·科特勒（Phillip Kotler）发展为成熟的市场细分、目标市场（target）和市场定位（position）三要素[1]。

旅游文创市场是一个庞大的市场，包括各种类型的旅游产品和服务，市场细分可以将旅游文创市场按照年龄、性别、地域、兴趣等划分为不同的细分市场。比如，旅游文创产品可以针对青年游客、家庭游客、老年游客等不同人群进行市场细分，而这些人群对旅游文创产品的需求和喜好可能会有所不同。基于此，旅游文创企业可以更精准地识别和理解不同消费者群体的需求和偏好，从而设计出更符合市场需求的产品，制定有效的营销策略，提高市场竞争力。同时，企业还可以通过市场细分来发现新的市场机会，开发新的产品线，满足消费者多样化的需求。

旅游文创的目标市场是开发主体根据市场细分的结果，选择并专注于服务的特定消费者群体，他们具有相似的需求、偏好和购买行为。企业通过深入分析这些目标市场的特征，如年龄、性别、收入水平、文化兴趣和旅游习惯等，设计和推广符合他们特定需求的文创产品和服务。比如，拥有丰富红色文化资源的景点，以爱国主义教育、党建学习、亲子研学等群体为目标市场，开发红色教育路线，可以充分满足其对传承红色文化的需求。

旅游文创市场定位是指旅游文创企业通过一系列策略和活动，在目标消费者心中塑造其产品或服务的独特形象和价值主张的过程。市场定位可以通过品牌形象、产品设计、包装等方面，将旅游文创产品与其他产品区分开，赢得消费者的青睐。比如，旅游文创产品可以融入当地的文化元素和历史故事，加强产品的文化内涵和地域性，以吸引更多的游客。

2. 应用

（1）STP 分析针对济南市泉水景区旅游商品营销的应用。杜岩、张辉两位学者合著的《基于 STP 理论的旅游商品品牌营销问题研究——以济南市泉水景区为例》选择济南泉水景区作为研究对象，运用 STP 分析探讨景区的市场营销策略，分析了景区的市场环境、旅游资源特点以及消费者的旅游需求。

文章对济南市泉水景区的市场细分进行了分析。通过对游客的年龄、性别、收入、教育水平、旅游目的、旅游行为等因素进行分析，根据游客对泉水景区不同品牌旅游商品不同档次的需求，将景区旅游商品市场细分为高档市场、中档市场和低档市场。在开发旅游商品时，着重考虑教师和学生这一游客群体的心理特点和行为方式，集中选择教师和学生等中低档消费群体作为自己的目标市场，主要销售时间集中在寒暑假，着力打造面向他们的物美价廉的旅游商品，如书签、藏书票、明信片，以及与景区有关的印刷品、音像制品等，并打造具有当地文化内涵

---

[1] 王天相. 利用 STP 理论实现产品效益最大化[J]. 全国流通经济, 2018(20): 7-8.

的品牌,以迎合他们的审美观,满足他们的需求[1]。

(2) STP 分析对山水文化旅游产品营销的启发。张瑞星在《基于 STP 的山水文化旅游产品营销路径探略》[2]中以山水文化旅游作为研究对象,采用 STP 分析对山水文化旅游产品进行市场细分。在市场细分过程中,根据游客受众群体的主要特征,把山水文化旅游产品的主要受众分为北上广深一线城市、省会城市和部分发达地区主要城市的高收入人群,其主要划分依据就是来自这些城市地区的受众对山水文化有更高的偏好度与消费意愿。

根据相关统计资料,白领阶层在一二线城市的年均收入水平已相当高,这为他们参与山水文化旅游活动提供了足够的经济支持。此外,这部分人群通常受过良好的教育,对自然景观和传统人文旅游景点更感兴趣,因而对山水文化旅游活动的参与意愿也比较强烈。城市中高收入人群具有独立、前瞻性的消费观念,随着个人和家庭财富的增加,他们希望通过参与原生态山水旅游和传统人文旅游活动来缓解工作和生活压力、有效释放其情感、找回生命状态。这是山水文化旅游产品能够获得市场支持与肯定的内在需求动力,为明确山水文化旅游景区的市场定位、目标市场提供有效参照。

(二) Kano 分析

1. Kano 分析思路概述

Kano 分析由日本学者狩野纪昭(Noriaki Kano)于 1984 年提出,其理论基础来自美国心理学家弗雷德里克·赫兹伯格(Frederick Herzberg)的"双因素理论"。Kano 模型可以用来对用户需求进行分类,确定需求优先级。模型中包括五种不同的需求类型,分别是基本需求、期望需求、感性需求、潜在需求和无关需求,在此基础上可以对顾客的不同需求区分处理,以帮助企业找到提高顾客满意度的切入点。

以冰雪旅游为例,使用 Kano 分析,从中可以得出以下五个方面的结论。

(1) 基本需求。对于冰雪旅游消费者而言,最基本的需求是提供安全可靠的服务,包括滑雪场设施的安全性、雪道的平整性、租用设备的维护等。如果这些基本需求无法得到满足,消费者将会感到失望,甚至可能导致安全事故。

(2) 期望需求。消费者期望冰雪旅游项目能够提供更多的娱乐和乐趣,如滑雪场的多样化设施、雪上运动的多样性、美食和住宿等。如果满足了这些期望需求,消费者会感到满意并愿意再次光顾。

(3) 感性需求。消费者希望冰雪旅游项目能够创造一种独特的雪景氛围和体验感,如雪山的美景、夜间滑雪的独特体验、雪地拍照等。这些感性需求是消费者参与冰雪旅游项目的重要原因之一。

(4) 潜在需求。消费者可能需要一些其他的服务或设施,如雪具租赁、雪上教练服务、热饮料服务等。这些潜在需求是消费者对冰雪旅游项目的额外期望和需求,通过满足这些需求,可

---

[1] 杜岩,张辉. 基于 STP 理论的旅游商品品牌营销问题研究——以济南市泉水景区为例[J]. 技术与创新管理,2014,35(3):233-236.

[2] 张瑞星. 基于 STP 的山水文化旅游产品营销路径探略[J]. 商业经济研究,2016,711(20):65-66.

以提高消费者的满意度和忠诚度。

(5) 无关需求。与冰雪旅游项目本身无关的需求，如旅游线路、旅游交通、旅游保险等，可能对消费者旅游决策有一定的影响，但不应该成为消费者选择冰雪旅游项目的主要因素。

2. 应用：用 Kano 分析研究博物馆文创产品消费者偏好

国内学者李雯、张焘在《基于 Kano 模型的博物馆文创产品消费者偏好研究》中系统分析探讨了消费者对博物馆文创产品文化属性的偏好，为开展博物馆文创产品设计提供了有效参考。

文章指出，近十年来国内博物馆文创产品进入快速发展时期，但是规模做大的同时未能做强，品质不佳是普遍问题，根源在于这种粗放式发展还无法满足消费者潜在的文化心理需求，难以产生心理和情感上的共鸣。学者通过采用 Kano 分析进行问卷调研，对博物馆文创产品进行充分的品质分类，发现相较于外在层次的文化属性，消费者更偏爱博物馆文创产品中间层次和内在层次的文化属性。消费者对于博物馆文创产品的文化属性具有相当高的包容性，尤其在外在层次的几个文化属性（即造型、材料、色彩、纹饰、肌理）中，只有"应用文物/传统纹饰"属于魅力品质，其余的文化属性均为无差异品质。在审美需求得到满足的前提下，消费者更愿意购买应用传统纹饰的博物馆文创产品，而对于产品造型、颜色、材料和肌理所对应的文化属性关注程度较低。中间层次的文化属性会对消费者的满意度产生较大的影响，如产品的功能性、生产技术、使用体验等。内在层次的文化属性是博物馆文创产品的核心，受到消费者的重点关注。在外在层次的众多文化属性中，"文化特质具有象征意义""文化特质易于辨识""传承传统工艺""代表典型地域文化""具有故事联想性"和"具有情感共鸣"等属于魅力品质，而"唤起游览记忆"属于一元品质。因此，具备以上特质的文创产品更容易得到消费者认可[1]。

在此基础上，文章根据消费者对不同文化空间层次文化属性的偏好，提出博物馆文创产品设计要点，包括：多元化应用传统纹饰，打破书签、笔记本、冰箱贴等旧有的同质化产品形态，灵活移植纹饰元素，立体化表达；在强化实用功能的同时融入历史背景；充分展示地域文化，唤醒游览记忆。

第四节 旅游文创的战略定位

一、旅游文创的战略背景

（一）经济背景

1. 经济新常态

经济新常态是指中国经济发展进入的一个新阶段，其特征是经济增长从过去的高速增长

---

[1] 李雯,张焘.基于 Kano 模型的博物馆文创产品消费者偏好研究[J].设计,2019,32(17):76-79.

转向中高速增长,经济结构调整和升级成为主要目标,创新驱动和提高产业集聚度成为经济发展的主要力量,经济发展更加注重以质量、效益和可持续性为核心的全面发展。

从经济新常态的背景来看,旅游和文创产业的结合有以下四个方面的意义。

(1) 引领消费升级。随着经济发展进入新常态,消费升级成为推动经济增长的重要动力,而旅游和文创产业是消费升级的重要方向。旅游可以满足人们的休闲和娱乐需求,文创产业则可以提高消费品质和文化内涵,二者结合可以带动消费升级。

(2) 促进经济转型升级。经济新常态下,经济结构调整和升级成为主要目标,旅游和文创产业的结合可以促进传统产业转型升级,推动新兴产业发展,提高产业附加值和经济效益。

(3) 推动文化传承和创新。文创产业是文化传承和创新的重要载体,旅游作为文化的重要表现形式,旅游和文创产业的结合可以促进文化的传承和创新,推动中国文化的国际传播。

(4) 增加就业机会。旅游和文创产业的结合可以创造更多的就业机会,尤其是在农村地区,可以通过发展乡村旅游和文创产业带动农民增收和就业。

2. 经济高质量发展

2017年,中国共产党第十九次全国代表大会首次提出"高质量发展"这一表述。2021年3月30日,中共中央政治局召开会议,审议《关于新时代推动中部地区高质量发展的指导意见》。2021年11月,国家发展改革委、财政部、自然资源部印发《推进资源型地区高质量发展"十四五"实施方案》。2022年,中国共产党第二十次全国代表大会进一步强调,坚持以推动高质量发展为主题,把实施扩大内需战略同深化供给侧结构性改革有机结合起来,增强国内大循环内生动力和可靠性,提升国际循环质量和水平,加快建设现代化经济体系,着力提高全要素生产率,着力提升产业链供应链韧性和安全水平,着力推进城乡融合和区域协调发展,推动经济实现质的有效提升和量的合理增长。

在高质量发展的背景下,大力发展旅游文创体现了以下五个方面的发展思路。

(1) 增加文化内涵和附加值。旅游文创产品融合文化、艺术、设计等多个领域的元素,通过巧妙的设计和制作,为游客提供了更加有内涵和价值的旅游产品和纪念品。这不仅可以增加旅游产品的附加值,也可以提高游客的满意度和忠诚度。

(2) 推动旅游业多元化发展。旅游文创产品可以丰富旅游产品供给,拓展旅游业的多元化发展空间。同时,旅游文创产品也可以激发游客的消费需求,带动旅游业的消费升级。

(3) 推动区域经济发展。旅游文创产品的开发和制造涉及设计、制造、销售等多个环节,可以带动相关产业链的发展,促进区域经济的增长。

(4) 增强文化自信和文化软实力。旅游文创产品具有鲜明的文化特色和地域特色,可以展示当地的文化底蕴和传统文化,增强文化自信和文化软实力,推动传统文化的传承和创新。

(5) 推动旅游业的可持续发展。旅游文创产品的开发和制造需要注意环保和可持续性,推动旅游业朝着绿色、环保、可持续的方向发展,提高旅游业的发展质量和效益。

(二)产业结构背景:文旅融合

1. 旅游和文化融合发展的战略意义

首先,文化和旅游融合是新时代国家治理的必然要求,是国家文化治理模式的顶层设计。从文化自信、文化自觉和文化自强的高度来看,它是一种新的国家文化治理模式,其目的在于满足人民日益增长的精神和文化需求,解决物质财富高速增长与文化产品供给不足之间的矛盾,为人民提供更加丰富的精神和文化产品。此外,从文化大国和文化强国的角度来看,文化和旅游的融合为构建一种新的文化传承和传播路径提供了契机。从中国梦的角度来看,文化和旅游的融合可以满足人民对美好生活的需求和向往,通过融合为人民提供更多高层次、高品质的文化旅游产品。

其次,文化和旅游融合发展是一种新的社会组织模式,它需要在新时代社会治理中进行文化的传承和传播,引领社会道德和文明的进步,推进中华文化与世界的交流和互鉴,引领城市新的治理模式的形成。因此,我们不能仅从实体经济角度谈论旅游,或者只从意识形态角度谈论文化,更不能仅从"文化+旅游"的二元思维角度谈论融合。相反,我们应该通过文化的发展来促进人民的精神富足和生活富裕,通过旅游的发展不断充实和提升文化本身的价值,让文化的教化价值通过旅游在社会治理中得以体现,从而提升人民心中的获得感。

最后,文化和旅游融合是一种新的产业组织形态和社会价值产出模式。从新旧动能角度来看,这种全新的产业组织形态有三个立足点:一是从原来的资源导向、投资导向转向供给导向、需求导向,将文化资源所蕴含的内在价值转化为巨大的外溢价值;二是通过创新发展提高全要素生产率,解决旅游产业和文化产业发展中存在的产业创新性不足、要素价值产出不均衡的结构性矛盾;三是动能转换必须从新市场、新技术、新资源、新业态寻求新动力,文旅融合作为一种全新的社会价值产出模式,是实体和虚拟的结合,是通过推虚向实,使实体更好实现有效转化的一种途径。

2. 国内产业结构调整的主要表现

产业结构调整是指在经济发展过程中,通过调整各个产业之间的比重和关系适应经济发展需要的一种调整方式。当前的产业结构调整主要体现在以下四个方面。

(1)服务业比重不断增加。随着经济发展和消费升级,服务业的比重不断增加。目前,服务业已经成为我国经济增长的主要引擎,服务业的增速和对GDP的贡献越来越大。

(2)制造业向高端制造业转型。制造业是我国经济的重要支柱,但传统制造业面临着产能过剩、环保压力等问题。当前,我国正在推进制造业升级,加快向高端制造业转型,提高制造业的技术含量和附加值。

(3)信息技术产业快速崛起。信息技术产业是当下的新兴产业,它的快速崛起改变了传统产业的生产和管理方式。信息技术产业的发展对经济发展、社会进步、国家安全等方面有着重要意义。

(4)绿色、低碳经济发展。随着环境问题日益突出,绿色、低碳经济成为全球经济发展的新趋势。我国也在推动绿色、低碳经济的发展,加快推进能源结构调整和环保产业发展。

(三)旅游文创发展的政策导向

1. 乡村振兴战略

2015年,党的十九大报告提出并强调了坚持人与自然和谐共生,必须树立和践行绿水青山就是金山银山的理念,坚持节约资源和保护环境的基本国策。同时,党的十八届五中全会和十九大报告先后提出的绿色发展理念和乡村振兴战略,进一步确立了"三农"问题在国计民生中的根本性地位。这些重大国策深刻揭示了当前我国社会经济长远发展和生态环境资源的辩证关系,对于指导乡村旅游、生态旅游发展具有重大的启示意义,也为乡村旅游的文创发展提供了有力支持和明确方向。

乡村振兴战略引导乡村旅游文创发展,主要体现在以下四个方面。

(1)政策扶持。政府加大对乡村旅游文创的扶持力度,出台相关政策,为乡村旅游文创的发展提供支持。例如,文化和旅游部、国家发改委等部门联合发布《关于促进乡村旅游可持续发展的指导意见》,明确提出支持乡村旅游文创发展,加强对乡村旅游文创的扶持。

(2)资金支持。政府加大对乡村旅游文创的资金支持力度,为乡村旅游文创的发展提供资金保障。例如,《文化和旅游部办公厅、中国农业银行办公室关于金融支持全国乡村旅游重点村建设的通知》。从扩大专项政策和产品适用范围、加大信贷支持力度、支持乡村民宿发展、优化业务办理流程等方面提出九项创新举措,持续加大对重点村的金融服务力度。

(3)品牌建设。政府加强对乡村旅游文创品牌建设的引导,提高乡村旅游文创品牌知名度和美誉度。例如,浙江省文化和旅游厅发布《关于加快推进全省景区村庄文旅运营的实施意见(试行)》,提出加强品牌建设和推广,运营主体要策划推出运营村庄主题IP和品牌形象,通过各类媒体、平台、第三方机构等渠道,定期开展品牌策划和宣传营销活动,突出乡村产业品牌建设。

(4)人才培养。政府加强对乡村旅游文创人才培养的支持,提高乡村旅游文创人才的专业素质和市场竞争力。例如,中共中央办公厅、国务院办公厅印发了《关于加快推进乡村人才振兴的意见》,专门强调了要加强乡村文化旅游人才队伍建设,为下一步以乡村文旅为代表的新业态、新产业高质量发展奠定基础。

2. 习近平生态文明思想和"两山"理论

2005年,时任浙江省委书记的习近平在浙江省安吉县考察调研时提出"绿水青山就是金山银山"的重要思想。他后来在多次重要讲话中强调这一重要建设与发展思想,被简称为"两山"理论:一山指绿水青山,代表良好的生态环境,是与优质生态环境关联的生态产品;另一山指金山银山,代表经济发展带来的物质财富,是经济增长或经济收入,是与收入水平关联的民生福祉。"两山"理论的提出为我们重新认识生态文明、绿色发展理念指明了正确的方向,为像我国这样人口众多、资源有限的发展中国家实现创新、高质量的快速发展探索了一条行之有效的路径。"两山"理论是乡村旅游绿色发展的理论支撑及行动指南,乡村旅游绿色发展是践行"两山"理论的良好载体和重要路径[1]。

(1) 生态旅游是比大众旅游层次更高的旅游活动,在旅游文创产品开发中不以追求经济效益最大化为价值诉求,要确立更加长远、绿色、可持续的文创产品开发与生产方向。

(2) 旅游文创产品供给侧要在严格把控旅游环境影响的前提下创新生态旅游活动内容,突出旅游产品和服务的生态体验、生态教育、生态认知、生态康养、生态运动等功能。

(3) 在需求侧培养受众层面的生态旅游意识,让旅游文创产品消费者能够在良好的生态环境中获得情境的陶冶,从单纯地享受环境、享受服务和产品走向更加自觉地进行环境保护,树立绿色发展的意识[2]。

3. 传统文化创造性转化和创新性发展

习近平在党的十九大报告中明确提出,要推动中华优秀传统文化创造性转化和创新性发展。创造性转化就是要按照时代特点和要求,对那些仍有借鉴价值的文化内涵和陈旧的表现形式加以改造,赋予其新的时代内涵和现代表达形式,激活其生命力;创新性发展,就是要按照时代的新进步、新进展,对中华优秀传统文化的内涵加以补充、拓展、完善,增强其影响力和感召力。文化旅游是中华文化创造性转化、创新性发展的重要平台载体,旅游文创产业能够与传统文化深度融合。

在新背景下,资源无边界,产业无边际,生活无边框,文化和旅游融合的过程"无穷期",这就需要创新产品思维、产业思维,将传统文化和先进文化融入旅游,并创造性地跨界融合,转化成"新产品、新业态、新空间",如文化主题公园、特色文旅小镇、文化休闲、体育旅游、康养旅游、研学旅行、民俗节庆、旅游演艺等。提升旅游景区的文化内涵和综合功能,并与乡村旅游、都市休闲街区和旅游度假区融合发展,创造更多新空间、新载体,共建旅游目的地。"宜融则融,能融尽融",以多元化的生活空间、多样化的生活体验,满足人们多样化、个性化消费需求,提升人们旅游生活品质。

二、旅游文创的战略定位思路和方法

作为旅游文创产品开发和推广的主体,无论政府机关、企事业单位还是创业个体,都需要树立清晰明确的战略定位意识。根据著名管理学家迈克尔·波特的观点,企业战略的目标是获得成功,而成功取决于企业是否有一个有价值的相对竞争地位,这来源于企业相对于竞争对手的持续竞争优势。竞争优势有成本优势和特色优势两种基本类型,选择何种优势类型是企业战略定位的重要内容。在旅游文创产业中,文化资源在很大程度上体现了文创产品的成本优势,创意机制则充分体现特色优势。"从本质上讲,战略定位就是选择与竞争对手不同的经营活动或以不同的方式完成类似的经营活动等。"[3]

---

[1] 王会,姜雪梅,陈建成,宋维明."绿水青山"与"金山银山"关系的经济理论解析[J].中国农村经济,2017(4):2-12.
[2] 马勇,郭田田.践行"两山理论":生态旅游发展的核心价值与实施路径[J].旅游学刊,2018,33(8):16-18.
[3] 李庆华.企业战略定位:一个理论分析构架[J].科研管理,2004(1):7-13.

（一）PEST 分析

1. PEST 分析思路概述

PEST 由美国学者弗朗西斯·阿吉拉尔(Francis Aguilar)于 1967 年提出,用于分析公司企业所处的宏观环境对战略的影响,PEST 的四个字母分别代表四类影响公司战略制定因素的英文单词首字母:政治(political)、经济(economic)、社会(social)和技术(technological)。下面结合文创雪糕这一具体文创产品,对四要素的具体内涵进行介绍。

(1) 政治因素。政府支持文创产业的发展,对文创雪糕行业来说是一个重要的利好因素。政府出台的相关政策,如文创产业扶持政策、鼓励小微企业等,为文创雪糕行业提供了政策保障和支持。

(2) 经济因素。文创雪糕需要一定的资金投入,因此,经济因素是文创雪糕发展的重要因素。消费者的消费能力和消费习惯是影响文创雪糕市场需求的重要因素,市场营销策略的设计应该考虑消费者的消费行为和消费心理。

(3) 社会因素。文创雪糕的消费群体主要是年轻人和文化爱好者,因此,社会因素对文创雪糕行业的影响很大。社会文化环境的变化,如消费者对健康、环保和文化价值的关注度增加,对文创雪糕的消费需求和市场定位会产生影响。

(4) 技术因素。雪糕制作技术和文创设计技术是文创雪糕行业的核心竞争力。技术创新对文创雪糕行业的发展起着重要的推动作用。例如,创新的雪糕制作技术和包装设计等可以提高消费者的购买欲望和品牌认知度。

2. 应用:"英雄庄园"旅游发展的 PEST 分析

国内学者程永玲、杨晓霞在《基于 SWOT-PEST 的定边县"英雄庄园"旅游发展战略定位研究》一文中,以陕北定边县的"英雄庄园"这座以荒漠治理、沙漠农业示范为核心的现代庄园为研究对象,采用 PEST 模型对其旅游发展宏观环境进行战略定位分析,将国家战略、政策导向、文化内涵、技术支持等因素一一纳入考量范围,明确了这座治沙典范园区的旅游发展路线。

(1) 政策层面。进入 21 世纪后,国家将可持续发展作为长期战略性政策,出台了众多鼓励保护生态环境的政策措施。作为生态环境保护、遏制沙漠化典范的"英雄庄园"自然也是这些政策的受惠者。陕西省政府长期致力于将旅游业培育成全省经济的重要支柱产业,自 2009 年以来,相继颁布了《陕西省 2009 年深化经济体制改革工作意见》《陕西省人民政府贯彻国务院关于进一步加快旅游业发展的通知的实施意见》等政府文件,出台了大量加快陕西省旅游业发展的政策措施。这些政策为"英雄庄园"的旅游开发带来了难得的发展机遇。

(2) 经济层面。定边县地处陕西省西北部,是黄土高原与内蒙古鄂尔多斯荒漠草原过渡地带,一县跨四省(区),区位交通优势突出。在资源方面,庄园坐拥大面积人工林地、沙地森林公园等旅游风景区,以优质马铃薯为代表的自然资源也极为突出;经济持续增长带来的旅游文化消费需求也成为发展当代特色旅游的重要参考。

(3) 社会层面。通过开发特色生态旅游,定边县的剩余劳动力可以有充分的转化空间;治沙英雄、全国劳模石光银的品牌效应突出。从文化特色上看,定边县地处少数民族聚集区,长期以来形成了独具特色的民俗风情和以定边、安边、靖边三县为代表的"三边文化",有巨大的文化资源优势。

（4）技术层面。"英雄庄园"创始人石光银通过长期的探索,总结出独特的治沙经验并形成成熟的治沙技术,历经十几年打造的"十里沙绿色庄园"已经成为全国治沙成果展示学习的范本;与此同时,在高科技农业技术推广下,建成了马铃薯、玉米、球茎甘蓝等农作物高产示范区。这些治沙和农业技术都是"英雄庄园"文旅融合、发展文创的优势资源。

（二）SWOT 分析

1. SWOT 分析思路概述

在旅游产品开发过程中,SWOT 分析可以用于识别旅游产品开发过程中的内部因素(优势 strengths,劣势 weaknesses)和外部环境因素(机会 opportunities,威胁 threats),从而制定相关的战略和措施。具体来说,我们可以从以下三个角度分析比较旅游文创产品的开发价值和潜力。

（1）确定旅游产品开发的内部优势和劣势。通过分析旅游产品开发过程中自身的优势和劣势,旅游企业可以把握自身的实力和潜力,避免在旅游产品开发过程中犯错,如过度扩张。

（2）识别旅游产品开发的外部机会和威胁。通过分析旅游产品开发过程中外部环境的机会和威胁,旅游企业可以预见市场的变化和趋势,在旅游产品开发过程中把握市场机会、避免市场风险。

（3）制定旅游产品开发战略和措施。通过对内外环境因素的分析,旅游企业可以制定旅游产品开发的战略和措施,如调整旅游产品线路、优化旅游服务、提升旅游产品质量等,以实现旅游产品开发的目标。

2. 应用:基于 SWOT 模型的特色小镇旅游文创竞品分析

旅游特色小镇是我国新型城镇化建设中的重要探索。2014 年,浙江省率先推出特色小镇建设,并带动全国范围的特色小镇开发建设热潮,其中,旅游型特色小镇在数量和规模上占据绝对主导地位。旅游文创成为特色小镇发展的重要支撑和推动力,也是体现特色小镇差异化发展的重要保障,涌现出了众多富有地方特色的产品,如手工艺品、食品、纪念品、文创衍生品、旅游体验项目等。同时,一些旅游文创产品的品牌逐渐形成,如云南丽江古城的"丽江情"系列产品、安徽宏村的"宏村手信"系列产品等。尽管国内特色小镇旅游文创产品的发展形势积极向上,但各地情况还是存在着差异和不平衡,一些特色小镇还存在着旅游资源开发和产品创新能力不足的问题,需要进一步加强相关方面的建设和培育。这里以云南大理白族自治州的喜洲古镇为例,采用 SWOT 模型对其旅游文创产品开发进行分析。

云南有丰富的少数民族文化旅游资源,距离大理古城只有 18 千米的喜洲古镇是重要的白族聚居城镇,有保存最多、最好的白族民居建筑群。2016 年,喜洲古镇被国家发展改革委、财政部以及住建部共同认定为第一批中国特色小镇。对喜洲古镇进行 SWOT 分析,可以从以下四个方面展开。

（1）优势。喜洲古镇有丰富的少数民族非遗文化资源,如民俗风情、白族手工艺、传统建筑等,可以为游客提供独特的文化体验。其中,白族古法扎染技艺尤其精湛。地理位置上看,喜洲古镇处于大理古城和苍山洱海景区之间,旅游资源丰富,交通便捷。同时,其旅游基础设施和服务相对完善,包括住宿、餐饮、公共设施等,游客可以享受便捷的旅游服务,而且喜洲古镇的民宿、餐饮、手工艺品等都具有独特的民族特色,可以吸引游客深入了解白族文化。

(2)劣势。喜洲古镇的旅游产业尚未得到充分的开发和利用,整体产业规模和水平相对落后。一些传统文化和手工艺品的传承和保护还存在一些困难和问题。对一些游客来说,相比隔壁的大理古城,喜洲古镇的知名度和影响力较低,外地游客专门前往停留的意愿还不够强烈。

(3)机会。国家政策对文化旅游和非遗保护的支持力度加大,可以为喜洲古镇的旅游产业提供更多的政策和经济支持。古镇毗邻苍山洱海景区,可以与苍山洱海景区进行合作,共同开发旅游产品和线路,提高双方的吸引力和竞争力。喜洲古镇的白族文化和民俗风情具有很高的市场吸引力和开发潜力,可以通过开发文化旅游、非遗旅游等产品,吸引更多游客前来。

(4)威胁。竞争激烈,周边地区也在加强旅游开发和推广,可能对喜洲古镇的游客数量和收益造成压力。消费者需求和旅游市场变化较快,需要喜洲古镇及时调整和优化旅游产品,以保持市场竞争力。旅游业发展中存在一些不稳定性因素,如天气、自然灾害等,可能对喜洲古镇的旅游业产生影响。

基于以上分析,喜洲古镇作为拥有众多旅游资源和丰富人文景观的乡村旅游目的地,可以从少数民族文化和非遗文化中深度挖掘创意旅游概念。比如,镇内有在中国乃至世界建筑史上独树一帜的一大批明、清、民国至当代各时期各具特色的白族民居建筑群,具有极高的历史文化价值。对这些传统人文景观进行现代化转化,实现旅游产品和旅游体验升级,是迸发创意火花的源泉。比如,可以将西洲古镇与同属于大理白族自治州的其他古镇村落联合起来,打造集群化的"古建筑+少数民族+非遗文化"主题公园,在村落之间开设观光巴士或特色交通工具,方便游客打卡。

 案例研读

重庆仙女山森林康养旅游市场分析与发展策略

《文化和旅游部关于提升假日及高峰期旅游供给品质的指导意见》着力开发包括康养体育游在内的11种旅游新业态,说明康养旅游是中国旅游业转型发展的一条可行道路。伴随人口老龄化趋势加快,新时期促进康养旅游产业发展不仅符合人们追求健康生活品质的要求,也丰富了养老产品的有效供给。中国康养产业政策红利持续释放,新的支持政策也在源源不断地输出,"健康中国""积极老龄化""乡村振兴"等国家战略依然是康养产业发展的重要支撑。森林康养旅游作为康养旅游的重要类型之一,是以丰富多彩的森林景观、优质富氧的森林环境、健康美味的森林食品、深厚浓郁的森林养生文化等主要资源,配备相应的养生休闲及医疗服务设施,开展以修身养性、健康生命、延缓衰老为目的的森林游憩、度假、疗养、保健、养老、养生等旅游活动。森林康养旅游作为集林业、医药、卫生、养老、旅游、教育、文化等于一身的综合性朝阳产业,是休闲农业和乡村旅游发展的一片蓝海[1]。

布局森林康养,开展创意旅游,对广大地方政府和企业有很大的吸引力。近年来,我国森林康养产业呈快速上升趋势,但由于其业态新、政策依赖性强、产业融合度高、受社会发育程度和经济发展水平影响大,基层地区推动发展面临较多困难[2]。如何充分发挥本地森林自然资源优势,将森林康养发展为能够充分满足市场需求的高质量创意旅游产品,是开发者需要充分考虑的问题。因此,有必要对森林康养旅游市场进行系统的市场调研和战略定位。下面以重庆仙女山为研究对象,结合PEST、SWOT等市场分析模型,探析文化创意视角下仙女山森林康养旅游发展模式和路径。

一、国内外森林康养旅游发展基本情况

森林康养最早在19世纪40年代以森林浴(forest bathing)的形态出现[3],在欧洲及美日韩等发达国家蔚然成风,从早期侧重医疗和保健,逐渐发展成为多种业态共生的商业综合体,无论接待游客人次还是森林康养基地规模都颇为可观。

作为国内康养旅游产品中的一类,森林康养旅游在我国起步较晚。我国第一个森林康养中心于2012年在湖南省成立,四川省于2015年7月启动了10个森林康养基地试点建设[4],2016年9月,国家旅游局评出5个国家康养旅游示范基地,其中,贵州赤水属于森林康养旅游、体育旅游类型[5]。近几年,各省(区、市)都在积极响应建设森林康养产业的号召,积极申报森林康养基地试点,为共建美丽乡村出一份力。

二、重庆仙女山康养资源概述

重庆具有较为深厚的康养旅游发展条件,截至2019年,重庆市拥有市级以上旅游度假区17个,含国家级旅游度假区1个,国家中医药健康旅游示范区1个,国家中医药健康旅游示范基地2个,国家森林康养基地3个。重庆的国家森林康养基地是武隆区仙女山森林康养基地、永川区茶山竹海森林康养基地及巴南区彩色森林康养基地。

仙女山地区地处武陵山系,位于四川盆地东南部和南部边缘山地,在全国地貌区划中属湖北省、贵州省等中山与低山的一部分,境内以中亚热带植物为主。植被类型有常绿阔叶林、常绿针叶林、常绿针阔混叶林、竹林、常绿阔叶与落叶阔叶交混林、灌木林、疏林草地及灌丛草地。仙女山国家森林公园是重庆十佳旅游景点、特色旅游胜地。其与神奇的芙蓉

---

[1] 陈亚云,谢冬明.江西森林康养旅游发展刍议[J].南方林业科学,2016,44(5):58-60.
[2] 荔波县人民政府.森林康养产业发展情况及面临的困难问题[EB/OL]. https://www.libo.gov.cn/xwdt/bmdt/202207/t20220722_75668016.html.[访问时间:2023-04-10]
[3] 耿藤瑜,傅红,曾雅婕,胡铭真.森林康养游憩者场所感知与健康效益评估关系研究——以成都龙泉山城市森林公园为例[J].林业经济,2021,43(3):21-36.
[4] 陈亚云,谢冬明.江西森林康养旅游发展刍议[J].南方林业科学,2016,44(5):58-60.
[5] 李莉,陈雪钧.中国康养旅游产业的发展历程、演进规律及经验启示[J].社会科学家,2020,277(5):74-78,90.

洞、秀美的芙蓉江、世界最大的天生桥群地质奇观组合为重庆最佳旅游观光度假胜地。夏季园内气候湿润，茫茫林海，清风吹拂，凉爽宜人，是休闲、度假、避暑的绝好去处。仙女山地区的几个风景区规模大、品质高，旅游资源条件在重庆东南地区有相对优势。

三、仙女山森林康养旅游创意的PEST分析

（一）政策分析

2014年8月，《国务院关于促进旅游业改革发展的若干意见》发布，指出应该推进旅游业的发展、改革和转型，并推进以特色医疗、疗养康复等为主题的医疗旅游。2015年，又发布《国务院办公厅关于进一步促进旅游投资和消费的若干意见》，重点对老年旅游的发展进行了规划。同年10月，十八届五中全会审议通过《中共中央关于制定国民经济和社会发展第十三个五年规划的建议》，提出了"健康中国"战略，并提出应该推动康养旅游的发展，特别是要推动中医药康养和文化康养旅游，并指出应建立综合性康养旅游基地推动康养旅游的发展。2016年，国家旅游局颁布了《国家康养旅游示范基地》行业标准，并发布《林业发展"十三五"规划》，提出了利用优质森林资源探索森林康旅旅游，积极为人民群众推出满足游憩休闲、健康养生、养老等需求的生态服务产品，满足人民群众的健康旅游需求。2019年3月，《国家林业和草原局、民政部、国家卫生健康委员会、国家中医药管理局关于促进森林康养产业发展的意见》更是进一步规范了森林康养的定义和规范，并明确提出大力开发中医药与森林康养服务融合，在促进森林资源保护的同时，打造生态优良的森林康养环境。2020年8月，健康中国行动推进委员会办公室制定发布《推进实施健康中国行动2020年工作计划》指出，应提倡全民健身运动和健康环境促进行动等，满足人民群众对健康生活、健康生命的追求。

重庆市政府也大力扶持康养旅游产业发展，重庆康养旅游产业发展潜力巨大。在国家政策的支持和市场需求的推动下，重庆市政府开始高度重视康养旅游的发展，提出要借助四大优势（区位优势、生态优势、产业优势、体制优势）推进康养产业高质量发展。

（二）经济分析

新冠疫情后，旅游者健康养生需求增加，迫切关注自身的健康状况，后疫情时期旅游者更容易"报复性"消费，进而掀起健康旅游的热潮。

重庆市政府加速推进健康产业与旅游产业融合，投资建设了巴南圣灯山康养农旅小镇、北碚恒大国际温泉旅游健康小镇、巫山云雨生态康养旅游度假区等10余项重大健康旅游类项目。总之，国家和地方层面相关文旅投资项目均涉及健康旅游新业态，现有投资成果为健康产业与旅游产业融合提供了良好的投资环境。

（三）社会文化环境分析

最新人口普查数据显示，2020年，我国60岁及以上老年人口数量为2.6亿人，占比高达18.70%，其中65岁及以上老年人口数量为1.9亿人，占比13.50%，较第六次人口普查数据分别上升5.44、4.63个百分点，重庆市60岁及以上老年人口数量为701.04万人，占

比高达 21.9%。我国老年群体数量与日俱增，更有超 70% 的人处于亚健康状态，银发旅游、康养旅居等具有广阔市场前景。庞大的老年群体、亚健康群体及疫情后健康养生需求的增长为旅游与健康、养老等幸福产业的融合奠定了广阔的市场基础。

与此同时，亚健康人群占比在提高，人们日常生活压力在提升，工作压力、子女教育压力等使得很大一部分人群在身体健康、心理健康等方面有所不足，这也促进了运动康养旅游业的发展。伴随生活水平的提高，人们的养生观念也得到了很大的改变，对生存环境提出了更高的要求。能够让人充分亲近自然、畅快呼吸的森林康养在很大程度上满足了久困于城市喧嚣的现代人的内心需求与情感寄托。

刘丽佳、田洋等学者采取 Kano 分析和顾客满意度与不满意度系数分析，对森林康养基地服务的消费者需求采取定量研究并排序，将 4 个层面共 21 个调查指标分别归属于必备型、期望型、魅力型和无差异型 4 种需求类型。安全基础设施、康养指标监测体系、工作人员专业能力等是必备型需求；基地环境、餐饮住宿、工作人员服务态度、专业医疗队伍等是期望型需求；有氧运动、医学康复、亲子教育、养生保健等服务项目是魅力型需求；观光车、缆车等是无差异型需求。也就是说，尽管消费者有着比较强烈的康养旅游消费需求，但是面对这一较为年轻的旅游形态时还不能确定清晰具体的消费导向，因此，"切实激发消费者对森林康养基地旅游的兴趣是基地建设时需要解决的重要问题"[1]。

（四）技术环境

森林康养以森林资源为基础，是林业与健康业融合发展的新形式。作为大健康工程不可或缺的组成部分，森林康养为亚健康人群和罹患各类疾病人群提供了良好的治疗和康复场所，是传统医疗服务体系的外延。与此同时，数字经济对传统旅游模式形成冲击，倒逼传统旅游向智慧化发展，助推智慧酒店、智慧景区、智慧场景、智慧管理、智慧旅游加速形成。旅游目的地通过数字处理、机器学习、构成用户画像、出行预警、行业市场分析等构建旅游大数据平台，对旅游业发展进行监控及突发事件预警，提高了旅游业管理效率，有利于创新健康旅游产品、服务及模式[2]。

四、对仙女山森林康养旅游创意的 SWOT 分析

（一）优势

仙女山地处渝东地区，这里是整个重庆自然文化条件最好的区域。区域森林资源丰富，平均森林覆盖率为 60%，优质空气达标率达 95%。利用生态资源及森林资源开发的景区多数均为 4A 或 5A 级旅游景区，生态及森林资源开发已相对成熟。

（二）劣势

交通方面，从重庆主城区前往武隆区花费时间较长，影响了一些游客驱车前往的意愿。

---

[1] 刘丽佳,田洋,刘思羽,等.森林康养基地服务的消费者需求类型研究——基于卡诺模型及顾客满意度与不满意度系数分析[J].林业经济,2021,43(4):83-96.
[2] 邓莹,陈雪钧.成渝地区双城经济圈健康产业与旅游产业融合发展的 PEST 分析[C]//中国旅游研究院.2022 中国旅游科学年会论文集:旅游人才建设与青年人才培养,2022:504-512.

知晓度方面,仙女山最知名的旅游景点是以天生三桥、芙蓉洞为代表的喀斯特旅游区,许多游客慕名而来,只短暂领略欣赏了这些经典景区,对仙女山的森林资源以及森林旅游缺乏了解。

发展模式方面,仙女山森林康养旅游现阶段采取的仍是较为简单的"森林康养+旅游"或"森林康养+乡村"的形式,缺乏一定的吸引力。

气候方面,重庆气候较极端,冬冷夏热,且夏季温度过高,春秋两季时间短、温差大,人易感冒,不适应温度变化大的人不适宜长期居住。

地形方面,重庆地形为山地,坡多,路不平缓,且属于立体城市,道路复杂层次多,容易迷失方向,不太适宜行动不便的人以及方向感差的人长期居住。

(三)机遇

仙女山所在的武隆区正在加快建设世界知名旅游目的地。数据显示,2021年,武隆接待游客4 100万人次,是2008年的20.1倍;综合收入190亿元,是2008年的18.9倍。2020年,武隆旅游业增加值占GDP比重7.3%,分别高于全国、全市4.01、3.4个百分点。从顶层设计的角度看,仙女山森林旅游以仙女山国际康养社区建设为依托,要在康养产业链上打造具有国际化品质的食养、动养、医养等康养产品,培育森林浴、"温泉+睡眠"等康养项目,建设一批康养基地、康养社区和"双碳"示范景区,构建"康乐养生"产业体系[1]。

(四)威胁

从西南区域乃至全国范围来看,仙女山森林康养旅游基地还没有形成不可替代的品牌效应。重庆境内的3个国家级森林康养基地中,永川区茶山竹海和巴南区彩色森林康养基地对仙女山森林康养基地形成较为突出的竞争威胁。此外,其他省区市的竞争威胁也比较典型,目前四川、湖南、贵州等邻近省份依托良好的森林资源,纷纷提出加快发展森林康养旅游。贵州已完成全省森林康养规划和标准的编制,依托玉舍、龙架山、百里杜鹃国家森林公园以及梵净山、茂兰国家级自然保护区的森林旅游品牌效应,力争建成10个森林康养品牌[2]。

五、仙女山森林康养旅游文化创意策略

(一)深挖需求端,突出差异化森林康养体验

在普遍"摸着石头过河"的森林康养旅游发展模式探索中,思维定式让设计者始终围绕"康养+老年群体"展开,并在此基础上斟酌推敲各种旅游产品和服务。按照吴后建等学者的归纳,森林康养的产品类型可以根据消费对象年龄做进一步细分。从消费对象年龄看,不同年龄阶段的人群对森林康养的需求和偏好是不一样的,森林康养产品可分为少儿型、青年型、中年型和老年型4个层次。少儿型森林康养产品更多地偏重对森林和环境的认

---

[1] 韩毅. 武隆加快建设世界知名旅游目的地[N]. 重庆日报,2022-04-29(5).
[2] 马捷,甘俊伟. 基于SWOT分析的四川森林康养旅游发展路径研究[J]. 四川林业科技,2017,38(2):132-135,146.

知,培养其良好的三观;青年型森林康养产品更多地偏重森林运动、森林体验等;中年型森林康养产品更多地偏重森林休闲、森林体验、森林辅助康养等;老年型森林康养产品更多地偏重森林养生、健康管理服务和森林辅助康养[1]。也就是说,除了满足老年群体的养生需求,森林康养旅游还可以开发出更多针对青年和儿童的康养项目和康养体验。比如,仙女山森林公园为了满足亲子出游、儿童游客的需求,推出了互动体验式自然教育营地"树顶漫步"。这一森林旅游体验形式起源于欧洲,通过钢缆、网绳、木板等将一棵棵几十米高的大树连接起来建成的空中走廊,每一段均与修在树干上的木质平台相通,是集生态科普、自然教育、运动与拓展于一体的户外体验项目。此外,它还是一个集生态科普、森林运动、户外拓展、文化表演、现代农业等为一体的综合性自然教育营地。目前,"树顶漫步"这一"森林康养旅游+亲子体验"的旅游项目在国内仅有两家旅游景区引进,仙女山是西南乃至南方地区仅有的一所拥有该项目的康养基地,对儿童、青少年家庭的吸引力是比较突出的。

(二)拓展魅力型需求,提升满意度

魅力型需求是指在旅游过程中,如果提供此类服务、满足这部分需求,能给消费者带来意料之外的惊喜。学者对森林康养基地服务的消费者需求调查发现,提供有氧运动类服务、医学康复类服务、亲子教育类服务、养生保健类服务、休闲娱乐类服务、文化艺术类服务等均属于此类需求。它们或许不是森林康养旅游体验中的"标配",但是能够充分获得旅游者的肯定与青睐,进而使旅游者留下难忘美好的记忆。仙女山在文创旅游开发中,一方面应充分顾及并细化老年游客群体以外的消费者的具体需求,另一方面也应充分把握康复疗养以及养老服务这一以老年群体为主的巨大市场,注重产品开发的多元化、精细化与个性化。比如,将森林康养旅游体验与尊老敬老、家风家训、养生宴请等联系起来,将老年群体的主要社交场景和社交需求纳入景区服务项目开发的具体实施细则之中,如让寿星寿宴、度假体检、中医调养、适老化媒介素养科普等具体服务落地,突出景区康养服务的细致性与差异性,满足老年群体这一康养旅游市场最大群体的多方位需求。

(三)联动"头牌"景区,增加曝光度

在仙女山的旅游资源矩阵之中,喀斯特景区最为著名,森林康养基地的知晓率则较低,可以考虑"站在巨人的肩膀上"与其他旅游景区和旅游企业进行合作和联动。比如,将仙女山森林康养基地和喀斯特景区的旅游产品联合推广,提供联票或联合路线,形成一站式的旅游服务,提高游客的便利性和满意度。也可以联合举办旅游活动和主题活动,如森林探险、户外露营、美食文化节等主题活动,提高游客的参与度和满意度。通过与其他旅游景区和企业的合作和联动,可以形成相互促进的效应,实现共同发展和共赢发展。

---

[1] 吴后建,但新球,刘世好,等.森林康养:概念内涵、产品类型和发展路径[J].生态学杂志,2018,37(7):2159-2169.

思考题

1. 你认为康养旅游最重要的消费需求是什么？
2. 康养旅游能够和哪些文化资源充分结合？
3. 与森林康养旅游相比，进行温泉康养旅游市场分析需要考虑哪些具体要素？
4. 与传统旅游形态相比，康养旅游最大的市场价值是什么？

本章参考文献

［1］李柏文."文化创意＋"旅游业融合发展［M］.北京:知识产权出版社,2019.

［2］王欣.旅游文创发展研究 机制与模式［M］.北京:旅游教育出版社,2018.

［3］刘祥恒.旅游产业融合机制与融合度研究［M］.合肥:中国科学技术大学出版社,2019.

［4］王慧敏,曹祎遐,等.文化创意产业发展的理论与实践探索［M］.上海:上海社会科学院出版社,2018.

［5］王润球.中国少数民族特需商品旅游购物市场开发研究［M］.北京:新华出版社,2016.

［6］孟韬编.市场营销策划［M］.沈阳:东北财经大学出版社,2018.

［7］薛可,余明阳.文化创意学概论［M］.上海:复旦大学出版社,2021.

［8］郑正真.成都文化创意产业与旅游业融合发展的机制与路径研究［J］.四川旅游学院学报,2020(5):52-56.

［9］黄建男,廖军凯,廖合群.红色旅游业与文化创意产业融合发展探析——以江西省上饶市为例［J］.价格月刊,2016(5):91-94.

［10］李蕾蕾,Soyez D.中国工业旅游发展评析:从西方的视角看中国［J］.人文地理,2003(6):20-25.

［11］巫莉丽,隋淼.德国工业旅游的发展及其借鉴意义［J］.德国研究,2006(2):54-58,79.

［12］吴相利.英国工业旅游发展的基本特征与经验启示［J］.世界地理研究,2002(4):73-79.

［13］张雪.基于泉水文化的济南趵突泉文创产品设计研究［D］.青岛:青岛科技大学,2022.

［14］王倩,刘俊哲,刘彦.旅游文创产品的常见问题、价值构成与设计评价体系［J］.艺术与设计(理论),2019(Z1):88-89.

［15］宋之杰,石晓林,石蕊.在线旅游产品购买意愿影响因素分析［J］.企业经济,2013(10):96-100.

[16] 陈泽恺."带得走的文化"——文创产品的定义分类与"3C 共鸣原理"[J].现代交际,2017(2):103-105.

[17] 范周.文旅融合的理论与实践[J].人民论坛·学术前沿,2019(11):43-49.

[18] 赵华,于静.新常态下乡村旅游与文化创意产业融合发展研究[J].经济问题,2015(4):50-55.

[19] 徐达,鲍铭铭,陈希帆,等."两山"理念视域下"文旅融合创新发展"的实践与探索——以浙江湖州为例[J].云南农业大学学报(社会科学),2021,15(4):23-28.

[20] 李建军,王玉静.基于文化 IP 赋能旅游文创产品开发研究[J].北方经贸,2021(5):146-148.

[21] 杜秋潼.价值异化·互动仪式:文创雪糕的符号化传播与消费[J].视听,2022(12):24-27.

[22] 薄文文.南京旅游文创纪念品市场推广策略研究[J].产业与科技论坛,2018,17(20):22-23.

[23] 吴必虎.区域旅游开发的 RMP 分析——以河南省洛阳市为例[J].地理研究,2001(1):103-110.

[24] 卢丛,李青.生态伦理视角下的生态旅游产品开发策略[J].江西科学,2021,39(5):978-982.

[25] 欧阳正宇.丝绸之路非物质文化遗产旅游开发 RMP 分析[J].干旱区资源与环境,2012,26(12):203-208.

[26] 周璇璇.文化 IP 视角下的旅游文创产品设计思路——以庐山景区为例[C]//北京中外视觉艺术院,成都蓉城美术馆,中国创意同盟网.中国创意设计年鉴·2020—2021论文集.2022:520-524.

[27] 陈晓颖,鲁小波,韩小芳.辽宁旅游业高质量发展的产品体系建设研究[J].决策咨询,2022(5):63-71.

[28] 张立波,张奎."文创兴镇"视野下非遗小镇发展路径探究[J].北京联合大学学报(人文社会科学版),2017,15(1):82-87.

[29] 彭黎.非遗传承与旅游文创产品开发互推策略研究[J].绿色包装,2020(8):69-73.

[30] 郑耀星,周富广.体验导向型景区开发模式:一种新的旅游开发思路[J].人文地理,2007(6):16-20,89.

[31] 汪德根,陈田,李立,等.国外高速铁路对旅游影响研究及启示[J].地理科学,2012,32(3):322-328.

[32] 张蓓,万俊毅,文晓巍.国外农业旅游的模式比较与经验借鉴[J].农业经济问题,2011,32(5):100-105.

[33] 黄鹂.旅游体验与景区开发模式[J].兰州大学学报,2004(6):104-108.

[34] 陈波,延书宁.场景理论下非遗旅游地文化价值提升研究——基于浙江省 27 个非遗旅游小镇数据分析[J].同济大学学报(社会科学版),2022,33(1):20-32.

[35] 任宣羽. 康养旅游: 内涵解析与发展路径[J]. 旅游学刊, 2016, 31(11): 1-4.

[36] 王玲. 国内外冰雪旅游开发与研究述评[J]. 生态经济, 2010(3): 66-69, 127.

[37] 程林. 用户研究中的竞品分析方法研究[D]. 武汉: 武汉理工大学, 2016.

[38] 李晓颖. 生态农业观光园规划的理论与实践[D]. 南京: 南京林业大学, 2011.

[39] 何兰兰. 法国葡萄酒旅游业发展及对中国发展的启示[J]. 世界农业, 2016(2): 162-165.

[40] 旅游文创如何走出"审美疲劳"[N]. 新华日报, 2020-06-01(12).

[41] 旅游文创市场求变[N]. 福建日报, 2019-03-07(12).

[42] 万物皆可"被雪糕"? 旅游文创不是跟风[N]. 北京青年报, 2021-06-28(A02).

[43] 旅游文创何以叫好又叫座[N]. 连云港日报, 2022-04-26(A04).

[44] 旅游+文创——美丽的邂逅[N]. 甘肃日报, 2022-03-01(11).

[45] Richards G, Raymond C. Creative Tourism[J]. ATLAS News, 2000, 23(8): 16-20.

[46] Zmyslony P, Pawlusiński R. Tourism and the Night-Time Economy: The Perspective Article[J]. Tourism Review, 2020, 75(1): 194-197.

[47] Scott A J. Creative Cities: Conceptual Issues and Policy Questions[J]. Journal of Urban Affairs, 2006, 28(1): 1-17.

[48] Tsiotsou R, Ratten V. Future Research Directions in Tourism Marketing[J]. Marketing Intelligence & Planning, 2010, 28(4): 533-544.

[49] Dolnicar S, Ring A. Tourism Marketing Research: Past, Present and Future[J]. Annals of Tourism Research, 2014, 47: 31-47.

[50] Bramwell B, Rawding L. Tourism Marketing Images of Industrial Cities[J]. Annals of Tourism research, 1996, 23(1): 201-221.

[51] Frew E A. Industrial Tourism Theory and Implemented Strategies[M]//Advances in Culture, Tourism and Hospitality Research. Bingley: Emerald Group Publishing Limited, 2008: 27-42.

[52] Hume D. Tourism Art and Souvenirs: The Material Culture of Tourism[M]. Abingdon: Routledge, 2013.

第四章

旅游景点文创

学习目标

学习完本章,你应该能够:
(1) 了解创意旅游视野下的旅游景点概况。
(2) 了解国内外旅游景点文创发展的类型与特点。
(3) 了解创意思路如何驱动景区文化创意。
(4) 了解吃、住、行、游、购、娱六大要素的文化创意机制。

基本概念

创意旅游　景点创意　工业遗产旅游　乡村旅游　全域旅游

第一节　旅游景点文创发展

21世纪初,国内学者开始探究旅游文创,目前不同学者对于其概念持有不同的观点,大部分学者认为旅游文创与创意旅游属于同一概念,即通过创意产业思维和发展模式,整合旅游资源,实现旅游产品的创新,建设旅游产业链的一种产业模式。旅游文创业是创意产业在旅游与文化领域的传承和延伸,旅游文创产品和服务的开发,旨在通过创意和创新,提升旅游体验的深度和广度,满足游客对个性化、差异化和文化体验的需求。这种产业模式强调文化内涵的挖掘和创意表达,通过将地方文化、历史遗产、艺术创作等元素融入旅游产品和服务,增强旅游目的地的吸引力和竞争力。

一、国内景点旅游创意开发概述

根据厉无畏等学者的观点[1],长期以来,中国旅游业的发展导向可分为资源导向型和市场导向型:资源导向型是"有什么资源发展什么旅游产品",旅游景点景区是旅游的核心吸引物,也是旅游产业配置的中心,这一导向在20世纪90年代之前占主导地位;市场导向型则自20世纪90年代中后期以来,逐渐成为我国旅游发展的主流模式。市场导向型这一模式的问题在于,旅游产品开发的市场周期常引发市场滞后,进而导致投资失败、资源浪费。另根据赵玉宗等学者的观点[2],文化主导的旅游开发模式固然是促进城市和区域经济发展、提升竞争力的重要战略手段,但是文化的重复生产和商品化、麦当劳化现象也日益明显,不足以形成稳定积极、可持续的产业结构和市场。

创意旅游则成为改变这一被动市场局面的新导向。不同于以资源或市场为导向,创意旅游以引领市场和培育消费者为导向,实现了从"让市场来引领我"到"我用创意来引领市场"的决定性转变,也就是"从文化到创意"的系统性转变。

对创意旅游这一概念最早进行界定的是新西兰学者格雷格·理查兹(Greg Richards)和克里斯宾·雷蒙德(Crispin Raymond),他们认为:"创意旅游是指游客在游览过程中学习旅游目的地文化或技巧的一种旅游产品,旅游者通过积极参加当地教学课程和学习型体验活动提升自己的创意潜能。"[3]

(一) 从全产业链角度理解景区文化创意

1. 创意旅游视角下的景点文化创意发展

创意旅游这一理念的提出给开发旅游景点带来的启发主要在于:创意在,景点来。简单地

---

[1] 厉无畏,王慧敏,孙洁.创意旅游:旅游产业发展模式的革新[J].旅游科学,2007(6):1-5.
[2] 赵玉宗,潘永涛,范英杰,等.创意转向与创意旅游[J].旅游学刊,2010,25(3):69-76.
[3] 刘婕.创意旅游在传统文化旅游地的开发[J].电子商务,2014(7):71-72,84.

从已知、已有资源入手,如有形的山水资源、历史文物古迹等,并不能改变传统景区的发展模式,也无助于扩展旅游与文化融合的边界与深度。在创意旅游概念诞生的早期,国外游客通过"北京胡同游"深入感受中国传统古建特色,并全方位了解和学习了中国烹饪、茶艺、语言等富有代表性的中国传统文化。在文化吸引力上,胡同自然而然地成为相比故宫和长城也毫不逊色的、极富中国特色的"新景区",而且这种建立在创意策划基础上的旅游目的地在很大程度上能够实现"引领市场"的积极效果,创造新的旅游理念和方式,带动更多的产业要素,吸收更多从业人口。事实证明,"北京胡同游"的创意模式对其他文化魅力别具一格、差异性显著的城市旅游路线和景点策划也同样适用。比如,上海作为海派文化的代表,其石库门弄堂体现出海纳百川、兼容并蓄的风格气质,是全国乃至全世界游客了解上海文化、上海生活的生动窗口。在以田子坊为代表的创意园区,游客可以品鉴欣赏各式文化艺术作品,深入了解上海市民的日常生活,学语言、手工艺、厨艺等。正是创意旅游核心价值(体验与产品)让更多有形无形的社会资源和文化资源成为景区,或者景区的一部分。这也正是"创意在,景点来"的内涵。

2. 从旅游景点到旅游景观

如果说旅游景点是相对传统、静止、独立的旅游吸引物,旅游景观(tourism landscape)则是更加全面、包容、流动的创意文化载体。旅游文创的发展思路是充分发挥旅游产业与其他产业的融合和关联带动效应,以旅游活动和旅游吸引物为核心,拓展旅游产业链条,在这个链条上将静止的节点式景点转变成流动的景观体验,这是发展创意旅游的重要内涵。也就是说,旅游景观中的文化创意过程是一种文化再生产过程,对于旅游景观的价值生成和形象塑造均具有重要的作用与意义。

旅游景观是存在于旅游区的由自然和人文多种要素有规律地组合起来的有形和无形地域客体,既包括自然景观,也包括人文景观,它们都是旅游活动中文化创意的载体。依托这些旅游景观进行文化创意,不仅可以丰富旅游景观的文化内涵,还能提升旅游景观的文化价值。相比旅游景点,其外延边界更大,也更能成为承载文化创意、开发旅游资源的旅游吸引物。

(二)创意旅游景观开发的主要阵地

经由创意"从无到有""点石成金"的旅游景观开发可以分为以下三类。

1. 城市工业遗产的创意利用和旅游开发

工业遗产是具有历史价值、技术价值、社会意义、建筑或科研价值的工业文化遗存,工业遗产旅游是以现有的工厂、企业、公司及在建工程等工业场所作为旅游目的地的一种专项旅游。这种旅游形式不同于游览传统的自然景观或历史遗迹,而是通过参观、游览、体验和了解工业文化遗产,从而探索和了解工业文化的发展历程和产业变革的历史。2003年,国际产业遗产保护联合会(The International Committee for the Conservation of the Industrial Heritage, TICCIH)对工业遗产进行了界定:工业遗产包括建筑物和机械、车间、工厂、矿山以及相关的加工提炼场地,仓库和店铺,生产、传输和使用能源的场所,交通基础设施。此外,还有与工业生产相关的住房供给、宗教崇拜、教育等其他社会活动场所。我国工业遗产旅游保护与开发起步于2001年前后,在引进、介绍国外工业遗产旅游开发的基础上,借鉴国外经验,对老工业城市和资源衰竭型城市率先进行工业遗产旅游的研究与开发，从不同的视角对工业遗产旅游进行了理论的探索与实践的尝试。

研究国内外的工业遗址改造与利用情况，根据各遗产地性质的不同，可主要分为文创园区型、文旅度假型、遗址公园型、文旅小镇型、城市区域更新型等类型。在20多年的发展历程中，中国工业旅游也日益成熟完善。

2017年，首批10家国家工业旅游示范基地、国家工业遗产旅游基地名单公布。同年，第一批获得认定的国家工业遗产名单公布，包括鞍山钢铁厂、温州矾矿、汉阳铁厂等13家单位。目前已公布五批国家工业遗产名单，共有166家。

2018年，第一批中国工业遗产保护名录发布，目前已发布两批，共200个项目。名录中既有创建于洋务运动时期的官办企业，也有新中国成立后的"156项"重点建设项目，覆盖造船、军工、铁路等门类，是具有较强代表性、突出价值的工业遗产。

2021年，工业和信息化部、国家发展和改革委员会、教育部、财政部、人力资源和社会保障部、文化和旅游部、国务院国有资产监督管理委员会、国家文物局联合印发《推进工业文化发展实施方案（2021—2025年）》，支持各地依托当地工业遗产和老旧厂房、工业博物馆、现代工厂等工业文化特色资源，打造各类工业旅游项目，创建一批工业旅游示范基地。

目前在全国范围内具有较高知名度的工业遗产旅游景点主要包括北京的798艺术区、首钢园区，上海的当代艺术博物馆，河北省唐山市开滦国家矿山公园，贵州省仁怀市"茅酒之源"旅游景区等。位于重庆市渝中区的贰厂文创街区曾是民国"中央银行印钞厂"，新中国成立后更名为"重庆印制贰厂"。成为热门电影取景地后，老旧厂房的外形与其内部的现代气质产生鲜明的对比，吸引了众多游客，入选首批国家级夜间文化和旅游消费集聚区。

具体来说，工业遗产旅游景点开发的创新之处主要体现在以下三个方面。

首先，工业遗产旅游景点的开发和管理需要融合多个领域的知识和技能，需要历史、文化、科技、艺术、管理等方面的专业人才。因此，工业遗产旅游的开发需要具备跨学科的能力和视野，以更好地保护和利用这些资源。

其次，工业遗产旅游景点的开发需要关注可持续发展的问题，包括保护环境、文化遗产、社会资源等方面。为了实现可持续发展目标，工业遗产旅游景点需要采取一系列措施，如节能减排、资源回收、文化遗产保护、社区参与等。

最后，工业遗产旅游景点的开发需要创新思维和技术手段的应用。例如，通过数字化技术、虚拟现实、互动体验等手段，可以更好地呈现工业遗产的历史和文化，增加游客的参与和体验感，并在保护工业遗产资源的同时，促进旅游经济的发展。

2. 乡村旅游开发

各种对于乡村旅游的定义都认为，这是一种以开发农业文化和民俗文化为主的旅游。从全球范围来看，现代社会的乡村旅游最早起源于19世纪的欧洲。伴随工业化和城市化进程，游客对回归自然纯朴的大自然环境充满向往，乡村旅游承载了现代人的文化需求和文化消费。乡村旅游具有极其丰富的自然资源和人文资源，如河流湖泊、奇峰异岭、少数民族的民俗风情，以及大量的当地土特产品和民间手工艺品,这些都是乡村旅游发展的基础要素。

我国乡村旅游发展早期亟待解决经验理念低俗化、品牌定位趋同化、产品层次粗浅化、乡土文化城市化、管理模式混乱化、产业组织自发化等问题[1]。如果说"乡村振兴""绿水青山就是金山银山"等国家战略与顶层设计为乡村旅游擘画了前景壮阔的发展蓝图,那么在消费结构升级步伐加快,产业融合进程升级的大背景下,文化创意成为引领乡村旅游迈上新台阶的核心驱动力。文化性、特色化、地域性、多样化的乡村创意理念能够在已有的乡村旅游发展模式基础上,进一步兼容不同层面的社会资源,激发和满足多元乡村体验,实现乡村旅游消费规模扩容与满意度提升。因此,乡村旅游的建设目标可以理解为两个方面:一是建设宜居宜业的乡村;二是建设具有强大旅游吸引力的乡村文创产业。这样的目标在休闲旅游时代可以融合发展成为集宜居、宜业、宜游、宜养于一体的乡村旅游文创产业发展的新形态[2]。

从文化创意推动乡村旅游景点开发、带动乡村旅游景观建设的具体类型和成效来看,以下10类开发模式充分体现了创新驱动与产业思维对乡村旅游发展的重要作用。

(1) 田园综合体模式。田园综合体模式是以农业为主导,融合工业、旅游、创意、地产、会展、博览、文化、商贸、娱乐、物流等相关产业与支持产业形成的多功能、复合型、创新型产业综合体。通过旅游促进农业发展是一种基于田园核心吸引物而构建起来的不同供应链的流量共享模式和价值相乘模式。如美国弗雷斯诺(Fresno)农业旅游区,作为一种提升农业变现率的田园综合体模式,其规划设计采取了"综合服务镇+农业特色镇+主题游线"的立体架构,农业特色镇和主题游线主要是实现第一次变现和第二次变现,综合服务镇则实现了第二次变现和第三次变现。目前,田园综合体建设已经成为乡村旅游的重点发展方向,2021年,北京、吉林、黑龙江、浙江、福建、江西、山东、河南、湖北、湖南、广东、海南、云南等13个省(市)继续开展田园综合体建设试点。一个完善的田园综合体应是一个包含农、林、牧、渔、加工、制造、餐饮、酒店、仓储、保鲜、金融、工商、旅游、房地产等行业的三产融合体和城乡复合体。如果说诗意栖居是一种人类生活的终极理想,那么田园综合体将是当下实现理想的可行之道。

(2) 国家现代农业产业园模式。国家现代农业产业园是以现代农业为主导,集农业生产、加工、流通、科技创新等多种功能于一体的综合性农业产业集聚区,以提高农业产业化水平、促进农业现代化和农业经济转型升级为目标。国家现代农业产业园是加快农业现代化的重大举措,培育农业农村经济发展新动能。国家现代农业产业园的建设包括规划设计、基础设施建设、农业生产和加工、科技创新、环境保护等多个领域,要注重产业发展和生态建设的相互融合,推动农业、农村和农民的全面发展。

国家现代农业产业园也可以作为乡村旅游的重要组成部分,通过农业观光、采摘、体验等形式,向游客展示现代农业的发展成果和农村特色文化,促进乡村振兴和农村旅游的发展。

(3) 共享农庄模式。共享农庄是一种以农业产业为基础,结合现代化服务理念,将城市人的旅游、休闲、度假等需求与农村闲置农场、农庄的资源和农民的劳动力相结合,打造一个可与

---

[1] 张艳,张勇. 乡村文化与乡村旅游开发[J]. 经济地理,2007,121(3):509-512.
[2] 赵华,于静. 新常态下乡村旅游与文化创意产业融合发展研究[J]. 经济问题,2015,428(4):50-55.

城市人共享的农业休闲旅游度假场所。

共享农庄的主要特点是农庄资源多样化、服务全方位、参与体验化、共享互助化。游客可以在农庄参与农业生产、体验农村生活、品尝农家菜肴、享受休闲度假等。同时，游客还可以通过共享农庄的方式，成为农庄的共享股东，享受农庄经营收益、分享农庄资源。这种模式既能满足城市人对农村休闲度假的需求，也能带动当地农业生产的发展和农民收入的增加。

共享农庄的特色在于它能够将城市和农村联系起来，通过旅游和休闲的方式，打破城乡之间的隔阂，促进城乡交流和融合。同时，共享农庄也能够提高当地农业产业化水平，推动乡村振兴，促进农村经济的发展。共享农庄是以共享经济为理论支撑，以互联网为技术支撑，以中高收入家庭及"候鸟"群体需求为市场支撑，以私人定制服务为核心，联合政府、企业、农户等多元力量，培育的农旅融合发展新业态。

（4）幸福慢村模式。对于久居喧嚣都市的人，青山绿水和田园生活总是让人向往。如今，很多游客不再把观光作为乡村旅游的目的，而是希望享受乡村的慢生活，高品质的乡村生活成为人们追求美好生活的重要方式之一。幸福慢村正是基于这一市场发展态势，以强劲的乡村度假休闲生活需求为前提，以绿色慢生活为宗旨，将乡村资源与美好生活需求深度结合，同时兼顾乡村振兴与乡村价值重塑而发展起来的一种新型业态形式。

（5）乡村旅游创客基地模式。乡村旅游创客是以大学生、返乡农民工、专业艺术人才、青年创业团队为主要群体，在乡村地区从事乡村旅游创业项目或实践活动，致力于通过先进的理念与技术，创造乡村旅游新产品、新业态、新体验的个人、企业机构或团队组织。乡村旅游创客基地以乡村为背景，聚集各种旅游创业人才，为他们提供创新、创业、创意的空间和资源的平台，由政府、企业、社会组织等多方力量共同建设和支持。其主要功能包括提供场所、资源、交流合作和孵化服务，为乡村旅游业提供创新、创业、创意的支持和帮助。在乡村旅游创客基地中，旅游创业者可以获得办公空间、住宿、餐饮、娱乐等服务设施，以及各种资源，如资金、技术、市场信息等，同时还可以进行交流合作，促进多个旅游创业者之间的合作与交流，提高创业者的创新能力。基地还提供各种孵化服务，如商业计划书的编写、市场开发、法律咨询等，帮助旅游创业者成长和发展。乡村旅游创客基地作为一种新型的旅游创新创业孵化机构，可以促进乡村旅游业的发展，为旅游创新提供平台和支持，提高乡村旅游业的创新能力和市场竞争力。

（6）乡村度假庄园模式。随着国内经济和人民生活水平的提高，越来越多的都市居民追求田园生活和放松身心，乡村度假庄园成为满足这种需求的重要场所。乡村度假庄园是深度田园生活体验的高级乡村度假形态，主要包括乡村庄园和乡村酒店。这一模式在国外兴起较早，英国、法国等欧洲国家已经形成了一系列颇具规模和品牌效应的乡村庄园、古堡、酒庄旅游产业。国内的乡村度假庄园是近年来乡村旅游发展的重要形式之一，以传统农业、休闲度假和乡土文化为主题，提供高品质的住宿、餐饮、娱乐和文化体验。国内的乡村度假庄园除了提供舒适的住宿和多样化的农业观光、采摘、体验种植等活动，还融入了休闲娱乐、文化旅游等元素，如温泉、钓鱼、烧烤等设施和民俗文化、手工艺制作等项目，使游客可以在体验田园生活的同时，深入了解当地的风土人情和文化底蕴。乡村度假庄园的发展对于推动农村经济转型升级、增加农民收入、促进当地文化保护和旅游业发展有着积极的作用,也为游客提供了一种独特的体验式度假形式。

(7) 主题特色民宿模式。乡村旅游主题特色民宿主打乡村风格风尚,在设计理念与开发思路上突出地域特点和乡土民俗。发展主题民宿的核心思路是提供深度的文化体验和日常化、生活化的幸福感。在提供深度文化体验方面,乡村主题民宿应该以当地的历史、文化、传统手工艺等为主题,通过提供相关的文化体验和活动,让游客领略当地的独特文化魅力。例如,可以打造古建筑主题、民俗文化主题、手工艺制作主题等民宿,让游客参与进来,了解并体验当地的文化传统。同时,在提供日常化、生活化的幸福感方面,乡村主题民宿应该注重提供人性化、温馨舒适的住宿环境和服务,让游客体验到家庭般的温暖与关怀。例如,可以提供舒适的客房设施、精致的餐饮服务、具有特色的娱乐活动等,让游客在度假的同时感受到幸福和享受。

(8) 乡村露营地模式。乡村露营地是一种以自然环境为基础,提供户外露营体验的旅游设施。乡村露营地通常位于乡村、山区、森林等自然环境下,提供帐篷、木屋、房车等不同形式的住宿设施,为游客提供亲近自然、放松心情的户外露营体验。同时,乡村露营地也会提供各种户外活动项目,如徒步、野炊、钓鱼、山地自行车骑行等,让游客在户外尽情地享受自然风光和运动乐趣。在乡村露营地中,游客可以远离城市喧嚣,沉浸在自然的怀抱中,感受大自然的力量和美妙,这是一种健康、环保、亲近自然的旅游方式。目前,乡村露营地越来越受到年轻人和户外运动爱好者的喜爱,成为乡村旅游和生态旅游的重要组成部分。

(9) 农业观光园模式。农业观光园是一种以农业生产空间为基础,利用田园景观,并融入当地的民族风情和乡土文化,通过美学和园艺核心技术开发形成的具有强吸引力的旅游景点。这种旅游景点的特点是:注重自然生态美,同时通过改造和美化农业生产空间,将其变成具有观赏价值和娱乐性的景点,从而吸引游客前来游览、休闲和体验。

(10) 大地景观模式。乡村大地景观的构建可以通过艺术乡建和旅游文创的结合来实现,这种方式可以通过艺术手法提升农田景观,打造出具有艺术感和文化内涵的田园景观,吸引游客前来观赏和体验。具体的实现方式包括选育适宜的作物,设计有特色的田间图案,进行定点测绘、科学栽培和田间管理等。通过这些环节的结合,最终形成独具特色的艺术景观,为游客提供一种新颖而有趣的旅游体验。同时,在景区设计方面,可以考虑设置高空观光平台、麦田步道、解说员等,让游客能够更好地了解田间管理、作物生长、景观构建等方面的知识。通过这种方式,可以实现农业旅游和旅游文创的有机结合,提升乡村旅游的品质和市场竞争力。

3. 创意城市开发

(1) 创意城市的定义与特点。创意城市(creative city)是一个近年来兴起的城市发展概念,旨在通过发展文化和创意产业,提升城市的文化地位和经济实力,并为城市的经济增长和可持续发展提供新动力。从国外文献研究的角度,可以看到创意城市概念的提出和发展历程。

日本学者日笠端认为,创意城市概念兴起于欧美发达国家,试图将以工业为主的城市转化为具有艺术文化功能的城市[1]。创意城市概念最早由英国文化学者查尔斯·兰德里(Charles Landry)提出,他于20世纪80年代开始研究城市文化发展,主张通过文化创新和创意产业的发展,提高城市的创造力和竞争力。随着时间的推移,创意城市概念越来越受到关注和重视,逐渐发展成为一个全球性的城市发展模式。

2002年,美国经济学家理查德·弗罗里达出版《创意阶层的崛起》,进一步推动了创意城市概念的发展。他认为,随着经济从产业时代向知识经济时代的转变,创意经济成为经济增长的重要引擎,而创意阶层则是创意经济的主要推动力量。创意阶层是一群拥有高学历、高收入、高度创造性和创新性的人,他们的职业涵盖科技、艺术、媒体、设计等领域。

2008年,兰德里出版《创意城市:都市创新的锦囊妙计》(*The Creative City: A Toolkit for Urban Innovators*),进一步阐述了创意城市的实践方法和建设原则。他提出了文化生态系统的概念,认为创意城市的发展需要建立一个包括文化机构、文化创意企业、艺术家、居民、游客等各种参与者的生态系统。同时,他还提出了一系列工具和方法,用于促进城市文化和创意产业的发展,包括城市规划、文化设施建设、产业扶持、文化创意教育等方面。

除了兰德里和弗罗里达之外,还有许多学者和城市规划师对创意城市进行了研究和实践。1993年,弗朗西斯科·彭西(Francesco Bianchini)和马克·帕金森(Mark Parkinson)在《文化政策与城市再生》(*Cultural Policy and Urban Regeneration*)一书中,探讨了文化政策与城市再生的关系,认为文化产业是城市经济和社会发展的重要组成部分。2004年,弗罗里达和艾琳·蒂纳格利(Irene Tinagli)在《创意时代的欧洲》(*Europe in the Creative Age*)中探讨了欧洲创意城市的发展和特点,认为欧洲的创意城市发展需要关注文化多样性和公共服务的提供,同时还需要加强创意产业的组织和管理能力。2008年,菲利普·库克(Philip Cooke)和洛伦佐·拉泽里蒂(Lorenzo Lazzeretti)在《创意城市、文化集群和本地经济发展》(*Creative Cities, Cultural Clusters and Local Economic Development*)中探讨了创意城市、文化集群和本地经济发展的关系,提出了一些关键因素,如城市的文化特色、产业组织与管理、创新环境和人才流动等。

综上所述,创意城市概念的提出和发展是一项涉及城市、文化、经济等多领域的复杂工程。从国外文献综述中,我们可以看到,创意城市的发展需要吸引和培养创意阶层和创意产业,通过建立文化生态系统、制定文化政策和城市规划、加强产业组织与管理能力等方面,促进城市的文化和创意产业的发展,提高城市的创造力和竞争力,为城市的经济增长和可持续发展提供新动力。

(2)创意城市发展推动创意文化旅游。2004年,联合国教科文组织成立了国际文化多样性联盟联合会(International Federation of Coalitions for Cultural Diversity,IFCCD),旨在使来自不同地区、不同种族的人类文明不受同质化的威胁,以赓续其文化多样性。为此,设立了联合国教科文组织创意城市网络(UNESCO Creative Cities Network,UCCN),以适应创意经济

---

[1] 日笠端. 城市规划概论[M]. 南京:江苏凤凰科学技术出版社,2019:30.

的时代诉求,使全球城市能在保护文化多样性的基础上受益。根据联合国教科文组织于2014年对创意城市网络的划分提议,形成了七种创意城市类型:文学之都、电影之都、音乐之都、民间手工艺与艺术之都、设计之都、媒体艺术之都和美食之都。创意都市的界定和发展对旅游文创景点开发的影响主要体现在以下三个方面。

① 创意空间或创意景观成为旅游目的地。作为一种特殊的旅游产品和旅游体验,许多创意城市的艺术馆、电影院、餐馆和音乐场馆成为一些团体参观的主要景点,成为建构创意城市的内在文化资源。由此形成的创意空间和创意城市景观转化成重要的旅游目的地,如:纽约的时代广场、中央火车站、洛克菲勒中心、中央公园、麦迪逊广场花园、自由女神像、大都会艺术博物馆、世贸中心纪念馆、帝国大厦、布鲁克林大桥被评为纽约十大旅游景点;悉尼歌剧院、悉尼港桥和悉尼当代艺术博物馆成为创意城市电影之都悉尼最著名的旅游景点;创意城市中的媒体艺术之都里昂,拥有游客钟爱的高卢-罗马博物馆、织物和装饰艺术博物馆、里昂国家歌剧院等创意旅游景点[1]。

② 创意体验活动成为旅游吸引物。创意城市的空间和经济特色有助于增强其无形吸引力,迎合那些规避城市传统旅游区、追求新奇创意旅游区的游客需求。创意城市更加真实和富有体验性,往往包括即将消失的手工商业街、店铺和熟练的生产者集群(如伦敦马里波恩商业街和哈顿公园),经重新利用或修复的建筑中有许多创意企业,能使游客在游览时"穿越"时空、还原过去,获得体验"真正的城市"的感受;同时,通过学习和体验创意活动,游客能够掌握一些技能或感受艺术真谛的魅力。

③ 创意城市促进城市旅游综合体的兴起和发展。旅游综合体是将旅游产业和其他产业相互融合的一种新型的土地综合利用方式,旨在提高旅游休闲区域的服务质量,推动创意经济的发展。以意大利热那亚的旧港口地区为例,该区域在创意的理念下被打造成为水族馆、餐馆、游乐设施、旅游接待、居住和商业设施聚集的旅游综合体。这些设施的整合赋予该地区动态活力的滨水特色,成为推动创意经济发展的重要途径。为此,政府应该充分发挥引导作用,促进城市的文化和创意发展。具体而言,政府可以采取多种措施,包括投资文化基础设施和公共场所建设、广泛使用著名建筑师的建筑作品作为城市点缀、积极进行创意集群和网络建设、为创意阶层提供可负担的空间等。这些措施旨在鼓励和支持文化和创意产业的发展,建立良好的创意生态系统,推动城市和旅游的可持续发展。

二、国外旅游文创景点发展的现状、特点与经验

放眼全球旅游市场,世界各地的旅游目的地都开始用创意开发补充以文化为主导的发展战略,创意旅游或旅游文创成为全球探讨的热点,旅游与创意之间的融合带来了各种全新发展形式,如文化创意集群和民族聚居区、文化创意与乡村发展等。其中,率先提出并充分发展文创产业的欧洲国家和地区,以及美国、加拿大、澳大利亚、日本等发达国家在创意旅游方面进行

---

[1] 牛玉,汪德根,钱佳.国外创意城市发展对旅游业的影响及启示[J].地理与地理信息科学,2014,30(6):99-106.

的尝试与实践能够为中国旅游文创景点开发提供启发思路。

(一) 国外旅游文创景点发展

1. 工业遗产旅游景点开发

在工业遗产旅游景点开发领域，以英国、德国为代表的传统工业强国有较为丰富的经验，通过独特鲜明的创意开发模式，实现了传统工业遗产的创新性转化。德国的鲁尔区历史上以工业种类多样、部门结构复杂、工业地区密集等特点成为工业城市带发展的典型。随着后工业时代的到来和发展模式的迭代，鲁尔区逐步实现产业结构转型调整，大力推动第三产业发展，其中一个重要举措就是发展工业旅游，并在此基础上摸索出了四个成熟的开发模式：一是博物馆模式；二是景观公园模式；三是购物旅游相结合模式；四是会展旅游开发模式[1]。采用这种路径交叉的发展方案，实现了不同模式之间的内在统一，满足了市场需求和大众需要。下面举例介绍其由工业遗产发展起来的重要创意旅游景观。

(1) 沃尔夫斯堡大众汽车城主题公园。大众汽车城位于德国下萨克森州的沃尔夫斯堡市，该市是大众汽车集团的总部所在地，于1938年成立。1996年，大众汽车集团在沃尔夫斯堡总部附近中部运河边的废弃贮煤厂旧址上，建成了一座占地25公顷的大众汽车城主题公园，它是大众汽车集团的各个汽车品牌在德国的重要展示场所。汽车城内包括各种汽车制造厂房、研发中心、博物馆、展览馆、娱乐场所等，同时配备了高效的交通系统和先进的科技支持。大众汽车城不仅是一个展示汽车制造业发展历程的场所，更是一个融合科技、文化、娱乐和商业的综合性旅游景点。游客可以在这里了解汽车制造业的历史和现状，参观各种汽车展览、博物馆和制造工厂，同时还可以享受购物、美食和娱乐设施带来的乐趣。大众汽车城的开发和运营为德国的旅游产业注入了新的活力和创新，成为德国旅游业的重要组成部分。作为德国最受欢迎的旅游景点之一，大众汽车城每年吸引大量游客前往参观和体验。

(2) 汉堡仓库城。汉堡仓库城是汉堡市一个历史悠久的码头建筑群，位于易北河畔，由17座砖石建筑组成，是德国最大、保存最完好的古老仓库建筑群之一，也是汉堡市的重要旅游景点和文化遗产，2005年被选入世界文化遗产名录。仓库最早建于19世纪，当时的汉堡港口需要专门地点储存大量的商品，因此，汉堡市政府决定在易北河畔建造一个巨大的仓库区，用来储存棉花、咖啡、香料和其他货物。如今，水上仓库城已成为汉堡市最受欢迎的旅游景点之一。游客可以在这里漫步，感受历史的沉淀和文化的氛围，还可以参观多个博物馆和展览，如仓库城博物馆以及香料博物馆，进而了解当地的历史文化和经济发展历程。另外，这里也有许多商店、咖啡厅和餐馆，供游客购物、用餐和休闲。

(3) 伊本布伦煤矿博物馆。伊本布伦煤矿位于北莱茵-威斯特法伦州伊本布伦，该煤矿曾是德国最大的煤矿之一，于20世纪50年代开始开采，70年代达到了顶峰。然而，由于煤炭需求的下降和环境保护压力的增加，伊本布伦煤矿在2008年关闭，成为该地区的重要历史文化遗产。

---

[1] 陈淑华. 东北资源型城市工业旅游的发展——从德国鲁尔区视角分析[J]. 学术交流, 2010(3): 69-72.

伊本布伦煤矿现已开发成一座重要的煤矿博物馆，游客可以在这里了解煤矿的历史和技术，参观地下的矿井和展览馆。煤矿博物馆展示了煤炭采掘的历史和现状，介绍了矿工的生活和工作条件，还有各种矿井设备和工具的展示。此外，博物馆还提供了许多互动式的展览和活动，如为了让游客更好地了解煤炭采掘的过程和技术，开发出体验式的煤矿开采旅游项目，游客可以深入井下，亲身体验煤矿工人作业的辛苦劳作。

2. 乡村旅游景点开发

欧洲乡村旅游的历史可以追溯到中世纪，当时，贵族和富商们常常前往乡村地区度假，享受安静和清新的环境，英国诗人杰弗雷·乔叟（Geoffery Chaucer）在《坎特伯雷故事集》中就曾对贵族前往乡村进行描写。19世纪，随着工业化和城市化的发展，乡村旅游逐渐成为一种流行的旅游方式，人们开始到乡村地区寻找自然和宁静的环境，逃离城市的喧嚣和拥挤。20世纪，随着旅游业的发展和交通工具的进步，乡村旅游变得更加便利和普及化。越来越多的人开始到乡村地区旅游，欣赏自然风光、参观博物馆和古迹、品尝当地的美食和葡萄酒等。同时，许多当地的村庄和小镇也开始发展旅游业，为游客提供更好的服务和旅游体验。今天，欧洲乡村旅游已经成为欧洲旅游业中不可或缺的一部分，吸引着数百万游客前来探索和体验。

比如，意大利五渔村（Cinque Terre）是意大利著名的旅游目的地之一，也是世界文化遗产和世界公园，结合了古村镇、阳光沙滩、临崖铁路、崖壁葡萄园等多重人文自然资源，是发展乡村旅游的成功典型。

五渔村是指利古里亚海岸上的五个小渔村，它们分别是蒙特罗梭（Monterosso）、韦尔纳扎（Vernazza）、柯尔尼利亚（Corniglia）、里奥马焦雷（Riomaggiore）和马纳罗拉（Manarola）。这些小村庄以其美丽的海岸线、独特的建筑风格以及当地的美食和葡萄酒而闻名。当地政府和旅游业界采取了许多措施来开发创意旅游，如推广当地的文化和历史、开发新的旅游路线和体验、提供更多的旅游服务和设施等。此外，当地还在积极推动可持续旅游发展，鼓励游客采取环保旅游方式，如徒步旅游、骑行旅游等，以减少对环境的影响。这些措施让当地的旅游业得到了很好的发展，并且为游客提供了更加丰富和有意义的旅游体验。

（二）国外旅游文创景点开发经验与启发

1. 从过度旅游向发展小型社群创意旅游转变

过度旅游（overtourism）是指过多的游客前往特定目的地。过度旅游不仅导致城市拥挤和拥堵，还给当地人民和环境带来压力。此外，社交媒体的大量曝光和位置地理标记也导致一些目的地的旅游业迅速发展。在这些地方，环境和当地社区往往无法应对大量涌入的游客，过度旅游对可持续发展具有负向影响。比如，意大利威尼斯只有55 000名永久居民，但每年约有2 000万名外国游客来到这座城市，在旅游旺季，威尼斯一天要接待12万名游客。因此，联合国教科文组织早在2017年就警告要将这座意大利著名旅游城市列入其濒危世界遗产名录。北欧国家冰岛每年吸引超过200万名游客，是其全国人口的六倍，为了减轻基础设施的压力以及对岛上自然美景的破坏，冰岛政府启动了旅游景点保护基金，并禁止在雷克雅未克市中心建造新的酒店。这些案例为创意旅游从"越大越好"转向较小的发展空间提供了启发。以葡萄牙为例,近年来,葡萄牙的旅游业呈指数级增长,目前是葡萄牙经济的主要驱动力之一。然而,该国旅游业仍然主要集中在里斯本、波尔图等大城市以及拥有海滩和阳光的阿尔加维地区。随着旅行者越来越多地寻求有意义和真实的体验,人们越来越关注过度旅游的负面影响和旅游同质化趋势。

葡萄牙政府于2016年启动了"创意旅游"(Creatour)计划,这是一个旨在发展和推广创意旅游的国家计划,希望利用葡萄牙的文化、历史和自然资源,联合开发小城镇与乡村的文化旅游景点,具体在葡萄牙四个不同地区的小镇和农村启动并推广可持续创意旅游业,促进创意旅游的可持续发展,提高旅游业的质量和效益,推动经济的多元化和创新。该计划由葡萄牙文化部、旅游局、科学和技术基金会等部门共同实施,涵盖全国12个地区和25个城市。其中,对葡萄牙旅游胜地阿连特茹如何开发创意旅游景点做了比较系统的论述。该计划为葡萄牙旅游业的转型升级提供了借鉴意义,同时也为其他国家发展创意旅游提供了经验借鉴,即从围绕中心城市、核心景区发展旅游产业转向开发更多分散、多元的较小型旅游目的地,改善区域过度旅游的负担,进而促进不同体量的旅游景点协调发展。

2. 建立完善的行业评价体系,规范旅游文创市场

根据口碑效应,凡是经过行业协会认可、专家评定、权威机构颁奖、主流媒体关注的产品服务往往能够获得更大关注和引流,这一规律同样适用于创意旅游景点开发。对于旅游业来说,这些认可、奖项和评级不仅是对旅游企业的认可和肯定,也是游客选择旅游目的地和旅游产品的重要参考因素。此外,主流媒体的关注也可以让创意旅游景点获得更多的曝光,吸引更多游客前来体验。例如,旅游杂志、旅游节目、社交媒体等都会对一些有特色的创意旅游景点进行报道和推荐,这样可以让更多的游客了解这个景点的特点和价值,增加游客的兴趣和前来旅游的动力。

基于此,国外旅游产业发展已经形成了相对成熟权威的行业评价体系,如米其林餐厅指南。其中,法国在发展乡村旅游、提升创意机制方面建立了相对完善的行业促进与评级机制,不仅对游客来说是重要的参照依据,也能够充分促进行业内部的经营主体协同进步,创造良好旅游营商环境。在推广宣传乡村旅游方面,有"鲜花小镇""特色小镇""法国最美村庄""法国人最喜欢的乡村"等多种评价体系。

(1)"鲜花小镇"。"鲜花小镇"(也被称为"鲜花城市和乡村")评选是法国一项旨在提高城市和乡村环境质量、促进城市和乡村美化及旅游发展的活动。该活动于1959年开始,由法国议会和旅游部共同举办。评选标准主要包括市镇的绿化面积、花卉品种、花卉布局、绿化设施、环境保护等,被授予"鲜花小镇"称号的市镇将获得不同的荣誉称号和奖项。评选分为四个级别,分别为"一花""两花""三花"和"四花"。该活动对于促进法国城市和乡村的发展与改善做出了重要贡献。获得评级殊荣的市镇将被授予"鲜花城市"或"鲜花小镇"称号,并将获得一定的资金和技术支持,用于维护和改善市镇的花卉和绿化环境。同时,这些市镇还将成为旅游景点,吸引更多的游客前来旅游和观光,促进当地经济的发展。

现在,"鲜花小镇"已经成为法国著名的旅游品牌之一,吸引了大量游客前来参观和旅游。

其中最著名和最具代表性的是普罗旺斯地区的瓦伦索勒(Valensole)、尼斯附近的圣保罗德旺斯(Saint-Paul-de-Vence)和布列塔尼大区的孔卡诺(Concarneau)等。这些小镇不仅拥有美丽的自然风景和丰富的花卉资源，还有独特的文化和历史遗迹，吸引了大量的游客前来观光和购买花卉产品。除了观光和购买，许多鲜花小镇还会举办各种花卉节日和展览，如普罗旺斯的薰衣草节、尼斯的花车巡游和戛纳的花卉展览等。这些活动不仅能够吸引更多的游客前来，还可以推动当地花卉产业的发展和推广。

(2)"特色小镇"。"特色小镇"是法国在1975年创建的一个旨在保护和推广小型历史城镇的计划，发源于布列塔尼。如今，该计划通过创建互联的社区网络，保护和宣传这些城镇的独特历史和文化遗产，并且通过提高这些城镇在旅游业中的知名度和吸引力，促进当地经济的发展。计划的主要目标是保护并推广法国小型历史城镇的文化、历史和建筑遗产，并提高这些城镇在旅游业中的地位，它们一般都是曾经的政治、经济、军事或者商业中心，存有历史悠久的文化遗产和多彩的民风民俗。被认定为"特色小镇"的城镇需要满足一定的标准，如城镇中的建筑和文化遗产需要具有独特的历史和文化价值，城镇需要保持良好的原貌和建筑风格并提供足够的旅游设施和服务等。许多小城镇仍然拥有见证其历史的纪念碑、花园、建筑和博物馆。这些城镇的历史和文化遗产不仅是法国的珍贵宝藏，也是旅游业中的重要资源。"特色小镇"计划的推广对于保护法国历史和文化的传承以及促进当地经济的发展具有重要的意义。每个申请城镇每五年要接受一次"质检"，目前法国范围内共有151个特色小镇，遍布各大区。

(3)"法国最美村庄"。"法国最美村庄"是一个法国非营利组织，由法国村庄协会于1982年创建，它的宗旨是保护和推广法国最美丽的乡村。该组织评选出的村庄必须符合以下标准：村庄人口不得超过2 000人；村庄必须保存有历史建筑或风景名胜；村庄必须有较为完备的旅游设施和服务。目前，法国最美村庄组织已经评选出超过150个村庄，遍布法国21个大区65个省，每个村庄都有其独特的历史、文化和自然风光。这些村庄都被认为是法国最美丽和最迷人的村庄，是保护和传承法国乡村文化遗产的重要组成部分。游客可以在这些村庄中感受法国浓郁的历史文化和乡村风情，探访当地的古迹、博物馆和艺术品，品尝当地的美食和葡萄酒，以及参加各种活动和节庆，充分享受淳朴、自然和宁静的田园风光，了解法国的文化历史和传统生活方式。这一评价模式对其他国家发展乡村旅游也颇有启发，目前在比利时、意大利、加拿大和日本也有类似的组织。

(4)"法国人最喜欢的乡村"。《法国人最喜欢的乡村》是一档法国电视节目，由法国广播电视公司主办，该节目汇集了法国所有的精华乡村，由法国人民投票选出最喜欢的村庄。这个活动始于2012年，每年都会推出新一届的村庄候选名单，法国公众可以通过投票选出他们最喜欢的乡村。投票活动结束后，节目播出评选结果，并对获胜的村庄进行专题报道。该节目的目的是宣传和推广法国美丽乡村的旅游资源，同时也展示法国的历史、文化和风土人情。同时，这个活动也为获胜的村庄带来了更多的旅游和经济机会。如今，"法国人最喜欢的乡村"活动已经成为法国一项备受瞩目的年度节目，吸引了大量的游客和媒体的关注。许多获胜的村庄也因此成为旅游业的热门目的地。

3. 文化创意与国家形象、社会转型联系起来

由于其悠久的历史,英国乡村拥有大量的自然和文化遗产,高度重视环境保护。有许多地区希望通过利用这些自然和文化资源振兴旅游业,历史建筑不仅向公众开放,还用作住宿。例如,在科茨沃尔德的格洛斯特郡,总住宿地点的45%是历史建筑。英国旅游局将"乡村""遗产"和"文化"作为英国最重要的特色。三分之二的外国游客将这些作为访问英国的理由。

英国人对自己的历史以及以乡村为代表的文化遗产的兴趣在20世纪80年代经历了明显增长,并将这种兴趣充分展现在文化产业生产之中,在与旅游产业相对应的电影产业,还出现了"遗产电影"(heritage films)这一典型类型。无论是文化遗产旅游还是遗产电影,共同的诞生动力在于,彼时撒切尔夫人时代的英国经济经历重组,以制造业衰退和服务业增长为显著代表。这一时期在经济与社会领域发生的动荡与剧变要求英国政府找到缓和新与旧、传统与现代冲突的新途径。以生产唯美、庄重、传统、保守、田园的英国特性符号为代表的遗产文化产业成功地化解了矛盾双方的对立。据统计,1987年,英国博物馆数量比1960年翻了一番,到1990年,博物馆、美术馆的参观人数达到7 400万。此外,许多重筑历史旧状的遗产中心也越来越受欢迎。英国的遗产文化产业不仅提供了许多就业机会,还为当地提供能吸引投资者和旅游者的鲜明特色,成了当代旅游业等相关服务行业的主角[1]。除了首都伦敦和一些重要的工业中心,英国政府为加强对乡村文明和生态的保护,规划出大片"国家公园",使英国仍然保持着一派田园景象。目前,英国是欧洲唯一一个人口从城市到乡村"逆向流动"的国家,每年退居乡村的人口远高于进入城市的人数[2]。通过这种方式,英国成功地平衡了城乡发展,保护了其独特的乡村文化和自然遗产,同时也为其他国家提供了宝贵的经验和借鉴。

4. 对生态旅游目的地的需求不断增加

在过去的几十年里,世界各地的旅行者越来越意识到大规模访问可能对旅游目的地产生的环境和社会影响。随着这种意识的提高,对生态旅游目的地的需求也不断增加,这些目的地不仅可以减少游客的碳足迹,还可以减少旅游业本身的碳足迹。顺应这一趋势,各地区正在寻找吸引新型游客的方法,吸引更多会停留更长时间并在此过程中拥有更丰富、更真实的游客体验,同时在该地区进行更大的经济和情感投资的游客。

塞伦盖蒂国家公园是坦桑尼亚最著名的生态旅游景点之一。在这里,游客可以观赏到许多独特的动物,如狮子、猎豹、斑马等。为保护环境,当地政府采取了一系列措施,包括建立保护区、限制游客数量、控制开发等。同时,该地区还推广当地文化和手工艺品,促进当地社区的发展。

加拉帕戈斯群岛是生态旅游的典型案例之一。该岛屿位于太平洋上,是世界上最著名的生态旅游目的地之一。游客可以在这里观赏到许多独特的动物和植物,包括龟、海豹、企鹅等。为保护环境、限制游客数量,制定了一系列旅游规定。

---

[1] 石同云,纵向东.遗产电影与英国文化传统[J].北京电影学院学报,2001(4):59-67,104.
[2] 童清艳,Shan L.英国文化旅游传播及其保护机制研究[J].西南民族大学学报(人文社科版),2018,39(5):7-13.

第二节 旅游景点文创赋能

文化赋能是创意旅游发展的重要基础,可以提高旅游产品的质量和创新性,同时也可以促进当地文化的保护和传承。文化赋能创意景点开发的具体形式包括文化产品、文化参与、文化教育等,以展览、体验、演出、研学等方式实践。以下结合文化的具体类型和表现形式,从文化遗产和流行文化两个层面分析不同文化类型如何赋能创意景点开发。

一、非遗文化赋能创意景点开发

(一)非遗文化概述

非遗文化是指由人类创造和传承下来、具有代表性和独特性的非物质文化遗产,包括民间艺术、传统技艺、传统舞蹈、戏曲、音乐、民间文学、传统工艺等各个方面,是一种具有历史、文化、艺术和民间色彩的文化现象。非遗文化的保护和传承是为了保护和传承中华民族丰富多彩的传统文化。

在中国非物质文化遗产保护协会公布的 2022 年全国非遗与旅游融合发展优选项目名录中,有非遗旅游景区、非遗旅游小镇、非遗旅游街区、非遗旅游村寨四个类型共 200 个项目入选。2023 年发布的《文化和旅游部关于推动非物质文化遗产与旅游深度融合发展的通知》要求在有效保护的前提下,推动非遗与旅游在更广范围、更深层次、更高水平上融合,从战略意义上为我们寻求非遗与旅游结合、创意开发旅游景点和景观提供了充分支持。

在国内的理论研究中,学者和专家从正反两方面对非遗保护与旅游业的关系进行了评价。在积极影响方面,在当前体验经济的背景下,非遗旅游体验作为一种互动模式,是非遗保护和休闲旅游发展的有效路径[1]。有学者提出"原汁原味旅游"的概念,认为非遗与旅游的良性互动有助于最大限度地满足公共旅游的需求和体验价值,在丰富旅游内容的同时,也是促进非遗保护和传承的重要途径[2]。与此同时,也有学者注意到了非遗保护与发展旅游之间的权益冲突。对需要采取整体性保护的非遗项目,其所在的传统文化集中的文化生态区域,如与之相关的自然环境、自然生态等,也都是被保护的重点。换句话说,对非遗项目赖以生存的环境也要进行保护[3]。这体现出整体性保护的生态目标与旅游开发的经济目标之间的差异,更需要充分全面地为非遗"量身定做"适合的开发模式。基于以上观点,我们认为,非遗与旅游有着天然的联系,非遗和旅游活动本质上都是文化性的,旅游者追求文化目标,而非遗本身就是文化的

---

[1] Lin Y. On the Importance of "Spiritual Value" in Inheritance Education of Intangible Cultural Heritage[J]. International Journal of Frontiers in Sociology, 2020, 2(4):33-39.
[2] Xiao H. Analysis of the Value of Intangible Cultural Heritage in Promoting Rural Revitalization[J]. Basic & Clinical Pharmacology & Toxicology, 2020, 127:207.
[3] 陈文华. 整体性保护:非遗保护可持续的重要理念[N]. 中国文化报,2021-07-23(3).

载体。不断演变的非遗具有自己的特点,其不断演进的新内容是旅游产品和业务持续活力的原动力。

(二)非遗文化推动景点创意的思路

1. 非遗文化融入创意文化体验,成为景点的组成部分

非遗文化具有多种多样的类型,按照不完全统计,主要包括以下类型:口述和表演文学,如民间故事、谚语、童话、民歌、快板、评书等;传统音乐和舞蹈,如民间音乐、舞蹈、戏曲、杂技等;传统戏剧,如京剧、昆曲、秦腔、黄梅戏、粤剧等;社会实践、仪式和节日,如传统节日、婚丧嫁娶、宗教仪式、传统手工艺等;传统表演艺术,如皮影戏、木偶戏、布袋戏、铜版年画、剪纸、刺绣等;传统体育、游戏和武术,如太极拳、气功、蹴鞠、中医、传统手工艺等;传统美术,如书法、绘画、雕塑、篆刻等。

旅游景区是多种文化资源的集中展示地,在文旅融合的背景下,对旅游景区及其所在区域丰富的物质、非物质文化遗产进行活态利用,探索将文化遗产转化为旅游产品和旅游商品的路径具有较强的现实意义[1]。将不同形式的非遗文化融入景点创意开发,可以在原来的景点体验基础上提供更加生动直观的沉浸式体验,起到锦上添花的作用。从游客的旅游需求来看,非遗文化的助力在很大程度上满足了游客对魅力型需求的期待,使游客对景点本身的好感度更高。这种文化融合思路可以运用于不同的具体场景。

(1)传统手工艺体验。在景点内设置传统手工艺体验区,邀请民间手工艺人现场展示和教授,如剪纸、刺绣、陶艺、编织等,游客可以亲身体验传统手工艺的魅力,感受民间文化的独特魅力。

(2)传统表演艺术表演。在景点内设立传统表演艺术表演区,定期邀请当地传统表演艺术团队进行表演,如京剧、昆曲、梆子等,让游客感受传统表演艺术的精髓和风情。

(3)传统美食体验。在景点内设立传统美食体验区,提供传统美食制作和品尝服务,如饺子、汤圆、糕点等,让游客品尝地道的传统美食,了解其中的文化内涵。

(4)传统民居参观。在景点内设置传统民居展览区,让游客参观传统民居,了解当地的传统建筑、民俗和生活习惯,感受当地文化的博大精深。

(5)传统节日庆祝。在景点内设立传统节日庆祝区,定期举办传统节日庆祝活动,如春节、端午节、中秋节等,让游客了解传统节日习俗、文化内涵和历史渊源。

2. 以非遗文化为主体,自成旅游景观

非遗文化作为一种无实物文化形态,需要经由某种"器物"的承载才能与游客面对面,也就是说,非遗文化需要一定的"文化空间"才能充分落地。空间意味着场景和地点方面的可观赏性、可体验性、可游览性,也就顺理成章地将非遗文化转化为某一具体旅游景观的主题,非遗主题景区的概念应运而生。能够实现这种"空间转向"的功能场景往往与园区、街区、村镇、会展、集市、舞台联系起来。从更大的空间区域来看,我们可以将非遗文化的创意景观开发分为乡村景观与城市景观两大类。

---

[1] 江伟,周敏.文旅融合背景下的非遗主题文创产品开发策略研究——以无锡灵山小镇·拈花湾为例[J].艺术百家,2020,36(5):200-204.

(1) 非遗文化的乡村景观：非遗小镇、非遗村寨。非遗因其无形的特征而无法独立存在，非遗小镇便成为其传承与发展的天然载体。非遗小镇是以一种或多种特色非遗资源为依托，在特定空间环境内形成的具有产、城、人、文等功能融合特征的新型城镇形态，根据建设路径差异可大致分为两种：一种是在世代相传的民风、民俗、民艺基础上，为适应新型城镇化建设需要转型而成；另一种是出于生活、创作、商业等目的，由非遗传承人共同集聚而成。

非遗小镇是传统文化中物质文化的汇集地，也是非物质文化的表现场。其中，传统村落的建筑环境、风貌、空间等是民俗文化的物质载体，而民俗特色小镇的空间聚类形态也是对传统文化的立体记忆，承载了人民生活方式、传统习俗等方面的非物质精神文化。

从非遗文化赋能景点的角度看，非遗小镇的景观要素包括两个部分，即一般景观要素和非遗景观要素。其中，一般景观要素包含自然景观要素和人工景观要素，非遗景观要素则包括原有非遗景观要素和新建非遗景观要素。自然景观要素主要是自然风景，如山川、河流、湖泊、树木、怪石等；人工景观要素主要指村落中与民俗文化无关的现代建筑等；原有非遗景观要素指文物古迹、文化遗址、传统民居、民俗文化空间等；新建非遗景观要素指为实现民俗特色小镇设计主题而建造并融入了民俗文化特征的景观形态，如园林绿化、景观小品、建构筑物、商业街区、广场等[1]。

(2) 非遗文化的城市景观：非遗街区、非遗市集。非遗街区是以非遗为主题的城市街区，它将传统文化和现代城市发展结合，通过历史文化的保护和挖掘，将非遗文化融入城市化建设，促进城市文化的多元发展。非遗街区通常由历史文化街区改造而来，其建筑风格、街道布局、商业经营等都体现着传统文化的特征。在非遗街区中会设立非遗文化展示馆，非遗手工艺品展示、制作、销售店，非遗文化体验馆等设施，让游客和市民深入了解非遗文化，感受传统文化的魅力和活力。同时，非遗街区也是一个独特的商业街区，它通过非遗文化的展示和推广，吸引大量游客和消费者前来观光和购物。这种商业模式为传承人提供了更多的商业机会，同时也给当地经济发展带来了巨大的推动力。目前，中国国内已经建立了多个非遗街区，如北京的南锣鼓巷、福州市三坊七巷、武汉吉庆民俗街、云南省喜洲古镇白族特色非遗旅游街区等。这些街区都以非遗文化为主题，通过整合非遗文化资源和城市基础设施，使非遗文化得到更好的传承和发展，同时也为城市文化建设和旅游业的发展做出了不可忽视的贡献。

非遗街区的建设有助于促进传统文化和现代城市发展的融合，实现文化的多元发展、和谐共存。通过保护和传承非遗文化，激发人们对传统文化的热爱和认同，同时也给当地经济的发展带来了更多的商业机会和就业机会。

同时，非遗街区建设也需要着重考虑如何保护和传承非遗文化，防止文化商业化和脱离传统文化的本质。在非遗街区的建设中，应该注重非遗文化的挖掘和保护，让其传承发展得更加健康和可持续。

---

[1] 薛茜元.非物质文化遗产视野下的民俗特色小镇景观设计研究[D].西安:西安建筑科技大学,2018:18.

二、流行文化赋能创意景点开发

(一)流行文化旅游概述

流行文化旅游(pop culture tourism)是近年来颇受关注的一种新兴旅游形态,它是指基于流行文化元素而设计和开发的旅游产品和服务,如电影、电视、音乐、游戏、艺术、时尚的相关景点、活动、商品、主题公园等,吸引游客前往体验和探索。也就是说,从电影、书籍、音乐等流行文化现象中产生的旅游称为流行文化旅游,爱好者称为流行文化旅游者。

一些学者认为,流行文化旅游在某些方面类似朝圣,其旅游景点等同于朝圣地。比如:美国摇滚巨星"猫王"的故居雅园(Graceland)每年吸引大量乐迷参观凭吊;日本神奈川县镰仓市的镰仓高校前篮球场由于出现在经典动漫《灌篮高手》的片头,成为粉丝打卡的热门景点。此外,流行文化旅游的典型案例还包括:在美国洛杉矶的好莱坞,游客可以参观电影制片厂、明星的豪宅,还可以到好莱坞星光大道欣赏明星的手印和脚印;在英国伦敦,游客可以参观著名的大本钟、博物馆等,还可以前往《哈利·波特》电影拍摄地探访魔法世界。作为一种新兴的旅游形式,随着全球流行文化的不断涌现和发展,流行文化旅游的市场前景非常广阔。

和非遗文化一样,流行文化也是赋能创意旅游的重要源泉,并且能够在很大程度上培养和建立年轻群体的旅游意愿与兴趣,扩大旅游产业需求端。以流行文化为主题的旅游往往内容新颖、时尚、有趣,游客参与性和互动性强,自由度高,重视游客自主探索和个性化需求。相比其他旅游者,流行文化旅游爱好者身上兼备的粉丝文化属性更加强烈,粉丝特别关注那些对粉丝具有重要意义的物理存在。无论体育迷、音乐迷还是电影迷,都非常重视参加"现场"活动,他们认为这是一种更"真实"的体验。

(二)流行文化赋能景点创意的思路

1. 影视作品赋能景点文创

影视产业与旅游产业都是文创产业的重要组成部分,二者强强联合,对旅游景点创意开发有着巨大推动作用。创意旅游开发过程中强调的全资源体系和产业链条如何充分实现?影视产业历经多年发展积累的商业化叙事表达在很大程度上可以有效解决这个问题。具体说来就是充分发挥影视IP产能和跨媒介叙事的融通能力,用故事创意将真实世界与艺术虚拟、线上空间与线下实体放置在同一个叙事宇宙中,能够给真实世界中的旅游景观带来多重感知意象,创造多重文化旅游意义,进而为景点本身创造更多深层次的文化价值。比如:在游客心目中,张家界的"南天一柱"不仅是武陵源三千奇峰中的一座,还是《阿凡达》潘多拉星球的哈利路亚山;伦敦国王十字车站第九站台和第十站台中的第三根柱子不是普通的柱子,而是搭乘通往霍格沃兹魔法学院专列的九又四分之三号站台。IP凭借强大的故事引导力和感染力,极大强化了旅游景点的文化魅力与吸引力。

正是由于这个原因,许多经典电影的取景地也演变成深受影迷钟爱留恋的创意景观。喜欢我国香港地区电影和TVB剧集的观众都对西九龙油麻地警署非常熟悉,这栋三层楼高的历史建筑如今成为不少游客打卡留念的目的地。在电影拍摄地演变成知名旅游景点方面,中外影视作品中都能找到不少例子。新西兰玛塔玛塔(Matamata)小镇是新西兰知名的牛奶生产基地,也是国际知名的奶牛培育基地,国内很多奶牛场的奶牛就是从这里引进的,但真正让玛塔玛塔获得世界声誉的则是魔幻大片《指环王》三部曲和其前传《霍比特人》系列,在影片中,玛塔玛塔就是与世隔绝的霍比特人居住的夏尔。电影的成功让包括玛塔玛塔在内的众多新西兰田园风光成为全球影迷和游客的朝圣地,对他们来说,新西兰不仅是新西兰,还是瑰丽奇幻的"中土世界",新西兰的旅游业也从此走上持续繁荣的大道。著名导演张艺谋在创新旅游 IP 方面颇为成功,为文创旅游路线和景点开发提供了极为丰富的素材。《十面埋伏》里令人惊艳的竹海外景来自重庆永川区茶山,如今这里已经成为国家级森林康养基地;《满城尽带黄金甲》中出现了武隆的天生三桥和天福官驿;《千里走单骑》把云南的山川风情展现得淋漓尽致,丽江、元谋土林、玉龙雪山等人文和自然景观都成为不朽的银幕符号;《长城》先后在敦煌雅丹魔鬼城和张掖七彩丹霞取景拍摄,点燃了许多观众前往现场一探奇景的好奇和向往;《满江红》全程在山西太原古县城实景拍摄,这里是山西非遗文化富集区,影片热映让这座小城迅速出圈。

一方面,IP 化创意能为旅游景点提升人气、扩大知名度和影响力,带来的巨大推动效应;另一方面,IP 也可以从无到有制造新的人气景点。近年来,影视剧带火旅游点的情况并不鲜见。业内将之称为"烟花效应"——影视作品犹如一场绚烂的烟花,在绽放于城市上空的同时照亮下方胜景。旅游目的地要做的,是在这个短期窗口内,找到自身的比较优势,并将其作用发挥到最大[1]。

2. 动漫、游戏赋能景点文创

在 IP 思路的引领下,除了通过影视作品打造创意旅游景点,游戏和动漫也是重要的文创赋能源泉。源自动漫游戏的设定与场景,经由创意布局与合理规划,能够实现从二次元向三次元的转化。以位于日本鸟取县北荣町的柯南小镇为例,这个不到 5 000 户人家的小镇因为是《名侦探柯南》作者青山刚昌的故乡而知名,进而成为全世界柯南粉丝的"朝圣地"。镇上大到主干道路、大桥,小到井盖、路牌,全部都是柯南元素。在北荣町,建立在动漫作品基础上的柯南旅游包括多个景点和活动,如"柯南街道""柯南车站""柯南咖啡馆"等,这些景点和活动都是以漫画和动画中的场景为蓝本建造的,游客可以在这里找到自己熟悉的柯南世界。此外,北荣町建立了柯南博物馆,全面还原动漫世界的经典道具,如阿笠博士专车、蝴蝶结变声机、柯南滑雪板等,充分强化了旅游者的体验感和趣味性。博物馆参观之旅的最后还有种类齐全的衍生周边,"仅此一家,绝无分店"的售卖类型也提升了这些文创衍生品的文化内涵与价值,让柯南IP 成了北荣町旅游的重要支柱产业。

距离意大利罗马不到 100 公里的古老小城白露里治奥(Civita di Bagnoregio)坐落在高原,以空中孤岛般的独特地势景观成为宫崎骏《天空之城》中拉普达的原型。也正是因为《天空之城》在全世界范围取得成功,这座濒临消亡的小城焕发第二春,成为广大旅游者和动漫文化朝圣者的重要目的地。来意大利旅游观光的中国游客尤其钟爱光顾这里,年度旅游统计数据显示,2018 年约有 85 万游客来到白露里治奥,其中五分之一是中国游客,当地民宿和餐饮业甚至

---

[1] 彭德倩."取景产业",城市新动能[N]. 解放日报,2023-01-16(10).

还专门推出了针对中国游客的服务,包括使用支付宝消费、提供中文翻译和中式早餐等[1]。

动漫和游戏 IP 在很大程度上延伸了旅游创意的"空间链",这是一种对旅游者认知的塑造与强化。换句话说,旅游者的身份指认得到了更加充分全面的确认,既是旅游者,同时也是小说读者、电影观众、动漫粉丝和游戏玩家,对其旅游动机与需求能够有更加细致多元的描述,进而明确这些基于流行文化创意 IP 而形成的各类景点所具有的价值属性和文化意义。一些游戏在创意开发方面颇为用心,为游戏 IP 的旅游资源转化铺筑了通畅开阔的道路。如育碧公司的经典作品《刺客信条》,这是一款结合了历史、动作、潜行等元素的动作冒险类游戏,该系列从 2007 年发布至今,衍生出小说、电影等文创成果,其丰富的历史背景以及逼真的场面和建筑还原成为游戏经久不衰的重要原因,甚至被玩家戏称为"旅游模拟器"。意大利的圣母百花大教堂、埃及金字塔等知名景点都成为该游戏的高光场景。在《刺客信条:起源》中,官方直接添加了"旅游模式",玩家可以在游戏中领略古埃及风光,足不出户就能做好旅游攻略。这一模式甚至让《刺客信条:起源》拿下了革新游戏(Games For Change, G4C)奖项中的最佳学习游戏奖。换句话说,玩家进入游戏宇宙的各个景点,进一步扩大了景点知名度、影响力乃至与玩家的情感联系。在旅游目的地认知与景点好感度架构方面做文章,成为创意旅游景点开发的重要思路和可行路径。

在打通动漫、游戏与线下旅游景点的虚实对接方面,国产游戏《原神》是具有代表性的案例,一方面打造奇幻秀绝山水风光,让玩家充分"云旅游",另一方面秀出了二次元世界奇幻美景的三次元原型。这款游戏自上线以来就与国内多个知名景点展开合作,将黄龙、张家界、九寨沟、桂林山水等都植入游戏,并通过"从驻足到远行"景区联动计划(桂林变身"荻花洲"游戏场景)等,让不少游客萌发旅行向往[2]。

古风武侠端游《逆水寒》同样是挖掘和推广创意旅游景点的典范,开发团队考察了 13 个省(区、市)的 5A 级旅游景区,将考察素材运用在游戏的 196 个场景中。江西白鹿洞书院、景德镇、雷山县西江千户苗寨、苍山洱海等著名景观都被搬到了游戏里。此外,《逆水寒》还与"蓝色的星球上的最后一片净土"即川西国家级自然保护区稻城亚丁深度联动,利用元宇宙技术,让玩家站在稻城亚丁的古城楼上,眺望圣洁的三怙主神山,还能深度赏析堪称奇观的牛奶湖,进而有效带动了玩家去现实场景打卡留念的积极性。

第三节 | 旅游生活设施文创

吃、住、行、游、购、娱构成了旅游的六大要素,本章主要探讨的景点创意属于其中的"游"环

---

[1] 吉莉,张易萌."增加了对不同文化和语言的了解"[N].工人日报. 2018-08-13(8).
[2] 李思静.桂林文旅"花式整活" 年轻化探索再开新篇[N].桂林日报. 2023-04-19(2).

节,其余五大要素作为旅游产业中同样重要的环节,与景点游相互关联、相互支撑,共同构成了旅游产业生态系统的重要组成部分,为来到旅游目的地的游客提供全面的体验产品和服务。全行业齐抓共管的融合发展思路是对产业结构优化调整的全域旅游思路,也就是说,工业、商业、房地产业、制造业、手工业、餐饮业、休闲娱乐都可以打通与旅游之间的关系,各行各业共同发展,实现综合效益的最大化[1]。这里有必要对全域旅游概念和内涵做出介绍,帮助我们理解发展旅游生活设施与景区创意建设之间的联系。

自 2015 年国家旅游局启动"国家全域旅游示范区"创建工作以来,旅游业由"景区旅游"向"全域旅游"发展的模式得到充分挖掘。全域旅游是一种旅游发展模式,是一种基于地域、产业、文化、生态等多方面资源,全面挖掘旅游潜力,整合旅游资源,打造全域旅游品牌,实现旅游产业链的全面发展和提升旅游综合效益的旅游发展新模式。"从时空观来看,全域旅游突破了传统的景点景区的时空范围;从资源观分析,全域旅游倡导的是一种'泛资源观',即与人类生活相关的所有区域都可以成为旅游资源;从旅游产业价值体系解析,全域旅游不仅创造旅游业的经济价值,更多的还是带来无尽的社会价值与社会资本;从利益格局分析,全域旅游打破了传统旅游的行政垄断和行业垄断的利益格局,分享经济的参与理论使得社会成员都有机会共享共建全域旅游成果。从经济模式来看,全域旅游倡导的是'全产业链模式',打破了单一的'门票经济'格局,使得旅游经济外溢性更强、带动性更大。尤其是全域旅游战略的'旅游+'模式,使得旅游业与其他相关产业真正实现了'跨界融合''开放共享''互联互通'。"[2]

一、餐饮文化创意

"民以食为天",餐饮位列全域旅游产业各大要素之首,是旅游休闲消费的重要内容。餐饮文化是当地文化的重要组成部分。全域旅游视角下的"旅游+餐饮"创意开发可以在餐饮环境、餐饮菜品、餐饮服务等方面具体落实,既为旅游者提供独特的饮食文化体验,本身也可以成为重要的文化形式与文化景观。

(一)餐饮环境创意

在旅游创意视角下,餐饮环境不仅仅是简单的吃饭场所,而且在创意旅游中扮演着重要的角色,成为旅游创意的重要组成部分。大到露天集市宴席,小到室内餐厅酒家,餐饮环境包含环境、设计、装修、服务、氛围等方面的综合体验,以"舌尖"和"空间"带动"脚尖",满足消费者旅游、休闲、娱乐、社交、情感等不同消费需求。这里以景观化与节庆化作为餐饮环境创意的突破口,为提升旅游餐饮综合体验提供创意灵感。

1. 餐饮环境景观化

景观化(landscapeization)是一种将自然和人工环境转化为景观的过程,或者说是通过景观设计和规划来创造或改造具有景观特色的环境,旨在创造具有美感和功能性的环境。可以与

---

[1] 陈加林.发展旅游学纲要[M].北京:中国旅游出版社,2018:86.
[2] 叶朗.中国文化产业年度发展报告 2018[M].北京:北京大学出版社,2019:70-71.

城市规划、建筑设计、交通规划等结合,创造出更加完美的景观效果。具体到餐饮行业,景观化设计和餐饮环境创意开发可以充分结合,营造具备旅游、休闲、娱乐、社交等多重价值属性的环境空间,带来丰富多元的餐饮消费体验。常见的餐饮环境景观化创意思路包括以下三种。

(1) IP景观。无论人物还是故事,IP形象均以景观化样态成为餐饮环境核心要素,对目标客群有着精准的锚定。顾客的消费是一种有高附加值的情感投入,因此,在IP景观设计和呈现中体现出垂直专业的特点,容易形成餐饮的社群化,将IP粉丝引流到餐饮店面。于是,景观本身就以餐饮为依托,"无中生有"地成为"景点",或者说具备了和旅游景点类似的游览打卡价值。比如,迪士尼将IP赋能于沉浸式餐厅环境打造,在迪士尼愿望号游轮推出复仇者联盟任务,各大超级英雄悉数登场,游轮上的菜单也全来自漫威电影宇宙。

在一些以亲子顾客为目标群体的儿童餐厅,凯蒂猫(Hello Kitty)、小猪佩奇、奥特曼、托马斯小火车等经典角色IP成为吸引顾客的重要手段。比如,以《托马斯和他的朋友们》剧情为主题打造的"托马斯小火车"主题餐厅登陆上海。餐厅内从地板到墙面到处都蕴含着托马斯小火车元素,地板上很多托马斯木质轨道和各式各样的木质小火车,小朋友可以自己组装,火车铁轨上还有起降机、加油站等,儿童趣味十足,墙面壁画等也再现"托马斯小火车"剧情场景。餐食既有西餐,也有中西合璧式餐饮;有儿童餐,也有陪同儿童的大人餐,儿童套餐也是托马斯主题,餐具是"托马斯小火车"样式,餐食主题形象可爱到不忍心吃。餐厅有玩有吃,吸引了众多的儿童及家长前往打卡[1]。

绍兴的咸亨酒店主打鲁迅文化主题,融合江南水乡与古越文化,还原了鲁迅笔下的咸亨酒店,包括对外地游客极有吸引力的"堂吃",曲尺柜、长板凳、长条凳均原样呈现,力图还原《孔乙己》中的原貌细节,菜肴是绍兴民间俗称的"十碗头"。酒店还建造了《社戏》中描绘的戏台,还推出了以"咸亨利贞取女吉"为主题的中式婚嫁活动[2],充满人文气息。

(2) 互动沉浸体验景观。具有互动沉浸体验的餐饮环境的设计通常注重营造独特的场景和氛围,如主题餐厅、沉浸餐厅等。对于消费者来说,"怎么吃"比"吃什么"更加重要。这类餐饮景观能够激发顾客的好奇心和创造力,增强他们的参与意愿和互动体验。沉浸式餐厅主要通过光影、音乐等,将味觉、视觉、听觉、触觉、嗅觉合一,创造出如梦如幻的效果,让用餐如同一场身临其境的旅行,时而星空烂漫,时而海洋辽阔,时而森林奇语。

光影餐厅是近年来餐饮环境创新的典型。比如,餐饮业巨头必胜客在布局国内休闲餐饮开发过程中,在上海推出"莫奈夜花园投影餐厅",主打印象绘画的艺术沉浸感与享受下午茶的精妙融合;在成都推出首家非遗光影餐厅,借助光影技术,将传统民间技艺羌绣的设计元素运用到餐厅环境中,使消费者在体验美食的同时更加深入地了解羌绣文化。

在乡村旅游中,一些餐饮项目以结合民俗节庆的"过会""吃席"等形式展开,其环境氛围不同于主题餐厅的常态形式,具有可变性、流动性和随机性,强化了参与者的互动体验感。首先,乡村旅游中的吃席体验通常包含当地农家特色菜的品尝,这些菜的烹制和呈现方式都非常独

---

[1] 关占阁,葛雪梅. IP主题餐厅发展现状及对策探析[J]. 现代营销(经营版),2019,317(5):60-61.
[2] 陈志华. 国内首家鲁迅文化主题酒店开业[N]. 中国旅游报,2010-08-18(5).

特,会让顾客对当地风土人情有更深的了解和体验,甚至可以亲手参与烹饪过程,学习如何制作当地菜肴。比如在法国,所有参与乡村旅游的农场提供给游客的饮食都被要求采用农场自己生产的食材,用本土烹饪方法加工制作,有效避免了区域乡村旅游同质化问题,也强化了游客的独特体验感。其次,在乡村旅游中,很多餐馆和农家乐都会提供亲自采摘、捕捉或者养殖食材的体验,如在菜园子里采摘蔬菜、在鱼塘里钓鱼、在农场里挤牛奶等。这不仅可以增强顾客的参与感和互动性,还可以让顾客更深入地了解当地的生活方式和文化背景,进一步强化远离都市喧嚣、回归温馨田园的惬意感受。此外,乡村旅游中的"吃席"体验通常也会伴随当地的文化艺术表演、民俗活动等,如夜晚的篝火晚会、当地音乐和舞蹈表演、传统手工艺品制作等。

(3) 奇异景观。为了给顾客带来独特又难忘的体验,餐饮环境的创意开发向着"险""奇""怪""绝"的方向不断推进,全世界范围内出现了悬崖餐厅、火山餐厅、岩洞餐厅、水下餐厅、墓穴餐厅等"重口味"的就餐环境,同样广受欢迎,吸引了大量游客前去参观打卡、赏鉴美食。

悬崖餐厅通常建立在海边或高山上,使用高强度材料和特殊结构设计建成,如钢结构、玻璃幕墙等。餐厅内部设计简洁大方,通常以落地窗作为主要装饰和设计元素,使顾客可以欣赏悬崖和大海的壮观景色。悬崖餐厅在全球范围内得到了广泛的关注和喜爱,成为旅游景点和餐饮体验的代表。在许多国家和地区,如希腊、挪威、泰国等,都有著名的悬崖餐厅,生意十分火爆。国内具有知名度的悬崖餐厅属湖北宜昌的放翁酒家,餐厅位于长江支流下牢溪的入江口 100 米左右,与著名的三游洞相邻,对岸是全国闻名的三峡蹦极。放翁酒家是全球九大悬崖岩洞餐厅之一,位于悬崖峭壁之上的一个溶洞之内,下面是垂直如削的绝壁,用餐体验极为独特。

位于西班牙兰萨罗特岛的恶魔餐厅(Restaurante El Diablo)是一座建在活火山上的烧烤餐厅,由于其独一无二的火山景观而被称为"全球最危险餐厅",同时也是全世界知名的旅游打卡地,吸引大量游客前往兰萨罗特火山公园。在餐厅门口,游客们可以看到不定时的火山地热演示。在餐厅里,所有食物均为火山热能烹制,顾客可以现场观看厨师在地热出口烹饪美食的过程,这种独特的餐饮环境使餐厅本身成为最有影响力的旅游招牌。

水下餐厅虽然不及悬崖和火山餐厅奇险,但是蔚为壮阔奇妙的环境也令游客趋之若鹜,打卡这类餐厅成了旅游清单上的必选项。著名的水下餐厅包括马尔代夫的珍珠餐厅、挪威的水下餐厅等。其中,珍珠餐厅是全球第一家水下餐厅,位于海平面以下五米,餐厅四面为造价 500 万美元的透明有机玻璃,可以 360°欣赏海洋鱼类和珊瑚。挪威水下餐厅的外形像是一块从海底升起的礁石,长达 34 米,一直延伸到海平面五米以下的一块海床。入口部分为木质结构,位于海下五米,拥有一个长 11 米、宽 3.4 米全景玻璃,让人仿佛处于一个巨型的潜望镜之中,在享受美食的同时体验被海底生物环绕的美妙,一切尽收眼底。

2. 餐饮环境节庆化

在旅行中,享受美食是一种复合体验,这在餐饮节庆活动中体现得尤为突出。各国和各地区都有自己独特的餐饮节庆活动,如中国的中秋节、春节、元宵节等节日都与特定的食品习俗相关,美国的感恩节、独立日等节日有不同的餐饮庆祝方式,西班牙的圣诞节、墨西哥的亡灵节等节日也有与食品相关的庆祝活动。

除了国家和地区的传统节日,一些大型的国际性餐饮节庆活动也备受关注,如法国美食节、意大利美食节、德国啤酒节、新加坡美食节等,这些国际性节庆活动吸引了大量的游客和美食爱好者参加,成为当地旅游经济和文化交流的重要推手。将美食美酒与节庆活动、节庆氛围联系在一起,使其成为民俗文化、民族文化、宗教文化、地域文化的一部分,拓展了餐饮环境的内涵。具体场景也从餐厅酒店拓展到各种可以展示美食、进行美食交流的公共场所,如公园、广场、展览馆、街道等。餐饮环境节庆化可以从节日庆典以及民族文化和民俗庆典两个视角进行创新开发。

(1)节日庆典营造餐饮场景创意。在与美食有关的节庆活动中,"体验到"比"吃到"更能体现这些活动的文化意义与价值,也给从更加广义的层面理解餐饮环境提供了启发,即用餐的场景空间本身可以成为旅游感知的内容生产过程,因而美食品尝、烹饪比赛、美食博览会、美食文化展等都可以被视为创意餐饮环境场景。除了菜肴,甜点、茶、咖啡、啤酒、奶酪、葡萄酒等都能成为美食节庆的主角,此外,各种食材、农副产品、烹饪器具等也都可以成为这类庆典上的展示、交流与体验对象。

法国美食节于2011年由法国经济部发起创办,是一年一度的全国性美食庆典,6—9月,在这三个月的旅游旺季里,全国各地举办各式酒会、烹饪比赛、餐点品尝、烹饪课、食品手工作坊、各国美食试吃、美食街等。此外,还有很多互动和娱乐活动,可以让人们更深入地了解法国的美食和文化传统。每年7月举办的新加坡美食节也是全国性的美食盛会,在为期半个月的活动中,新加坡的各个地区和街区会举办各种美食活动,如美食展览、烹饪比赛、美食市集、美食文化讲座等,吸引了大量的参观者和游客。新加坡美食节的特色之一是提供当地的传统美食,如椰浆饭、炒粿条、辣椒蟹、叻沙等。主打招牌活动是"街食"(STREAT),名店名厨现场烹制美味,让游客当街领略新加坡美食的独特魅力。此外,新加坡美食节还将探索美食与搭建美食街区联系起来,充分连通了食、行、游、购等多个产业环节。

(2)民族文化和民俗庆典营造餐饮场景创意。与美食节日庆典类似,传统文化、民族文化也是提供旅游餐饮创意场景的重要来源。过新年、闹元宵、赛龙舟、赏中秋等民族传统都包含美食佳酿的重要元素,换句话说,中国美食文化历史悠久,其独特的饮食文化与悠久的历史和文化传统有着密切联系。在发展乡村旅游、民俗旅游、少数民族旅游过程中,无论民俗文化体验还是少数民族文化体验,美食都能够成为最具吸引力的体验场景,内涵丰富。

那达慕大会是蒙古族的传统马术运动会和文化节庆,也是蒙古族传统饮食文化得到充分展示和体现的重要庆典。在大会期间,游客可以品尝蒙古族传统美食,如手抓肉、炒面、奶酪、烤羊肉、烤牛肉等。这些美食兼具美味和浓郁的蒙古族特色风味,其中,奶茶烤饼宴和烤全羊宴是那达慕大会的传统餐饮活动之一。此外,蒙古族传统餐饮表演和手工艺品展销活动也是节庆期间的重要组成部分,让游客更好地了解蒙古族饮食文化和传统。

乡村旅游为民俗饮食文化落地提供了绝佳场景。比如,"三月三,荠菜当灵丹"对许多人而言只是一句简单的民谚,但是如果将游客带入"三月三吃春菜"的现场,会让人对这个古老的民间说法产生全面而生动的理解。农历三月初三是中国传统的节日之一，也称为上巳节、祭灶节或者彩带节。这个节日除了有祭祀灶神、祈祷丰收平安等传统风俗之外，还有一些特殊的美食习俗。其中，最为常见的是吃春菜。农历三月初三正值春季，此时蔬菜最为鲜嫩，因而人们会采摘嫩菜，如嫩蒜苗、嫩豆芽、嫩豆腐等，加入火腿、鸡蛋等食材，制作成春菜拌饭、春菜汤等美食。此外，也有一些地区的人们会在这一天吃花糕，这是一种用糯米和花果制成的甜点，口感香甜。另外，农历三月初三也是赏花的好时节，人们会品尝各种花草茶，如菊花茶、桂花茶、茉莉花茶等。这些花茶不仅具有美好的香气和口感，还有清热解暑、润肺养颜的功效。这些民俗饮食场景全都可以通过乡村旅游、民俗小镇获得直接体验，成为能够被充分展示的新场景。

（二）餐饮菜品创意

地域美食佳肴与文化密不可分，它们之间相互影响、相互渗透，反映了当地的历史、地理、民俗和生活方式。不同的地域风貌、气候条件、土壤类型、物种资源以及历史、文化传承等因素都会影响当地的烹饪技艺和食材选择。从菜品菜式角度进行创意突破有着很大的发挥空间，这是由中国优越的美食文化土壤决定的。

1. 餐饮菜品概述

中国美食文化源远流长，拥有多种菜系和菜品，主要分为八大菜系，分别是川菜、粤菜、湘菜、鲁菜、苏菜、闽菜、浙菜和徽菜。每个菜系都有其特点和独特的饮食文化。川菜以其麻辣味和重口味而著名，代表菜品有鱼香肉丝、回锅肉、麻婆豆腐等；粤菜以清淡、鲜美、注重原汁原味和营养保健为特点，代表菜品有白切鸡、脆皮烧鹅、烧腩仔等；湘菜以其酸辣、香辣、口感鲜美而著名，代表菜品有剁椒鱼头、组庵豆腐、辣椒炒肉等；鲁菜偏重色、香、味的协调，代表菜品有九转大肠、葱烧海参、糖醋鲤鱼等；苏菜以其淡雅、娇嫩、精致著名，代表菜品有松鼠鳜鱼、狮子头、盐水鸭等；闽菜注重食材的鲜美和原汁原味，代表菜品有佛跳墙、鸡汤氽海蚌、荔枝肉等；浙菜以清鲜、鲜嫩、爽口著名，代表菜品有西湖醋鱼、东坡肉、三丝敲鱼等；徽菜以其独特的手法和调味著名，代表菜品有臭鳜鱼、椒盐米鸡、李鸿章杂烩等。此外，中国还有许多地方特色美食，如北京的烤鸭、重庆的火锅、新疆的大盘鸡等。风格各异的美食文化成为各地招揽游客、吸引投资的重要因素之一，是推广当地文化和发展旅游经济的利器。

2. 餐饮菜品创意思路

餐饮菜品创意对于人们来说并不是一个陌生的概念。在文化餐饮市场，创意菜、融合菜在很大程度上是提升餐饮菜品内在价值、打造品牌形象的重要手法。具体而言，创意菜是指在传统菜肴的基础上，利用创意和想象力加以改良和创新，产生全新的味道和菜品效果的菜肴。其由来可以追溯到20世纪末，当时一些烹饪大师开始对传统菜品进行改良，并加入了独特的元素和手法，以提高菜品的美观度、口感和食欲刺激度，从而创造出新的美食品类。创意菜的诞生，一方面是为了满足人们追求多样化饮食的需求，另一方面也是为了推动餐饮业的发展和提升餐厅的竞争力。创意菜通常都是在菜品的原始材料、烹饪方法和味道上进行改良和创新，如在食材的选择上加入新的元素或者采用新的烹调方式，或者在菜品的摆盘和配餐上进行巧妙的设计，使得菜品更加美观、新颖和有趣。

如今，创意菜已经成为餐饮业的一个重要趋势，越来越多的厨师和餐馆开始尝试创新和创造新的菜品，以吸引更多的消费者。在创意菜的发展过程中，人们开始更加注重菜品的口感和营养价值，同时也更加注重菜品的文化内涵和故事背景，以此提高菜品的艺术性和传达更多的文化信息。在创意旅游视角下，餐饮菜品创意可以从以下两方面展开思路。

（1）用故事赋予菜品创意文化内涵。针对传统菜品进行创意改造，加强菜品背后的故事内涵，进而丰富菜品的文化意义，将食物与文化旅游结合起来，可以为餐饮业带来更多的商业机会和竞争优势。通过挖掘传统菜品的历史、文化和地域特色，将菜品代表的文化元素和故事融入菜品的制作和推广中，可以吸引更多的消费者，并提高菜品的附加值和品牌形象。在这方面，IP具有天然优势，能够充分发挥受众对故事的"移情"作用，使其把对IP故事的好感与认同代入新鲜独特的美食佳酿，进而使菜品本身的魅力与知名度大大增加，成为招牌菜。比如，电影《食神》的重要影响力之一是向华语地区观众普及了两道经典港式菜品，撒尿牛丸和叉烧饭。电影用夸张的表现手法突出撒尿牛丸的口感，用强烈的情感冲突提升叉烧饭的内涵深度，并虚构了"黯然销魂饭"这个名字将其与主人公的沉浮命运联系在一起。其影响在于，对许多内地观众以及食客而言，"黯然销魂饭"置换了叉烧饭原本平平无奇的浅表意义，成为影片重要的情节推动符号，使观众生出对这一简朴美食的神化与向往。尽管在烹制手法上与传统叉烧饭区别不太大，"黯然销魂饭"这个原本虚构的菜名成功"落地"，成为各地港式茶餐厅菜单上的"头牌"，也成为不少游客在香港体验特色美食时必品尝的菜式。皮克斯动画《美食总动员》以一只名叫雷米的法国老鼠为主角，他对烹饪充满热情，并梦想成为一名厨师。在巧合下，雷米遇到了一名年轻的厨师，两人结下了不解之缘，一起创作出美味的法国经典菜"蔬菜杂烩"。这部电影深刻表达了烹饪的艺术性和创造性，同时也展现了对美食的热爱和对厨师职业的尊重。影片上映后受到了广泛的好评，成为一部家喻户晓的动画电影。片中的这道"蔬菜杂烩"更是出圈成为海外观众心中最向往的法国名菜，许多在法国旅游的外国游客都将品尝"蔬菜杂烩"列为必打卡项目。

（2）用情感温度提供积极情绪价值。在现代市场营销中，突出消费者的情感需求已经成为一个重要的策略，针对消费者的情怀、理想和信仰来进行产品创新和推广，已经成为许多企业的重要手段。在餐饮行业中也可以采用这种策略，对菜品施以巧思，为特定人群提供特定的情感价值，满足消费者的情感需求。比如，要让身在异乡的打工人在餐饮消费时获得更多情感关怀，可以在菜品名上做文章。以家乡的名字或地标命名菜品，在原有菜名前套上"老家小巷子""故乡田野"等，如"老家小巷子里的白切鸡""故乡田野里的春笋"等，让消费者在品尝美食的同时，联想起家乡的温暖和亲切；以亲人的名字命名菜品，如"妈妈的红烧肉""爷爷的清蒸鲈鱼"等，品味时思人之感油然而生；还可以从情感、情绪等方面给菜品取名，如"心情好时必点""没什么大不了"，让消费者在品尝美食的同时，感受到情感的共鸣和关怀。

二、住宿文化创意

住宿业是指为旅行者、度假者、商务人员及其他人员提供住宿的行业，尽管并非只为旅游者服务，但可以确定的是，住宿业是旅游业的重要组成部分。它涉及酒店、度假村、民宿、客栈、宾馆、青年旅社等不同类型的住宿设施。这些设施提供各种各样的住宿服务，包括客房、餐饮服务、会议宴会服务、娱乐设施等。

随着全球旅游业的不断发展，住宿业也在不断壮大和创新。酒店行业已经发展成为一种多元化的住宿形态，如国际大型酒店连锁集团、度假村、精品酒店等，提供高品质的住宿环境和个性化的服务。另外，民宿和客栈等小型住宿设施也逐渐受到旅游者的青睐，许多旅游者选择入住这些设施，以更深入地了解当地文化和生活方式。同时，住宿业还面临一些挑战，如人工成本、环保、可持续发展等方面的问题。为了满足旅游者的需求和提高自身的竞争力，行业内的企业创新和不断提高服务质量，推出一些新的商业模式和技术手段，以适应市场的需求和变化。

从全域旅游角度看，住宿不仅通过促进旅游业推动旅游产业全面发展，其本身也是展示与传播旅游文化创意的天然源泉，在全域旅游的全产业链模式中发挥重要作用，不仅满足旅游者的住宿需要，还满足旅游者文化感知、文化体验、文化膜拜等需要，其中包括住宿建筑、住宿服务、住宿经营理念等多重文化对象。

（一）文化创意住宿类型

文化创意住宿是指将文化元素融入住宿建筑、装饰、服务、活动等方面，创造出独特的住宿体验和文化体验。下面是文化创意住宿的一些具体类型。

1. 艺术酒店

艺术酒店将住宿和文化艺术融合在一起，以艺术场馆、艺术品展示、艺术家工作室、演出活动等形式为住客提供文化艺术体验。意大利的米兰维克画廊酒店位于米兰市中心，是一家地标景观级的奢华艺术酒店，原址是19世纪就已开放的埃马努埃莱二世回廊，这里曾经是意大利历史最悠久的活跃商圈，标志性的玻璃加钢筋结构拱廊出自设计大师朱塞佩·曼哥尼（Giuseppe Mengoni）之手，后来回廊建筑被改造成这家奢华艺术酒店，充分体现意大利和米兰时尚潮流与奢华恢宏的文化内涵，成为到米兰的旅游者重要的打卡地。韩国江原道江陵市的阿瑟罗艺术世界美术馆酒店依海而建，主题建筑呈现鲜明的现代风格，是多位设计师共同打造的艺术公园，将露天展馆与大海连接，环境优美、海风清畅，实现了现代艺术设计与自然景观的充分融合。

2. 主题酒店

主题酒店指以酒店所在地最有影响力的地域特征、文化特质为素材设计、建造、装饰、生产和提供服务的酒店，集独特性、文化性和体验性于一体，主题元素可分为自然风光、历史文化、名人文化、城市特色等。近年来我国主题酒店发展迅速，传统酒店纷纷向主题酒店转型，打造具有各自特色的新型酒店，行业市场规模不断扩大。从主题类型上看，自然风光主题酒店在景观理念与体验概念上超越了以自然景观为背景的基础阶段，把富有特色的自然景观搬进酒店，或者把酒店搬进自然，为旅游者营造身临其境的场景。历史文化主题酒店主打过去时的世界，以时光倒流般的心理感受作为吸引游客的主要卖点，让游客仿佛置身秦汉隋唐宋元明清等不同历史时空之中，感受古今人文的浓郁氛围。名人文化主题以来自不同领域的知名人物经历背景为卖点,对一些旅游者具有独特的吸引力。城市特色主题酒店的发展则离不开那些具有鲜明特性与文化风格的城市资源,历史建筑、工业遗产等都能够被开发成保留城市记忆与独特文化的主题酒店。

3. 文化主题民宿

文化主题民宿是一种将传统文化、民俗文化等元素融入住宿建筑、装饰、服务、活动等方面,打造出具有浓郁文化特色的个性化体验的住宿场所。与传统酒店相比,文化主题民宿更注重文化和个性化,为旅客提供独一无二的文化体验。在体现文化内涵的实践中,文化主题民宿通常会在建筑设计、装修风格、服务理念等方面融入当地的传统文化和民俗元素,如传统建筑风格、民间艺术作品、当地特色饮食等,从而营造出独特的文化氛围。另外,文化主题民宿还会为住客提供一系列文化体验活动,如文化讲座、传统手工制作、民俗表演等,让住客更深入地了解当地的文化和传统。目前,在乡村振兴和大力发展乡村旅游的宏观背景下,文化主题民宿在国内的发展得到了政府和旅游业界的高度重视和支持,越来越多的文化主题民宿应运而生。这种类型的住宿场所不仅丰富了旅游业的产品供给,同时也推动了当地文化的传承和经济可持续发展。

4. 创意农家乐住宿

创意农家乐住宿将农家乐与创意旅游结合,将传统农家乐与现代化服务融合,打造出独特的住宿场所,它们以乡村生活为背景,通过创新设计、文化体验等方式,带给游客不同寻常的住宿体验。创意农家乐住宿的特点体现在创新设计、本土文化、农业体验、环保理念、休闲娱乐等多个方面。比如,创意农家乐住宿注重本土文化,就地取材,将当地文化元素融入住宿场所的各个方面,包括建筑、装修、餐饮、娱乐等,同时强化农业生活体验,将住宿场所与有机农业、采摘、养殖、酿造等丰富的乡村生活细节流程联系起来,增强游客的沉浸感和代入感。不仅如此,创意农家乐住宿还能提供丰富的休闲娱乐活动,如露天烧烤、篝火晚会、田园摄影、徒步旅行等,满足了亲子、团建、研学等不同旅游住宿需求。

(二)文化创意住宿开发思路

1. 量身定制个性化功能类型方案

跨界思维、整合思维能够为量身定制这一发展理念找准切实可行的实践方向。比如,电竞酒店作为新业态主体,成为联结电竞与旅游两项主体业务的中介。其市场驱动在于,随着网络普及、科技的进步和人们娱乐方式的转变,市场需求升级,酒店和电竞跨界融合成为近年颇受关注的创新点。电竞酒店的发展满足电竞爱好者住宿、娱乐相结合的需求,同时具有较高的私密性和舒适度,以专业的电竞设施和舒适的电竞场地为特点,营造出浓郁的电竞氛围,为电竞爱好者提供高品质的游戏体验和社交体验。电竞酒店发展逻辑的背后是电竞旅游这一概念的兴起,主要方式包括:一是通过电竞大赛、大会、展会等聚集各地电竞爱好者,形成电竞会展旅游;二是通过电竞景区吸引旅游者前来观光,形成电竞景区旅游;三是通过电竞旅游目的地,如电竞旅游小镇,使旅游者前来观光、休闲、商务、会展等,形成集吃、住、行、游、购、娱于一体的电竞旅游消费系统,促进电竞旅游目的地旅游。现在最多的是电竞会展旅游,而将来最有潜力的是电竞旅游目的地旅游,或称之为"电竞旅游小镇旅游"[1]。在此基础上发展有针对性的电竞旅游住宿就成为重要的产业联通方案,将旅游开发的整体思路落实到全产业链条中的具体环节,突出个性化功能。

2. 以科技创意提升住宿功能内涵

随着科技的不断发展,科技赋能文旅住宿创意已成为住宿业发展的重要趋势。通过运用AI、大数据、区块链等先进技术,文旅住宿创意可以实现更加智能化的管理和服务,为旅行者提供更加便捷和舒适的住宿体验。最具有代表性的创意住宿是智慧文旅背景下的"智慧住宿",这将成为创意住宿发展的重要突破思路。其中,住宿业数字化管理平台和综合性旅游出行平台能够充分优化酒店管理,不断调整产品思路,满足游客多元化、个性化的酒店消费需求,将住宿接入"酒店+餐饮""酒店+玩乐门票""酒店+体验"等多重模块中,将酒店的"一张床"进化为"目的地"和社交空间,成为智慧旅游场景的重要体现。

三、交通出行文化创意

旅游交通作为旅游通道的物质主体,完成游客、信息在旅游目的地和客源地之间的流动,对旅游客源与目的地空间相互作用的产生和旅游客源、收入的实现发挥重要作用。在旅游交通出行方面,文化创意可以通过打造独特的交通方式、设计有特色的交通站点以及提供具有文化内涵的交通服务等方式,为旅行者提供更加丰富、有趣的旅游体验。

(一)旅游交通方式创意

1. 旅游交通概述

目前,国内旅游交通发展的特点可以概括为以下三点。首先,国内旅游交通方式多种多样,包括飞机、高铁、汽车、轮船、自驾车等,形成了一个综合性、多元化的旅游交通体系。其次,交通建设不断完善,高速公路、高速铁路、城市轨道交通、航空线路、旅游航线等基础设施升级完善,国内旅游交通建设水平不断提高,交通运输能力得到了大幅提升。最后,旅游交通需求不断增长,伴随国内旅游市场的不断扩大和旅游消费升级,人们的出行意愿更强,出行方式选择更加多元,对体验感、舒适度和个性化的追求也更突出,给将交通运输纳入文化旅游整体产业链条提供了广泛空间。

2. 旅游交通创意

(1)促进铁路旅游产品升级。随着旅游市场的不断发展和旅游消费的不断升级,铁路旅游已经成为旅游市场的一个重要组成部分。在这个背景下,积极发展遗产铁路旅游线路、精品铁路旅游线路等铁路旅游产品,成为铁路部门和旅游行业的共同目标。

首先,遗产铁路旅游线路是一种将历史文化与旅游体验相结合的旅游产品。这类旅游线路通常选取历史悠久、具有文化价值的铁路线路,将其重新设计、改装成旅游专线,以便旅行者在铁路旅游的同时感受历史文化的魅力。例如,英国的"蒸汽铁路"利用19世纪蒸汽机车重新

---

[1] 黄剑,吴正辉. 浙南电竞小镇创建取得突破性进展国家AAA旅游景区来"添金"[N].温州日报,2021-08-09(7).

开启了历史悠久的铁路路线,让旅行者穿越时空,体验铁路运输的历史文化。

其次,精品铁路旅游线路是一种将自然风光与旅游体验相结合的旅游产品。这类旅游线路通常选取风景优美、自然环境良好的铁路线路,利用先进的科技手段和文化创意,提供高品质、高舒适度的旅游体验。例如,中国的复兴号动车组采用最先进的高铁技术和智能化系统,让旅行者在体验高速行驶的同时,感受到高品质、高舒适度的旅游体验。针对市场需求增开特色旅游列车、旅馆列车等特色旅游专列是铁路旅游产品的另一种创新方式。这类旅游专列通常采用特殊的车厢设计或专门的设施装备,提供特色餐饮、美景观赏、娱乐休闲等服务,让旅行者在铁路旅游的同时,享受特色化、高品质的旅游体验。例如,日本的"观光列车"利用特殊的车厢设计和装备,提供高品质、高舒适度的旅游服务,让旅行者在铁路旅游的同时感受日本独特的文化魅力。

最后,景区结合铁路遗存、自然景观等,设置旅游体验或短途观光线路,是铁路旅游产品的另一种发展方向。这种方式可以将铁路旅游与自然风光和文化遗产相结合,提供更为丰富、有趣的旅游体验。例如,中国的青藏铁路穿越壮美的自然风光和丰富的文化遗产,为旅行者提供了一次独特的铁路旅游体验。

(2) 打造精品公路旅游产品。随着自驾出行旅游人口规模的不断上升,公路旅游在"交通+旅游"布局中发挥着越来越重要的作用,人们的公路旅游需求也愈发多元细化,需要通过打造具有代表性的精品公路旅游产品,提升公路旅游的整体品质与在途体验。首先,景观优美是公路旅游精品路线建设的重要因素之一。景观优美的公路旅游精品路线可以吸引更多的旅游者前来游览,提高旅游的吸引力和市场竞争力。例如,中国的海南环岛旅游公路沿途的海岸线和海景风光让游客领略到了岛屿之美,成为中国旅游的一大名片。其次,体验性强是公路旅游精品路线建设的另一个重要因素。体验性强的公路旅游精品路线可以让游客在旅行中获得更多的文化和体验上的满足,提高旅游的品质和价值。例如,美国的 66 号公路作为美国的文化象征之一,通过沿途的美食、文化和音乐等体验,吸引了大量的旅游者前来游览。最后,带动性强也是公路旅游精品路线建设的重要因素。带动性强的公路旅游精品路线可以在本地区带动旅游经济的发展,提高当地旅游业的竞争力和市场影响力。例如,中国的黄河风景道沿途景点的开发和旅游服务的提升给周边的旅游业和乡村旅游带来了巨大的发展机遇。

(3) 发展水上旅游产品。旅游市场的不断发展和对旅游产品的多元化需求使水上旅游产品成为近年来颇受关注的交通旅游开发方向。发展水上旅游产品涉及航运企业拓展国内外邮轮航线、建设水上旅游线路和公共服务设施、开发文化 IP 等方面。首先,航运企业可以根据市场需求拓展国内外邮轮航线,打造邮轮港口至城市一体化旅游线路,增加旅游消费新需求。例如,中国的海南岛、上海等地都有邮轮码头,丰富的旅游资源和完善的旅游服务设施吸引了大量的国内外旅游者。其次,在有条件通航水域,可以有序发展内河游轮旅游,增加游轮旅游航线,加强水上旅游线路及水上旅游公共服务设施的建设。例如,中国长江干线、珠江干线等具备条件的水域拥有得天独厚的自然风光和丰富的历史文化遗产,成为内河游轮旅游的热门目的地。最后,在开发水上旅游产品的过程中,可以充分利用本土文化、旅游景区特色,融汇历史文化遗产资源与水乡风土人情，开发文化IP，创排实景演出，打造沉浸式体验。例如，中国的乌镇水乡旅游通过将传统文化和现代旅游结合，成功打造了一条以"水乡文化、江南特色、现代服务"为特点的水上旅游线路，成为国内外游客热烈追捧的旅游目的地。

（4）发展低空飞行旅游产品。低空飞行旅游也是旅游交通创意的重要方向和市场热点。开发低空飞行旅游线路、推动通用航空试点、建设低空旅游产业园等都是发展低空旅游的有效途径。首先，开发低空飞行旅游线路是低空旅游的基础。针对重点旅游城市及符合条件的旅游区，开辟低空飞行旅游航线，推出空中游览、航空体验、航空运动等航空旅游产品，吸引广大游客前来体验。例如，中国的桂林山水地貌和张家界的奇峰异石都可以通过低空飞行旅游的方式进行观赏，为游客带来独特的视觉体验。其次，推动通用航空试点和建设低空飞行旅游产业园为低空飞行旅游提供了良好的产业环境。通过积极推动通用机场建设，建设低空飞行旅游产业园、通航旅游小镇、飞行营地等，吸引更多的通用航空企业和低空飞行旅游产品供应商进驻，推动低空飞行旅游产业的发展。最后，依托相关景观开发低空飞行旅游产品，是低空飞行旅游的重要手段。以城市为核心的低空飞行旅游地可以开发城市观光、主题乐园、主题会展等产品；以景区为核心的低空飞行旅游地可以开发以景区观光、低空娱乐体验为核心的低空飞行旅游产品。例如，中国的杭州西湖景区可以通过低空飞行旅游产品，将游客带到西湖的上空，欣赏美丽的湖光山色，提升游客的旅游体验。

（二）旅游交通设施创意

旅游交通设施是指为旅游交通运输服务的各种交通设施，如机场、车站、码头、港口、公路、桥梁、隧道、航道等，可以为旅游者提供便捷、舒适、安全的出行条件。从具体场景看，旅游交通设施还可以细分为景区旅游交通设施、城市旅游交通设施和乡村旅游交通设施三种类型。

1. 景区旅游交通设施

景区旅游交通设施不局限于单一的交通代步功能，更多的诉求在于打造独具景区特色的旅游交通设施，体现景区内部交通设施的特色和创意。一些具有文化内涵的景区可能打造特色的古道步道，让游客可以在欣赏自然风景的同时，感受历史文化的魅力；一些景区借助观光小火车为游客游览出行提供便利；一些山地景区可能打造缆车、索道等交通设施，让游客可以从高空俯瞰美景，体验刺激的空中旅游；一些水域景区可能打造水上巴士、游船等交通设施，让游客可以在水中漫游，享受水上的美景和乐趣。除了上述交通设施，景区内部还有很多其他的创意交通方式，如骑行、步行、电瓶车、滑板车等。这些交通方式不仅能够方便游客在景区内部移动，也能够为游客带来独特的旅游体验。例如，在一些主打生态旅游的景区，游客可以选择骑行或步行穿越景区，领略大自然的美景和生态风光，体验绿色出行的乐趣。

2. 城市旅游交通设施

城市旅游交通设施是在城市旅游中为游客提供出行便利的设施，包括公共交通、出租车、自行车租赁、步行街等。与传统的城市交通相比，城市旅游交通设施更加强调旅游体验和观光功能。

在城市旅游中，有一种新兴的旅游方式——慢游。慢游强调的是舒适、慢节奏的旅游方式，鼓励游客通过步行、骑行等慢行方式，逐渐领略城市的美景和文化底蕴。与出行轨道交通的"快进"开发思路不同,"慢游"为游客打开城市风光景致的"毛细血管",放大城市旅游体验的颗粒度。为了满足慢游旅游的需求,城市旅游交通设施的布局也需要进行相应的调整。首先,增加观景平台和慢行系统是慢游城市旅游中非常重要的设施。观景平台可以让游客在城市的高处欣赏城市的美景,慢行系统则可以让游客在城市的景区和文化遗产区域自由地漫步,体验城市的历史和文化。其次,自行车租赁是慢游城市旅游中非常受欢迎的交通方式,城市旅游交通设施应该加强自行车租赁的覆盖范围和服务质量。通过自行车租赁,游客可以更自由地穿梭于城市的各个景点,同时也可以锻炼身体,提高旅游体验的质量。最后,步行街是城市旅游交通设施中不可或缺的一部分,步行街可以让游客在城市中畅游,欣赏城市的风景和文化氛围。步行街的设置可以提高城市旅游的品质和体验,同时也可以带动周边商业和旅游产业的发展。

3. 乡村旅游交通设施

相较于景区和城市旅游交通的便利快捷,乡村旅游交通发展的问题比较明显:一是交通设施缺乏,有些乡村旅游点离城市较远,交通不便利;二是交通方式单一,大多数乡村旅游只能依靠自驾游或者包车前往,公共交通工具较为少见;三是交通安全问题,由于部分乡村道路狭窄、路面不平,交通安全隐患较大。这些问题严重制约了乡村旅游的发展,需要加强交通设施建设和改善交通状况,提升乡村旅游的交通便利性和安全性,其中一个重要思路是将乡村旅游交通设施建设与乡村旅游体验联系起来,对公共交通工具进行创新,建设适合乡村旅游发展的公共交通,如小型公交车、旅游专线公交车等,提高游客的交通便利性。例如,安徽黄山风景区推出了庐阳—黄山风景区联络专线,为游客提供便捷的乡村旅游公共交通服务。与此同时,强化农村客运创新,充分利用农村现有的资源,开发农村客运服务,为游客提供更加便捷的交通。例如,为游客提供"农村客运+旅游"服务,实现农村客运与乡村旅游的融合。此外,可以提高农村交通信息化建设,通过信息化手段提高旅游交通的智能化和互联化水平,增强游客出行的安全感和便利性。例如,福建省泉州市建设了乡村旅游信息中心,提供预约包车、拼车等服务,并通过手机 App 等方式提供实时交通信息。

四、旅游娱乐文化创意

娱乐原指非工作性的,专门安排在轻松气氛中,获得欢乐、增长知识,并有益于精神、心理及生理健康的活动。随着人们需求的多样化,许多原本属于工作范围的活动被视为体验过程,也进入娱乐领域,如果蔬采摘、工艺品制作等。具体到旅游娱乐这个概念,是指旅游者在旅游过程中,寻找精神愉悦、身体放松、内心满足和个性发展的旅游活动,以及旅游目的融合这些需求的产业所提供的服务。

(一) 旅游娱乐的方式与类型

一些学者将旅游娱乐分为文化类旅游娱乐、休闲类旅游娱乐和体育类旅游娱乐,其分类依据是不同的娱乐设施和环境[1]。在创意旅游、文化旅游和全域旅游的视角下分析旅游娱乐,

---

[1] 李柏文."文化创意+"旅游业融合发展[M].北京:知识产权出版社,2019:106-107.

需要将以文化为核心的全产业链结构协同发展考虑进来，具体而言，我们可以把旅游娱乐分为旅游演艺、生产娱乐、休闲体育娱乐等三种。

1. 旅游演艺

旅游演艺是一种旅游观赏形式，其对象包括各种文化展演、文艺表演、歌舞晚会、杂技、动物表演、花车游行、体育赛事、水幕电影、环幕电影、动感电影等。这类观赏娱乐常常与景区独特的自然风光或人文特色联系在一起，以旅游演艺为代表。2015年，国家旅游局颁布《旅游演艺服务与管理规范》，将旅游演艺产品定义为在旅游景区及相关空间内，以室内场景、室外自然或模拟的山水景观为演出场所，为游客提供的具有一定观赏性和娱乐性的各类演艺产品。旅游演艺业则是围绕实现旅游演艺活动的各种行为及其行为主体构成的集合。从类型上看，旅游演艺可以根据场地、演出内容和演出方式，进一步细分成不同的演艺娱乐类型。

第一，按照场地划分，旅游演艺可以分为户外实景演出、户外广场演出、室内专业剧场演出和室内宴饮场所演出。如开启了山水、文化和旅游融合发展模式的《印象·刘三姐》等经典的"印象"系列作品，以及著名制作人梅帅元的《禅宗少林·音乐大典》《大宋·东京梦华》等，都是户外实景演出的经典。以迪士尼乐园、环球影城、长隆欢乐世界、中华恐龙园、方特东方欲晓、锦绣中华、中国民俗文化村、世界之窗等为代表的大型主题公园和游乐园都会设置各类户外广场演出。杭州宋城景区的《宋城千古情》在景区内剧场上演，是典型的室内专业剧场演出。室内宴饮场所演出则以北京的《北京之夜》、西安的《唐宫乐舞》等为代表。

第二，按照演出内容划分，旅游演艺可以分为百戏杂技、戏曲文艺和民俗歌舞。百戏杂技包括杂技、魔术、马戏、杂耍、武术、木偶等多种表演方式，以及各种器械和道具的运用，较强的视觉冲击力以及舞台要求度低是此类演出具备的天然优势，在旅游娱乐中非常受欢迎，如河北吴桥杂技大世界的杂技表演、河南嵩山少林寺景区的武术表演等。戏曲文艺则以京剧、昆曲、黄梅戏、豫剧、粤剧等不同戏曲表演为主，还包括评书、相声、评弹、大鼓等传统民间曲艺。在旅游娱乐产业，广为所知的有北京长安大戏院、梨园剧场及湖广会馆的京剧表演，德云社的相声表演，成都宽窄巷的茶馆评书和川剧变脸等。民俗歌舞以当地传统文化和民俗风情为主题，演出内容可取材于民俗的各个方面，饮食如茶艺，礼俗如婚嫁，生活如狩猎、祭祀等。

第三，按照演出方式划分，旅游演艺可以分为互动式演艺、沉浸式演艺和巡游式演艺。互动式演艺强调观众与表演者的互动，通过参与和体验，让游客成为演出的一部分，增强其参与感和体验感。比如，长影旧址博物馆推出沉浸式博物馆项目"长影NPC"，将经典影片与互动式演艺巧妙地结合在一起，让演员以"快闪"形式出现在游客面前，带领游客"零距离"感受电影艺术的魅力[1]。沉浸式演艺则通过高科技手段，如3D投影、VR技术等，创造全方位的感官体验环境，使观众仿佛置身于演出之中，体验故事的每一个细节。又如，重庆红岩景区依托沉浸式剧场打造沉浸式史诗剧《红岩红》，将游客带入当年的渣滓洞监狱，穿梭于3D投影（3D Mapping）技术、全息投影和真人表演融合的各个场馆之间，体验革命先烈的悲壮故事，成为这

---

[1] 杨浩.锚定万亿级目标 吉林旅游同新而行[N].中国旅游报，2024-06-13(1).

段历史的参与者[1]。巡游式演艺则是在景区内或特定区域内进行的移动式演出,如花车表演、舞蹈演出、设备特效等,甚至包括一定的故事情节,迪士尼乐园、环球影城、中华恐龙园、大连发现王国等主题乐园巡游演艺都是成功代表。

2. 生产娱乐

生产娱乐是一种将农业、林业、渔业、畜牧业、手工业等生产方式和旅游娱乐相结合的新型旅游娱乐方式,包括狩猎、诱捕、网捕、垂钓、放牧及饲养、农林种植收获、采摘、食品加工、纺织、锤炼打制、建造制作等多种生产方式,以及在此基础上的旅游娱乐体验。这种旅游娱乐方式让游客通过亲身参与、体验生产的过程,感受大自然的魅力和生产的乐趣,从而增强游客的娱乐体验和文化体验。生产娱乐在休闲农业和乡村旅游中大有可为。比如,意大利、法国的乡村旅游以美丽的田园风光、美食和当地文化习俗为主题,通过参与农业生产、品尝美食、体验传统文化等生产娱乐方式,吸引了大量游客。美国和澳大利亚的农场乐园或农业体验园则以农业为主题,游客可以参与各种农业活动,如采摘水果、骑马、喂养动物、挤牛奶等,让游客真正感受到农村生活的美好。

3. 休闲体育娱乐

休闲体育旅游是一种越来越受欢迎的旅游方式,它让人们不仅能享受美景,还能增强体魄、放松心情。在国外,以滑雪、冲浪、潜水、皮划艇、马术、高尔夫球、摩托艇、自行车、攀岩、蹦极、滑翔伞、跳伞、翼装飞行等为代表的体育休闲方式在旅游中占据了相当可观的比重。比如,瑞士滑雪胜地达沃斯、新西兰"探险之都"皇后镇等地都已在体育旅游方面形成常态化产品,一年四季都有相关体育运动产品,让广大民众都可以参与,做大延伸体育旅游产业链,实现"体育+旅游"融合发展。在我国,体育娱乐的发展前景也被广泛看好,成为拓展创意旅游、乡村旅游发展链条的重要发力点,《国务院办公厅关于进一步激发文化和旅游消费潜力的意见》指出:"推进国家全域旅游示范区建设,着力开发商务会展旅游、海洋海岛旅游、自驾车旅居车旅游、体育旅游、森林旅游、康养旅游等产品。支持红色旅游创新、融合发展。"骑行、露营、飞盘、徒步、冰雪运动等休闲体育项目成为近年来广受关注和深受欢迎的旅游方式。在探索"体育+旅游"融合发展的过程中,贵州省"美丽乡村"篮球联赛已形成"村BA"赛事IP,凭借篮球赛事与民族传统节庆、乡村旅游、公益活动、乡村农产品销售融合发展,打开了助推乡村振兴的思路,不仅促进了当地经济发展,还极大繁荣了乡村文化建设。

(二)旅游娱乐文化创意

1. 互动+沉浸+旅游娱乐

传统的旅游娱乐方式和形态以旅游者被动参与为主,局限于"你演,我看"的模式。运用创意思维改变场景、演员、观众的固定关系,打破严丝合缝的固定剧本,设置开放式节点,请游客参与演出,舞台边界的打破、演艺场景的营造使得旅游演艺的观众角色有了从"舞台-观赏"到"场景-沉浸"再到"角色-沉浸"的转变趋势,产生更多随机性与偶然性带来的惊喜感与成就感。

---

[1] 赵玲. 红岩红沉浸式演艺项目正式运营[N]. 重庆日报,2023-10-26(8).

比如，横店影视城的演艺秀《走进电影》中，演员与游客面对面互动，现场演，现场拍，现场放映。游客是观众也是演员，边走边演，边演边拍。游客亲历熟悉的影视剧经典场景，感受真实的电影世界，获得影视旅游的快乐。南京夫子庙老门东附近的熙南里推出360°全沉浸互动演出《南京喜事》，故事以发生在"宁宅"的一件件喜事为主要内容，分为"蒸蒸日上""喜从天降""鱼跃龙门""出人头地""时运亨通""长命百岁""平步青云""百年好合"八条故事线，每条故事线各不相同，但剧情上又有所串联。每个参观的游客进场后，必须在其中选择一条，换装参与剧情，可以与演员互动并改写剧情。新颖的观剧模式让整个演出充满了无穷的变数，每条故事线、每个人物、每次故事的收尾都有可能因为参与观众的不同而衍生出不一样的结局，这不仅使剧情变得更加扑朔迷离，观剧体验也更加精彩刺激、出乎意料，让每一位观众都收获独一无二的游玩体验。

"旅游＋剧本杀"则代表了近年来沉浸式旅游的发展方向。剧本杀作为旅游业的新型流量入口，能够丰富游客的文化和旅游体验，同时也能够促进旅游企业更新产品和创新服务。目前，各地的剧本杀活动如雨后春笋般涌现。例如，飞猪在2021年推出了名为"敦煌房车剧本杀"的活动，以敦煌文化为背景，为每辆房车都配备了专属服装、道具、非玩家角色（non-player actor，NPC）和房车管家。游客可以在鸣沙山、月牙泉、莫高窟、玉门关等著名景点体验剧本杀活动，推理分析、搜证并沉浸式地感受景区的魅力。这种新型旅游活动不仅可以增加游客的兴趣和参与度，也能够为旅游企业带来更多的商机和发展机遇。除了"房车＋剧本杀"，还有"景区＋剧本杀""游轮＋剧本杀""博物馆＋剧本杀"等各种新形式沉浸旅游。对于旅游者来说，这种复合场景、浓缩时空、打造"第二人生"的创意式沉浸旅游体验能够充分满足当下年轻群体以打卡拍照为主的社交需求。不仅如此，包括景区剧本杀在内的各种旅游娱乐极大地增加了旅游目的地的吸引力。

2. 文化＋国潮＋旅游娱乐

传统文化、古风经济成为时尚潮流的一部分，在国人心目中逐渐勾勒出清晰的"国潮"理念。在对文化资源的创意转化方面，为文旅融合增添现代、时尚、多元的青春气息与包容胸襟，成为旅游娱乐创意的另一个重要出发点。挖掘旅游资源的文化魅力和独特细节，进而将其打造成具有"国潮"风格气质的时尚元素，在这方面，许多景区兴起的汉服游是典型代表。这种跨界式旅游娱乐体验将平面的造型装扮带入与历史故事同呼共命运的真实场景，而丰富的传统服饰、美妆、饰品、音乐、舞蹈等资源则最大限度地满足了旅游者与文化亲密接触的旅游痛点。因此可以说，在开发"国潮"旅游娱乐创意方面，拥有厚重历史底蕴和丰富文化资源的景点景区具备更大的天然优势，实现更大的突破创新。比如，河南省文化和旅游厅联合B站开展"国潮河南·云台山奇幻旅游季"，主推全新的文化IP"竹林七贤"。为此，景区专门推出了云台山《七贤游园》国风演艺、云台山"红叶国潮文化节"等系列主题活动，并在活动期间邀请15位B站优质UP主深入景区体验和创作，分享国风原创、音乐舞蹈、历史人文、生活旅游、特色美食等多个兴趣圈层的内容，让国潮云台山以多元化的视角展现在人们眼前。

五、旅游购物文化创意

对旅游购物这一概念的理解有狭义和广义两层。从狭义角度理解，学者马海龙认为，旅游购物是围绕旅游产生的一种购买实物商品行为，其形成的旅游商品市场是一种特定的商品市场领域，与一般商品市场相比，它有特定的内涵与特征。世界旅游组织对旅游购物支出的定义为"为旅游做准备或者在旅途中购买商品(不包括食品和服务)的花费，其中包括购买衣服、工具、纪念品、珠宝、报刊书籍、音像资料、美容及个人物品和药品等"[1]。也就是说，旅游购物是指在旅游过程中，游客在各种购物场所(如博物馆、商店、市场等)购买商品的行为。更广泛意义上的旅游购物则是指，在旅游目的地或旅游过程中购买商品的活动，以及在购物过程中通常伴随的参观、游览、品尝、餐饮等一切行为。旅游购物不同于日常生活中的购物行为，其中包括与旅游相关的休闲娱乐等活动，通常与特产店、景区门票、农家乐、酒店住宿等组合在一起，从而增加旅游购物的乐趣。旅游购物已经成为旅游行业的重要组成部分，尤其在一些旅游目的地，如购物天堂香港、巴黎等，购物已经成为旅游的重要目的之一。

作为旅游活动的六大要素之一，购买旅游商品在整个旅游收入中弹性最大，明显地高于传统的吃、住、行三个要素，具有很大的发展潜力。与此同时，一些旅游景区和服务设施出现的天价商品、宰客式服务、强制消费等负面新闻也给旅游购物创意发展敲响了警钟。发展旅游购物文化创意，需要在合法合规、诚信经营的基础上不断提升旅游商品开发创新，实现可持续的高质量发展模式。本章围绕景点创意展开，因此，下面关于旅游购物相关文化创意的介绍也都以景区依托型旅游购物为主要讨论对象。

(一) 景区旅游购物的方式与类型

1. 旅游产品专卖店

景区专卖店以旅游纪念品商店为主要类型，专门销售与旅游景点、文化和历史相关的纪念品和礼品。纪念品在旅行中一直扮演着重要的角色。几千年前，古埃及人、古罗马人和其他探险家旅行者就会带着他们在国外旅行中收集的纪念品回家。后来，在探险时代和中世纪时期，航海家们带回家乡的是他们从探险地和殖民地掠夺、交易或购买的大量手工艺品和艺术品。17和18世纪的许多旅行者会收集他们在欧洲艺术城市参观的景点的缩微复制品，许多相关博物馆可以看作他们旅行的直接体现，因为这些博物馆建立目的就是展示精英和早期探险者的纪念品收藏。可以看出，旅游纪念品在全世界范围内有着悠久的历史[2]。

纪念品商店在旅游购物中发挥着重要的作用。首先，它们是宣传地方文化的重要途径，通过售卖当地特色的小商品，游客可以更好地了解当地的文化和历史。其次，纪念品商店的存在可以促进当地旅游业的发展，提供就业机会和财政收入，并为游客提供了方便的购物场所和便捷的购物渠道，增强了购物体验和旅游的纪念价值。最后，纪念品商店的存在也可以增加旅游

---

[1] 马海龙. 旅游经济学[M]. 银川：宁夏人民出版社，2020：62.
[2] Swanson K K, Timothy D J. Souvenirs: Icons of Meaning, Commercialization and Commoditization[J]. Tourism Management, 2012, 33(3): 489-499.

收入，提升旅游业的竞争力和形象。

2. 农家乐购物

在搭建乡村旅游全产业链平台的过程中，农家乐购物是一个非常重要的组成部分，体现了乡村振兴、"绿水青山就是金山银山"的先进发展理念。农家乐购物是指游客在农家乐旅游过程中购买当地农产品、土特产、手工艺品等商品的活动。随着人们对健康、绿色、有机食品等的需求不断增加，农家乐购物在旅游中的地位也越来越重要。在搭建乡村旅游全产业链平台的过程中，农家乐购物可以采用多种方式来实现，例如，农家乐可以建立自己的销售平台，将当地特色产品以及农家乐自产的水果、蔬菜等直接销售给游客。更重要的是，农家乐可以充分利用电商平台拓展业务规模，在电商平台上开设农家乐旅游购物专区，展示和销售当地的农产品、土特产、手工艺品等商品；通过电商平台可以进行农产品配送和销售，打破地域阻隔，扩大产品市场；通过展示当地旅游资源、农产品等，可以吸引更多游客前来进行农家乐旅游，同时也可以给电商平台带来更多的订单和流量；不仅如此，电商平台还可以提供便捷的结算和支付功能，使游客可以更快速地完成购物流程，并且享受到更多的优惠和折扣。

3. 文化街区

文化街区旅游购物可以为游客提供多元化的旅游、文化和购物体验，同时也可以促进当地文创产业和旅游经济的发展，最大限度地实现"流量变现"。在文化街区，游客不仅是简单的消费者，还可以成为文化和历史的参与者和传承者。高品质文化街区是娱乐、餐饮、购物、社交、文化的深度融合，其优势在于完全将消费融入生活体验。在文化街区中，可以设置艺术空间、展览馆、剧院、音乐厅、书店、画廊等文化设施，同时也可以引进特色餐饮、手工艺品、特色商品等商业项目，为游客提供全方位的文化艺术体验和购物消费体验。

4. 旅游集市

作为创意集市的重要形式之一，旅游集市是伴随产业模式发展与市场活力不断加强而逐渐兴起的新型商业综合体，通常在景区周边或者市中心，是一个比较集中的购物区域。在国外，这种具有旅游吸引力的创意集市作为一种成熟的商业形态，不仅能够拉动地域经济的增长，还可以被打造成知名的城市名片。国内经过多年的发展，包括旅游集市在内的创意集市、创意摆摊不仅给年轻人提供了展现自我的舞台，同时也反哺城市，以一种新鲜的生活方式融入城市生活的日常。如今，旅游市场对集市形成了固定的需求，完整的规模盛大的文旅类大会都会配置相应的文创集市，为文创产品的售卖提供了线下更多的曝光甚至"出圈"机会。

5. 在线购物

现代科技的发展让游客可以通过手机 App、景区官网等方式在线购物，游客可以提前浏览和选择商品，不用自己到场购物，有利于提高购物效率。近年来，以故宫博物院、河南博物院、敦煌博物馆等为代表的文博旅游目的地通过创意 IP，极大提升了旅游纪念品线上订购的热度，甚至改变了国内旅游纪念品市场的概念和格局，用一整套成熟的 IP 思维打通了线上与线下购物的平台。在线购物使文创产品的价值得到前所未有的提升，打破了地域区隔限制，除了国内的众多博物馆等文创机构，大英博物馆、纽约大都会博物馆等全球知名博物馆也开始"排队上天猫",还有俄罗斯冬宫博物馆、美国波士顿艺术博物馆、荷兰凡·高博物馆、法国国家博物馆联盟等都在路上。

(二)旅游商品文化创意

1. 创意设计:围绕历史、文化IP进行深度与细节并重的文创开发

创意设计可以有效规避当下旅游文创商品开发中出现的"千人一面"的问题。文化故事是文创产品的核心,而这个文化故事必须和景区文化形象一致。文创不是脱离于景区文化的附属商品,好的文创可以传播景区文化,成为景区品牌形象展示的一部分。因此,需要深入研究当地历史文化和传统文化,探索具有代表性的文化IP和元素,包括历史人物、传统建筑、民俗风情等,挖掘这些元素的特点和含义,以及与当地旅游资源的关联性,为后续商品设计提供文化创意的灵感和素材。在IP形象的基础上,发挥IP的整体化带动作用,将文化、农副、旅游等众多产业结合起来,形成完整的文创产品体系。

2. 创意营销:用场景化、社交化思维提升旅游商品需求

场景化思维是一种从消费者的实际使用角度出发,将各种场景元素综合起来的一种思维方式,可以视为一种基于同理心的营销思路。在对旅游产品进行宣传包装时,选择消费者更容易代入的人物形象和使用环境,突出旅游商品在纪念意义之外的日常实用功能,从"换位思考"的角度帮助消费者建立起对旅游商品本身更全面的"购买—使用"认同。比如,故宫博物院、南京博物院等文创单位推出与美妆品牌的联名化妆品时,为了将产品的多重文化价值与消费者的购买意愿充分结合,会在产品包装、创意海报和视频等宣发物料中以"理想场景+理想形象"的方式呈现其口红、眼影、香氛等美妆产品不同于普通商品的独特文化内涵,将国潮元素、中式时尚传递给消费者,让他们产生一种买到就是得到某种独特气质与身份认同的积极感受,进而强化产品好感度,提升购买意愿。

社交化思维是指将社交网络和互联网技术与营销策略有机结合,以激发消费者的参与、分享和社交行为,从而增加品牌知名度、促进销售和提高顾客忠诚度的一种营销方式。这种去中心化的传播理念强调消费者参与,通过社交媒体和短视频平台(如小红书、抖音、快手等)为商品"种草"。一方面,充分满足使用者的分享动机;另一方面,以用户生产内容的形式生产大量优质内容,能充分扩大旅游文创产品的知名度和影响力。比如,小红书上有不少用户分享考古盲盒、文物修复套装、建筑立体书、解密书、飞天小夜灯等文创旅游商品的拆盒经验和使用心得,让普通网友深入全面地了解旅游文创产品别具一格的精妙创意与出类拔萃的形象包装,进一步了解和购买的意愿更加强烈。此外,近年来颇受欢迎和好评的文博类综艺节目(如《国家宝藏》《上新了·故宫》《如果国宝会说话》等)在微信朋友圈、微博等社交平台高光频现,让文物从"陈列展示"走进了"日常生活",也拉动了网友对这些经由文物国宝获得灵感启发而开发出的文创产品的关注与追捧。比如,造型风格极为出众、自带流量属性的三星堆青铜面具人,气质优雅浪漫的莫高窟壁画图案,陕西历史博物馆镇馆之宝葡萄花鸟纹银香囊等,都有造型和功能各异的相关旅游文创商品,极大满足了消费者的文化消费需求。

案例研读

大唐不夜城:立体集成创意点亮夜间旅游

西安的历史文化资源十分丰富,拥有六处世界文化遗产、3 246处不可移动文物点、428处各级文物保护单位和159座各类博物馆,1981年被联合国教科文组织确定为"历史文化名城"。与此同时,凭借创意旅游开发,西安也成了一座网红旅游城市,每年吸引大量游客前来感受汉唐文化、古都气派。《2023年五一出游数据报告》显示,西安位列全国十大热门旅游目的地城市之一,接待游客1 690.08万人次,旅游总收入106.62亿元。西安的主要景点既包括兵马俑、城墙、钟鼓楼、大雁塔、碑林博物馆等传统景区,也包括大唐芙蓉园、大唐不夜城等极具影响力的后起之秀。其中,大唐不夜城作为西安历史文化创意街区的代表,拥有全国示范步行街、第一批国家级夜间文化和旅游消费集聚区、国家旅游科技示范园区、国家级旅游休闲街区等诸多荣誉称号,拥有极高的网络人气热度,曾经位列2019年抖音播放量最高景点榜单首位。大唐不夜城的成功在很大程度上离不开文化创意提供的多角度、全方位旅游资源开发整合与营销,值得我们从创意旅游视角出发,探索大唐不夜城成功的秘诀。确切地说,根据旅游文创发展模式,我们可以看出,大唐不夜城体现了集成创意模式应用于夜间旅游的成功。

一、文化旅游立体集成创意模式概述

根据学者袁锦贵的观点,中外旅游文创发展经典模式可以概括为线性组合创意模式、非线性组合创意模式和集成性创意模式三种。

(一)线性组合创意

线性组合创意是一种比较传统的旅游文化资源转化思路,其核心思路有两种。一是抓住吃、住、行、游、购、娱这六大旅游要素中的其中一条产业链进行深耕,如牢牢把握景区游这一核心,以完善景区景观设计、营造舒适旅游氛围为主要发力点,让游客通过观光游览获得独特体验,充分实现景区引流、增加门票收入。比如,武夷山景区山水风光引人入胜,开发方在各个景区设置了清晰直观的景区介绍和游玩导引,为不同脚力的游客提供了节省体力的爬山辅助和休憩点,在各个标志性拍照打卡处都安排了引导牌,不同景区之间有便捷的接驳车,从爬山游玩、感受自然、领略武夷风光的角度看,这些创意设计放大了景区游玩的细节,令游客感受到贴心周到的游览服务。二是对多条产业链中具有高度相关性的要素进行融合,常见的跨产业链配置包括用美食体验与歌舞表演为游客提供身临其境的文化感知,以娱乐带动餐饮和旅游。比如,在古镇旅游发展模式中,酒吧是比较典型的体验设置,古镇是城市游客逃避快节奏都市生活的心灵休憩所,酒吧则再一次将城市文化产物置放在游客面前[1]。"古镇+酒吧街"作为近年来颇受追捧的旅游开发模式,体现了跨产业链与文

---

[1] 陈霄,陈婉欣.具身视角下"古镇+酒吧"的游客体验研究[J].旅游学刊,2020,35(9):113-122.

化属性的两种创意要素的融合。

(二) 非线性组合创意模式

非线性组合模式体现为旅游要素多条产业链上的跳跃式混搭,是一种基于灵感而产生的"不走寻常路"式的创意发散,在很大程度上可以跳出既有文化资源的束缚。旅游产品开发中常常采用的跨界融合创意就是一种非线性组合创意模式,西方国家和国内先后兴起的工业遗址改造和工业遗产旅游是其典型例子,其中还可以细分为工业遗产观光和工业遗产生产体验等次类型。比如,英国的老工业城市伯明翰、利物浦和曼彻斯特的旅游业发展都是以工业文化遗产的开发为基础的,其中,曼彻斯特市卡斯菲尔德地区是旅游文化产业开发的成功案例[1]。国内众多体验型手工艺文化企业,如苏州刺绣研究所、扬州玉器厂、杭州王星记扇厂、南京云锦研究所、嘉兴五芳斋公司等开发的生产性非遗项目都是工业遗产生产性体验旅游的代表[2]。

(三) 集成性创意模式

这种创意模式建立在一个核心主题、多个主题复合联动的基础上,以旅游文创园区或综合体的形式呈现,与整个城市或区域的发展规划形成内在对应,调动吃、住、行、游、购、娱全产业链要素,形成具有跨界型、交叉性、互补性的联动模式,而各种线性或非线性的创意构想与设计则可以将不同产业链内部的各个要素充分吸纳进这一核心主题,可以看作一套旅游文创建设的成熟模式。大唐不夜城在很大程度上体现了这种集成性创意模式,以聚焦核心主题、全方位多产业链协调发展的思路,在夜间旅游创意市场实现了突破。

二、大唐不夜城的立体集成创意突破

大唐不夜城位于西安市南郊雁塔区,北起大雁塔南广场,南至唐城墙遗址,东起慈恩东路,西至慈恩西路,占地面积约为 65 万平方米,南北长 2 100 米,东西宽 500 米,呈现"一轴·两市·三核·四区·五内街"的总体布局。其中,一轴是指大唐不夜城文化商业轴;两市是指贞观新风韵唐市、创领新时代都市;三核是指大雁塔广场景观文化核心、贞观文化广场时尚艺术核心、创领新时代广场休闲时尚核心;四区是指大雁塔盛唐景观人文风貌展示区、中华传统美食文化生活品鉴区、贞观国际艺术文化交流体验区、创领新时代都市休闲文化区;五内街是指慈恩镇——陕西风情小吃文化街、新乐汇——中华传统美食文化街、欧凯罗——潮流音乐酒吧文化街、温德姆——品味生活咖啡文化街、阳光城——SKP 时尚青年艺术文化街。作为西安唐文化展示和体验的首选之地,大唐不夜城为游客提供了一次独特而深入的文化体验。

(一) 从日间旅游向夜间旅游创意转化

在大唐不夜城建成之前,大雁塔和慈恩寺是这一区域最重要的旅游景点,代表了西安

---

[1] 邵龙,张伶伶,姜乃煊.工业遗产的文化重建——英国工业文化景观资源保护与再生的借鉴[J].华中建筑,2008,136(9):194-202.
[2] 袁锦贵.基于全产业价值链的旅游文创发展研究[J].旅游论坛,2015,8(2):82-88.

传统旅游资源的核心文化内涵,游客白天看景,晚上休息,在这一区域的参观停留时间有限且只限于白天。在游览西安市内景点的时间分布上,许多游客的夜间旅游路线只能选择位于市中心的钟鼓楼、回民街和南门城墙这一条。市中心作为车辆行人流量交会要冲,人多车快,马路穿行和车辆停靠的交通基础设施相对薄弱,夜游旅客往来于这几个具体景点的动线不甚流畅,在很大程度上影响了旅游体验。作为重要的旅游城市,西安需要在夜间旅游产品和路线开发上提供更多选择,将市区内几处重要旅游景点的旅游价值充分发挥出来。于是,在大雁塔景区附近开辟全新的夜游路线、打造高质量的夜间旅游产品就成了解决这个问题的关键。

国外的夜间旅游概念从夜间经济延伸而来,20世纪70年代的英国为恢复传统的酒吧文化,解决城区中心的空城问题,针对酒吧、夜总会、俱乐部等场所,提出了夜间经济发展计划和"24小时城市"概念,并将其作为日间经济的延伸[1]。夜间旅游不仅涉及时间,更重要的是涉及产业与活动,因而将夜间旅游定义为旅游主体从开始晚餐到就寝时间内所进行的吃、住、行、游、购、娱等旅游活动。从需求端看,街区夜游是游客和本地市民都偏好选择的夜间旅游方式,市场需求旺盛。调查显示,夜游游客的消费约为日游游客的三倍,其中主要的夜游项目包括公园夜游、河流夜游、演艺夜游、灯光秀等[2]。

具体来看,大唐不夜城属于街区夜游类型,游客在专门规划的城市街区体验夜间餐饮、娱乐、购物、休闲等活动,如北京簋街、上海南京路步行街、成都宽窄巷子等,这些地方都是游客和当地市民偏好的夜游街区。目前大唐不夜城提供的夜间旅游产品可以分为观光、演艺、节事和体验四大类,游客们乘坐公交、地铁等便捷的公共交通设施,以大雁塔南广场为起点,沿着团花广场、贞观广场、女神广场和开元广场前行。在晚间具体的时间点,每个广场上演以盛唐文化、长安气韵为主题的各类表演,还有各种互动类演艺节目,包括曾经刷爆社交媒体的"不倒翁小姐姐"和"盛唐密盒",分别在团花广场和开元广场准时出场。

从命名角度看,大唐不夜城已经展现出创意趣味。因为熟悉历史的游客都知道,真实的长安城到了晚上要实施宵禁,唐代长安不是一座"不夜城"。今天的不夜城完全是一次今人对古代传统生活和巅峰岁月的美好创意复刻。复刻的精髓要用"光影交错""霓虹闪烁""姹紫嫣红"来呈现,灯光成了为大唐不夜城"夜之笔触"注入灵魂的终极方案。开发方设计的亮化效果令人眼前一亮。唐式建筑立面灯光、树挂灯光、地面灯光、景观及装置的灯光等各式各样的灯光大规模地交错运用,营造不夜城的整体气势,配上气势恢宏、场面浩大的雕塑群像,人们行走于光影交织而成的浮华炫目的不夜城,能立刻感受到盛唐恢宏大气的历史风格与丰沛饱满的人文底蕴。

可以说,选择发展夜间旅游,用灯火辉煌、群星闪耀的夜间奇景勾连千年前的盛唐景观是一次非常成功的旅游创意开发,甚至在很大程度上改变了西安原有的夜间旅游线路格

---

[1] 毛中根,龙燕妮,叶胥.夜间经济理论研究进展[J].经济学动态,2020(2):103-116.
[2] 邹统钎,常梦倩,韩全.国外经典夜游项目发展经验借鉴[N].中国旅游报,2019-03-26(3).

局,形成了以钟鼓楼—南门和大雁塔—大唐不夜城为中心的两大夜游景观,前者的核心历史文化围绕明代建筑展开,还有以回民街为代表的美食文化,后者则充分挖掘了西安作为唐代首都长安时更加包容开放、先进通达的国际范,以夜游模式开启了"千年古都"的宏大叙事表现力,在此基础上,以盛唐文化为核心的全方位旅游创意资源库就被充分打开了。

(二)从一元文化向多元文化创意转化

如果以线性创意组合模式为主,对大唐不夜城进行设计开发,其核心主题将围绕大雁塔这一历史地标深度展开,与之相关的主要文化元素也都沿着唐代历史、诗词、玄奘取经等已经广为人知甚至可预见的路线呈现。大唐盛世固然美不胜收,但是要形成别具一格、不具可复制性的创意景点,需要在文化资源的深度和广度上做文章,以细节化、差异化、集群化的文化表现力和冲击力为游客营造多元文化体验。于是,非线性的创意组合模式就开始起效,在历史、古韵之外,还有地域文化、现代流行文化可以成为打造创意景区的核心主题。因此,大唐不夜城选择从一元的历史文化转向包括陕西特色地域文化和"国潮"网红文化在内的多元文化聚集体。

首先是历史古韵文化,这是大唐不夜城的核心竞争力。在整个步行街一共有八组气势恢宏的雕像群,它们如同一帧帧被定格的历史画面,记录下盛唐万国来朝、气象万千的光辉岁月。以大唐群英谱雕像群为例,玄奘、鉴真、慧能、空海的形象展现了唐代佛教文化;张萱《捣练图》、吴道子(传)《八十七神仙卷》、阎立本《步辇图》以及杨惠之雕刻罗汉像则展现了唐代绘画艺术;登峰造极的唐代诗歌艺术展示囊括了王之涣、柳宗元、王昌龄、刘禹锡、杜牧、杜甫、李白、李商隐、王维、白居易的经典诗篇;不容错过的还有唐代书法艺术大家们的风姿,包括怀素、孙过庭、虞世南、褚遂良、张旭、柳公权、颜真卿、欧阳询等;更不能错过的是僧一行、李淳风、王孝通、孙思邈、陆羽等唐代科学技术代表人物。漫步步行街如时光倒流,游客在与这群"大唐天团"对话的过程中对他们写下的不朽诗篇、创作的不朽画作以及取得的各种不朽成果甚为叹服,甚至生出由衷的敬仰与膜拜,为自己的旅游体验增添了一种因文化与传统而升华境界的崇高感。

地域文化也是大唐不夜城精心打造的核心主题。对这一主题的描摹与呈现并没有脱离盛唐背景这一绝对中心,而是选择用陕西关中地方非遗文化作为扩充大唐不夜城感知细节的多维度补充。步行街两侧的餐厅、小吃摊、酒吧街、购物商场等全都以展现陕西美食和民俗文化为己任,漫步其间,除了感受盛唐风韵,还会惊叹于步行街上对美食民俗元素的精心规划布局。在美食呈现方面,大唐不夜城打造了长安美食区、华夏美食区、丝路美食区三个美食街区,与位于步行街中线的雕像群平行,游客往来其间目不暇接。以长安美食区为例,这里有当地中华美食老字号聚集,西安饭庄、同盛祥、德发长、春发生在这里肩并肩,在菜式花样、品尝种类等开发细节上,以游客的多样化需求为导向,大菜与小吃皆能充分品尝。此外,一字排开的小吃摊点售卖的谭味八宝甑糕、李爷爷的小镜糕、经纬记-滋蛋仔、李广记杏皮茶等都是当地著名的特色小吃,统一设计具有唐代建筑风格的摊位配上充满地域风情的小吃带给消费者新奇趣味的美食体验。

"国潮"网红文化是让大唐不夜城"出圈"位列西安旅游景点头名的关键因素，这也是以IP为核心打造创意景区、顺应文旅经济的"打卡"风、在年轻群体中迅速确立自身概念形象、在一众历史创意街区中拥有姓名的根本原因。2019年，#大唐不夜城不倒翁#相关短视频在抖音的播放量超23亿次，让大唐不夜城赶超上海迪士尼度假区、成都大熊猫繁育研究基地、北京故宫博物院等国内热门景点，成为当年的景区第一名。"不倒翁小姐姐"皮卡晨"凭一己之力带火了一座城"——大唐不夜城成为西安旅游景点中的"顶流"。有了流量，景区从高质量可持续发展的角度考虑，还需要保证"留量"，为游客持续制造惊喜体验的重任就由"国潮"网红文化担当起来，让历史古韵成为流行文化的重要思路是与时尚结合，或者将古韵古风转化为时尚，最合适的方式之一就是顺应充满活力的汉服文化，让大唐不夜城成为汉服爱好者游览观光、拍照摄影的理想场景，让更多的游客在汉服爱好者的带动下从赏景看人，逐渐产生亲身体验汉服穿着的意愿。长期以来，凭借大唐芙蓉园、青龙寺、兴庆宫公园等汉服爱好者打卡地的人气积累，西安一直保持较浓郁的汉服文化氛围，市区有为数不少的汉服体验馆、妆造馆。在大唐不夜城形成气候之前，游客们的汉服游览往往安排在白天，在每年5—8月的旅游高峰期，高温炎热天气对身着繁复款式汉服的游客而言并不友好，日间汉服的体验效果受到影响。于是，在凉爽夜间身着汉服徜徉于盛唐美景之中，能够更加满足游客的深度化、细节化旅游需求。大唐不夜城将汉服夜游转化为一种游客主动参与互动的形式，与舞台上表演歌舞、扮演历史人物的演员们形成了一种形象上的对应，从置身事外的"你扮，你演，我看"，转变成"你扮、你演、我也扮"的沉浸式互动，成为一种深受年轻人青睐与欢迎的观光模式。

（三）从单点创意向集合创意转化

大唐不夜城自2018年对街区硬件建设和基础设备配套全面升级改造以来，在景区创意开发过程中一直朝集合创意模式转化，吸收各种创意巧思，既进一步强化了盛唐文化这一核心主题，又在不断通过增量思维做创意加法，在景区的娱乐策划与游玩体验上不断叠加跨界元素，保持着旺盛的发展势头。

1. 从IP到IP集群：让精彩故事来得再多些

2022年，大唐不夜城的创意开发迎来了新的成果，在大唐不夜城基础之上建成了"长安十二时辰＋大唐不夜城"唐文化全景展示实践创新。用IP带动IP，将夜间经济、夜间旅游思路与全景式、全天候、全时段的唐文化沉浸式深度体验融合在一起。对于游客来说，这里成了从白天到夜间，全天可以畅游玩乐的沉浸场景。

"长安十二时辰"创意来自同名历史小说和由此改编的爆款网剧，是一次"让IP活起来"的创意实践，以全国首个沉浸式唐风市井生活街区为定位，与大唐不夜城形成了充分的对照与互补。让市民游客"观一场唐风唐艺、听一段唐音唐乐、演一出唐人唐剧、品一口唐食唐味、玩一回唐俗唐趣、购一次唐物唐礼"，在这里感受大唐风貌、领略大唐繁华、爱上大唐文化[1]。在此之前，大唐不夜城景区的文化IP设计以人物为载体，包括"不倒翁小姐姐"、李白、杨贵妃等人物IP。"长安十二时辰"则是一个由多种要素组合而成的创意概念IP，体现了"品牌＋故事＋网络＋体验＋消费"的"5＋"创意，"使历史转成现实，让宫廷走进市井，将回忆变为体验，又让体验扩散为消费，实现了文旅项目新的提升。"孵化自爆款IP的旅游景点往往更能建立起与游客之间的情感联系，因为游客们或多或少对故事中的场景道具、人物情节有所了解，此中的NPC强化了游客的沉浸体验与故事认知，曾经在网剧里给观众留下深刻印象的长安名吃水盆羊肉、火晶柿子等都可以在这里品尝到同款。真实与游戏之间的界限被模糊，游客在这里获得的是一种"成为书中人""做一回剧中人""当一次唐朝人"的多重趣味。

2."旅游＋国学"主题脱口秀：让历史文化回归主角

大唐不夜城于2023年上半年推出的互动演出"盛唐密盒"成了"不倒翁小姐姐"之后新一代不夜城"顶流"。节目以真人扮演的方式，让"房谋杜断"典故中的两位唐代名士房玄龄和杜如晦乘坐盲盒穿越到大唐不夜城，随机与游客进行现场问答，目的是为大唐招纳贤才。这个设定为表演者安上了古人的身份，房杜二人有板有眼的提问腔调和造梗接梗能力使得这个一日表演三场，每场10分钟的小节目成了一场房玄龄与杜如晦的大型现场脱口秀，受到众多现场观众和在线网友的追捧。对游客而言，这是一种新奇特别的体验，房杜二人的问题从诗词歌赋、传统节日，到历史典故与生活常识，都是中国传统文化相关的各个知识点，节目的主题直接指向大唐不夜城倚临的大雁塔"重学"的文化内涵——关中八景中有"雁塔题名"一说，历史上大雁塔曾是唐朝新中进士的题名之地。"盛唐密盒"以机智诙谐、充满语言包袱的表演与互动方式激发民众对传统文化的热情，让游客在不经意间收获了学习的快乐，互联网上甚至出现了网友总结的答题攻略和知识点小百科，让人感叹"没点知识储备，你都不敢来逛这条街"[2]。不难看出，节目一方面以一种很新的方式创造与游客的沉浸式互动体验，另一方面则做到了对核心文化元素的点题与升华。既有应接不暇的掠影浮光，令人俱怀逸兴壮思飞，又让人们对恢宏浩瀚、博大精深的传统文化心生敬畏，脚踏实地才能博闻强识。可以说，节目以一种四两拨千斤的方式寓教于乐，让游客们获得了一种从感性体验到理性认知上的历史文化熏陶。

——思考题——

1. 景区文化创意可以具体应用在哪些旅游类型中？
2. 对景区进行文化创意开发时可以从哪些文化资源中获取灵感？

---

[1] 余明."长安十二时辰"今盛大启幕[N].三秦都市报，2022-04-29(A08).
[2] 李梦馨."盛唐密盒"的文旅密码[N].大众日报，2023-04-24(8).

3. 在对工业、乡村等资源进行景区创意转化开发方面,国内外有哪些成功经验模式?
4. 围绕旅游全产业链展开的吃、住、行、游、购、娱,具体可以进行哪些文化创意转化?
5. 试对某一景点的文化创意转化成功经验进行总结。

 本章参考文献

[1] 薛可,余明阳.文化创意学概论[M].上海:复旦大学出版社,2021.
[2] 陈加林.发展旅游学纲要[M].北京:中国旅游出版社,2018.
[3] 厉无畏,等.创意产业:转变经济发展方式的策动力[M].上海:上海社会科学院出版社,2008.
[4] 刘祥恒.旅游产业融合机制与融合度研究[M].合肥:中国科学技术大学出版社,2019.
[5] 日笠端.城市规划概论[M].南京:江苏凤凰科学技术出版社,2019.
[6] 中国旅游研究院,驴妈妈旅游网.中国旅游业创新和IP发展报告2020—2021[M].北京:中国旅游出版社,2022.
[7] 过聚荣,熊颖.中国民宿发展报告(2022)[M].北京:社会科学文献出版社,2023.
[8] 楼嘉军,李丽梅,宋长海,等.长三角城市文化发展竞争力研究[M].上海:上海交通大学出版社,2021.
[9] 刘德谦,石美玉.当代中国旅游购物研究[M].北京:中国旅游出版社,2014.
[10] 李江敏,苏洪涛.中国旅游与非物质文化遗产[M].武汉:武汉大学出版社,2017.
[11] 刘婕.创意旅游在传统文化旅游地的开发[J].电子商务,2014(7):71-72,84.
[12] 杨红波.休闲旅游餐饮服务[M].北京:旅游教育出版社,2021.
[13] 史蒂芬·威廉姆斯.旅游休闲[M].杜靖川,等译.昆明:云南大学出版社,2006.
[14] 周建明.国家旅游休闲区规划理论与实务[M].北京:中国旅游出版社,2019.
[15] 廖嵘.非物质文化景观旅游规划设计理论与实践[M].重庆:重庆大学出版社,2010.
[16] 吴必虎.旅游规划与设计 NO.35:过度旅游及其治理[M].北京:中国建筑工业出版社,2021.
[17] 钟晟编.中国文化旅游发展之路[M].北京:经济科学出版社,2020.
[18] 李柏文."文化创意+"旅游业融合发展[M].北京:知识产权出版社,2019.
[19] 张静,丁奇.城市后工业公园[M].南京:江苏凤凰科学技术出版社,2014.
[20] 张威.旅游业态演化与商业模式创新[M].北京:知识产权出版社,2014.
[21] 彭南生,严鹏.工业文化研究第3辑——工业旅游与工业研学:文化内涵和教育意义[M].北京:社会科学文献出版社,2020.
[22] 黄欣.再现昔日帝国:英国遗产电影研究[M].北京:金城出版社,2021.01.

[23] 薛茜元.非物质文化遗产视野下的民俗特色小镇景观设计研究[D].西安:西安建筑科技大学,2018.

[24] 潘登.清明上河园主题酒店设计探析[D].济南:山东工艺美术学院,2022.

[25] 宋雪茜.苏轼夜游及其对现代夜间旅游审美的启示[D].成都:四川师范大学,2005.

[26] 张瑞霞.旅游演艺产品策划及评估方法研究[D].大连:辽宁师范大学,2011.

[27] 杨娇.旅游产业与文化创意产业融合发展的研究[D].杭州:浙江工商大学,2008.

[28] 邢海燕."国潮"与"真我":互联网时代青年群体的自我呈现[J].西南民族大学学报(人文社会科学版),2021,42(1):126-134.

[29] 夏小莉,王兆峰,谭必四.旅游文创产业发展研究——基于产业价值链的视角[J].中国集体经济,2009(33):136-137.

[30] 许柚.沉浸式综合体:怎样创新玩转文旅[J].决策,2021(4):72-74.

[31] 施国新.主题酒店文化主题创意研究:从创造体验到打造概念[J].旅游论坛,2013,6(5):98-104.

[32] 李丽英.解读:旅游民宿发展之路[J].当代旅游,2019(10):123-124.

[33] 武媛,刘雅芬.文旅融合背景下非物质文化遗产保护与开发研究[J].旅游纵览,2023(3):106-108.

[34] 潘璟瑜,赵天怡,李俊.冰雪旅游背景下的吉林省民宿发展策略研究[J].农村经济与科技,2022,33(6):83-85.

[35] 倪寒飞.旅游交通工具可成为旅游产品[J].商业观察,2023,9(14):18-20.

[36] 刘宏芳,周晓琴,明庆忠等.云南旅游与交通融合发展回顾及趋势探讨[J].资源开发与市场,2019,35(4):578-584.

[37] 李云霞.文化旅游IP塑造对策研究[J].江苏商论,2023(2):76-80.

[38] 张佳仪.中国旅游产业创新与IP发展研究[J].中国旅游评论,2020(3):65-73.

[39] 王静雅,于雷.旅游景区的文创产品开发设计策略[J].环境工程,2021,39(10):272.

[40] 杨芳,邝奕轩.影视旅游对旅游景区的影响[J].文史博览(理论),2012(9):51-52,60.

[41] 董文津.吉林省"新媒体+动漫IP"助力乡村旅游发展的策略研究[J].旅游纵览,2022(15):119-121.

[42] 朱宇轩,谢彦君,王一雯.旅游世界的美食意象及旅游者的美食具身体验——基于表征和非表征的双重视角[J].旅游学刊,2023,38(4):115-132.

[43] 罗先菊.全产业链视角下旅游餐饮发展困境及对策[J].现代商业,2023(7):35-38.

[44] 曾国军,林家惠,王龙杰.美食旅游研究的国际进展及启示[J].美食研究,2023,40(1):25-34.

[45] 邹统钎,张一帆,晨星.国外文旅融合经验值得借鉴[N].中国旅游报,2018-08-17(3).

[46] 彭德倩."取景产业",城市新动能[N].解放日报,2023-01-16(10).

[47] 鲁娜. 乡村民宿：深耕品质发展更有奔头[N]. 中国文化报，2022-11-12(2).

[48] 王玮，唐伯侬. 什么样的民宿能在复苏中领跑？[N]. 中国旅游报，2023-02-02(5).

[49] 王伟杰. 丁真之后，如何打造旅游超级IP[N]. 中国文化报，2023-01-05(4).

[50] 李子谦. 黄山西递借游戏平台营销推广[N]. 中国旅游报，2019-07-26(4).

[51] Beeton S. Understanding Film-Induced Tourism[J]. Tourism Analysis, 2006,11(3)：181-188.

[52] Macionis N, Sparks B. Film-Induced Tourism：An Incidental Experience[J]. Tourism Review International，2009,13(2)：93-101.

[53] Galvagno M, Giaccone S C. Mapping Creative Tourism Research：Reviewing the Field and Outlining Future Directions[J]. Journal of Hospitality & Tourism Research，2019,43(8)：1256-1280.

[54] Duxbury N, Richards G. Towards a Research Agenda for Creative Tourism：Developments, Diversity, and Dynamics [M]//A Research Agenda for Creative Tourism. Northampton：Edward Elgar, 2019：1-4.

[55] Loh E G Y, Stephenson M L. Deciphering Tourist Shoppers' U-commerce Readiness：Current Challenges and Post-pandemic Concerns [J]. Journal of Management Research，2022,21(1)：3-17.

[56] Gong H, Zheng Y, Shi J, et al. An Examination of the Spatial Spillover Effects of Tourism Transportation on Sustainable Development from a Multiple-Indicator Cross-Perspective[J]. Sustainability，2023,15(5)：4522.

第五章

旅游纪念品文创

学习目标

学习完本章,你应该能够:
(1) 了解旅游纪念品文创的概念。
(2) 了解旅游文创纪念品开发的不同种类。
(3) 了解旅游文创纪念品设计的基本要素。
(4) 了解旅游纪念品设计的文创途径。

基本概念

文化创意　旅游纪念品　旅游纪念品开发　旅游纪念品设计

第一节　旅游纪念品文创概述

旅游纪念品文创是将文化创意与旅游纪念品结合的概念。通过创意设计和文化内涵,使旅游纪念品不是一种单纯的纪念物,而是一种更具有艺术性、文化性、创新性和实用性的产品。

传统旅游纪念品注重传递旅游景点的特色和旅游体验的记忆,通常以小型化、实用性和价格亲民作为设计方向。它们通常由旅游景点的运营商或相关企业开发制作,以方便游客携带和购买为主要目的,如纪念杯、明信片、冰箱贴、钥匙链等。旅游纪念品文创强调的则是文化内涵和设计感,通常由艺术家、设计师等专业人士设计制作,具有一定的艺术性和收藏价值。这类产品更注重设计的独特性、文化符号的表达以及对消费者生活方式的影响。举例来说,旅游纪念品文创可能包括一本以地方历史文化或人物为主题的书籍、一件以地方传统工艺为设计灵感的衣物或手工艺品、一部以地方风土人情为题材的电影或动画等。

一、旅游纪念品概念界定

对于旅游产业和旅游者个人而言,旅游纪念品扮演着不可或缺的角色。研究发现,几千年前的古埃及与古罗马都有从国外带回旅游纪念品的早期记录。17 世纪的日耳曼贵族甚至建立了私人博物馆,用以收集陈列从世界各地带回的极富异域风情的私人藏品与手工艺品[1]。关于旅游纪念品最早的学术研究可追溯至 1986 年,美国学者贝弗利·戈登(Beverly Gordon)认为旅游纪念品是将游客与旅游体验联结在一起的"非凡的信使",甚至"纪念品"(souvenir)该词最早的含义即"想念"(to remember)[2]。早期旅游纪念品以原创手工艺制品与游览地古物为主。其原创性、艺术性及独一无二的特性受到游客的青睐。

现代旅游纪念品的概念推广始于 17、18 世纪,参团访问欧洲的旅行者已可从当地带回数量颇多的微缩景观艺术品[3]。18 世纪末 19 世纪初的工业革命为旅游纪念品的大规模生产加工提供了可能,但直到第二次世界大战结束后,随着旅游这一活动在西方中产阶级开始盛行,这一可能才逐渐被提上日程,大规模加工的旅游纪念品得以问世。全球化浪潮席卷之下,旅游纪念品的生产与消费在全世界范围内大大增加,其商品属性逐渐被凸显。在旅游业较为发达的国家与地区,纪念品的销售一般占当地旅游总收入的 30%,有些地区甚至高达 50%[4]。

---

[1] Hume. D. The Genealogy of the Tourist Gaze Part 1: Art History, Anthropology and Souvenirs[C]. The International Symposium on Society, Tourism, Education and Politics (ISSTEP), 2013.
[2] Gordon B. The Souvenir: Messenger of the Extraordinary[J]. Journal of Popular Culture, 1986, 20 (3):135-146.
[3] Swanson K, Timothy D. Souvenirs: Icons of Meaning, Commercialization and Commoditization[J]. Tourism Management, 2012,33(3):489-499.
[4] 王艳艳,旅游纪念品地方特征的提取和保护[J]. 包装工程, 2015, 36(10):148.

早期学者将旅游纪念品根据其属性分为六类,即工艺品、文物古玩及其仿(复)制品、书画金石、土特产品、珠宝首饰以及特制旅游纪念品[1]。旅游纪念品的完整概念界定可从两方面考虑。一是旅游者的角度。"旅游纪念品是人们对消逝的事件和经历的唤醒物,是可以从市场上购买的有形物,它可以帮助人们在家里就能回到那些值得记忆的时间和地方。"[2]二是制造与销售的角度。旅游纪念品与商店销售的其他大规模制造的手工艺品并无区别,是可流通、交换的商品[3]。这两方面同时包含了旅游纪念品的两大关键性要素:文化属性与经济属性。随后的研究中,诸多学者也从不同角度出发对旅游纪念品的概念属性进行了进一步补充,纪念品的商品属性逐渐过渡成为一种"载体",即承担着展示地域文化和民族性情、对外交流、陶冶情操等多重功能的重要媒介。作为商品的旅游纪念品则被定义为供给者为满足旅游者需求,以出卖交换为目的而提供的具有使用价值的有形和无形服务(无形商品)的总和[4]。

二、旅游纪念品文创概念界定

2018年,随着我国文化部与国家旅游局的职责整合,我国文旅产业得到了进一步的融合发展。旅游纪念品独特的地域文化资源与人文价值再度受到旅游开发者的青睐。文创产业的兴起更为旅游纪念品开发另辟蹊径,从各大博物馆文创开始,各地景区、图书馆、美术馆都相继开发了拥有自己文创特色主题的纪念品。从狭义上讲,文创产品通过挖掘文化主题、实现创意转化及提高市场价值三个步骤来进行产品开发与转化。开发成品可以是物质实体,也可以是非物质形态的虚拟体验、服务等。文创产品区别于普通纪念品之处在于其与消费者建立起来的特殊纽带,即文化识别与文化认同。通过良好的审美和饱含创意的设计过程,文创产品对器物本身蕴含的文化因素重新审视、省思并叠加展现[5]。消费者在购买使用该产品时获得精神层面的满足,对其蕴含的文化主题展现出不同程度的需求与认同。

旅游纪念品文创的核心是文化创意。文化创意是指在文化和创意的基础上,结合市场需求和技术手段,打造具有创新和艺术价值的产品。在旅游纪念品领域,文化创意可以通过各种方式来体现,如使用当地的传统手工艺品、融入当地的历史文化元素和地域文化元素、采用特殊的材料等。

旅游纪念品文创的另一个重要特点是设计的创新性。设计的创新性可以表现在产品的外形、结构、图案、色彩等方面。一个创意、时尚、美观的设计不仅可以吸引游客的眼球,也能提高旅游纪念品的附加值。通过旅游纪念品文创的方式,可以更好地传递当地的文化内涵,吸引更多游客,促进旅游经济的发展,同时也能够推动文创产业的发展。

---

[1] 王瑜. 旅游景区服务与管理[M]. 上海:上海交通大学出版社,2011:136-140.
[2] Peters K. Negoticiting The 'Place' and 'Placement' of Banal Tourist Souvenirs in the Home[J]. Tourism Geographies, 2012, 13(2): 234-256.
[3] 琚胜利,陶卓民. 国内外旅游纪念品研究进展[J]. 南京师大学报(自然科学版),2015,38(1):137-146.
[4] 吴兆奇. 文化创意产品、旅游纪念品、手信之比较研究[J]. 设计,2020,33(12):129-131.
[5] 吴兆奇. 文化创意产品、旅游纪念品、手信之比较研究[J]. 设计,2020,33(12):129-131.

第二节 | 旅游文创纪念品开发

传统意义上，旅游纪念品的开发是指从游客角度出发，从产品设计、材料选择、包装、销售渠道等方面考虑，创造出独具特色和吸引力的产品。要产出高品质的旅游文创纪念品，开发的过程中需要更多的文化、艺术和设计元素，因而需要更加深入的文化和历史研究、艺术设计、市场分析、消费者需求调研等。旅游文创纪念品的开发是旅游产业向文化产业转型的一种表现，它不仅能够提升旅游业的附加值，也能够推动当地文化和历史的传承和创新。

一、旅游文创纪念品开发的基本因素

从综合角度考量，开发旅游文创纪念品需要全面考虑目标市场、文化背景、生产成本、可行性分析、环保因素、市场趋势等因素，以创造出有市场竞争力、具有文化价值的旅游文创纪念品。

第一，目标市场。开发旅游文创纪念品需要先确定目标市场，即面向哪些人群，如本地居民、国内游客、外国游客等，以及他们的年龄、性别、文化背景、消费能力、购买需求等，这样才能确定产品类型和设计方向。例如，地方文化爱好者会对饱含当地特色与风俗的收藏品或装饰品较感兴趣，但主题公园与景区游客往往会消费与旅游体验相关或有特色主题 IP 的相关纪念品。

第二，文化背景。旅游文创纪念品的开发需要考虑当地文化、历史和传统元素，将当地特色融入产品设计和制作，以增加产品的吸引力和文化内涵。不同地区可根据其独特的地域文化、民族文化、历史文化、自然文化等方面考量旅游文创纪念品的特色与内涵，如福建的海洋文化、西藏的藏族文化、青海的湖泊文化等。

第三，生产成本。开发旅游文创纪念品需要考虑产品的生产成本，包括材料、制作工艺、包装、运输等各个环节的成本，并根据目标市场和产品定位来确定售价，以保证产品的营利性以及竞争优势。例如，手工制作的木雕纪念品，需要计算雕刻师傅的人工费用成本以及雕刻机器的设备成本、从制作地点到销售地点的物流成本、设计和制作包装盒的成本等。

第四，可行性分析。在开发旅游文创纪念品时需要进行可行性分析，考虑市场需求、产品生命周期、竞争情况等因素，以确保产品能够成功推广和销售。例如，旅游文创纪念品市场的竞争较激烈，对于是否能开发出具有特色和独特性的产品、是否能预见游客对纪念品的价格敏感度和购买意愿等，都需要专业的可行性分析报告。

第五，环保因素。为满足现代消费者的环保理念和意识，越来越多的旅游文创纪念品开发者开始注重环保因素，选择可再生材料、节约能源、减少包装等环保措施。旅游文创纪念品开发也将纪念品材料的可重复使用性、包装材料的可回收性、环保标识等纳入考虑范围，从而践

行旅游行业近些年提出的可持续发展理念。

第六，市场趋势。旅游文创纪念品的开发需要跟随市场趋势和潮流，抓住消费者的购买需求和趣味，创造出具有时代感和个性化的产品。随着数字时代的到来，旅游文创纪念品开发也在呈现形式、销售平台、跨界合作等方面开启了新的篇章，将虚拟化的数字产品、在线销售、移动支付加入开发链条，并进一步强调纪念品的个性化定制与跨界合作的可能性，拓宽了其销售发展的平台。

二、旅游文创纪念品的开发

在旅游纪念品的开发中加入文创因素，除了基本元素的考量之外，需要在设计、品质、体验等方面进行全面考虑，从而打造出具有文化内涵、创新设计和趣味性的产品，让游客在旅游过程中获得更多的收获和体验。从本质上讲，文创产品也是旅游纪念品的一种，因而以旅游纪念品的方式售卖、营销，也基于本土文化，依托旅游业进行传播。近些年文创产品的大幅兴起带动了旅游纪念品的产业变革，挖掘兼有本土特色又包含创新元素的产品是拉动旅游经济的关键元素之一。

首先，挖掘旅游目的地的文化内涵。将旅游目的地的文化、历史、特色等元素作为设计灵感，开发出具有独特文化内涵的旅游文创纪念品。例如，以当地的传统手工艺、名胜古迹、民俗文化等为设计元素，打造出独具特色的文创纪念品。

其次，文创的过程需要创新设计理念。通过创新设计理念和创意表现形式，打造出具有时尚感和创新性的旅游文创纪念品。例如，将当地的传统元素和现代设计结合，以独特的形式和表现方式呈现，提高产品的艺术性和观赏性。

再次，融合互动体验也是旅游文创纪念品开发的重要环节。将互动性、趣味性等元素融入旅游文创纪念品的设计，让游客在使用过程中能够获得更加丰富的体验和感受。例如，设计出具有互动性的文创纪念品，如拼图、立体模型等，让游客参与产品的制作，增强其互动性和趣味性。

最后，提升产品品质以满足众多消费者日益变化的审美品位和品质需求。除了文化内涵和创意设计，旅游文创纪念品制作材料、工艺、外观等方面的品质也是重要的因素。通过提高产品的品质和制作工艺，提高产品的收藏价值和实用性，使游客更加喜欢和认可旅游文创纪念品。

以下将结合近期旅游文创纪念品的发展趋势，从 IP 开发、数字化产品开发、日用品开发三个角度探索旅游文创纪念品开发的可能性。

（一）IP 开发

IP 一词源于英文"intellectual property"（知识产权）的缩写。起初，IP 是一个法律专业术语。然而在文化产业的语境内，IP 已不再是简单的知识产权符号，而是在文化生产的过程中变成了一种承载形象、表达故事、彰显情感并经过市场验证的多元载体，成为一种有故事内容的人格权[1]。好的文创 IP 具有高辨识度、自带流量及具有强大的变现能力这三个特点。以国内外一些运营较成功的旅游景点为例，个性特征突出的 IP 开发极大地带动了相关零售产品销售额的增长，如美国迪士尼乐园的卡通人物 IP 及其授权衍生纪念品、北京恭王府景区"福"字系列文创产品以及故宫博物院相关文创产品。截至目前，故宫博物院已开发文创产品 13 098 种，仅 2017 年，文创产品的收入就高达 15 亿元[2]。其特色文创 IP 人物"雍正帝"（见图 5-1）比剪刀手卖萌的形象深入人心，历史中威严肃穆的皇帝形象通过 IP 开发以新奇有趣的方式演绎出来，在吸引年轻人消费的同时，又解构了既往历史呈现的厚重感，巧妙地做到了深入浅出。

图 5-1　故宫文创人物"雍正帝"
资料来源：故宫《十二美人图》（萌萌哒）[EB/OL]. https://www.sohu.com/a/214894407_381677. [访问时间：2023-08-15]

随着文创产业的发展，旅游文创纪念品已经不再是简单的纪念性商品，而成为可以衍生出多个文化衍生品和形成 IP 的载体。文创 IP 将文化作为核心内涵，结合多种元素，并将其融会整理，最终形成了这一特殊文化现象，并通过旅游文创纪念品的形式展现出来传递给潜在消费者。它的形式多种多样，皆以推进文创产业为目的。文创 IP 的出现代表着文化产业重新改造及创新的能力充分被挖掘[3]。文创 IP 的开发赋予了传统旅游纪念品更高的品牌效应、更多的附加值，并拓展了旅游纪念品的设计方法与销售渠道，文化资源以一种全新面貌被呈现出来。

旅游文创纪念品的 IP 开发主要从以下三个方面入手。

1. 以文化为根

《超级 IP：互联网新物种方法论》作者吴声曾经这样描述 IP 化的产品特点："内容是有层次的、丰富的、多重的、结构性的，是意料之外能够形成更多场景的，是可以个性化生成和演绎

---

[1] 向勇，白晓晴. 新常态下文化产业 IP 开发的受众定位和价值演进[J]. 北京大学学报（哲学社会科学版），2017，54(1)：123-132.

[2] 刘众一. 基于受众心理需求分析的博物馆文创设计——以故宫博物院为例[J]. 大理大学学报，2023，8(3)：89-94.

[3] 赵璐. 基于文创 IP 的旅游纪念品价值开发[J]. 艺术教育，2020(2)：207-210.

的。"[1]旅游文创纪念品 IP 开发需要深入挖掘所在地的历史文化,将文化元素与现代设计资源整合,通过故事情景和社交传播等方式打造富有情感和故事性的产品。如果说传统旅游纪念品开发是以特色文化造型和工艺为关注点,那 IP 开发视域下的旅游文创纪念品则更加注重物品差异化表达:以文化和价值观为内涵,以故事性为支撑元素,以功能和形象为表征,重点构筑 IP 化文旅纪念品的新形态。换句话说,形象与功能仅仅是新一代旅游文创纪念品的显性因素,只是所谓的"皮毛",而真正吸引消费者驻足的则是旅游文创纪念品的故事性与价值观,可被看作"肌理",表里如一、内外兼有的纪念品才能成功打造出自己的 IP 特色,并与消费者产生"文化共鸣"。

故事性是文化内涵的重要组成部分,让旅游文创纪念品做到有故事,且有引人入胜的故事让游客产生共鸣、感悟,是 IP 开发的重点。纽约公共图书馆的"图书馆狮子"(The Library Lions)系列旅游文创纪念品即来源于一个让人印象深刻的故事。这个系列以位于公共图书馆门口的两只石狮(即"坚忍"和"刚毅")为灵感来源,这两只石狮象征着图书馆的守护者,它们以其坚定不移和刚毅不拔的品质而闻名。在美国大萧条期间,时任纽约市长的菲奥雷洛·拉瓜迪亚(Fiorello Guardia)通过广播告知市民"这个城市的人民有两种基本美德——坚忍和刚毅",激励市民坚持渡过难关,并对迎接新的黎明充满希望。由于这一激励人心的故事,这两只狮子成为图书馆和整个城市的标志,无缝融入了文化和旅游元素[2]。相关文创来源于一位图书馆工作人员,他工作多年,从两尊石狮中汲取灵感,构思了故事并创作出儿童绘本《图书馆狮子》,讲述狮子如何进入图书馆的故事。故事得到了良好的社会反响,图书馆官方也基于这一 IP 创意开发了各种旅游文创纪念品,如图书、钥匙链、装饰品、毛绒玩具、服装、雕塑等。良好的故事表达为文旅纪念品 IP 的打造铺垫了坚实的基础,让来访者了解故事、产生共鸣、对品牌产生认同,从而延续 IP 的文化价值。

2. 以市场需求为导向

以市场需求为导向进行旅游文创纪念品 IP 开发,需要深入了解目标客户群体的需求和喜好,同时考虑当地文化特色、产品的可玩性和实用性、合理的价格定位以及营销策略,从而开发出更符合市场需求的产品。其中,IP 营销策略是必不可少的一环。在开发旅游文创纪念品 IP 后,进行积极的营销推广,以吸引更多消费者的关注和购买。可以通过网络推广、品牌合作、实体店铺等多种方式进行宣传和推广。

以三星堆博物馆的 IP 运营推广为例,近年来三星堆博物馆的年轻游客数量不断增加,这让 IP 设计方更注重年轻化定位,这是文创产品定位方面的重要思考。如何通过 IP 衍生品的设计,让传统文化真正融入年轻人的生活,一直是博物馆需要解决的问题。因此,三星堆博物馆推出了"祈福神官"系列盲盒,做出了一次大胆的创新和尝试。

随后,三星堆博物馆又通过线上和线下的庆典活动对其 IP 形象进行巩固和重复,同时通

---

[1] 吴声. 超级 IP:互联网新物种方法论[M]. 北京:中信出版社,2016:54.
[2] 纪理想,陈铭,赵馨平. 文旅融合背景下公共图书馆文创产品 IP 构建研究[J]. 图书馆工作与研究,2023(3):105-112.

过与用户和游客的互动,实现了 IP 的变现。三星堆博物馆的线上活动包括推出 VR 云展厅、在线开幕式等,吸引了超过 21 万人次的访问量。同时,三星堆博物馆还联手国产动画《秦岭铁树》进行共创,举办动画首映礼暨"文物寻宝之旅"启动仪式[1]。在线下活动方面,三星堆博物馆举办了多种群众文化节日节庆活动,如面具狂欢夜、亲子活动、饼干烘焙活动、主题服装秀、跑酷三星堆等。此外,三星堆博物馆还举办了大祭祀活动,以"祈福三星堆、福佑千万家"为主题,宣传古蜀文化,增强游客的参与感和趣味性,提高博物馆的宣传能力。

除了受年轻一代追捧的盲盒产品,三星堆的旅游文创纪念品还覆盖了衣、食、住、行各个方面(见图 5-2),其中包括还原了文物造像的"出土味"青铜面具雪糕、三星伴月雾蓝鎏银茶具、跑鞋、书签、冰箱贴、饰品、月饼等,以生动新鲜的形式活化了 IP 的文化内涵,成功打破了传统文化在用户心中的冷僻形象。此外,三星堆博物馆还非常懂得年轻消费者的兴趣点,善于抓住用户的好奇心,2021 年国庆期间陆续推出的两款巧克力和棒棒糖加入了"文物修复"元素,让年轻一代"边吃边玩"。以市场需求为导向的三星堆博物馆不仅通过关注年轻一代的喜好成功塑造了品牌 IP 形象,也通过市场联动、社交活动快速提升品牌知名度,一跃成为焦点话题。

(a) 三星堆博物馆摇滚盲盒

(b) 三星堆博物馆"堆堆"冰淇淋

图 5-2　三星堆旅游文创纪念品

资料来源:三星堆新出的摇滚盲盒,有点潮[EB/OL]. https://www.cmovip.com/detail/13175.html.[访问时间:2023-08-15]

3. 关注文化产品的趣味性

故宫博物院单霁翔院长在绍兴做报告时曾说道:"一款好的文创产品,应该是兼具实用性和趣味性的。"[2]从设计的角度来看,趣味性设计是指通过各种创意、手段和创新形式,创作出不同寻常、新奇特别,却又合情合理、引人入胜,能够吸引受众、让受众产生一定共鸣并感到快乐的具有审美体验的设计[3]。文创 IP 开发的过程中,趣味性通常体现于一些动漫化、带有夸张效果以及亲和力的形象、场景、故事等元素,它们可以被用于文创产品、展览、活动等方面。

---

[1] 陈之奕. 三星堆博物馆的文化 IP 开发与运营探究[J]. 四川省干部函授学院学报,2022(3):29-34.
[2] 王薇. 不要忽视文创产品的实用性[EB/OL]. http://www.shaoxing.com.cn/yuanchuang51/p/2705994.html.[访问时间:2023-08-15]
[3] 吴悠. 趣味性年历设计研究[D]. 南京:南京艺术学院,2013:9.

文创 IP 的趣味性可以通过多种方式来体现，如造型、颜色、动态、声音等。对于每个 IP 来说，趣味性元素通常是独一无二的，具有独特性和创意性，能够吸引人们的注意力，让人们产生好奇心和探索欲望。对于年轻一代消费者而言，旅游文创纪念品的趣味性是最重要的购买因素之一，如具有"萌""贱"属性的手办、玩偶、模型等受欢迎。为了接触到更加广泛的受众、加强 IP 的传播效果，趣味元素也经常被融入实用性更强的产品，如文具、生活用品、纪念品等。

大英博物馆开发的一系列基于馆藏文物 IP 的文创纪念品在趣味性方面可谓同行典范。例如，大英博物馆近期结合馆内藏品推出了一套小黄鸭纪念品，推向市场后，逐渐演变为一种流行文化元素。这套小鸭子纪念品共包括四只小鸭子，它们分别装扮成古埃及狮身人面像、日本武士、古罗马战士和维京海盗。这些鸭子虽然看起来有些"凶猛"，但它们的眼神却十分可爱，让人忍俊不禁。小鸭子纪念品的设计灵感来源于大英博物馆的馆藏文物，如古埃及的狮身人面像、日本的武士铠甲等，而出名的小黄鸭橡胶鸭玩具也是英国人的童年记忆符号。风靡全球的文物所代表的文化和历史元素成为小黄鸭的外观设计元素，打造了"反差萌"，也增加了趣味元素，使得小黄鸭不仅具有独特的艺术价值，也成为一种流行文化符号。

大英博物馆的文创产品开发一直以来都备受好评，其通过对馆藏文物的深入研究，将历史文化元素融入产品设计，使得文创产品具有独特的文化内涵和艺术价值。此次推出的小黄鸭纪念品也不例外，它们不仅展现了大英博物馆的馆藏特色，也为人们展示了不同文化背景下的历史和文化遗产。小黄鸭本身的"萌"和可爱属性及其趣味性的异域风情装束也是吸引游客驻足的关键元素。

（二）数字化产品开发

在全球数字化浪潮趋势下，旅游业与旅游纪念品行业也不可避免地受到了冲击。2021 年，国务院印发《"十四五"旅游业发展规划》，强调"加快推进以数字化、网络化、智能化为特征的智慧旅游，深化'互联网＋旅游'，扩大新技术场景应用"。其中，智慧旅游城市、智慧旅游景区、智慧度假区、智慧导览新型旅游服务等发展计划被提上日程，开发数字化体验产品、发展沉浸式互动体验更是成为重点培育项目。

旅游文创纪念品的数字化产品开发是指对传统的旅游纪念品通过数字技术的手段进行创新和改进，使其更符合当代旅游者的消费需求和习惯。尤其是在互联网技术与创新应用飞速发展的今天，虚拟现实、增强现实、物联网、大数据、云计算等都在逐步被纳入旅游行业及其相关领域，旅游产品的体验性与互动性得到了极大增强。

1. 收藏型数字纪念品

有收藏属性的数字纪念品本质上是一种数字化的收藏品，是应用元宇宙概念、基于区块链技术进行唯一标识的数字化文创产品，涵盖绘画、图片、音频、视频、三维模型等多种内容形式。数字纪念品的收藏性质主要取决于其数字形式的独特性和网络传播的影响力。市面上常见的数字藏品有数字化相册、数字化明信片、景区虚拟门票等。数字藏品另一个吸引游客的属性是其个性定制化：根据旅游者的需求和喜好，通过数字技术的手段实现定制化和个性化。同时，也可转为实体纪念品，如通过 3D 打印技术定制日用品、手工艺品等。

湖北省博物馆、河南博物院、中国国家博物馆等机构推出的数字文创产品受到了广泛欢迎。以湖北省博物馆的越王勾践剑为例，其数字文物限量发售1万份，但吸引60万人在线抢购，短短三秒即告售罄。类似的数字藏品还有河南博物院的妇好鸮尊以及中国国家博物馆的四羊青铜方尊、西汉错金银云纹青铜犀尊、彩绘雁鱼青铜釭灯等国宝级文物，且均在火爆的"秒杀"氛围中售罄。

数字藏品的出现让人们有了体验"收藏国宝"的新方式。与馆藏文物或字画真迹相比，数字藏品可以让购买者以低廉的价格在线上购买、观赏和收藏，而不用担心藏品的储存保管、赝品仿冒等困扰实物收藏者的问题。购买这些限量数字文创的消费者还可以通过网络账户查看自己专属的收藏编号和数字文创，并进行翻转、放大等操作，从各个角度查看文物。不同数字文创产品的清晰程度和展示形式也有所不同。根据目前已发售的产品，数字文创已经不局限于图片、短视频、音频、纪念卡、皮肤、头像等形式，而是更加多样化。数字藏品更是让高不可攀的艺术及文物收藏走下"神坛"，通过数字化加密技术，让普通人特别是Z世代有机会体会到收藏的乐趣，并激发人们走进文博场馆的热情。

2. 虚拟体验型数字纪念品

随着体验经济的大行其道，各大景点、博物馆等纷纷通过其数字平台推出一系列虚拟体验型旅游文创纪念品。游客足不出户，便可通过手机、电脑或电子设备（如VR眼镜等）身临其境地感受景点的美丽风光，同时获得纪念品。

例如，敦煌研究院与腾讯成立的"腾讯互娱×数字敦煌文化遗产数字创意技术联合实验室"合作打造的数字藏经洞项目，就为大众打开一扇能穿越时空、零门槛"走进"藏经洞、随时随地"翻阅"藏经洞文献文物的"新大门"。该项目基于敦煌学百年研究成果，综合运用高清数字照扫、游戏引擎物理渲染、全局动态光照等前沿科技，在数字世界生动再现百年前藏经洞真实历史场景。同时，4K影视级画质、中国风现代工笔画美术场景与交互模式，让公众身临其境般感受敦煌文化艺术的多元价值与无穷魅力。

数字藏经洞开创了"超时空参与式博物馆"这一全新形态，也开创了文物展示体验新范式，开辟了传统文化创新性转化与呈现的全新模式，在传播敦煌文化、讲好中国故事、促进全球数字化共享等方面做出了积极探索。此外，公众通过"云游敦煌"小程序或"数字敦煌"官网，即可登录"数字藏经洞"随时随地开启超时空沉浸式文博之旅，既能近距离观赏窟内壁画、彩塑、碑文等细节，又可通过人物角色扮演，与洪辩法师等8位历史人物互动，"亲历"藏经洞的前世今生。

（三）日用品开发

旅游文创纪念品的日用品开发是一种将旅游纪念品与日常生活用品相结合的创意开发方式，这种产品在具有功能性的同时也具有艺术和纪念价值，使消费者在日常生活中能够随时使用和欣赏。

作为一种文创产品，旅游文创纪念品既具有旅游纪念品的功能，又兼顾文化传承和创新。旅游文创纪念品的日用品开发是其中的一个重要方面。首先，对于日用品的开发，需要注意的是其实用性和实用性。旅游者购买旅游文创纪念品,除了满足情感纪念的需求外,也需要实用的功能。其次,日用品的开发需要考虑到文化融合和创新。旅游文创纪念品的开发需要与所在地区的文化紧密结合,通过将传统文化与现代元素结合,打造出富有文化内涵的日用品。同时,也需要不断创新,通过新颖独特的设计和材料,打造与众不同的产品,吸引消费者的眼球和兴趣。最后,日用品的开发需要关注材料的选择和质量的把控。旅游文创纪念品的开发需要注重环保和可持续性,选择符合环保要求的材料,同时保证产品的安全和质量,以提升产品的竞争力和信誉度。

总之,旅游文创纪念品的日用品开发需要关注实用性、文化融合和创新、材料选择和质量把控等方面,从而打造出具有差异化、个性化和实用性的产品,满足旅游者的需求和期待。目前市场上旅游文创纪念品的主要日用品类如表5-1所示。

表 5-1 旅游文创纪念品的日用品类

类别	产品	设计主题
纪念品类	明信片、冰箱贴、饰品、手表、钥匙扣等	当地文化、风俗、历史、建筑等元素
家居类	蜡烛、瓷器、地毯、墙纸、床上用品等	当地文化、风俗、艺术品等元素
美食类	巧克力、蜜饯、酒类、茶叶等	当地特色食材、烹饪方式、烘焙技术等元素
生活用品类	笔、笔记本、手帕、雨伞、手绢等	当地文化、历史、风俗等元素
玩具类	毛绒玩具、木质玩具、塑料玩具等	当地历史、文化、动植物等元素,文创IP动漫元素

文创日用品与普通日用品存着很大的共性,这就决定了消费者群体在购买此类产品的时候,功能性并非其第一选择动机,而是注重其品牌价值、美观性、装饰成分、文化价值等。例如,对于普通游客来说,购买一个水杯和购买一个有博物馆IP元素的水杯在使用功能上并无任何差异,后者也许定价还会更高。在购买的过程中,大部分的消费者已从基本的物质需求转向一种情感或精神满足。购买水杯的需求已转化为一种价值观认同态度,表达心理需求。厘清此类需求才能抓住文创日用品开发的先机。

以下将从品牌价值、创意产品表现以及"定制"产品三个方面探讨文创日用品开发方面的注意事项。

1. 打造个性品牌价值

在文创日用品开发中打造个性品牌的价值在于能够让消费者更容易地将其与文化、艺术、创新等概念联系起来。创建自己的独特品牌,可以强化个性创造的竞争优势。在同质化极强的日用品竞品中,能够让某类产品脱颖而出的,往往来源于品牌附加值。品牌知名度带来的粉丝经济往往会成为品牌销售的内驱力。

一般意义上,在品牌消费决策中,粉丝往往不仅考虑产品的功能性利益,而是更加注重情感利益、自我表达和社会性需求。他们对品牌具有集体认同感,用以标识自己的身份和获得他人的认可[1]。集体认同建立在成员有共同的知识系统和共同记忆的基础上,通过使用共同的象征系统实现。这种集体认同与粉丝的自我认知、自我期望相一致,符合他们对情感利益、自我表达和社会性的需求。因此,在品牌推广中,除了功能性利益,更要注重塑造符合粉丝价值观和认同感的品牌形象和文化。例如,大英博物馆以馆藏文物罗塞塔石碑为原型,分别通过采用整体图案、截取石碑部分图样等组合方式,开发出一系列软、硬周边日用纪念品(见图 5-3),从较为传统的书籍、复制品,到各种服装、文具、珠宝、茶杯,以及充电器、U 盘、镇纸、透镜布、巧克力、玩具

图 5-3　罗塞塔石碑创意马克杯

资料来源:文创衍生品|受全球追捧的大英博物馆文创,设计灵感大揭秘![EB/OL]. https://www.sohu.com/a/241703887_534424. [访问时间:2023-08-17]

等。开发者们牢牢抓住消费者对于博物馆品牌以及馆藏文物的喜爱与认同心理,创造了罗塞塔石碑通过大英博物馆品牌进行二次传播的可能性:与精心保存在展台,玻璃柜里的馆藏文物相比,出现在日用场景中并与顾客进行亲密交流无疑实现了文物价值的二次传播。使用这类文创日用品也帮助消费者满足了某种意义上的自我认同与自我呈现需求:使用罗塞塔石碑图样的布包、水杯从侧面上表达了使用者对埃及文化的了解与喜好,这种自我表达需求是一般同类日用品无法满足的。

又如,故宫文创与近期大火的三星堆文创都纷纷在瞄准青年一代消费者的同时,打造自己的亚文化知名品牌。从青年亚文化中挖掘时尚元素构筑品牌效应,吸引并打造自己的粉丝群体。从"朕知道了"纸胶带到三星堆摇滚盲盒,年轻一代在消费系列文创日用品的同时,也是在强调自己的个性、潮流与对主流文化的"对抗"。对于文创开发者们来说,如何从文化中提取价值元素打造品牌,并凝聚粉丝吸引力,是打造其产品竞争力的关键之一。

2. 开拓创意产品表现

开拓创意产品表现指研发全新的日用文化消费产品,注重提升产品本身的竞争力,强化产品的传达能力,填补文化创意与日常产品结合的市场空缺,从而打造独特的核心竞争力。这种方法不会简单地模仿营销策略、强调产品的基本属性。

就目前的旅游文创纪念品市场而言,产品品类同质化严重、创意相同或相似、产品做工粗制滥造、与景区文化毫无关联等都是亟待解决的问题。做工精美的日用产品系列往往只停留在"伴手礼"层面,而其实用功能毫无新意。对于使用功能较为单一的日用品来说,挖掘其创意元素、使其从同类中脱颖而出显得尤为重要。对于开发者来说,可从三个方面入手。首先,提高设计创意水平。研发全新日用品的核心在于设计,要想提高竞争力,就需要不断推陈出新,

---

[1] 孔令顺,宋彤彤. 从 IP 到品牌:基于粉丝经济的全商业开发[J]. 现代传播(中国传媒大学学报),2017,39(12):115-119.

不断进行创新设计,提升产品吸引力。其次,突出文化元素。文创日用品的设计灵感来源于文化,要突出产品的文化元素,提升产品的文化内涵,从而赢得更多消费者的青睐。最后,改善产品品质。对于大部分日用品来说,品质都是消费者考虑的重要因素之一,要想提高竞争力,就需要不断改善产品品质,如原材料、加工工艺等,以赢得消费者的信任和支持。

以苏州博物馆新馆十周年纪念文创"山水间·文具置物座"为例(见图5-4),这款文具置物座是苏州博物馆致敬建筑大师贝聿铭先生并联合设计品牌"自然家"推出的,设计精巧,功能全面,创意十足。苏州博物馆的设计便出自贝聿铭先生之手,并且他以擅长设计博物馆而享誉全世界。在贝聿铭先生的职业生涯中,他曾设计过肯尼迪图书馆、卢浮宫等多个知名建筑,都获得了巨大成功并成为经典之作。苏州博物馆是贝聿铭先生在中国设计的第一个博物馆,其设计引起了全球传媒的关注。置物座以长方形置物架为底座,以木片刻出假山,插在实木底座滑道上并可调整位置,灵活展现山水意境,底座横槽的一方挖出了圆孔笔槽,可与假山并列放置。假山片的位置经过调整,可充当手机座与照片架,底座还可单独用作镇纸。真可谓做到了"一物多用"。置物座的设计也充满巧思,据说,灵感来源于贝聿铭先生设计苏州博物馆时使用的石片模型与沙盘。其艺术创意与山水情怀让人印象深刻,纪念品造型独特,做工精良,就连包装盒也诚意满满,附带苏州博物馆的简介与设计说明。

图 5-4 苏州博物馆文创产品"山水间·文具置物座"
资料来源:山水间·文具置物座[EB/OL]. https://www. zcool. com. cn/work/ZMjE2MjIyMjg=. html. [访问时间:2023-08-17]

置物座虽然充满艺术元素、文化内涵,但其实用功能仍然十分突出,虽从品类上讲不算完全创新,但其"艺术+功能+文化"的表现形式让人耳目一新,拓展了同类产品的空白领域,找到了自己独特的卖点与文化传播价值。

3. 以"定制"产品为先导

随着近些年人们个性化需求越来越突出、审美水平不断上涨,大部分旅游文创纪念品都走上了"个性定制化"的道路。这一现象在以日用品居多的旅游文创纪念品中尤为突出,如定制姓名的马克杯、自选图案的景区画作,以及可以定制个性化内容的书签、台历等。因此,文创日用品系列也可以"定制"产品为先导,利用已有的企业和个人办公、礼品市场等,明确创意产品的差异化优势,避开竞争集中的领域,进入市场获得消费者认同,赢得竞争优势和更多市场份额。不少大型旅游景区会根据游客的旅行路线,推出"游客定制"地图,如迪士尼景区就鼓励游客购买"梦想护照",在游览园区的同时找到不同地点的盖章机,或搜集卡通人物手写签名,打造专属游客自己的"定制之旅"。此类文创产品的文化附加值与纪念意义往往"意大于形",广受人们的青睐。另一类定制文创结合了非遗传统手工制作,如刺绣、扎染、手做包、手绘折扇等,为游客提供了"浸入式"旅游体验。例如,在上海黄浦区文昌街的"文创一条街",来自各个领域的匠人可为游客现场制作专属文创纪念品,也可邀游客自己动手,充分满足了现代人"体验式"消费的需求,也为文创市场开创了全新的业态。对于购买者来说,文创定制只是载体,记录感情才是目的。

第三节 旅游文创纪念品设计

旅游纪念品设计是为旅游景区、城市或地区设计制作具有当地文化特色的纪念品的过程。它包括对纪念品进行设计、原型制作、生产制造等环节。在旅游纪念品设计中体现文化创意指的是将文化创意与旅游纪念品设计相结合,通过艺术、文化、历史、创意等元素,将旅游目的地的特色和文化呈现出来,以吸引游客和提升旅游目的地的知名度与美誉度。旅游文创纪念品设计可以直接以旅游目的地的地域文化元素为主题,如将当地的传统建筑、民俗风情、自然风光等融入旅游文创纪念品设计,也可以将当地的民俗文化元素与旅游文创纪念品的实用性相结合,如将当地的特色文化元素融入茶具、手工艺品、服装等旅游文创纪念品。旅游文创纪念品设计不仅可以增强旅游目的地的文化软实力,还可以为旅游目的地带来经济效益。因此,越来越多的旅游目的地开始重视旅游文创纪念品设计的发展,并将其作为推广当地文化、促进旅游业发展的重要手段之一。

旅游文创纪念品在设计的过程中需要考虑文创产品的"3C共鸣原理"[1],即将文化(culture)、创意(creation)以及商品化(commercialization)三个元素纳入考量。在设计初期就将共鸣因素纳入考量,可实现创意转化并挖掘其市场价值,为后期的市场营销与品牌营销打好基础。将"3C共鸣原理"融入设计的核心是文化元素,文化主题也最容易引发旅游消费者产生共鸣。设计师需要对当地的历史文化、传统文化、自然风景、特色产业等方面进行深入了解和挖掘,以确定设计灵感和方向。例如,纪念品的外形可以根据当地的自然风景和特色建筑进行设计,也可融入当地民俗、民族精神等元素。

旅游文创纪念品设计的创意主题体现在其创意转化上,体现时代感和艺术性,符合不同市场需求和消费者的口味,而创意技法是关键。强大的创意共鸣还可补足文创纪念品的文化元素,也是吸引消费者、实现市场价值的有效策略。在设计过程中,还需要考虑纪念品的市场共

---

[1] 陈泽恺."带得走的文化"——文创产品的定义分类与"3C共鸣原理"[J].现代交际,2017(2):103-105.

鸣,或称之为市场反响,即通过创意转化实现最终的文化影响力与商业价值。一般来说,市场共鸣在设计环节中可体现在实用性和产品附加价值中。

好的旅游文创纪念品设计不仅可与游客产生共鸣,发扬本土文化、精神,也可以为景区或城市的文化形象和经济发展做出重要贡献。在旅游文创纪念品的设计过程中,其特殊的地域属性、艺术属性、民族属性与创意属性都应被纳入考量,成为赋予旅游文创纪念品生命力与时代感不可或缺的元素。

一、旅游文创纪念品的地域属性

旅游文创纪念品的地域属性是其最本质的属性,是锻造其吸引力以及文化意义的关键所在,也是文创纪念品区别于其他商品的重要特征。我国悠久的历史、丰富的地理风貌、迥异的特色传统文化造就了各地鲜明的地域文化。早期旅游纪念品的产出便对地域有着极大的依赖,如南京的雨花石、宜兴的紫砂壶、酒泉的夜光杯、福州的寿山石雕等。这些旅游纪念品就地选题、取材、生产,并在各大旅游景点就地销售。后期旅游文创纪念品的发展则在本地纪念品的基础上充分融入了地域文化内涵,如当地非遗、特色手工技艺、风俗人情等,既提升了文化气息与认知度,又开拓了商业价值,激发了游客的购买欲。

将地域文化符号应用在旅游产品设计中,最初的设计可以通过模仿和复制完成,这也是将地域文化融入旅游文创纪念品最直接、最简单的方法。这种方法通常对设计师的能力没有过高的要求,因而在市场上被大量使用。它通过对文化元素形态、材质和基本图案的模仿来提炼元素,并设计出纪念品。但如果想要进一步提升,就需要更好地结合元素与纪念品的功能。功能指的是纪念品职能,能够决定消费者是否购买。将地域文化元素与产品功能结合是检验旅游文创纪念品价值的标准,需要将特定文化因素融入其中,并进一步与纪念品的颜色、图案、功能和使用方法结合,以更好地满足当代消费者的需求。最高级别的旅游文创纪念品设计是将产品内涵化,也就是说,纪念品的设计需要创意灵感的支持。利用设计法则,可以进一步提升旅游产品,使其具有实用和审美功能,并发挥文化传播和教育的作用。旅游文创纪念品的地域文化属性可划分为以下三种主要类型。

(一)基于物质层面的地域文化

将物质层面的地域文化融入旅游文创纪念品主要表现为对当地有形的自然景观、人文景观、特色手工艺等进行视觉元素的提取、设计与再加工,如反映重庆特色地域文化的巴渝十二景木雕、包含大量敦煌壁画造型人物与色彩元素的家居装饰用品,以及参照秦兵马俑造像、由秦始皇帝陵博物院授权出品的兵马俑手办"王的士兵"等。在对物质层面地域文化的挖掘上,文创设计者们突破了"复制粘贴""缩小放大"的传统模式,转而以提高文创纪念品的审美水平与文化表达方式为主。

杭州在举行 G20 峰会期间,主办方聘请设计公司制作的国宴餐具系列"西湖盛宴"(见图 5-5)就以杭州西湖风光为背景,将工笔写意的西湖画面与餐具瓷器产品结合,在图案、器具造型、色彩表达上充分展示了"苏提春晓""曲院荷风""断桥残雪"等知名美景。其中,冷菜拼盘的尊顶盖惟妙惟肖地还原了西湖十景之一"三潭印月",尊顶盖的提揪仿制湖中石塔造型,凿出了1.5厘米高的六个小窗。技艺巧夺天工,既保留了西湖当地自然景观的原貌,又在创意设计上进行了升华。物质层面地域文化的创新融入将旅游纪念品的地域特色尽显无遗。

除了设计与审美的巧思,地域文化还可"跃然纸上",通过新颖的互动传播方式与游客建立起有机联系。甘肃嘉峪关景区发放的"通关文牒"详细记录了河西走廊独特地貌的出关路线图,由嘉峪关城门下的"关长"发放。签发文牒的"关长"一身古代军事长

图5-5 杭州文化主题文创餐具"西湖盛宴"
资料来源:文创产品的发展趋势:不止是旅游纪念品[EB/OL]. https://zhuanlan.zhihu.com/p/68018418.[访问时间:2023-08-17]

官扮相,不仅询问游客家乡姓名、出关事由,还会在文牒上用毛笔书写游客姓名。如此特别的出关经历吸引了大批游客纷纷到访。

福建土楼旅游文创纪念品则是另一典型。福建土楼是闽南地区的一种特色建筑,它具有独特的历史文化价值和建筑风格。福建土楼的纪念品通常以土楼的形象为主题,融入福建传统文化的元素,如龙舟、福字、金元宝等,既有地域特色,又富有文化内涵。

在以上案例中,创新与转换不仅赋予地域文化新的生机,更将物质层面的景观、建筑、民俗工艺等转化为更有力的传播符号与传播方式,进一步加深了旅游文创纪念品的地方辨识度与文化识别度。

(二)基于精神层面的地域文化

精神层面地域文化的融入主要集中在地域文化的代表性思想、意志等元素在旅游文创纪念品设计中的体现[1]。在设计过程中,将该地域文化、思想、价值观念、历史事件等相关的符号、图案、色彩、形态等具有一定文化内涵和象征意义的元素有机融入纪念品设计,不仅可以体现出文化传承和历史意义,还可以增强纪念品的收藏价值和文化含义。例如,澳大利亚知名纪念品澳洲原住民回旋镖(boomerang)本为澳大利亚原住民传统的狩猎工具,上印有原住民神话中的图案和符号,如蜥蜴、蛇、星星等,代表自然和精神世界的联系和价值观念。又如,陕西部分红色旅游景区推出的带有党章图案、红军形象的旅游文创纪念品等以纪念品作为传播载体,弘扬了革命精神,缅怀了先烈们的无私奉献。

将地域代表精神、价值观、历史事件等无形文化融入旅游文创纪念品,需要与当地具有代表特色的文化符号结合。地域元素符号的提取、筛选、创新设计是重点难点。创作出高辨识度、特色鲜明、有文化内涵的纪念品形态,才能给目标消费者留下深刻印象并准确传达地域文

---

[1] 石瑞.地域文化元素在旅游纪念品设计中的创新融入[J].中学地理教学参考,2022(13):88.

化精神的精髓。如延安红色旅游文创纪念品宝塔山剪纸,宝塔山的外形及其蕴含的红色历史就是延安作为革命圣地最重要的地域特征。旅游者选择此类纪念品时,表达的是对当地革命精神的认可与纪念,旅游文创纪念品的文化传播效果与纪念价值得到了提升。

近些年,随着我国大力弘扬爱国主义教育、传承红色革命精神,红色旅游成为各地文旅部门的重点发展对象。红色旅游文创纪念品因其特殊的教育意义与呈现形式,在旅游产业中也备受关注。新一代的红色旅游文创纪念品已摆脱传统"旅游八大件"的束缚,同时加载了红色文化与文创因素,从设计到制作无不匠心独运。以韶山红色旅游文创纪念品为例,韶山毛泽东同志纪念馆开发出的以毛主席诗词和语录为主题的系列文旅纪念品深受红色游客的青睐。其中,"她在丛中笑"系列出自主席的《卜算子·咏梅》,提取了诗词中让人印象深刻的梅花元素,设计者们开发出雨伞、旅行包、钥匙扣、围裙、化妆镜等淡雅脱俗并富有生活气息的旅游文创纪念品,既展现了梅花豁达谦逊的精神风貌,又突出了共产党人积极向上、坚贞不屈的革命精神[1]。

(三)基于社会层面的地域文化

基于社会层面的地域文化是指在某一特定的地理区域内,因为该地区的历史、地理、环境、人口等因素的影响,形成的一种共同的文化特征和文化认同。这种文化认同不仅仅是个人的感知和体验,更是社会层面的集体认同。基于社会层面的地域文化可体现在语言与方言、传统习俗与节日、神话传说、历史人物等不同元素中。例如,美国南部地区有着丰富多样的音乐文化,包括蓝调、爵士、乡村、摇滚音乐等。这些音乐类型反映了美国南部地区的历史和文化。

以我国独具特色的地方民俗非遗文化为例。非遗即由人类创造并传承下来的非物质性文化实践、表现形式和传统知识,如口头传统、表演艺术、社会实践、仪式、节庆活动、手工艺技能等。我国非遗文化代表着中国悠久的历史和文化传统,具有极高的文化价值和艺术价值,而非遗文化如何传承、如何推广是各界一直以来试图解决的难题。将非遗文化融入旅游文创纪念品大大提高了其传播效率与民众接受度。自贡市龚扇竹编工艺第五代传承人龚倩将非遗龚扇制扇技艺与旅游文创纪念品相结合,通过将龚扇元素跨界开发并广泛应用于发卡、冰箱贴、恐龙摆件等文创产品中,让这些非遗文化元素更加亲民化,被更多市民接受和喜爱。此举不仅让龚扇制扇技艺"活"了起来,更加有助于龚扇非遗文化的传承和发扬。非遗与旅游文创纪念品的结合可以让非遗文化元素在当代社会中得到更广泛的传播和发扬,而将非遗技艺应用于旅游文创纪念品的设计中,则需要设计者有深厚的文化积淀和创新能力。同时,这也为非遗技艺传承人提供了新的发展方向。通过将非遗技艺与当代设计结合,不仅能够传承非遗文化,更能够给当地经济发展带来新的动力。因此,非遗与旅游文创纪念品的结合既有利于非遗文化的传承和发扬,也有助于旅游文创纪念品的创新和市场化。

---

[1] 弘扬红色文化 助推文旅升温|湘潭市 140 件文创产品将集中亮相红博会[EB/OL]. https://www.163.com/dy/article/FI2070MP0530QK9D.html. [访问时间:2024-06-24]

二、旅游文创纪念品的艺术属性

随着现阶段人们生活水平的提高,审美水平与鉴赏能力相较前些年也有了大幅提升。人们对美的追求从未停歇,追求美是精神需求的一部分,但这一需求通常建立在物质需求得到极大满足的基础上。旅游者到旅游地通常是为了感受当地的自然和人文之美,希望通过好的旅游文创纪念品来保留美好的回忆。旅游文创纪念品的外观应符合消费者的审美标准,这也是影响消费者购买的主要因素。因此,旅游文创纪念品满足当代消费者审美需求并能充分融入地域文化,是设计师需要把握的重要准则。

将艺术属性融入旅游文创纪念品,需要兼顾艺术与设计。设计与纯艺术的区别在于:设计需要将精神理念与实用性相结合,设计出的产品不仅要满足消费者的功能需求,还需要让人们在使用过程中获得精神上的满足。从艺术的视角来看旅游文创纪念品,它不仅仅是一种物品,更是一种文化和艺术的表现,而旅游文创纪念品是一种融合了艺术、文化和旅游元素的产品,艺术属性是其不可或缺的一个方面。区别于以往传统旅游纪念品的枯燥乏味、类目单一和风格雷同等,旅游文创纪念品的艺术性能够很大程度上拓展游客对当地文化的认知和想象空间,更能通过其独特的文化艺术表现形式促进产品的二次传播、二次营销推广,从而进一步提高景区的知名度与口碑,吸引游客。旅游文创纪念品的艺术属性可以通过其设计感、艺术表现形式以及艺术氛围三个方面得到充分展现。

(一)设计感

旅游文创纪念品通常具有较强的设计感,表现在独特的艺术风格、简约的线条元素、恰当的色彩搭配以及强烈清晰的布局结构等方面,带给游客的较好的审美体验。同时,设计师在设计过程中充分考虑了产品的美学效果、视觉效果和使用效果,使得产品在艺术性和实用性上达到了平衡。

以江苏水浒文化城景区"水泊梁山"的旅游文创纪念品为例,设计师团队进行了详细的市场调研,分别从定位品牌形象、产品使用功能结构设计以及人物符号元素提取与重塑三个方面进行构思,最终开发出一系列兼具纪念意义、实用功能以及视觉亮点的旅游文创纪念品[1]。如水浒系列人物趣味书立,将水浒传中的英雄好汉人物元素提取出来,与书立的功能结合,横向看呈"L"形造型,纵向看则是特色分明的人物剪影,十分新奇有趣。设计团队还考虑到书立的稳固性,选取了金属材质以延长使用寿命。同样的人物符号还应用在了水浒系列茶杯垫上,设计团队在材质上使用了"环保软木底+吸水陶瓷材质"的组合,让茶杯垫不仅在外观上让人眼前一亮,更实现了旅游文创纪念品环保、可反复循环利用的潜在功能。

人物符号的提取也大大体现了产品的设计元素:设计团队应用符号学原理,通过人物特征抽象符号的重塑还原了108位英雄形象,而不是临摹、照搬历史人物。例如,李逵的外形通过其特有的胡须、头发和他众人皆知的兵器"两板斧"来呈现。绰号"花和尚"的鲁智深,则汲取了多种表现元素,分别用头顶的戒疤、念珠、禅杖来表明其僧人属性,既简化了图像元素与线条,

---

[1] 刘毅飞.人物符号在旅游纪念品设计中的应用研究——以水浒文化纪念品为例[J].装饰,2021(7):136-137.

又突出了特征,强化了记忆点。通过抽象化的符号设计,让游客与英雄人物实体建立起了认知关系。水浒文化城系列旅游文创纪念品通过深挖人物元素、立足故事场景,以将人物符号与实用文具系列结合的方式打造水浒品牌,呈现出独特的设计匠心。

(二) 艺术表现形式

旅游文创纪念品的艺术表现形式也可以是多种多样的,一般来讲,包含五个主要类别。一是手工艺品。手工艺品通常具有独特的艺术风格和文化内涵,如刺绣、手绘、陶瓷等,这些艺术手工艺品体现了工匠的匠心独运和传统文化的精髓。二是美术作品。美术作品可以是绘画、雕塑、摄影等多种形式,通过艺术家的创作,对旅游地的风景和文化元素进行艺术化的再现,具有很高的审美价值和文化内涵。三是设计类产品。设计类产品通过设计师的创作,将文化元素融入产品的外观和功能,如各种文化主题T恤、手表、饰品等,能够很好地传递文化信息和艺术价值。四是数字媒体作品。数字媒体作品主要包括音乐、动画、游戏等,通过数字技术对旅游地的文化元素进行创意再造,呈现出新颖的艺术形式,具有很高的趣味性和互动性。五是影视作品。影视作品可以是纪录片、电影、电视剧等形式,通过影像语言和故事情节,将旅游地的文化元素生动地展现出来,让观众更好地了解和感受当地的历史和文化。

虽然品类众多,但在过去的几十年中,旅游文创纪念品的艺术呈现形式一直以简单的复制粘贴为主,能够有机融入艺术文化元素的少之又少,敦煌博物馆的旅游文创纪念品就以其独特的艺术表现形式为其他同类型产品提供了借鉴。敦煌博物馆的文创产品成功地将敦煌传统文化与年轻人喜爱的现代文化结合,创造出了新的品牌价值和文化内涵。通过将敦煌壁画中的关键元素提炼出来,并设计出独特的品牌符号和视觉识别系统,敦煌博物馆成功地将高冷、抽象的历史文化转化为易于理解和接受的文创产品,让更多的年轻人能够接近和欣赏敦煌传统文化的魅力。例如,敦煌博物馆将古丝路的石窟、壁画、飞天等元素运用到各种现代生活用品中,借助波普艺术的表现手法,还原千年前的彩色壁画,创造出了古典艺术与街风交融的"再创敦煌"系列,结合了古典艺术与现代前卫极限运动的创意,也融合了伎乐天与街头元素,还有寻求心灵慰藉、渴望心灵解脱的"佛系"系列,将传统图案与现代审美融为一体,正中"佛系青年"的"萌点"。这些创新的组合方式不仅让传统文化焕发了新的生机,也引发了年轻人的文化消费热情,形成了别致的敦煌"国潮"文化。

敦煌博物馆的文创产品不仅在国内受到了广泛的关注和认可,也在国际上成为中国文化的代表之一。通过将敦煌传统文化与流行文化结合的表现形式,敦煌博物馆成功地将中国文化推向世界,展示了中国文化的独特魅力和艺术价值。

(三) 艺术氛围

旅游文创纪念品的艺术氛围指的是在设计、制作和呈现过程中艺术性的特质和表达。它强调将艺术元素作为文创的一部分融入旅游文创纪念品,使之不仅具有实用性和纪念意义,还具有观赏性和艺术性。同时,艺术氛围也指通过使用、观赏文旅纪念品,人们在特定的空间中感受到的整体环境、气氛与气质。

一般意义上,通过独特性、文化传达、质量工艺和创新性的追求,便可打造出具有艺术氛围的纪念品,给游客带来更加丰富和深入的旅行体验。首先,具有艺术氛围的旅游文创纪念品应该有独特的设计和风格,能够吸引人们的眼球并展现当地的文化和特色。它们可以通过艺术元素的运用和创新的表达方式,打造出独一无二的形象和风格。其次,具有艺术氛围的旅游文创纪念品应该能够传达当地的文化和历史,让游客在购买纪念品的同时也能够了解和感受到当地的独特魅力。通过艺术的手法和独特的氛围表达方式,可以将文化元素融入纪念品,使其更具有故事性和情感共鸣。再次,具有艺术氛围的旅游文创纪念品应该注重质量和工艺的提升,追求精湛的制作技艺和材料的选择。高品质的制作工艺能够提升纪念品的观赏价值和使用寿命,使其成为一件具有艺术价值的收藏品。最后,具有艺术氛围的旅游文创纪念品应该具有创新性,不断推陈出新,以满足不同游客的需求和口味。创新的设计和表达方式可以为纪念品注入新的活力和吸引力,使其成为旅游目的地的代表性文化产品。

位于河南的魏家坡村充分利用其魏紫牡丹产地优势及当地清代古民居民俗文化,开创了当地旅游文创纪念品的独特文化艺术氛围并打造出沉浸式体验的旅游产品[1]。为营造牡丹园的独特氛围,魏家坡村开展游客可参与的摘花制作饰品活动,将牡丹制作成游客手中独一无二的艺术品,如书签、胸针、发卡等。此外,还发展出地坑院和清代建筑群沉浸式体验、魏氏家族角色故事扮演等体验产品,以游人参与打卡、观赏体验、修身养性为主要目的,使游客沉浸在清代古民居文化与牡丹艺术设计的氛围之中。

三、旅游文创纪念品的民族属性

旅游文创纪念品的民族属性通常指的是产品设计、制作和使用中所体现出的某个民族文化的特点和风格。这些特点和风格可以包括民族传统手工艺、民族文化符号、民族传说故事等。举例来说,如果一个旅游文创纪念品的设计中使用了中国的传统文化符号,如龙、凤、瓷器、扇子等,那么这个纪念品就具有明显的中国文化特色和民族属性。同样,如果一个旅游文创纪念品的设计中使用了印度教的象头神、莲花、神舟等符号,那么这个纪念品就具有印度文化特色和民族属性。因此,旅游文创纪念品的民族属性是与其所代表的文化背景紧密相关的,不同国家、不同民族的文化背景和文化符号都会在产品的设计、制作和使用中得到体现。

在我国,民族文化元素也被称为中国元素,代表着中华传统文化的精神内涵。这些元素是中华传统文化的集合,融合了各个历史阶段中华民族的民俗风情、民族形象和符号等,充分展现了中华民族的智慧和独特性[2]。文创纪念品提取的民族文化元素通常呈现三种形式。第一种是水墨元素,它经常与书法和传统绘画结合,通过干、湿、浓、淡的墨色变化形成独特的艺术形式。如陕西历史博物馆知名动漫 IP 人物唐妞,就是设计师提炼了中国画中的水墨元素进行创作的。IP 形象结合了动漫元素的线条与民族元素的色彩,两者的叠加丝毫不显突兀,创新性十足。第二种是剪纸元素,它是一种古老的艺术形式,在民间广泛应用于窗花、团花等形式,通常表现花鸟、草虫、人物、山水、脸谱等内容,具有强烈的民族特色。如近些年斩获各项非遗

---

[1] 苗璐莹. 文旅融合背景下文创产品的设计策略——以魏家坡村为例[J]. 美与时代(上),2022(5):99-101.
[2] 田原. 民族文化元素在旅游文创产品设计中的应用[J]. 文化产业,2023(11):130-133.

文创大奖的汕头剪纸文创系列,在设计师的手中"跨界"融入了陶瓷、琉璃玉、青铜、铁器等材质,并开发出一系列让人印象深刻的家居饰品、日用品、纪念礼品等。第三种是传统节日元素,由于我国是一个统一的多民族国家,不同民族有不同的节日,这些传统节日元素反映了强烈的民族认同感和自豪感。

将上述元素应用于文创产品设计,具体步骤如下:首先,运用符号转化思维提取代表民族文化精神的相关符号;其次,从造型、图案、色彩等方面将民族文化元素提取出来[1];最后,再对其进行整合开发设计。

(一) 民族文化精神的提炼

在旅游文创产品设计中,如何提炼民族文化精神是一个重要的问题。为了实现这一点,设计师需要准确定位民族文化元素,并明确其设计思路。常用的设计思维包括表象思维、符号转化思维和寓意诠释思维。

表象思维指针对民族文化元素中具有直观性和表象化的元素进行设计,从视觉传达设计角度出发,重点表现民族文化的特点,使人们对民族文化一目了然,如对于常见民族纹饰、器材、特殊配色的表象化元素转换。例如,非遗壮锦的图案就通过设计师的表象思维被应用在了服饰设计中[2]。壮锦的最大特点在于其图案和色彩的运用。壮锦的图案结构以线为主,图案也比较丰富。此外,壮锦还采用了特有的几何图形设计和几何色块,体现出壮族人民的文化特色。这些传统纹样元素通过提炼、组合和简化,被应用在服饰类文创产品中,形成了独特的图案风格,也展示了文创产品特殊的民族文化内涵。

符号转化思维是指通过对民族文化中的典型符号或具有代表性的文化元素进行重构,用夸张、变形等表现手法将其符号化地呈现出来,以图腾化、符号化的形式传达民族文化精神,为旅游文创产品增添色彩。

寓意诠释思维则较为隐晦,需要着重思考民族文化的深意,深度挖掘具有民族文化内涵的艺术元素,此类的文创转化需要设计师具备较高的设计水平和专业实力,才能将民族文化元素与旅游文创产品设计紧密相连,设计出高质量的旅游文创产品。

(二) 民族文化元素的提取

在旅游文创产品设计过程中,基于民族文化元素的庞大数量,需要有重点地筛选和提取民族文化元素,以实现更好的利用和展示效果,达到"见微知著"的设计目的[3]。具体来说,可以从造型、色彩和图案三个方面提取民族文化元素。在造型方面,需要以旅游地的民族文化形象为载体,采用具象法、抽象法、简化法等手法,对民族文化形象进行勾勒,以突出民族文化特色。在色彩元素的提取方面,需要捕捉能够突出表现民族文化特色的色彩,并将其作为主色,突出民族文化的特色。民族图案是一个民族独有的、典型的视觉文化元素,需要在造型和色彩元素的基础上,建立民族文化构图的目标对象,以展示民族风土人情和人文历史。

---

[1] 田原.民族文化元素在旅游文创产品设计中的应用[J].文化产业,2023(11):130-133.
[2] 陆南希.非遗传承语境下壮锦图案元素在文创产品设计中的应用研究[J].西部皮革,2023,45(9):99-101.
[3] 田原.民族文化元素在旅游文创产品设计中的应用[J].文化产业,2023(11):130-133.

例如,对于中国传统民族符号"喜"文化中文化元素的提取,可以将其转化为具有文化韵味、产品功能和现代审美的设计元素,从而设计出富有文化内涵的产品。同时,这种设计方法也适用于精准定位消费人群并与品牌联合推出"喜"文化主题的系列化设计。例如,文创艺术品"喜光"设计采用了"喜"文化中的灯笼原型,进行了创新变化设计。整个造型呈现出一个"喜"字的形状,在设计思路上打破了传统的固有形式,追求整体变化,将实变虚、面变线、曲变直、柔变刚、合变开等进行创新组合。初看可能无法体会"喜"从何而来,但是通过木质线型构架形成的结构所营造的空间,通过灯光的变化,投射在地面上的虚实光影呈现出"喜"字和"喜"形的吉祥喜意,达到了"喜在光中,喜在影中"的奇妙效果[1]。这种设计看似在做光,实际上是在做影,婉转含蓄,升华了视觉意境,加强了视觉美感,激发了观者对事物本质的联想与共情。

四、旅游文创纪念品的创意属性

旅游文创纪念品的创意属性是指产品在设计和制作过程中所融入的创新和独特的思想、概念和形式,创意属性对于旅游文创纪念品的成功至关重要,是决定旅游文创纪念品是否能从一众竞品中脱颖而出、吸引消费者的关键。从广义上讲,纪念品的创意属性包括以下三个方面。一是独特性。独特性是旅游文创纪念品最基本的创意属性,产品应该具有独特的设计和形式,让消费者在众多纪念品中能够轻松识别出来。例如,一些地方会结合当地的文化特色、建筑风格、自然景观等元素来设计纪念品,使其具有独特的地方特色。二是创新性。创新性是旅游文创纪念品的核心创意属性,产品应该具有创新的思想和概念,采用新颖的材料和工艺,以满足消费者对新鲜感的需求。例如,一些旅游文创纪念品会采用新的科技手段来制作,如3D打印、激光雕刻等,增强产品的科技感和未来感。三是可玩性。可玩性是旅游文创纪念品的重要创意属性,产品应该具有一定的可玩性和互动性,让消费者可以在使用过程中享受到趣味和乐趣。例如,一些旅游文创纪念品会采用游戏化设计,设计成小型益智游戏、拼图等,让消费者可以在游戏中体验产品带来的乐趣。

(一)视觉符号的创新

视觉符号的创新是文旅纪念品外在表现形式的重要组成部分。视觉符号是最直接、最便于记忆的一种元素,它通过视觉形象的表达来传递民俗文化的意义和价值。在纪念品文创设计中,视觉符号的创新需要既考虑相关文化的意义和价值,又能够打动人,使受众产生共鸣并符合现代人的审美。这需要在形式上进行创新,而不是摒弃传统的文化。创新可以通过提取传统文化的精华,从现代设计的视角找到新的切入点,以崭新的视觉面貌呈现新的视觉形象。同时,专业的设计理念结合中国美学的思想,可以抓住文创表达的核心,在文创设计中传递出文化精神。

在视觉符号创新的过程中,需要找到具有代表性的经典形象进行分析、研究、判断和想象。通过对原有形象进行取舍、提炼、再设计,保留和完善其中最根本的部分,并在此基础上进行形象的概括、夸张、变形、对比、重组,并将现代几何元素融入,产生新的视觉冲击力,通过符合现

---

[1] 耿新,邢鹏飞,陈飞虎,等.基于中国民间喜文化的文创产品设计研究[J].包装工程,2023,44(S1):92-96.

代设计的审美和现代设计应用,形成新颖、现代、变化丰富的视觉形象。例如,以陕西皮影为元素的文创礼品设计,可以对皮影形象进行概括、分解,将元素重新组合,加入几何纹样进行视觉的补充,增加视觉的丰富性和现代感,既保留了传统陕西皮影的主要造型特征,又增强了设计的现代感,创造出新的陕西伴手礼形象设计。

(二) 色彩的创新

在色彩设计上的创新是完成文创产品最快捷的方式,也是情感最直接的表达方式。为了既展现文化的美感,又呈现出全新的视觉感受,设计师需要运用一定的设计方法。其中,保留与取舍是一个非常重要的过程。在这个过程中,设计师需要通过对旅游文创纪念品的文化因素的分析并结合文创产品的形式,决定如何保留原有色彩,以及如何取舍色彩。例如,以陕西宝鸡民间社火马勺脸谱为元素,设计师需要保留绚丽的色彩、醇厚的风格以及丰富的民间色彩,但同时需要进行面积的重新布局,夸张处理主要色彩,融入不同层次的灰色系,丰富视觉效果,调节色彩之间的平衡关系。对比与变化也是设计中常用的方法,是最能够展现出视觉张力的一种方式。通过对比产生的变化能够引起人们的注意和兴趣,同时也能够打破原有民俗文化纪念品的传统定式,是现代文创中非常重要的设计方法之一。以我国多地剪纸为元素进行现代文创设计,设计师可以保留剪纸的造型元素,但在色彩上可以采用黄色和蓝色等对比色,打破原有的红色印象,形成强烈的视觉对比,呈现出新颖、独特的视觉效果。

故宫博物院推出的"万紫千红·便签纸砖"文创产品就汲取了故宫博物院藏品清乾隆款画珐琅团花盖罐的色彩灵感[1]。该文物通体白釉画珐琅彩花,颈部、腹部及盖上描绘着大小各异的团花纹,艺术感染力与色彩张力都十分突出。设计师借助传统色彩文化之意,将原品的传统色彩韵味寄托在产品设计之中。在注重产品色彩美观性的前提下,这款文创产品大大提升了产品的格调,深受消费者喜爱。

(三) 表现形式的创新

表现形式是文化创意最外在的组成部分。文创产品需要依靠设计师的智慧和技能,对文化资源、纪念品造型进行创造和提升,通过对相关景区文化的开发和创新,创造出高附加值的产品,更容易被大众接受,符合时代发展。旅游文创纪念品的特征表现在象征性、创新性、意识形态性、价值的永恒性等方面。此外,此类文创产品还有无形性、公共属性、娱乐属性、超前性、垄断性等特殊属性。形式的创新能够更好地引起人们的兴趣,因而是文创产品设计最重要的核心,需要我们在形式上进行不断的创新和深入挖掘,以符合现代设计的需求。例如,上海市"非遗新体验"国潮文创设计大赛一款获奖作品中,将盘扣这种常见于民族服饰的传统工艺创新应用在了办公用品中,设计为笔帽。同样出彩的,还有将上海金山的沪上农民画,通过重新设计构图,应用在文具、手包中。

另一个通过表现形式转换创新的文旅产品是苏州园林的漏窗设计在纪念类纺织品中的应用[2]。漏窗是一种重要的地域符号,代表着苏州园林的特点和文化内涵。在设计过程中,开

---

[1] 李静. 中国色彩文化在文创产品设计中的传承与应用[J]. 美与时代(上),2020,828(1):87-89.
[2] 王怀岑,崔荣荣. 苏州园林漏窗在旅游纪念类纺织品中的应用[J]. 丝绸,2022,59(6):103-110.

发者对漏窗进行充分分析和挖掘,制定适合漏窗的设计和制作方法,并将其转化为旅游产品,促进文旅融合,服务苏州地域经济。提取漏窗文化内涵的过程中,设计师采用典型性纹饰提取、元素提取和意象纹饰提取三种方法。提取园林漏窗的典型性的纹饰,进行局部线条、面积、外形的删减与增加,使漏窗更适合旅游文创纪念品类纺织品,并保持漏窗形与神的一致性。在元素提取后,将园林漏窗中间的代表性元素通过分析整理之后描绘下来,整理出不同的类别,通过对纹饰的整合再设计在漏窗元素基础上再创作。意象纹饰提取则是设计师取漏窗的意象,在其元素基础上进行的再创作。

将漏窗纹饰元素提取并整合到日用纺织品设计中,是一种能够快速提升产品价值的重要手段。这种做法有利于增加产品的附加值、提高游客的购买欲望,同时也能够提升产品的文化气息和品牌形象,有助于提高产品的知名度和认可度。

 案例研读

唐妞:带你看点不一样的"唐文化"

高髻峨眉,面如满月,体态丰满,身着一袭亮眼的红色宽袖长裙,这个充满喜感、来自唐朝的小胖妞卡通人物就是陕西历史博物馆的新晋代言人唐妞。唐妞的形象由西安桥合动漫一手打造:灵感来源于陕西历史博物馆的馆藏文物彩绘女立俑(见图5-6),外形既保留了人物突出的文化底蕴,又结合了现代漫画的设计特色。一经推出,唐妞就"吸粉"无数,一跃成为陕西历史博物馆的超级IP,也被广大外地游客公认为代表西安的城市IP,频频现身西安各大旅游景点。2018年,唐妞成为西安市"春满中国·醉西安"城市主题代言人[1]。唐妞形象的旅游文创纪念品凭借自己的"萌"属性收获了年轻一代的喜爱,在创造巨大经济效益的

图5-6 唐妞及其创意来源:陕西历史博物馆"彩绘女立俑"
资料来源:西安桥合动漫科技有限公司[EB/OL]. https://www.sohu.com/a/396775599_99939698. [访问时间:2023-08-17]

---

[1] 从陕历博走出的IP"唐妞"是如何火出圈的[EB/OL]. https://www.163.com/dy/article/FH6OONTP0538E6MV.html. [访问时间:2024-06-24]

同时化解了文物与公众之间的生疏感与距离感。

一、文化赋能,打造顶流 IP

唐妞衍生出的文旅纪念品多种多样,琳琅满目。从旅行箱吊牌到卡通手办,从仕女方巾到创意手袋,类目涵盖了市面上绝大多数纪念品种类。售卖平台也从最早的博物馆纪念品商店蔓延到景区及众多跨界合作平台。然而,让唐妞从一众卡通人物纪念品中迅速"出圈"的是唐妞形象背后引人入胜的唐文化。近些年,唐文化越来越多地出现在各类影视剧中,其传奇历史人物、服饰妆容、时代盛景无不成为观众热议的焦点。2019 年,《长安十二时辰》爆红,创国产剧集当年最高评分,其考究的唐风古韵不仅掀起国内的唐文化关注热潮,也溢向海外,成为国际世界了解中国历史文化的一个窗口,对提升文化自信、助力文化对外传播起到了积极作用。

唐文化的备受追捧极大促进了西安相关旅游消费行业的发展。作为有着深厚文化底蕴和十三朝古都背景的"唐长安城",西安成为众多游客体会"大唐盛景"的必备打卡之地。大唐不夜城、大唐西市、陕西历史博物馆、大小雁塔、大明宫遗址,以及众多以唐元素、唐文化为卖点的餐馆、主题街区纷纷晋升热门景点,吸引着来自全国各地的旅游者。

唐文化和西安的旅游热度提升为唐妞 IP 的文创打下了良好的文化以及群众基础。与同时期爆火的敦煌博物馆文创 IP"飞天"形象不同的是,前者强调自由、探索、超越自然的美学元素,而唐妞的设计则采取了文物萌化的方式,以动漫卡通形象消解了文物厚重的历史感,拉近了与年轻一代的距离。

唐妞的故事属性更是为 IP 的打造注入了生机。故事源于同样为桥合动漫出品的《唐妞驾到》,故事主人公为来自唐朝的小胖妞唐妞和现代漫画家二乔先生。二人以父女相称,唐妞给二乔的生活带来了不少欢乐,但也有不少烦恼。最终两人经历了一次跨越时空的旅程重回大唐。通过诙谐的人物对话和漫画线条,唐朝生活点滴跃然纸上,如:唐朝女性是如何化妆的?大唐当年的购物中心是什么样子的?唐玄宗如何让荔枝保鲜?"山川异域,风月同天"[1]背后的故事又如何?以历史文化为切入点,以动漫元素为表现形式,以故事为核心要素,《唐妞驾到》呈现了完全不同的文化科普类型读本。2022 年,《唐妞驾到》登录知名主播直播间,刷新短短数秒销售 2 万册的新成绩。而后,唐妞 IP 又持续衍生出一系列精彩的故事合集,如《唐妞丝路日记》《唐妞说长安》《唐妞说日常漫画》《唐妞的二十四节气》《唐妞读唐诗》等。文化与故事的叠加造就了这一超级 IP 的诞生,并为它的持续发展指明了前路。

二、博物馆与卡通人物的反差"萌"

造就唐妞系列文创纪念品非凡吸引力的另一大元素,即唐妞 IP 与文物、历史人物形成巨大反差的"萌"。唐妞创作人二乔先生表示:"近年来,国学热和传统文化的复兴,让拥有中国传统文化元素的文创产品越来越热。但我和团队都认为,文创产品除了与传统相结

---

[1] 2020 年疫情期间,日本 HSK 事务所在捐赠武汉的物资包装标签上印有"山川异域,风月同天"字样。

合,也不能忽视与时代接轨,要生活化和接地气,这样的文创才有活力。"[1]

　　动漫化的唐妞形象与文物女俑的相似点在于微胖的体型、高挽的发髻、泛红的双颊,以及极具朝代感、辨识度极高的宽袖长裙。不同之处在于,这些极富特色的视觉符号在漫画人物中被渲染、放大:唐妞IP形象大头小身,色彩鲜亮,面部表情极其丰富,笑靥如花,十分讨喜。对于熟悉二次元动漫文化的年轻消费者来说,唐妞精准地抓住了当下流行动漫人物纯洁、天真、无害、低龄化的"萌"属性。在社交平台上衍生出的一系列其他"活化版"唐妞形象,如微信表情包、真人角色扮演(cosplay)等更是将这一属性演绎到极致。起舞,比心,戴墨镜,自拍,吃火锅,无不契合当下年轻一代喜爱的行为特征和生活方式。这种"去成熟化"的创作方式无疑极大地提高了文创IP的传播效果,解构了以往博物馆及文物纪念品带给人们的沉重、严肃、灰暗的印象,使鉴赏文物这个过程本身变得鲜活起来。

图 5-7　唐妞《簪花仕女图》及其创意来源
资料来源:唐妞[EB/OL]. http://www.daqinip.com/daqin/comnews_info.php? id=21. [访问时间:2023-08-17]

(一) 以"萌元素"为起点的创意基调

　　放眼全球,"萌"文化已不是第一次在文创IP中出现,也不是第一次为品牌及地方带来巨大的经济效应。"萌"已转化为一种在东亚地区广泛流行的品牌营销策略及文化IP锻造方式。"萌"文化源于日本,作为一种集体性的文化现象,最早出现是在2003年。从广义上讲,"萌"指通过可爱化的流行动漫形象、网络文字、语言、文化产品等,激发人们对相关动漫人物、动漫角色产生爱慕、渴望等情绪的一种现象[2]。一个著名的案例即日本熊本县的文创IP熊本熊。最早为吸引更多新干线游客途经熊本县时下车观光而设计的吉祥物熊本熊,凭借其呆萌可爱的表情元素、笨拙搞笑的仿生形态,一跃成为全世界最受欢迎的卡通吉祥物之一,其文创IP形象也极大拉动了当地旅游纪念品销售以及旅游观光业的发展。截至2019年,熊本县官方发布的数据表明,全年使用熊本熊IP形象的商品创下约94.82亿

---

[1] "唐妞"作者乔乔接受专访揭秘这个西安文创IP缘何能火遍全国火出"圈"[EB/OL]. http://news.cnwest.com/xian/a/2020/08/22/19019474.html. [访问时间:2024-06-24]
[2] 李国平. 萌文化现象的传播学研究[J]. 传播力研究,2018,2(36):20-21.

元人民币的销售额。其中不仅包括旅游文创纪念品,还涵盖大量的熊本县农副产品。

过去十年中,我国也有大量的城市地区借助"萌化"策略打造品牌IP、城市IP。如这些年大火的文创IP故宫猫,就是将居住在故宫的网红猫咪们作为创意来源,开发出"萌"属性的相关文旅纪念品,如"大内咪探"系列,并将其带入影视、综艺作品,吸引众多粉丝前来故宫"吸猫"打卡并购买相关周边纪念品。

与故宫猫异曲同工的是,唐妞的"萌"与故宫猫的"萌"都给厚重的博物馆文化氛围带来了一丝人间烟火气。通过"萌"让年轻人关注到博物馆文化、传统文化,并愿意为之消费,也是IP设计的初衷之一。通过这样的IP载体,公众拉近了与传统文化的距离。动漫"萌"元素与IP开发的结合不失为一种有效的产业开发策略。

(二)找准年轻一代的消费痛点

成功的旅游文创纪念品的另一个特点,就是开发者对当代语境的充分解读:主流消费者的审美取向、消费习惯、文化背景等都需要纳入考量。唐妞的"萌化"策略成功之处还体现在其迎合了青年亚文化影响下新一代消费群体的心理、审美、价值观以及文化诉求。"萌化"产品的目标消费群体集中在Z世代(即1995—2009年出生的青年群体)。兴趣优先、注重体验、在乎品位等都属于Z世代青年群体的多元消费理念。在社交媒体的影响下,"萌"的差异化表达成为年轻一代颠覆传统文化认知方式、挑战主流表达、创造新型文化传播方式的代名词。传统不代表刻板、单一;传统也可以是个性、诙谐。历史的宣讲不一定是教条的、刻板的;历史的学习也可以是轻松愉快的。唐妞IP的多元化表达找准了各路Z世代消费者的消费痛点:对唐妞的唐朝审美"以胖为美"产生认同感的,青睐唐妞汉服唐装造型的,追捧新一代中国动漫的,等等。尤其是其"中国属性",完美迎合了年轻一代支持"国潮""国货""原创品牌"的消费心理。

进一步剖析青年亚文化现象的流行,可将其看作在巨大社会竞争压力下的碎片化情绪释放。青年一代通过一系列戏谑的网络热梗、表情包、社交平台去对抗"卷"、对抗高强度工作压力,获取情感认同、精神慰藉,并抒发压抑已久的情绪。文创动漫IP开发中常见的"萌""贱"属性,本质上都是一种"去压力化"的轻松表达。

除了设计上的亮点,地域元素符号的融入更加突出了唐妞的"萌"属性。唐妞与微信合作的表情包系列中,最受欢迎的一组即"唐妞陕西话篇"。在动态的表情包中,唐妞捏脸、叉腰、戴墨镜,并配以近两年大火全国的陕西方言"能成么""木乱很""奏撒捏"等,地域语言符号的使用不仅提升了本地区用户好感度,也给相关数字化产品增加了自己的特色。唐妞的地域特色在向全国推介西安本土文化中起到了积极作用。

(三)多渠道、多元内容助力打造

过去十年中,新媒体可谓文创IP品牌推广的加速器。好的文创IP往往会在线上预先收获第一波知名度、认可度,其品牌传播速度与效果是传统媒体无法比肩的。用户生产内容主导的社交媒体平台更是成为品牌营销的重点区域。用户可能是潜在消费者,用户对品牌内容与故事的二次传播又会吸引更多的潜在消费者。

除了内容的多元探索，唐妞的推广也尝试了"线上+线下"模式。除了微信、微博、抖音以及博物馆官方一些平台的推广，唐妞还在线下与景区、街道大力合作，通过放置玩偶、纪念品以及开发真人不倒翁与游客互动等方式来进行品牌营销，极大拉动了纪念品的销售，也将IP知名度与西安市的旅游宣传有机结合了起来。大唐不夜城真人"不倒翁小姐姐"红遍大江南北的同时，也向游客介绍了其创意原型唐妞，吸引大批游客赴西安打卡互动。唐妞的线上推广也从二次元过渡到了三次元，从平面卡通形象转化为真人角色扮演。除了在抖音推出特效"真人版唐妞"滤镜让大家体验了一把穿越变回唐朝美女，唐妞还开设了真人角色扮演的抖音账号，由一个唐妞扮相的真人演员开设直播与粉丝互动，介绍妆容、服饰、历史相关常识，并带粉丝打卡西安知名旅游景点。

唐妞IP衍生出的体验型景区文旅创新带动了其他"唐朝梗"在西安的火爆。唐朝人物"穿越"走出历史并与景区游客互动等方式被开发者们使用得活灵活现。大唐不夜城的"盛唐密盒"是该景区推出的一项表演互动活动，名叫"人文历史盲盒"。这项活动通过"演艺+互动"的形式，让唐朝名士房玄龄和杜如晦以盲盒的形式出现在游客面前。每个角色都设定了经典语录，突出各自人物特点，并通过与游客互动对话的形式揭晓身份，给观众带来了新奇的体验。"盛唐密盒"借鉴了近些年流行的脱口秀表演形式，通过有较强历史背景、控场能力、舞台表演经验的历史人物扮演者，让景区实现了历史普及，创造了网红经济，也大大拉动了相关消费产业的发展。

三、馆企合作，实现非凡价值转化

馆企联盟为IP赋能，同时进行跨界联名，是唐妞系列文旅产品实现文化传播和商业变现最重要的一步。传统文化元素与时尚品牌的叠加吸引了越来越多消费者的眼球并创造出一个又一个卖点。从2015年开始，陕西历史博物馆官方旗舰店就陆续开发出了丰富的产品线，包括唐妞公仔、手办、冰箱贴、钥匙扣、抱枕、团扇、丝巾等30多种产品，同时在专柜与线上渠道销售。随后，陕西历史博物馆开始尝试商业授权，唐妞IP及系列旅游文创纪念品与香格里拉、万达广场、大明宫、奈雪的茶都进行了深度合作。

奈雪的茶作为年轻一代喜爱的新式茶饮，将唐妞的形象与其当季新品红石榴系列结合在一起，通过限定款杯套、联名纸袋、马克杯等周边让消费者大开眼界，近距离接触唐文化。当然，选择红石榴绝非偶然，它作为西安市的象征，是口味独特的当季鲜果。奈雪的茶恰如其分地将时尚IP、传统文化以及地域特色有机融合在一起，创造了一波新的消费高潮。据统计，微博话题"唐妞带你喝奈雪"曝光量超过了1 700万次。

继奈雪的茶之后，唐妞又先后与支付宝、西安地铁、中国邮政、娃哈哈、雀巢等知名品牌进行联名合作，扩大了IP的知名度。"唐妞之父"二乔先生所创作的《二十四节气童话》已经被中国邮政出版成明信片，由五洲传播出版社编纂成册，并且被翻译成英语、法语、土耳其语等多种语言，远销美国、加拿大、西班牙、印度等多个国家，并获得了广大读者的高度评价。品牌和IP的授权合作消除了不同行业之间的界限，时尚、快速消费品和互联网品牌都需要传统文化的力量来提升其品牌价值。两者的融合甚至可以产生意想不到的效果。

图 5-8　唐妞,奈雪的茶合作周边系列

资料来源:专访"唐妞爸爸":用博物馆元素打造中国文化 IP 宇宙|文博 IP 专题(5)[EB/OL]. https://ishare.ifeng.com/c/s/v002YEBGmgpt6tzEMy3QHvXo—sl0vKuioxAidfTazcs-_QJY__.[访问时间:2023-08-17]

　　陕西历史博物馆 IP 形象唐妞在承载并传播唐文化、吸引更多年轻人走进博物馆的同时,自身的发展已经不再局限于博物馆,甚至成为一个城市乃至中国文化的重要代表,其 IP 衍生也表现出更大的潜力。在拉动唐妞系列旅游文创纪念品销量方面,唐妞 IP 的开发、利用以及推广方式更可被看作行业典范,为众多景区的旅游文创纪念品做出示范榜样。博物馆的 IP 开发有多种路径,对于吉祥物 IP 能否为博物院持续开发提供关键思路,而不单单是作为 logo、吉祥物一样的存在,还需要因地制宜、因馆而异。鉴于地方文化差异和目标消费者的不同,如何能让 IP 本身具有传播性和获取流量的能力,并能产生巨大的裂变作用,才是众多文创开发者们应该思考的问题。

思考题

1. 请谈谈旅游纪念品和文创产品有何不同。
2. 具体来说,旅游文创纪念品的开发包含哪些关键因素?
3. 文化类旅游纪念品的开发和旅游纪念品的设计之间有着怎样的关系?
4. 试举例说明,文化创意元素可以如何应用到旅游纪念品的设计中?

本章参考文献

[1] 王艳艳.旅游纪念品地方特征的提取和保护[J].包装工程,2015,36(10):148.

[2] 王瑜.旅游景区服务与管理[M].上海:上海交通大学出版社,2011.

[3] 琚胜利,陶卓民.国内外旅游纪念品研究进展[J].南京师大学报(自然科学版),2015,38(1):137-146.

[4] 吴兆奇.文化创意产品、旅游纪念品、手信之比较研究[J].设计,2020,33(12):129-131.

[5] 向勇,白晓晴.新常态下文化产业IP开发的受众定位和价值演进[J].北京大学学报(哲学社会科学版),2017,54(1):123-132.

[6] 赵璐.基于文创IP的旅游纪念品价值开发[J].艺术教育,2020(2):207-210.

[7] 吴声.超级IP:互联网新物种方法论[M].北京:中信出版社,2016.

[8] 陈之奕.三星堆博物馆的文化IP开发与运营探究[J].四川省干部函授学院学报,2022(3):29-34.

[9] 吴悠.趣味性年历设计研究[D].南京:南京艺术学院,2013.

[10] 孔令顺,宋彤彤.从IP到品牌:基于粉丝经济的全商业开发[J].现代传播(中国传媒大学学报),2017,39(12):115-119.

[11] 陈泽恺."带得走的文化"——文创产品的定义分类与"3C共鸣原理"[J].现代交际,2017(2):103-105.

[12] 石瑞.地域文化元素在旅游纪念品设计中的创新融入[J].中学地理教学参考,2022(13):88.

[13] 弘扬红色文化　助推文旅升温|湘潭市140件文创产品将集中亮相红博会[EB/OL].https://www.163.com/dy/article/FI2070MP0530QK9D.html.[访问时间:2024-06-24]

[14] 刘毅飞.人物符号在旅游纪念品设计中的应用研究——以水浒文化纪念品为例[J].装饰,2021(7):136-137.

[15] 田原.民族文化元素在旅游文创产品设计中的应用[J].文化产业,2023(11):130-133.

[16] "唐妞"作者乔乔接受专访揭秘这个西安文创IP缘何能火遍全国火出"圈"[EB/OL].http://news.cnwest.com/xian/a/2020/08/22/19019474.html.[访问时间:2024-06-24]

[17] 李国平.萌文化现象的传播学研究[J].传播力研究,2018,2(36):20-21.

[18] 王怀岑,崔荣荣.苏州园林漏窗在旅游纪念类纺织品中的应用[J].丝绸,2022,59(6):103-110.

[19] 陆南希.非遗传承语境下壮锦图案元素在文创产品设计中的应用研究[J].西部皮革,2023,45(9):99-101.

[20] 李静.中国色彩文化在文创产品设计中的传承与应用[J].美与时代(上),2020,828(1):87-89.

[21] 耿新,邢鹏飞,陈飞虎,等.基于中国民间喜文化的文创产品设计研究[J].包装工程,2023,44(S1):92-96.

[22] 刘众一.基于受众心理需求分析的博物馆文创设计——以故宫博物院为例[J].大理大学学报,2023,8(3):89-94.

[23] 故宫《十二美人图》(萌萌哒)[EB/OL].https://www.sohu.com/a/214894407_381677.[访问时间:2023-08-15]

[24] 三星堆新出的摇滚盲盒,有点潮[EB/OL].https://www.cmovip.com/detail/13175.html.[访问时间:2023-08-15]

[25] 王薇.不要忽视文创产品的实用性[EB/OL].http://www.shaoxing.com.cn/yuanchuang51/p/2705994.html.[访问时间:2023-08-15]

[26] 山水间·文具置物座[EB/OL].https://www.zcool.com.cn/work/ZMjE2MjIyMjg=.html.[访问时间:2023-08-17]

[27] 文创衍生品|受全球追捧的大英博物馆文创,设计灵感大揭秘![EB/OL].https://www.sohu.com/a/241703887_534424.[访问时间:2023-08-17]

[28] 文创产品的发展趋势:不止是旅游纪念品[EB/OL].https://zhuanlan.zhihu.com/p/68018418.[访问时间:2023-08-17]

[29] 苗璐莹.文旅融合背景下文创产品的设计策略——以魏家坡村为例[J].美与时代(上),2022(5):99-101.

[30] 西安桥合动漫科技有限公司[EB/OL].https://www.sohu.com/a/396775599_99939698.[访问时间:2023-08-17]

[31] 专访"唐妞爸爸":用博物馆元素打造中国文化IP宇宙|文博IP专题(5)[EB/OL].https://ishare.ifeng.com/c/s/v002YEBGmgpt6tzEMy3QHvXo—sl0vKuioxAidfTazcs-_QJY__.[访问时间:2023-08-17]

[32] Hume. D. The Genealogy of the Tourist Gaze Part 1: Art History, Anthropology and Souvenirs[C]. The International Symposium on Society, Tourism, Education and Politics (ISSTEP),2013.

[33] Gordon B. The Souvenir: Messenger of the Extraordinary[J]. Journal of Popular Culture,1986,20(3):135-146.

[34] Swanson K, Timothy D. Souvenirs: Icons of Meaning, Commercialization and Commoditization[J]. Tourism Management,2012,33(3):489-499.

第六章

旅游宣传文创

学习目标

学习完本章,你应该能够:
(1) 了解旅游宣传文创的概念。
(2) 了解文化创意与旅游宣传之间的关系。
(3) 了解旅游宣传媒体推广的各个渠道。
(4) 了解旅游宣传平面设计的原理。

基本概念

文化宣传　旅游宣传　整体策划　平面设计

第一节　旅游宣传文创的整体策划

旅游宣传文创的整体策划是指在推广旅游目的地时,通过精心策划和组织一系列文化创意活动和宣传手段,实现宣传和吸引游客的目的。从传统步骤上来看,旅游宣传的整体策划需要通过确定宣传目标与宣传对象、开展市场分析、确定宣传媒介与渠道、制定宣传内容和形式以及制定宣传计划和预算等阶段来实现。近年来,旅游宣传策划渐渐开始不拘泥于传统的宣传方式,而是借鉴文创思维,挖掘独特的创意概念,通过跨界合作、艺术元素融入、故事叙述等方式,打造与众不同的宣传内容和活动。随着大数据的普及以及互联网技术的飞速发展,旅游宣传主体也更多地利用先进的技术手段(如 AR、VR)创造游客的沉浸式体验,并在社交媒体平台创造有趣、引人入胜的内容,鼓励游客在社交媒体上分享自己的体验和感受,通过用户生产内容扩大宣传的影响力。

将文创思维融入旅游宣传整体策划,可以创造独特的宣传体验,提升宣传的艺术性和创意性,吸引更多游客的参与和关注。同时,也能够更好地传达目的地的特色和魅力,提升宣传的效果和影响力。

一、旅游宣传文创概述

(一)旅游宣传

旅游宣传是指旅游目的地、旅游产品或旅游服务提供者通过广告、宣传册、网络等媒介向公众传递信息,以吸引游客前往旅游,提高旅游消费水平和促进旅游产业的发展。从某种程度上讲,旅游宣传可被称为旅游营销,是指"经营者以获得利益为目标,根据当地实际情况,满足旅游者的需求,并进行宣传和推广,以最大限度地吸引游客"[1]。旅游宣传的目的旨在使潜在游客了解旅游产品和目的地的各种信息,包括旅游景点的特色、景点门票价格、旅游线路、住宿和餐饮等服务设施,以及相关的文化、历史、环境等方面的信息,从而使游客更好地计划和享受旅游活动。

"宣传"对应的英文是"propaganda",但英文原词词义带有"鼓吹,煽动"等负面含义及较浓烈的政治色彩,与旅游宣传这一活动的内容与目的大相径庭,因此,旅游宣传更应被理解为"tourism promotion"(旅游推广)或"tourism marketing"(旅游营销),旅游宣传更多被看作一种旅游推广与营销的实践。然而,从目的性来讲,旅游宣传主要目的是让游客了解旅游目的地或产品的特色和优势,形成对目的地或产品的认知和兴趣,从而产生旅游消费的需求。旅游营销则是指通过各种手段和策略,包括市场调研、目标市场分析、产品定位、品牌建设、促销活动等,

---

[1] 黄超,李典友.新媒体盛行背景下短视频对旅游宣传的影响[J].北京印刷学院学报,2020,28(1):12-14,54.

推广和销售旅游产品或目的地。旅游营销主要目的是促进旅游产品或目的地的销售和营收，实现经济利益的最大化。因此，旅游宣传可被看作旅游营销的一部分。

旅游宣传被认为是旅游业成功的关键[1]。这一观点强调了在任何旅游企业中推广宣传活动的力量和必要性。1972年，皮埃尔·拉塞捏(Pierre Lassegne)将推广和宣传定义为公司使用的所有表达和技术的总和[2]，用于吸引、说服客户和传递价值。作为市场营销组合的一个元素，它的起源可以追溯到人类早期商业活动。随着时间的推移，推广宣传活动被赋予了新的价值，开始采用新的技术，并成为人类沟通的基础组成部分。

我国的旅游宣传活动最早可追溯至改革开放初期，原国家旅游局宣传司司长李海瑞在《中国旅游宣传的早期开拓与发展回顾》[3]中提到，旅游业从最初的民间外交事业向全方位国际旅游业转变，衍生出外宣的一个新分支——旅游宣传。在宣传初期，为了正常、健康地发展中国旅游业，旅游行业开始积极而有效地自我宣传。旅游宣传部门开始应邀出国参与外国旅行商的宣传促销活动，并借鉴旅游发达国家的经验。

中国旅游业对外宣传的理念和方式也慢慢发生了变化，从最初的自我宣传转变为根据游客心理需求来确定宣传内容和方式。旅游宣传工作的起点从研究市场开始，细化分析不同国家、民族、年龄、性别、职业、文化背景、宗教信仰的游客的不同心理需求，同时研究竞争对手和国际市场态势。旅游宣传工作也从平面单一向立体交叉多元化发展，增加了印刷品、声像品、网络宣传等多种宣传方式，并且组织旅游业界参加国际旅游博览会、交易会，邀请有影响力的电视台、报刊记者来华采访，在客源国开设旅游办事处等。

21世纪头二十年，中国旅游业开始重视旅游宣传。旅游业逐渐成为中国的战略性支柱产业，举国办旅游、全民爱旅游、重金宣传旅游的潮流高涨[4]。旅游宣传需要探索一种成本低、影响大、持久性强的宣传模式，即以传播视角带动旅游宣传。以往的宣传强调的是主体的传播，注重劝服和激励；传播则更关注受众的信息接收和理解，注重双向互动和渗透。传统旅游业中，宣传往往由政府推动，注重宣传景点和政府政绩，而传播则更加人性化和大众化，注重信息传递的有效方式和游客的自主性。在当今信息爆炸的时代，传统"以我为主"的宣传方式已经不能满足游客的需求，旅游宣传需要走"以人为本"的道路，注重多元化和游客的亲身感受与反馈。此外，在宣传载体上，传统媒体如报纸、电视等已经无法满足旅游传播的需要，而新媒体平台给了人们更多的选择和阅读空间，也给了人们选择资讯的自由，因而成为旅游宣传的重要载体。在文旅融合旅游市场飞速发展的今天，有效改变思维模式，才能充分提升旅游宣传的文化内涵，获取多方面的收益。

---

[1] Witt S F, Moutinho L. Tourism Marketing and Management Handbook[M]. Upper Saddle River: Prentice Hall Inc., 1999: 723-724.

[2] Moza M D, Ban O. Promotion in Tourism: A Brief History and Guidelines of the New Communication Paradigm [J]. Annals of Faculty of Economics, 2022,2(2):14-24.

[3] 李海瑞. 中国旅游宣传的早期开拓与发展回顾[J]. 中国旅游评论,2020(4):16-34.

[4] 朱艳梅,郭顺峰. 以"旅游传播"带动"旅游宣传"：当代旅游宣传的新趋势[J]. 湖北科技学院学报,2013,33(2): 161-162,166.

（二）旅游宣传文创

旅游宣传文创是指在旅游宣传中运用创意设计、文化元素、互动体验、数字化技术、媒体平台等，提升宣传效果和吸引力的活动。在旅游宣传中，文创活动的目的是通过运用文化元素，提升旅游目的地的独特性和文化内涵，进而吸引更多游客前来旅游。旅游宣传文创活动形式多样，包括但不限于文化演艺表演、文创产品设计和推广、文化主题线路推广、文化体验活动等。这些活动通过将文化元素与旅游产品有机结合，创造出更具特色和吸引力的旅游体验，为旅游目的地和旅游业的发展注入更多文化活力。

例如，诸多国内历史文化名城在推广宣传中创意开发出"古城探秘之旅"等创意导览线路，通过把特色建筑、历史遗迹和文化场所串联起来，为导览增加创意元素。同时，古城邀请当地艺术家为每个景点创作艺术作品，以展示建筑的历史和文化内涵。导览线路还可以结合VR技术，让游客通过手机App或VR眼镜以全新的方式感受历史的魅力。如位于河北省邯郸市的广府古城景区就是如此。以发展艺术文化为主的景区则可以与当地艺术家合作，举办以城市特色命名的艺术展览。展览中可以展示城市风景画作、摄影作品，以及艺术家对城市历史和文化的诠释。同时，可以设置互动装置，让游客参与艺术创作，如涂鸦墙或艺术拼贴等。典型例子有驰名海内外的乌镇戏剧节。

旅游宣传文创不仅有利于宣传推广旅游目的地，同时也有助于传承和弘扬传统文化，提升文化自信和文化软实力。同时，通过文创活动的推广，还可以带动相关产业的发展，促进旅游产业的转型升级和可持续发展。

二、旅游宣传文创的整体策划

（一）旅游宣传文创整体策划步骤

旅游宣传的整体策划是指在制定旅游宣传方案时，考虑到旅游目的地特点、游客需求、市场竞争等因素，综合制定一系列旅游宣传活动的策略和计划。旅游宣传的整体策划可以分以下五个步骤进行。

1. 确定宣传目标与宣传对象

旅游宣传的目标可以是通过各种形式的信息传播吸引潜在游客的兴趣和关注，提高旅游目的地的知名度和吸引力，促进游客的到访和消费。宣传的目标还包括确定宣传的目标受众群体，在确定宣传目标之前，需要对景区的特点和目标受众人群进行分析。景区的特点包括地形、气候、历史文化等，目标受众则是对景区感兴趣的群体，如游客、摄影爱好者、旅游从业人员等。同时，在制定宣传目标时也需要明确景区的市场定位，以及景区的目标市场和用户画像。

宣传对象也可称为旅游目的地用户画像，是基于现有信息手段塑造的典型化用户形象，用于直观地反映用户的基本信息、行为、兴趣、心理状态等特征。旅游目的地的用户画像可由各平台的旅游数据生成。通过大数据技术，构建旅游用户画像系统，通过识别用户特征，获得较为准确的用户形象、潜在的消费目的等。例如，在红色旅游用户画像描述中，根据马蜂窝旅游大数据调查报告，2021年游客喜爱的"红色+"融合业态中，游客最喜欢的是"红色+影视"，其次是"红色＋体育运动",第三位是"红色＋动漫/游戏"[1]。在制定相应的宣传目标以及主题时,这些信息可提供有效的参考,便于精准投放。当年许多红色景点的兴起与红色纪录片、电影的热播密切相关,这些景点吸引了大量年轻人前来打卡。此外,一些沉浸式红色综合体验项目,如大型沉浸式红色情景体验剧《再回延安》,基本场场爆满。这些项目让游客既实现了旅游,又真正感受到了红色文化。

2. 开展市场分析

在整体策划实施前有必要分析市场、宣传主体和竞争状况,帮助制定针对性的宣传策略。需要了解其他竞争目的地的优势和劣势,以及目标游客的需求和偏好。宣传主体之间存在差异,不同地区的游客在消费习惯、信息获取方式、市场环境等方面也存在异同,因此,每个景区的宣传和营销策略都需要进行具体分析和定制化。此外,每个景区所依托的其他行业的资金和资源也不尽相同,这些资源的差异性决定了景区的发展方向和潜在发展空间,进而影响市场投入和宣传效果。

随着大数据时代的到来,越来越多的景区在开展市场分析时选择数字化营销决策分析,即利用数据分析、人工智能、机器学习等技术,对数字化营销过程中的数据进行分析和挖掘,以制定更加精准和有效的营销策略和推广方案。例如,利用可靠数据进行近期旅游趋势研究,生成需求图谱,并生成客群画像;也可以收集和分析各种数据,如游客的搜索行为、购买行为、社交媒体互动、网站流量等。对这些数据进行分析,可以了解潜在游客的行为特点和需求,从而制定更加精准的宣传策略。数字化营销决策分析的使用还可以优化广告投放策略,提高广告投放的效果和投资回报率,从而提高景区的宣传效率。

3. 确定宣传媒介和渠道

旅游宣传可以采用多种媒介和渠道,如海报、宣传册、网站、社交媒体、展览、活动等。需要选择适合旅游目的地和目标游客的宣传媒介和渠道。不同的宣传媒介和渠道有着不同的特点和优缺点,需要仔细了解并选择适合的。例如,广告传媒可以扩大受众,但成本较高;社交媒体可以吸引年轻人,但受众范围可能较窄;电视广告可以覆盖广泛的受众,但不够精准。宣传媒介和渠道的覆盖范围也是需要考虑的因素。如果想要覆盖更广泛的受众,可以选择一些大众媒体,如电视、报纸、广播等;如果想要更精准地定位受众,可以选择社交媒体、网络广告等。实际上,为了达到更好的宣传效果,可以同时采用多种媒介和渠道,如通过社交媒体、电视、广告牌、电子邮件、印刷品等多种形式来宣传。此外,可以通过旅游电商、在线文创平台等途径,将宣传内容融入旅游产品或服务,实现更加深入的宣传效果。

4. 制定宣传内容和形式

宣传内容和形式需要根据旅游目的地和目标游客的特点和需求来制定。需要重点展示旅游目的地的特色文化、景点、住宿、餐饮等方面的信息。例如,如果宣传的是一座历史名城,目的可能是弘扬城市文化,吸引对历史文化感兴趣的游客;如果宣传的是一家主题乐园,目的可

---

[1] 欧阳弘毅.基于大数据技术的红色旅游用户画像应用[J].宜春学院学报,2023,45(1):70-74.

能是打造独特的主题文化形象,吸引对主题感兴趣的游客。不同的目的和受众需要不同的宣传内容和形式。近些年,随着新媒体平台的壮大与发展,打造网红景区、开发网红项目、媒体意见领袖引流等策划宣传方式渐渐开始流行,如很多自然山水景区打造网红玻璃桥、西安大唐不夜城推出真人"不倒翁小姐姐"、小红书博主推荐网红旅游民宿等,都是利用媒体思维产出宣传内容与形式,并引发了一波吸引游客到访的高潮。

5. 制定宣传计划和预算

制定宣传计划可以帮助合理安排宣传活动的时间、地点和内容,制定预算可以合理分配宣传费用,确保宣传活动的效果和成本控制。在宣传活动结束后,需要对宣传效果进行评估,了解宣传活动的成效和不足,以便未来宣传策略和计划的制定。

(二)旅游宣传整体策划的文创途径

将文创思维融入旅游宣传整体策划的考量,不仅仅在于创新纪念品品类、增加社交媒体曝光宣传、创新旅游服务等,而是将宣传主体作为一个整体去挖掘其对外推广的可能性与潜力。在挖掘出可利用且可提取的文化元素、地域元素或人文元素后,如何加载整体思维把主题元素渗透延伸到景区宣传的方方面面也至关重要。以下将从主题IP运营、文创古镇、自然文化主题景区三个方面探讨旅游宣传整体策划的文创途径。

1. 主题IP运营

在旅游宣传中,主题IP运营是指通过打造知名IP来打造和推广旅游主题,以达到提升品牌知名度、增加游客量和促进旅游业发展的目的。从享誉全世界的迪士尼乐园,到新晋"网红"故宫博物院,都是通过打造主题IP来拉动整个景区的发展运营,并通过对IP的良好维护与运营保持对游客的新鲜感与吸引力。以故宫为代表的"IP+文创+新消费"商业模式形成了一套完整的商业策划运作模式,成为其他景区和博物馆借鉴学习的目标。具体来说,主题IP运营可以通过以下五个方面来实现。

第一,挖掘IP资源。通过对景区相关文化元素的分析,对各种热门IP进行筛选和整合,打造适合旅游宣传的主题IP,如,动漫、电影、小说、游戏、地域风情、故事传说、民俗文化等。例如,日本熊本县的熊本熊IP、杭州西湖的白娘子IP、意大利科洛迪小镇匹诺曹IP等,都是对当地文化资源充分挖掘整合的知名文旅IP主题。

第二,确定IP定位。根据旅游宣传的需求,确定IP的定位和特点,如知名度、趣味性、文化性等。IP定位还包括确定投放的目标受众人群,如动漫元素IP针对年轻一代深受亚文化影响的人群,而古典文化IP则吸引受教育程度较高、年龄和社会地位也较高的目标人群。IP的独特性与稀缺性是其成功的关键,在这一点上,需要赋予地缘文化新内容、新形象、新体验,才能衍生出具有特色的旅游IP[1]。旅游景区的独特IP定位会贯穿景区元素的方方面面,也会给旅游者留下深刻印象。例如,黄山的同心锁IP以其良好的故事性、独特性以及婚恋主题的定

---

[1] 王通武.IP视域下旅游纪念品的创新设计——以江苏水乡旅游地为例[J].淮北师范大学学报(哲学社会科学版),2019,40(2):116-120.

位,每年吸引大批游客前往。在黄山景区中,只要有护栏铁链的地方,就能找到同心锁的痕迹。

第三,开发 IP 产品。将 IP 元素融入旅游产品和服务,如旅游纪念品、手工艺品、主题餐厅等。近些年,除了在旅游纪念品中融入文创 IP 元素,越来越多的景区还尝试将其主题 IP 融入旅游体验。例如,致力于非遗开发的贵州丹寨万达小镇,将其特色 IP 蜡染、造纸等技艺开发成主题工坊,吸引游客前往参与非遗产品的制作过程。

第四,推广 IP 形象。通过线上线下各种渠道宣传 IP 形象,如社交媒体、广告宣传、活动推广等,增加 IP 的知名度和粉丝群体。

第五,运营 IP 活动。举办各种 IP 主题的活动,如动漫节、电影节、游戏比赛等,吸引更多游客和粉丝参与并增加粉丝黏性。

日本鸟取县的北荣町文创文旅小镇打造是一个典型文旅 IP 运营成功案例。北荣町是知名漫画作品《名侦探柯南》作者青山刚昌的出生地。北荣町当地通过独特动漫 IP 的策划宣传,并以衍生产品作为支柱产业,由一个普通的日本小镇一跃成为全国知名的柯南旅游小镇。北荣町发展"动漫 IP+文旅小镇"的动漫旅游模式,成为柯南迷的"朝圣地"。通过导入青山刚昌的柯南文创主题,小镇成功地将动漫元素融入文旅产业,打造出一系列具有鲜明主题特色的旅游产品和服务。同时,小镇也注重多元化产业的发展,除了旅游文创产业外,农业也是政府重视的产业之一。这些措施为小镇的可持续发展提供了坚实的基础。在打造小镇的过程中,北荣町也注重系列化文创主题纪念品和商品的开发和打造。在小镇的柯南侦探社内,游客可以购买各种以柯南为主题的纪念品和商品,包括糖果、手机链、帽子、T 恤等。此外,小镇的火车站、机场等窗口区域也被打造成柯南主题的形象,极大地吸引了游客的注意力(见图 6-1)。

图 6-1　北荣町当地"柯南站"

资料来源:6 个国际文旅小镇案例的新启示[EB/OL]. https://zhuanlan.zhihu.com/p/26221934.[访问时间:2023-08-15]

此外,北荣町还通过策划以小镇核心文创为主题的文化展馆,如青山刚昌故乡馆,展示了青山刚昌的动漫作品世界。在此基础上,小镇还打造了一道、一桥、一馆、一社等主题化的旅游线路系统,为游客提供了清晰的游览路线。最重要的一点是,北荣町注重将文创文化融入镇民生活。在小镇的居民卡、户口簿的证明书等方面,都采用了卡通柯南的形象设计,使得柯南文化真正地融入每个居民的生活。北荣町的文创文旅小镇打造是一个全方位、多层次的主题IP运营案例。

2. 文创古镇策划

从文化意义上讲,文旅古镇是对中国传统文化的一种回归。古镇通常指的是具有悠久历史、保存较为完整的人类聚居地,其规模一般介于古村和古城之间。文旅古镇则是依托当地特有的历史文化、民俗风情、自然景观等,以旅游业为主要发展方向的古镇。古镇旅游在我国兴起的时间较早,最早开始于20世纪80年代,江南水乡古镇周庄、同里等率先兴起。截至2019年,住建部和国家文物局发布了第七批中国历史文化名镇名村名录,我国累计已有312个历史文化名镇[1]。古镇游的流行现象吸引了资本的注入,许多文旅古镇项目陆续启动。随着文创产业的兴起,"古镇+文创"的宣传推广模式已成为许多历史文化名城引流的重点。

古镇的文创开发需要从多个方面入手:深入挖掘古镇文化内涵,创新旅游模式,加强品牌推广,从而提高古镇文创产品的知名度和美誉度,吸引更多游客前来旅游,体验古镇文化,购买文创产品。首先,挖掘古镇的文化资源。可以通过叙事性的设计方式,确立叙述主题,并挖掘古镇传说来构建文化主题[2]。例如,四川洛带古镇就通过"阿斗落玉带"的传说来打造古镇叙事主题。其次,创新旅游模式。可从旅游体验的吃、住、行、购、娱入手,充分利用古镇现有的资源配置,结合周边配套设施,满足新时代消费者群体的差异化需求。再次,建立品牌形象。建立品牌形象是打造古镇品牌的重要环节,可以通过标志古建筑元素、经典故事传说、当地化等方式,建立突出本土特色、具有广泛辨识度的品牌形象,提升品牌知名度。最后,拓展宣传渠道。宣传销售渠道是推广文创品牌的重要手段,可以通过线上渠道、线下门店、邀请媒体参与当地特色文化旅游等方式提升古镇知名度。此外,古镇的开发还可通过参与文化交流、举办文化庆典活动等方式来吸引游客到访。

以文化名城乌镇的创新模式为例,乌镇是一个有着1 300余年建镇史的古镇,以其传统的文化和工艺而闻名。在乌镇,游客可以获得许多独特的文化体验,如草木本色染坊的蓝印花布、三白酒坊的白酒、花灯坊的花灯等。此外,乌镇还通过旅游文创产品的开发,将原有的物质或非物质文化转化为旅游产品,如将传统的手工艺品转化为旅游纪念品,将传统的餐饮文化转化为旅游餐饮产品等。乌镇的蓝印花布店铺在古镇宣传中转化为体验游的一部分:游客可以看到传统蓝印花布的印染过程,并可以亲身体验印染的乐趣。在乌镇的汉服体验店中,游客可以穿上美丽的汉服,体验传统服饰的文化。在元宵节期间,乌镇的居民会提着灯笼走过十座石桥,游客也可以在这里体验最古老的提灯走桥方式。

差异化的宣传策略也成为乌镇宣传推广的亮点之一。根据相关研究,针对北方游客,乌镇

---

[1] 在城乡建设中,如何加强历史文化遗产保护[EB/OL]. https://www.gov.cn/zhengce/2021-09/09/content_5636364.htm. [访问时间:2023-08-14]
[2] 熊月. 文旅融合视域下洛带古镇文创产品设计策略研究[J]. 轻纺工业与技术,2022,51(5):106-108.

使用"针水江南"措辞宣传;针对南方游客,则变为"小桥,流水,人家";针对海外游客,乌镇会主打中国传统文化。此外,乌镇还积极举办戏剧节、互联网大会、艺术展,新建美术馆、剧院等将现代文化引入乌镇,来提升自己的文化内涵,完成从普通景区到文化古镇的转型升级。乌镇的文旅古镇创意策划成功带动了一系列国内同类型历史文化古镇的转型尝试。其差异化的定位宣传模式,商业适度化、主打体验的旅游形态,以及功能复合化、"商住结合"的休闲度假风格成为众多景区主题策划宣传的效仿对象。

3. 自然文化主题景区

自然景区的特色在于自然和生态环境,其旅游功能在于让人们体验自然、放松身心。因此,在文创开发中可以结合这一功能,开发符合游客需求的各种体验类文创产品,如旅游度假类产品、自然教育用品、户外装备、休闲用品等。同时,自然景区可调动周边的丰富资源,如农业、林业、渔业等。在文创开发中,可以充分利用这些资源,开发符合景区特色的文创产品,如农产品、工艺品等。同时,对于拥有丰富历史文化资源的自然文化主题景区,可以对古代遗址、古建筑、传统手工艺等资源进行深入挖掘和研究,开发符合市场需求的文创体验产品,如手工艺品、纪念品、服装等。对自然主题景区的文创改造,明确主题定位是关键性的第一步。相对于乌镇对各种文化元素的融合,位于太湖之滨的无锡拈花湾小镇则是一个主题明确、内容统一的禅意文化主题景区。拈花湾小镇充分利用了周边的宗教主题景区灵山进行目标定位,结合自身的自然资源,最终将小镇宣传重点落在了"禅意+度假"上。

既没有深厚的文化底蕴,也没有绵长的历史背景,以自然景色取胜的拈花湾着重开发与自身主题相关的实物类文创产品和各种旅游体验产品,尤其是和小镇主题相关的体验类产品。拈花湾位于无锡太湖边,紧邻灵山大佛,小镇所在地形似五叶莲花,山水构造奇特。当地开发者借经典佛教故事"拈花一笑"命名小镇,并以"禅意文化"为主题打造了全新的文旅小镇[1]。小镇一草一木、建筑景观全部围绕"禅意旅居"设计构造,沿用了唐元素与建筑风格,与国内其他文旅小镇相比审美风格较统一。景区在景观设计与主题活动开发上也完全契合"禅意"主题。景区植被设计、公园开发、禅意客栈均邀请名家,主题活动包含抄经、辟谷、花艺、射箭等,完善了整体的主题旅游体验,将过去自然文化景区单一的视觉观光需求延伸到全方位的吃、住、行、购、娱等。针对时下旅游群体"放松身心"的需求,拈花湾小镇在宣传策略上主打"禅意生活方式+心灵度假目的地",将目标受众定位在周边大城市生活圈的都市白领,进行全年、全时段旅游活动宣传,通过微信、微博等自媒体平台持续宣传灵山旅游活动,不定期举行免费活动等,充分挖掘自然文化景区的优势,找到了自己的文化调性并在体验上别具一格。成为众多自然景区开发的效仿对象。

---

[1] 灵山·拈花湾小镇:历时五年打造的东方最有禅意的古镇 2016[EB/OL]. https://www.sohu.com/a/403437052_505583. [访问时间:2023-04-10]

第二节 旅游宣传的媒体推广

旅游宣传的媒体推广是指利用各种媒体渠道来宣传旅游目的地、旅游产品或旅游服务。旅游广告是旅游宣传的主要手段之一,广告的投放可以通过电视、广播、报纸、杂志、户外广告等媒体来传播旅游信息。对于传统媒体来说,旅游广告也是大众获取旅游信息最常见的方式之一,如在央视平台打响口号的"好客山东""大美江西""七彩云南"等旅游宣传广告,以其简洁的广告语让人印象深刻。

社交媒体宣传是新媒体时代旅游最重要的推广方式之一。随着互联网的普及,网络媒体宣传成为旅游宣传的重地。旅游目的地可以通过自己的社交媒体账号、旅游平台等网络渠道来推广旅游信息,也可以通过短视频制作、自媒体口碑营销等方式扩大知名度。社交媒体宣传作为一种有趣、能与潜在游客产生互动的宣传方式,不仅可以通过游记、攻略、美图等内容吸引游客,而且能在线答疑解惑,并承载部分旅游服务功能,如在线订票、线路规划、信息查询等。此外,通过针对搜索引擎进行优化,提高旅游目的地在搜索引擎中的排名,也是吸引更多的游客访问和了解旅游目的地的推广方式之一。

在过去的几年中,旅游类影视节目异军突起。通过旅游类电视节目、电影、综艺节目等方式,可以让更多的观众更加翔实地了解旅游目的地的美景、美食和文化等,从而提高旅游目的地的知名度和吸引力。如备受欢迎的亲子旅游节目、明星真人秀旅游节目等,都以第一人称视角打卡各大旅游胜地、体验风土人情,宣传旅游目的地的同时也吸引粉丝前去打卡游览。

一、传统媒体平台的宣传推广

旅游宣传中,传统媒体推广是指旅游企业、地方景区等通过向各种媒体发布信息,邀请媒体采访,在电视台、报纸、杂志等发布旅游广告和宣传片等方式,向公众推广旅游产品和服务。从传统意义上讲,传统媒体有较强影响力、较大影响面,涉及电视、广播,以及传统的平面媒体如报纸、杂志等,可以让更多的人了解旅游活动和产品,提高旅游产品的知名度和美誉度,进而促进旅游业的收益和发展。

(一)旅游广告的投放

一直以来,旅游广告都是推动旅游产品销售的重要手段之一。旅游广告指"由旅游企业出资,通过各种媒介进行有关旅游产品、旅游服务和旅游信息的有偿的、有组织的、综合的、劝服性的、非个人的信息传播活动"[1]。普遍意义上,旅游广告具有一般商业广告的诸多特点,如有偿性、时效性、目的性、指向性、内容多样化等。在传统媒体平台上,旅游广告通过强大的视

---

[1] 杨晓佳,蔡晓梅.旅游广告在旅游产品推广中的应用[J].商业研究,2005(15):184-188.

觉效果、劝服性的语言、艺术创意与特色表达诱发潜在消费者的旅游需求并敦促消费者最终采取行动。在传统媒体平台的广告投放一般可分为电视广告、杂志广告、报纸广告、电子邮件广告等形式。

电视平台投放的旅游广告一般受众分类较广，播放时间比较灵活，通常在电视剧、综艺节目、新闻节目等中间的插播时间段播放，或者在旅游节庆期间播出。旅游广告通常以展示旅游目的地的美景、美食、文化等方面为主要目的，通过呈现令人愉悦和向往的旅游体验来吸引观众。一些旅游广告会运用动画或特效技术，呈现出梦幻般的场景和效果，让观众产生身临其境的感觉。部分有公益元素出现的旅游广告通常会使用情感营销的手法，通过刻画旅游过程中的美好回忆、家庭温馨、个人成长等方面的情感元素，让观众在欣赏广告的同时产生共鸣，加深对旅游目的地的印象。电视平台增加了广告宣传的可信度，拓展了受众面，也利用其播放特点抓住了部分吸引力资源。例如，地方政府在投放城市宣传片时，最先选择的就是央视老牌的晨间新闻节目《朝闻天下》的前后间隙，利用引人瞩目的城市风景、朗朗上口的广告语、提高播放频次等策略成功吸引了早饭期间相当一部分注意力资源，即老年旅游者群体，这部分受众群体也恰好是旅游消费的重要目标人群。

不同于电视广告的视觉吸引力，旅游宣传的杂志平台投放往往强调语言的应用。广告的文案通常会以感性、煽动性的语言，描述旅游体验的美好和难忘，如"逃离城市的喧嚣，享受宁静的海滩""探索未知世界，开启冒险之旅"等。广告通常还会强调旅游体验的独特性和特别之处，如某个目的地的文化活动、美食、购物体验等，以此引起读者的兴趣。部分杂志旅游广告还会使用名人或专家推荐的方式，增强广告的公信力和影响力，如"著名旅行家×××强烈推荐""资深旅游专家×××精选线路"等。作为传统媒体的代表，报纸刊登旅游广告也具有诸多优点，包括广告量大、文字说明详细、及时、可信度高、可选择性较强、本地市场覆盖面大、可以重复阅读和保存等，而且费用远比电视广告低[1]。报纸作为主流的资深本地媒体，在指导消费行为、影响旅游者的关键决策上宣传效果不容小觑。例如，《广州日报》的旅游广告是其支柱性收入之一，凭借对当地民众消费趋势的掌握，同时满足了读者、旅行社、景区客户等多方需求，源源不断地供给有价值的旅游信息，提供相关服务。

（二）旅游网站的建设

旅游网站是旅游宣传中非常重要的一个在线渠道，在互联网经济时代，旅游网站成为连接旅游者、旅游景区和旅游企业的重要桥梁，同时也为旅游目的地发展旅游经济提供了良好的服务功能。旅游网站的服务功能主要包括资讯服务、预订服务和互动服务[2]。它的建设需要考虑多个方面，主要包括用户体验、内容质量、搜索引擎排名、社交媒体整合等。我国目前常见的旅游网站可基本分为两类，即综合门户类的旅游频道以及景区、酒店的旅游专业网站[3]。

---

[1] 彭蕾.浅析旅游广告的表现形式及对其现状的思考[J].市场周刊(理论研究),2010(1):43-44.
[2] 贾士义,冯文勇,褚秀彩.旅游目的地旅游网站建设研究——以五台山旅游网站为例[J].山西师范大学学报(自然科学版),2015,29(4):109-113.
[3] 范宇容.关于完善旅游网站建设的策略分析[J].才智,2009(20):262.

在建设旅游网站的初期,将用户体验放在第一位,注重提升网站的使用便捷度、观感等是决定能否吸引客流的重要步骤。例如,简单、快捷、高效的用户体验决定了用户能够快速找到所需信息和产品或服务。网站需要设计清晰的导航栏和搜索功能,采用鲜亮的色彩、清晰的字体来提升视觉体验。同时,可以提供个性化的体验,以增加用户的好感度和忠诚度。例如,网站可以根据用户的历史记录、兴趣爱好和需求,为用户提供个性化的推荐、优惠、旅游计划等。在内容质量方面,需要提供高质量、有价值的内容,以吸引和留住用户。除了旅游产品推介,目的地景区的呈现或服务相关的内容往往是潜在旅游者最为关注的,例如,游客是否可在网站获取与行程相关的全部资讯并进行预订,包括目的地和景点指南、签证、入境、机票、酒店、租车、线路规划、旅游活动等各个方面。随着旅游行业的国际化进程加快,内容的多语种呈现是景区拓展海外市场的重要途径,网站的建设与制作也应考虑到不同语言习惯的旅游者需求,增设通用语种,如英语、日语、法语等。

除了提升内容质量,搜索引擎优化也是扩大宣传途径的有效方法之一。旅游网站需要优化网站内容和结构,以便在搜索引擎结果页面上排名更高。优化包括关键词研究、网站结构优化、链接建设等。此外,提高在搜索引擎结果页面的排名,以提高网站访问量和流量,可以通过搜索引擎优化(SEO)[1]和搜索引擎广告(SEA)[2]等方式来完成。

旅游网站还可将社交媒体整合到网站中,以便用户在社交平台上分享旅游信息和评论,同时也可以通过社交媒体吸引更多的用户访问网站。网站可以在各个社交媒体平台上建立账号,如微信公众号、微博、小红书等,并与用户进行互动和交流。账号的建立可以为网站带来更多的曝光和流量,同时可以提高用户对网站的参与度和忠诚度。此外,在社交媒体平台上发布有吸引力的内容,如旅游贴士、景点介绍、旅游攻略、美食推荐等,也能引流潜在旅游者。参与并举办社交媒体活动是旅游网站提高品牌知名度和用户参与度的另一个有效策略,如国内知名旅游网站、景点官方网站会经常通过发布优惠券、举办线上旅游活动、推出互动游戏等方式来吸引消费者,创造消费需求。

(三)影视旅游宣传推广

作为旅游宣传的新途径,影视作品的旅游推广完全不同于传统的目的地宣传模式。影视作品通过电影、电视剧、宣传片、文娱节目等形式将旅游目的地风光和文化潜移默化地推送给潜在的旅游者,并减少了以往宣传的中间环节。其形式新奇,区别于以往的口头或书面形式,并以第一人称视角给潜在旅游者带来参与感,因而其传播效果不亚于旅游广告的直接投放[3]。对比传统的宣传途径,影视旅游宣传有诸多优势,可使旅游目的地形象更加立体,丰富宣传的形式和故事性。

通过影视作品展示旅游目的地,能充分发掘景区全方位、多角度的视觉特色,并充分调动

---

[1] 搜索引擎优化即 search engine optimization,简称 SEO,它是一种通过分析搜索引擎的排名规律,了解各种搜索引擎怎样进行搜索、怎样抓取互联网页面、怎样确定特定关键词的搜索结果排名的技术。
[2] SEA 是英文 search engine advertising 的缩写,是指通过搜索引擎投放广告。搜索引擎广告是在搜索引擎上进行的一种广告宣传。
[3] 李素.如何运用影视作品作为旅游宣传手段[J].商业故事,2015(6):108-109.

观看者的观感与听觉,以第一人称视角"提前体验"目的地景区的秀美风光。例如,20世纪90年代初,电影《古今大战秦俑情》的大火带动了赴西安参观秦始皇兵马俑的热潮。影片《末代皇帝》的上映也在国际上掀起了参观紫禁城的旅游热潮。电视剧《狂飙》的热播则带动了剧中取景地江门的城市旅游。通过镜头与影视情节的呈现,观众了解到的是一个立体、未加修饰、全方位展示的旅游目的地。区别于平面的宣传图册以及固定取景的海报、照片等,影视作品带来的视觉冲击力与吸引力是无可匹敌的。

随着影视娱乐产业的进一步发展,影视旅游宣传的形式也在不断创新。各大媒体平台近期纷纷开始推广"综艺节目+城市旅游合作"的方式来带动地方旅游经济。例如,热播综艺《亲爱的客栈》使泸沽湖旅游备受关注。随着收视率的增长,泸沽湖三个月内热度增长了56%。通过真人秀节目中嘉宾们所营造的氛围和传达给观众的"生活观念"或者"生活哲学",泸沽湖被贴上了"慢生活""温馨"和"情感聚焦"的标签。另一个比较明显的例子是《奔跑吧兄弟》。节目组每次的录制场地都选取了具有浓郁地域特色的城市或景区,如洛阳的"武则天贬牡丹"、杭州的"白蛇传说"、武汉的"楚汉之争"等。这些节目都以传统文化素材为背景,讲述了历史文化知识,并通过游戏环节的设置,既传达了中国文化特色的正能量,又沉浸式推广了旅游目的地,并利用其明星效应吸引了大批潜在旅游者前去打卡。

二、新媒体平台的宣传推广

新媒体平台的旅游宣传活动可以说是近年来非常流行的一种宣传方式。新媒体平台通过网络传播信息,具有低成本、广泛覆盖和快速传播的特点,因而吸引了越来越多的旅游企业和地方景区选择这种方式来宣传和推广旅游产品。新媒体平台作为一种新型的旅游宣传渠道,可以让旅游机构通过自主创建账号、发布内容、增加互动等方式进行宣传,吸引更多的潜在用户。过去几年中,随着新媒体平台的飞速发展,一些常见的社交媒体渐渐成为旅游宣传重镇,甚至大有超越传统媒体之势。在我国,旅游宣传的常见平台有微信公众号、微博、短视频平台(如抖音、快手)等,以及深受女性受众喜爱的小红书平台。通过微信公众号,旅游机构一般发布相关的旅游信息和产品,通过文章、图片、视频等方式向用户推广,吸引更多的用户关注和参与。微博是另一个非常受欢迎的自媒体平台,旅游机构可以通过微博发布旅游攻略、景点介绍、产品推广等信息,通过微博触达更多的潜在用户。微博的旅游宣传还有很大一部分是通过意见领袖完成的,旅游目的地的精美图片、视频、说明等经过部分博主转载,会获得比旅游机构自身账号推广更大的粉丝流量与关注度。

新媒体平台的旅游宣传活动具有传播速度快、互动性强、受众面广、形式多样、成本较低、可控性强、精准度高等优点,可以更好地提升宣传效果和效率,扩大宣传范围和影响力。首先,新媒体平台的传播速度非常快,可以在短时间内迅速传播信息、扩大宣传范围。其次,相较于单向传播的传统媒体平台,新媒体平台的互动性强,用户可以积极参与活动,与宣传主体进行互动,增加宣传的互动性和影响力。最后,新媒体平台的受众面广,可以覆盖更广泛的受众群体,提高活动的曝光率和知名度。与传统媒体平台相比,新媒体平台的宣传活动可以采用多种表现形式叠加的方式,如视频、图片、文字、音频等,可以更加立体地呈现旅游产品,更好地吸引用户的注意力和兴趣。同时,相较于电视广告投放、杂志投放,新媒体平台的宣传成本较低,可以更好地提高宣传效益。在宣传活动可控性方面,可以根据宣传需要和效果进行精准投放和数据分析,提高宣传的效果和效率。旅游宣传在新媒体平台的推广策略主要分为以下四种。

1. 优质宣传内容

在新媒体平台上发布高质量的旅游相关内容是吸引粉丝和进行推广的重要手段。其中,旅游宣传相关内容可以是文本,也可以是短视频、纪录片等。内容可以包括旅游攻略、景点介绍、旅游日记、旅游摄影等。体现差异化、有明确目标受众的"定制化"宣传内容更受到各大媒体平台的青睐,如各类"亲子游"攻略、"三天两夜"之旅、美食打卡日记等。过去几年,随着短视频平台的爆火和人们使用社交媒体方式的改变,旅游目的地攻略、游记、路线介绍等方式越来越多地以短视频方式出现在各大平台。游客自发拍摄短视频打卡旅游胜地也成为参与热门社交话题的方式之一,并推动了景区宣传内容的二次传播。例如,西安的大唐不夜城在媒体平台推出真人"不倒翁小姐姐"与游客互动的场景后,吸引众多游客前来拍照留念并登录抖音、微博进行打卡。以优质的旅游推广短视频为例,目前比较受欢迎的内容形式包括颜值大片、惊艳风光混剪、人文MV、艺术念白、节奏感运镜、全视角拍摄、拍照教程展示、当地打卡、旅游攻略资讯、旅行vlog等。打造高质量的旅游短视频需要对目标消费群体的深入了解,围绕群体所向往的旅行方式、生活方式和价值观进行内容创作,应用良好的技术,保持品质感并坚持持续输出。

2. 主题旅游直播

直播是近年来非常流行的推广方式,各大旅游景区在自媒体平台上进行旅游直播,向粉丝展示当地的风光、文化、美食等,吸引粉丝互动和评论。一种常见的直播方式是美食旅游直播、自然风光旅游直播、历史文化旅游直播等。另一种常见的直播方式是官方邀请知名主播前往各地进行旅游体验,并以直播的形式向观众展示当地的美食、文化、风景等,主播会分享自己的旅游经验和攻略,帮助观众更好地了解和体验当地文化。例如,安徽省黄山风景区就在标志性景点迎客松前举行了一场以"云游"为主题的直播活动,黄山景区主播连线千里之外的华山景区主播,向网友讲述了中国的山岳文化和神话传说。

近两年,短视频平台慢直播的兴起也渐渐带动了旅游行业的加入,各大景区、公园、城市地标等纷纷采取慢直播的"另类"方式吸引游客。慢直播是一种直播形式,它借助直播设备对实景进行超长时间的实时记录,并以原生态的形式呈现给受众。在慢直播中,没有主持人,没有音乐,没有解说字幕,没有剪辑和镜头切换,通常只是使用监控探头或固定机位拍摄。这种直播形式能够提供一种独特的参与感和身临其境的沉浸式体验,让受众更加真实地感受到事件现场的氛围和细节[1]。旅游类慢直播通过单一角度或多角度的方式实时还原旅游景区的画面,能获得传统摄影摄像无法捕捉的画面,为游客提供了线上"云旅游"的机会。例如,四川省成都市大熊猫繁育研究基地就通过央视网熊猫频道24小时高清直播熊猫的生活起居,吸引众

---

[1] 魏婷. 后疫情时代慢直播发展的新特点与新趋势[J]. 青年记者,2022,740(24):92-94.

多的海内外网友前来围观打卡。除了单一固定视角，慢直播还尝试了旅游推广的创新方式。例如，微信、央视网、微博某旅游摄影公众号、挪威国家旅游局等国内外文旅机构曾共同完成了一次长达60小时的全球春天火车慢直播。50名摄影师分别前往我国四川、云南、西藏等地，以及国外挪威和瑞士等国家，在微信视频号上直播春天的美景。直播团队采用了"火车第一视角"的拍摄方式，让网友看直播就像是坐在火车上一样，获得了极强的沉浸体验感与独特的视觉体验。此次尝试也引发了公众对路线内景区的强烈关注。

3. 利用话题和标签

在新媒体平台上，旅游宣传还可以利用话题和标签来吸引粉丝和进行推广。社交媒体的话题和标签是用于标识和描述社交媒体平台上的文本、图像、视频等内容的术语。话题通常由关键词或短语组成，用于描述某个主题或事件。在社交媒体平台上，话题通常可以用来吸引更多的关注者，帮助内容传播得更远，也可以用于标记和识别特定的内容，以便更好地组织和分享。标签是一种社交媒体平台上的机制，用于标识描述特定内容的关键词或短语。标签通常与话题相关，用于帮助用户更好地识别和搜索特定内容。在社交媒体平台上，标签通常被用来组织和管理内容，以便更好地展示和分享。

在制造旅游相关话题与标签时，话题和标签可以与旅游相关，也可以与当地的文化、美食等有关。话题一旦产生热度，立刻会被转发、评论，并吸引流量。例如，新疆尉犁一年轻博主在某平台直播卖蜂蜜时被质疑背景太假，立即下水扔石子"打假"，谁知这一行为制造了更大的笑点，引爆话题"你这背景太假了"，网友纷纷热议。话题被转载的同时也引发了大家对新疆旅游、新疆扶贫的广泛关注。推广旅游相关话题，首先，需要确定目标人群，即景区与旅游目的地的目标消费者是谁，需要什么，然后进行有针对性的标签、话题制造与推广，即根据消费者的需求拟定话题。其次，创建的话题需要具有吸引力并能引发人们情感反应，如可以通过挖掘旅游目的地新奇、幽默、怀旧等元素，吸引人们点击话题并进入话题页面进行互动和讨论。最后，话题的分发方面，选择用户较多、内容丰富、活跃度高的社交媒体平台进行话题发布并通过平台的意见领袖引流，引发粉丝关注继而推广热度。例如，藏族小伙丁真的走红推升了微博话题"丁真"的阅读量与讨论量，带动了全国网民对丁真家乡四川甘孜藏族自治州理塘县的关注。后续的地方文旅部门在话题热度的基础上，更是大力推广甘孜藏族自治州所有景区并实行免费，还有机票酒店打折的优惠政策，随后不久，"四川甘孜A级景区门票全免"成为微博热门话题且阅读量破亿，为拉动当地经济增长、帮助当地脱贫打下了基础。

4. 创新宣传形式

在旅游宣传内容的制作方面，除了以景色、文化为主的推广内容以外，以网红效应和平台意见领袖带动的流量吸粉也越来越多。众多景区、地方政府官方开始尝试亲自下场。例如，以各地文旅局局长为拍摄主角的宣传片和短视频，以"县长带货"拉动地方特色农产品消费、提高当地知名度的直播等，都以创新形式拉动"注意力经济"并带动旅游宣传。2022年4月，四川省文化和旅游厅策划推出了"文旅局长说文旅"系列短视频。在该系列的首期视频中，眉山市文化广播电视和旅游局局长王枫展示了一套流畅自然的太极拳，赢得了众多网友的好评。该视频在各个网络平台上获得了超过 10 万次的转发、评论和点赞,并且点击量超过了 300 万次[1]。截至 2022 年年底,"文旅局长说文旅"系列短视频共邀上百位文旅局长参加拍摄视频 110 多个,全网播放量超过 3.5 亿次。文旅局长们在短视频中,结合当地特色,或策马扬鞭,或长发佩剑,或道骨仙风,通过变装一改人们对局长"正襟危坐"的传统印象。同时,宣传制造的热点话题又引发了二次传播,提高了人们对旅游目的地的好奇心与关注度。

除了反传统的宣传主体置换,众多旅游目的地还开发出"全民参与式"创新宣传模式。例如,2022 年,借助互联网平台的流量优势,吉林省文化和旅游厅联合抖音平台共同发起"#向往的冬天在吉林"话题挑战赛,这次抖音全民互动短视频宣传营销活动大大提升了吉林冰雪旅游的知名度和关注度。截至活动结束,该话题挑战赛累计播放量高达 45 亿次。抖音平台公布的数据显示,为期一个月的活动吸引了 150 余万人次拍视频参与,点赞量达 8 800 万次,评论 1 150 万次。在一系列创意十足的营销活动的推动下,2021—2022 年雪季,吉林省内各大景区的人流量和消费额都实现了大幅增长。该活动不仅实现了"做好文旅资源宣传,讲好吉林冰雪故事"的初衷,也大大增强了文旅从业人员对于短视频等新媒体平台传播效果的信心。

第三节 旅游宣传的平面设计

旅游宣传的平面设计是指利用视觉艺术和设计原则,创造出吸引人眼球、易于记忆和识别的宣传品,如海报、宣传册、折页、名片等。从概念上来讲,平面设计是指一种以视觉为主要表达方式的设计艺术形式,其内容包括标志设计、海报设计、名片设计、书籍设计、包装设计等。平面设计的主要目的是通过视觉传达信息,并且通常采用平面化的手法来表现作品。一般来说,平面设计使用各种图形、文字、颜色、形状等元素,通过对这些元素的组合和排列来实现视觉效果。好的平面设计作品通常具有明确的功能性和美学性,其美学性是设计的核心。此外,平面设计还是一种跨学科的艺术形式,涉及许多不同的技能和领域,如视觉传达设计、字体设计、品牌设计、插图设计等。平面设计在现代社会中扮演着重要的角色,其设计成果被广泛应用于广告、宣传、文化、艺术、教育、商业等领域。

旅游宣传的平面设计与普通平面设计在主题、目的、元素、呈现方式、设计要求等方面存在一些差异。在旅游宣传平面设计中,需要更加注重旅游元素的呈现和创意设计,以吸引更多的游客。这些主要差异包括:①主题和目的的不同。旅游宣传的平面设计通常围绕旅游主题展开,目的是宣传和推广旅游目的地的形象和旅游资源,吸引更多的游客,而普通平面设计的主题和目的则更为多样化,可能涉及文化、艺术、环保、商业等方面。②设计元素的不同。旅游宣传的平面设计需要更多地考虑旅游元素的运用,如旅游景观、旅游特产、旅游活动等,以吸引更

---

[1] 陈利军,白骅. 文旅局长说文旅 品牌营销火出圈[N]. 中国旅游报,2023-01-12(2).

多的游客,而普通平面设计则可能更多地考虑文化、艺术、历史等方面的元素。③呈现方式的不同。旅游宣传的平面设计需要更多地考虑如何将旅游元素呈现得更具吸引力和趣味性,以吸引游客的注意力,而普通平面设计则可能更多地考虑如何将信息呈现得清晰明了。④设计要求的不同。旅游宣传的平面设计需要更具创意性和视觉吸引力,以吸引游客的眼球,而普通平面设计则可能更注重设计的合理性和实用性。

一、旅游宣传平面设计的基本要素

旅游宣传平面设计的基本要素包含主题图片的选择、平面的布局设计、色彩运用、品牌标识以及信息呈现等。这些要素的合理运用可以使设计更具吸引力和表达力,有效地传达目的地的特色和吸引力,激发游客的兴趣和参与热情。

(一)主题图片的选择

旅游宣传平面设计需要选择具有吸引力和代表性的图片。主题图片应该突出旅游目的地的美景和特色,让人们产生强烈的想去旅游的欲望。在进行旅游宣传平面设计时,设计师可选择合适的摄影照片,使用手绘或创意图片,并遵循色彩和构图的基本原则,以尽可能地展现旅游目的地的形象和美感,突出目的地的视觉吸引力。

首先,选择具有代表性的景点图片,直观地向游客展示旅游目的地的美景和特色。在选择图片时,需要注意图片的质量和清晰度,以确保图片能够清晰地展现旅游景点的特点。其中,选择合适的摄影照片能够最大限度地呈现旅游景点的美感和氛围,在一些自然风光和人文景观方面尤其如此。在选择摄影照片时,需要注意的是摄影师的拍摄技术和风格,确保照片能够准确地呈现旅游景点的氛围和美感。一般来讲,以自然风光为宣传主体的景区在呈现景点图片时更具优势与特色,如西藏的布达拉宫与雪山、东京的富士山与樱花等。

其次,使用手绘或创意图片。对于一些独特的旅游景观或文化元素,可以使用手绘或创意图片来呈现。这种图片呈现方式能够最大限度地展现旅游目的地的独特性和创意性,还可避免旅游宣传图片的同质化现象。例如,"创意成都"的旅游宣传图片就包括彩色铅笔绘制的杜甫草堂、熊猫以及火锅元素,风格淡雅,让人眼前一亮。

最后,遵循色彩和构图原则。图片的色彩和构图能够影响宣传图片的艺术呈现形式,影响游客对旅游目的地的印象,因此,需要选择符合旅游目的地形象的图片,并遵循色彩和构图的一些基本原则。大部分的旅游海报以"文字+景区图片"的基本构图方式呈现,色彩和谐,图片与文字视觉效果平衡。但也可通过调节图片区域的色彩明暗度来突出某个主题、吸引游客的注意力,做到主次分明。构图中穿插其他元素,如人物背影、道具等,还可增加海报的故事性。例如,重庆旅游宣传海报一般以洪崖洞主题图片加相关文字为主,在海报构图中,都是洪崖洞的夜景灯光图片占据主要位置,背景为黑色,突出"重庆"字样,让人自然而然注意到夜晚洪崖洞的璀璨灯光,并与重庆的城市印象整体关联起来。

(二)平面布局设计

平面布局设计需要根据旅游宣传品的内容和目的,合理安排文字和图片的位置和比例,让宣传品看起来整洁、有序、易于理解。一般来说，在进行旅游宣传平面设计时，需要根据主题和信息传递方式确定页面或空间划分，使用对比和重复的原则增强视觉效果和信息传达，使用图标和插图来呈现旅游目的地的形象和特点，并遵循美学原则使页面或空间更加美观和吸引人。

首先，确定主题和信息传递方式。在进行布局设计之前，需要确定旅游宣传平面设计的主题和信息传递方式。主题应该符合旅游目的地的形象和特点，信息传递方式应该尽可能地直观和易于理解。通过划分页面或空间，可以对信息进行有序的布局和规划。可以使用网格、边框、背景等元素来划分页面或空间，使页面或空间更加整洁、易读和易于理解。

其次，使用对比和重复。使用对比和重复可以使页面或空间更加生动和有趣。对比可以包括颜色、形状、大小等元素，重复可以包括线条、形状、颜色等元素。通过使用对比和重复，可以使页面或空间更加有层次感，从而更好地传达信息。例如，获得日本观光振兴协会颁发的最高奖项国土交通大臣奖的九州旅客铁道宣传海报，就通过巧妙的空间布局与色彩搭配精确地诠释了当地的文化主题。系列海报都以不同的九州风光为依托，主题突出了各式不同的火车。虽然车厢车型大小不一，但在海报中都处于居中的位置，与背景的山水、森林、大海、城市景观巧妙融为一体。其中的一幅特色海报"SL人吉"，更是让蒸汽车头与喷涌而出的蒸汽占据了海报的绝大部分位置，背景映衬黑色与砖红色的钢化火车桥，整体色调和谐饱满。九州位于日本西南部，是日本本土四大岛之一，除了各种景点外，独特的火车设计也是当地的特色之一。因此，使用不同的列车串联起沿途的风光，可以最大程度地展示该地区的魅力。巧妙的海报构图与颜色布局让人们感受到，旅行不仅在于目的地，更在于沿途的风光。

最后，使用图标和插图。在布局设计中，可以使用图标和插图来增强视觉效果和信息传达。图标和插图可以更好地呈现旅游目的地的形象和特点，并且更容易被游客理解和接受。此外，平面设计还需遵循美学原则，如对称性、平衡性、比例等。这些美学原则可以使页面或空间更加美观和吸引人，从而提高游客的关注度和兴趣度。

（三）色彩运用

色彩是传达设计情感最有力的方式之一。好的色彩传递不仅能够快速引起旅游者的关注，还能够准确表达旅游地的品牌定位和文化内涵[1]。色彩在旅游宣传平面设计中起着关键作用，选择适合目的地形象和氛围的色彩，可以营造特定的情感和体验。配色方案应该与目的地的文化、自然环境和特色相呼应，同时要注意色彩的搭配和对比，以确保设计的视觉效果和吸引力。

色彩由色相、明度和饱和度这三个关键元素组成，它是众多颜色的统称。对于旅游宣传来说，色彩设计是赋予旅游品牌形象视觉感受和品牌情感的重要方式。在旅游品牌形象的色彩设计中，首先要通过图形和文字的色彩来塑造品牌形象的感官定位，其次才是运用对比调和等手段，选择色块的大小和位置关系的布局，形成整体的色彩视觉美感。色彩运用可以表达旅游目的地的文化、特色和气氛。需要选择符合目的地风格和主题的色彩，使宣传品看起来更加生

---

[1] 宋雅偲,王坚.狄德罗"美在关系说"对旅游品牌视觉形象设计的影响研究[J].化纤与纺织技术,2022,51(10)：189-191.

动、有趣。

在旅游宣传平面设计中,需要确定主题色。主题色应该与旅游目的地的形象和特点相符合,能够更好地呈现旅游目的地的特色和魅力,如突出"海岛游"的蓝色主题色与突出"自然风光"的绿色主题色。首先,在确定主题色之后,需要考虑不同色彩搭配的效果。一般来说,暖色调(如红色、黄色、橙色)能够引起兴奋和热情的感觉,而冷色调(如蓝色、绿色、紫色)则能够让人产生冷静和放松的感觉。因此,可以根据旅游目的地的形象和特点,选择适当的色彩搭配。其次,在进行旅游宣传平面设计时,需要控制色彩数量,以避免色彩过于杂乱,影响视觉效果和信息传达。一般来说,可以采用"减法设计"原则,减少色彩数量,使页面更加简洁。最后,通过运用色彩对比,可以使页面或空间更加生动和有趣。可以使用深色和浅色、暖色调和冷色调等对比元素,使页面或空间更加有层次感,更好地传达信息。例如,知名海报设计师麦克斯韦·拉什(Maxwell Rasche)在为土耳其伊斯坦布尔设计旅游海报时,特意选取了饱和度低、不同亮度的两种深红色来达到怀旧复古的效果,搭配线条简单的当地经典建筑物与主题标志以及城市名称,主要颜色不超过三种,以简洁清晰并带复古风潮的方式把伊斯坦布尔呈现在观众面前。

(四)品牌标识

品牌标识是旅游宣传中重要的元素之一,需要保持品牌一致性和认知度。需要根据品牌形象和设计要求,合理安排品牌标识在宣传品中的位置和大小。在旅游宣传平面设计中,合理融入品牌标识可以帮助增强设计作品的品牌认知度和记忆度,提高设计的商业价值。需要采用设计与品牌标识相符合的风格、突出品牌标识、使用品牌标识的设计元素、保持设计与品牌的一致性等方法,实现设计与品牌的完美融合。

旅游宣传平面设计需要与品牌标识相符合的设计风格。在设计过程中,可以根据品牌标识的风格来确定整个设计的主色调、线条、形状等元素,以确保整个设计的一致性和风格感。首先,在旅游宣传平面设计中,突出品牌标识可有效增强品牌的认知度和记忆度。例如,可以在设计中添加品牌标识的标志、字体、颜色等元素,或者将品牌标识放置在设计的重要位置,以突出品牌标识。旅游城市的海报设计就常常将城市名居中,或放在海报上端的突出位置。其次,旅游品牌标识的设计元素可以用于旅游宣传平面设计,如标志、图标、字体等。这些设计元素可以增强旅游目的地的品牌形象和认知度,提高设计的商业价值。常见的旅游海报设计元素包括地标性建筑、小吃、著名景观等,东南亚各国旅游推广海报中就常见大象、棕榈树、寺庙剪影等。最后,在旅游宣传平面设计中,需要保持设计与品牌的一致性。这意味着在设计过程中需要考虑品牌标识的颜色、字体、形状等元素,以确保整个设计在色彩、线条、形状等方面都与品牌标识相符合,从而提高设计的品牌价值和影响力。

(五)信息呈现

旅游宣传平面设计需要清晰、准确地呈现出旅游目的地的信息,需要选择恰当的语言和表达方式,易于读者理解和记忆。旅游宣传平面设计中的信息呈现至关重要,它是吸引游客的重要因素之一。好的信息呈现能够把景区的特色和优势更加清晰地传达给观众,提高景区的知名度和吸引力。

第一,信息呈现需要清晰明了。旅游宣传平面设计中,信息呈现需要让观众能够快速了解景区的相关信息。文字和图片需要合理使用,避免使用过多的复杂元素,以免让观众困惑。第二,突出景区特色。旅游宣传平面设计需要突出景区的特色和优势,通过色彩、图形、文字等元素来传达景区的特点和魅力。景区的特色和优势是吸引游客的重要因素,因而需要重点突出。第三,注重设计的美观性和实用性。美观性和实用性的叠加在于,让消费者既能欣赏到景区的美丽景色,又能够从设计中了解到景区的关键信息。这需要设计本身重点突出、图文并茂。第四,适应不同场景和用途。保持设计与场景和用途的一致性,如在旅游海报、宣传册、名片、户外招牌等不同场景中,需要根据场景和用途来选择合适的设计方式和元素。第五,字体的选择也是信息呈现的关键因素。字体选择需要考虑可读性、美感和品牌风格。需要选择易于阅读的字体,并根据品牌特点和设计要求,选择合适的字体款式和大小。

二、旅游宣传平面设计的创意方法

旅游宣传平面设计的创意方法是指设计过程中所采用的思考方式和技巧,以创造出具有独特性和吸引力的平面设计作品。可通过撷取当地文化元素、运用夸张和幽默手法、运用数字技术、利用色彩和图形元素等方法,实现独特的设计风格和视觉效果。

(一) 撷取当地文化元素

旅游宣传平面设计可以结合当地文化元素,呈现出独特的设计风格和视觉效果。例如,可以选取当地传统服饰、建筑、工艺品等元素,将其融入平面设计,以展示当地文化特色和魅力。然而,对当地文化元素的提取、凝练与再创造绝不意味着盲目照搬,而是通过改变位置或形态但保留原文化特色内涵的方式让受众快速识别[1]。一般来讲,获取当地文化元素需要设计师具有一定的文化素养和敏感度,同时需要深入调研和借鉴当地的文化元素,将其融入设计,以增强设计的本土特色和吸引力。在设计前,需要对当地的文化进行深入调研,了解当地的传统、习俗、历史、生活方式等。此外,参考当地文化遗产也是获取文化元素的一种方法。例如,可以参考当地的历史建筑、名胜古迹、非物质文化遗产等,从中获取灵感,融入设计。在设计过程中,可以利用当地的素材元素,如当地的传统手工艺品、天然材料、色彩和纹理等,这些素材可以为设计增加本土特色。还可以借鉴当地的艺术形式,如本土音乐、舞蹈、戏剧、绘画等,将这些艺术形式融入设计,增加设计的地域特色。在设计中使用当地的色彩和形状也是一种获取文化元素的方法。例如,使用当地传统图案、色彩和形状,可以增强设计的本土特色。

除了对当地本土元素的挖掘,设计师还可尝试位置重构,将当地文化符号的空间位置与功能位置进行替换改变,对文化元素进行一定的艺术改造,使其更加贴合平面设计的目的与宣传

---

[1] 杨玉艳.地域文化元素在平面设计中的探索与尝试[J].包装工程,2022,43(20):412-415.

效果[1]。举例来说,一种经常被设计师使用的设计手法就是从地域文化元素的外在特征入手,结合实际情况进行抽象处理,使复杂的元素变得简单,能更有效地突出自身的优势与特色,并快速与受众产生共鸣。保加利亚旅游宣传广告中,就将10个保加利亚旅游元素(如大海、沙滩、玫瑰、运动、山地等)糅在一起而形成一枝独特的"太阳花"。10个抽象元素通过组合再造形成一个新的宣传标志,但其组成部分仍具有强烈的可识别特征,给受众留下深刻的印象,也"一语道破"保加利亚当地可利用开发的代表性旅游资源。

(二) 运用夸张和幽默手法

20世纪杰出的平面设计大师保罗·兰德(Paul Rand)曾在他的著作《设计的思想》中表达过他对幽默的独到见解:"经过对多数读者的调查证明,幽默在视觉传达领域、广告领域、编辑领域和大量的各种各样的设计问题中都具吸引力。"[2]夸张的手法可以创造出强烈的视觉效果,而幽默的元素则可以获得更多的关注。在旅游宣传平面设计中,可以运用夸张的手法来表现当地的特色和魅力,或者运用幽默的元素来吸引游客的注意。

现代心理学将幽默看作人们心理的一种特殊适应,是以突破心理定势为基础,对人们心理理性的一种特殊的反叛。幽默元素在平面设计中常应用联想、错视、置换、夸大等创作手法,寻求观看者的情感共识,并在轻松、诙谐、快乐的氛围中接受平面设计所传达的商业信息。其中,突破传统构图定势,使用漫画元素、夸张比例等,都是旅游宣传海报在表达幽默时的常见手法。例如,日本新潟县糸鱼川市的旅游海报一反旅游海报突出景色、色彩和谐、画面唯美的传统认知,设计师在海报中使用大大小小的石头,组成表情丰富、样貌幽默的有名有姓的"人"来吸引游客,这些"人"或怒目圆睁,或憨态可掬,或表情落寞,十分吸睛。设计元素充分展示了糸鱼川市的特色自然资源景区世界地质公园,每一个石头人像都代表一个糸鱼川人,丰富的地质矿藏也赋予了当地旅游业鲜活的生命力。

(三) 运用数字技术

随着互联网时代计算机技术的不断普及,"读图时代"的特征在新一代受众中体现得愈加明显。图像与影像在日常传播中所占比重越来越大,年轻化的受众对于图像的依赖也远超文字。数字技术运用在图像与影像制作传播中的手段也越来越多,平面设计开始从以往的手绘转向计算机绘图[3],平面设计的内容和边界被不断拓展。对于旅游行业来说,数字技术是当前旅游宣传平面设计中常用的创意方法之一。通过运用数字技术,可以实现更加生动、有趣、具有互动性的设计效果,吸引更多游客的关注和兴趣。其中,数字化绘图、数字化印刷、数字特效的使用、色彩与图形的3D渲染等都是移动互联网时代数字技术在平面设计的创新应用。数字化绘图可使设计过程更加高效与精确,数字化印刷能对平面设计产品的质量、颜色、纹理等细节做到更加精确的把控,数字特效与3D渲染则在增加视觉效果方面效果更佳,除了可以让设计更加逼真,3D的建模软件也能更好地还原旅游地点的真实面貌。

---

[1] 邱杨,王家民.地域文化元素在旅游标志设计中的研究应用[J].大众文艺,2015,375(21):146-147.
[2] 方怿.保罗·兰德的幽默图形语言和理论研究[J].文艺生活(艺术中国),2012,891(12):121-123.
[3] 徐扬.视觉文化影响下的平面设计[J].艺术教育,2022,384(8):197-200.

(四)利用色彩和图形元素

色彩和图形元素是旅游宣传平面设计中非常重要的元素。通过合理运用色彩和图形元素,可以创造出具有吸引力和独特性的设计效果,打造独具一格的视觉效果。作为设计元素最重要的组成部分,和谐科学的色彩搭配往往能够引导受众,并给其留下深刻的第一印象。例如,在我国的旅游海报中,偏向文化旅游与生态旅游的推广会优先选择与该主题契合的蓝色与绿色,因为蓝绿两色是自然风光最好的代表。色彩的使用也代表着不同的含义与情感,地域民族文化、社会风俗、历史传统都对色彩的使用与偏好有较大的影响。例如,中国人民由于历史发展积淀下的民族情感,对红色与黄色有着特殊的偏好与亲切感[1]。因此,在旅游宣传平面设计中,对地域文化差异以及色彩的表达含义应有完全了解,色彩的选择才能得到受众的认可。同时,色彩的设计还可通过调整色调或饱和度、使用面积、比例大小、色彩轮廓、高光、阴影等一系列技术手段完成。

旅游宣传的图形设计是传达旅游主题信息以及美感的显性因素。图形最能够迅速且直观地反映旅游目的地的物象特点和文化内涵。在设计过程中,设计者可以通过对点、线、面的随机排列组合、创意联想、想象、比喻、象征等视觉传达设计的常见方法,将文本化的信息转化为具有指向寓意的图形符号,以突出旅游目的地的特色,完成旅游品牌的个性化呈现与设计[2]。例如,巴黎地下墓穴的标志设计,就是利用几何图形组成极简的头骨图案,图案设计既不会过于浮夸,又通过直观和醒目的视觉形象消解了游客对墓穴的恐惧感,是非常成功的旅游品牌设计案例。在具体的旅游平面设计中,图形的使用可呈现自然景观、文化民俗元素、旅游线路以及重点标志与徽章等。例如,陕西旅游宣传平面设计经常使用大雁塔、小雁塔、秦兵马俑等古建筑和文物来打造特色吸引力。沿海城市则着重呈现海岸线、码头、海港等图形。杭州的旅游宣传标志在色彩与图形元素的打造上独树一帜(见图6-2):标志采用了汉字"杭"的篆书演变形态,并将游船、城郭、建筑、园林、拱桥等许多元素巧妙地结合在一起。在色彩的选择方面,则使用了饱和度不一的两种青绿色,代表了西湖水域景观与杭州的自然风光。该标志融合了中国传统文化和江南地域特征,展现了杭州作为历史文化古城的独特底蕴。

图6-2 杭州旅游宣传标志
资料来源:杭州旅游宣传标志[EB/OL]. https://wgly.hangzhou.gov.cn/cn/.[访问时间:2023-08-16]

---

[1] 杨玉艳.地域文化元素在平面设计中的探索与尝试[J].包装工程,2022,43(20):412-415.
[2] 宋雅偲,王坚.狄德罗"美在关系说"对旅游品牌视觉形象设计的影响研究[J].化纤与纺织技术,2022,51(10):189-191.

案例研读

丹寨万达小镇的网红养成之路：轮值镇长助力扶贫旅游

为了让"自己走向世界"，寂寂无闻的丹寨万达小镇"玩了个大的"，用"轮值镇长"的旅游推广方式喊话世界，打开了小镇"大事件营销"的先河，并在各位镇长上任后，借力新媒体平台持续制造热点话题，特立独行地走出了自己的小镇网红之路。

一、扶贫举措下的"无心插柳"

十多年前，丹寨万达小镇地处贵州省黔东南苗族侗族自治州丹寨县的东湖湖畔，是一个以苗族为主，多民族聚居的国家级贫困县。作为一个传统的"三无"小镇（周边没有大城市，没有核心旅游资源，没有特色的名胜古迹），丹寨想要摆脱贫困、走出一条特色的发展道路无疑困难重重。2014年，在国务院扶贫办与贵州省政府的见证下，万达集团与贵州省丹寨县签订了扶贫协议，在全国开启了第一个"企业包县，整体脱贫"的新模式，共同打造了一个集旅游、度假、康养、娱乐为一体的全新丹寨万达小镇。

运营初期，种茶、养猪、卖米等传统农业扶贫项目被一一否定，助力丹寨脱贫的策略最终定在了旅游扶贫这一大基调上。根据万达集团给小镇的主题定位，面对黔东南其他同质化严重的特色苗寨古镇、村落，最终将丹寨定位为以非遗文化为切入点的纯粹的文旅小镇，主要关注侗族苗族的非遗少数民族文化，重点开发丹寨核心地区东湖湖畔，打造苗侗风格的少数民族建筑，并聚力于以吃、住、行、游、娱、教、购为主题的特色旅游宣传路线。小镇2016年5月1日正式开工建设，2017年正式运营，仅开业40天，便突破了游客量100万人的历史记录。2018年丹寨万达小镇开业一周年，已接待游客量550万人，在当年的"中国特色小镇影响力排名"中，丹寨仅次于海内外享有盛名的乌镇，排名全国第二。丹寨模式不仅在短时间内帮助当地民众实现了脱贫，其文旅项目更是成为国内其他旅游小镇发展的目标榜样，这些都离不开其独特的运营和宣传推广策略。

二、内容为本的宣传思路

打造小镇宣传亮点，需要深度挖掘丹寨区别于普通文旅小镇的特色之处，并为其量身定制特有的宣传模式。这一点，在小镇非遗上找到了突破口。丹寨是拥有非遗项目多达185项的著名"非遗之乡"，将非遗主题与旅游深度结合，成为宣传思路的第一个可行性策略。

（一）实现非遗文化的价值转化

丹寨的传统非遗项目主要包括苗族蜡染技艺、鸟笼制作技艺、皮纸制作技艺、苗绣、苗族服饰、苗族银饰锻制技艺等。此外，还有锦鸡舞、芒筒芦笙舞、古瓢舞等演出类项目。在文旅结合推广的项目上，丹寨选择了蜡染小院、古法造纸小院与国春苗族银饰进行重点培育，通过寻找非遗技艺传承人，进驻小镇打造"非遗体验店铺"的方式吸引旅游者造访，并邀请游客参与手工制作工艺品的过程，亲身感受技艺的精巧。此外，开发方还通过举办线下非遗旅游发展论坛的方式来推广宣传。2020年，文化和旅游部非物质文化遗产司和中国非物质文化遗产保护协会在丹寨举办了首届中国丹寨非遗周，线上线下同时开展宣传，既有非遗主题旅游线路发布，又有传统手工艺作品展示[1]。展会期间，共举办20多场"非遗进景区"特色活动，并吸引超26万人次从全国各地前来观看体验。2021年，丹寨非遗周再次如期举行，并吸引国内外行业专家、非遗传承人、文旅学者等300余人。非遗活动周已逐渐常态化。丹寨万达小镇成功将手中的非遗文化资源转化为一块金字招牌，并融入小镇的经营业态进行宣传推广。这一主题的确立为当地的文旅融合发展之路打下了良好的基础。在体验经济的大潮下，丹寨的非遗也加入了文创元素，开创了游客参与非遗技艺体验的先河。

2022年，小镇非遗体验项目又加入了侗仿故事瑶浴小院与非遗苗绣博物馆，走在小镇里，游客就可以欣赏到许多具有民族特色的建筑，如获得吉尼斯纪录认证的世界最大水车、鸟笼邮局、四大苗侗文化广场等。此外，游客还可以走进非遗小院，亲自体验画蜡、造纸、编织鸟笼等活动，感受非遗的神秘力量。

与此同时，小镇借力非遗，每月举办参与度极高的专项大活动，如国际非遗交流、首届西瓜节、万达好声音、万人长桌宴、苗家集体婚礼等。在活动打造方面，丹寨小镇注重举办差异化、有内容的体验型大活动，并在宣传层面紧抓活动进行前、中、后的全网传播，紧抓话题热度。以万达好声音、万人长桌宴和第二届上合组织·非遗交流体验活动为例，这些活动都吸引了大量游客参与，并在网络上引起了广泛关注。同时，丹寨小镇还承办多个国际性文化交流活动，提升了小镇的国际知名度，并推动了丹寨作为"非遗之乡"在打造国际文化交流平台大定位上的不断落地。

（二）通过"轮值镇长"借势营销推广

除了举办非遗发展论坛，丹寨的扶贫旅游计划中最受人瞩目的一项内容便是启动了"丹寨万达小镇轮值镇长"项目。自2017年6月启动以来，项目招募了多位来自世界各地不同领域的轮值镇长，每位镇长任期一周，完成一件对小镇有意义的事情。该项目吸引了1.5万余人报名参与，轮值镇长的背景各不相同，包括企业家、摄影师、导演、小学生、美国议员、世界小姐等，使得小镇成为新一代的网红。小镇开业一年来，吸引了超过550万名游客，为丹寨县带来了约30亿元的旅游收入，帮助数万名贫困人口实现脱贫。该项目的总负责人表示："每一位轮值镇长上任都引起了社会的广泛关注，使小镇的品牌知名度和影响力全面提升。同时，轮值镇长为小镇对接了许多跨界合作的资源，帮助小镇走出国门、走向世界。"

"轮值镇长"的推出，无疑为小镇打出了"大事件效应"。在此之前，采取相似宣传推广策略是澳大利亚昆士兰旅游局在2009年推出的一项名为"大堡礁岛主全球招募"的活动，

---

[1] 新华网.5年游客超3 000万，丹寨万达小镇为何能火出圈？[EB/OL] http://www.xinhuanet.com/travel/20220708/01e61c45d57d44a9a746556772057377/c.html.［访问时间：2024-06-24］

该活动与"油管"(YouTube)紧密合作,利用 YouTube 在全球的巨大影响力,实现了口碑传播,引发了全球的关注和热议。最终,昆士兰旅游局收获了 3.5 万份申请,并赢得全球对大堡礁的关注。如今,昆士兰已成为澳大利亚旅游线路中不可或缺的一部分。

"轮值镇长"的特别之处,在于轮值镇长牵头的品牌公益活动,以及作为镇长的明星本人带来的粉丝流量与巨大的社会关注度。例如,在第 112 任轮值镇长、著名乒乓球运动员邓亚萍的带领下,"天才妈妈"公益项目走进了丹寨,并在丹寨非遗周期间为"天才妈妈·梦想工坊"揭牌。美国著名篮球运动员斯蒂芬·马布里(Stephon Marbury)出任第 91 任镇长期间,带领小冠军球童一起揭幕国际篮联世界杯奖杯,并开设直播带领粉丝体验丹寨非遗手工与特色美食。全球知名旅游指南《孤独星球》(Lonely Planet)目的地编辑梅根·伊芙斯(Megan Eaves)在第 78 任镇长期内,为丹寨万达小镇制作了专属旅行指南视频并将其展示在《孤独星球》官网,无疑为丹寨小镇的国际推广之路打下了坚实基础。

(三)"旅游+影视"打造丹寨媒体传播力

借助"轮值镇长"的东风,丹寨小镇不仅打开了自己的宣传口径,更是对接到大量的外部资源,为小镇的多方面持续发展创造了可能。其中,"旅游+影视"的宣传帮助丹寨实现了跨界的宣传模式,并大大增加了曝光度与知名度。"轮值镇长"活动中,著名导演、制片人兼小镇第 2 任镇长袁卫东就将电影《父子雄兵》首映会放在了丹寨,镇长轮值结束后更是拍摄了微纪录片《我眼中的丹寨》为其拓展知名度。第 3 任镇长资深广告创意人郭元秋将丹寨"52 个镇长"营销创意活动提报戛纳国际创意节,并一举斩获铜狮大奖,更使小镇在海外声名鹊起。在本土宣传推广方面,万达为丹寨小镇开园一年打造了大型歌舞情景体验剧《锦绣丹寨》,以苗族人民的繁衍生息为故事发展脉络,主要呈现形式为国家非遗锦鸡舞,叠加高科技的舞台表现形式以及浸入式观众体验,为网红小镇吸粉无数(见图 6-3)。其中,"科技+民族元素"的创新,如数控水帘、水火喷泉等与苗寨舞蹈的叠加,更是在小镇宣传文创上实现了突破,使传播效果翻倍。

图 6-3 丹寨万达小镇情景体验剧《锦绣丹寨》
资料来源:丹寨万达小镇大型苗族歌舞情景体验剧《锦秀丹寨》7月3日上演
[EB/OL]. https://www.sohu.com/a/236297689_518414.[访问时间:2023-08-16]

(四)云上丹寨的"云度假"

除了宣传主题与宣传方式的不断创新,丹寨万达小镇的线上推广还顺应了时代潮流,采取科技创新的方式,深受年轻一代的喜爱。2020—2022年,丹寨打造了一系列"云度假"旅游方式,包括云旅游慢直播、AI换脸"我是丹寨代言人"、丹寨旅游数字藏品、丹寨旅游护照等。其中,AI换脸"我是丹寨代言人"活动鼓励用户自主创作视频并上传社交平台,进行二次传播发酵创造热点话题。将旅游宣传内容与流行文化、流行元素结合,并利用新媒体技术拉近与受众的心理距离,大大提高了旅游信息传播的效率,提高了公众对旅游信息的接纳程度。活动迎来了30多万名网友参与,并生成近四万条视频。

除了AI换脸,另一新媒体技术也在"云度假"推广中发挥了巨大的功效。时值第五届丹寨杜鹃花旅游节,小镇推出了24小时"丹寨八景"全景慢直播,通过视频号或小程序"云慢游"平台,游客可以通过手机饱览丹寨的苗乡风情,沉浸式体验"高要梯田""星空民宿"等丹寨八景。慢直播上线半个月,来自18个省(区、市)的近300万名游客线上观赏,全网播放量达到2.1亿人次。此外,数字文创藏品也是"云度假"的亮点之一。丹寨万达小镇五周年限定版《丹寨旅游护照数字藏品》以国家级非遗为主题,一套五款,融合了龙泉山杜鹃花、丹寨蜡染、古法造纸等元素。围绕丹寨县的国家级非遗、丹寨自然景观以及人文景观等打卡地点进行设计,该数字藏品完全融合了科技以及文创元素,在景区文创大火的当下,又为自己争取到了"潮流文创"的一席之地。

内容为本的丹寨宣传,可以说将自身非遗文化优势挖掘到了极致。同时,善于使用新媒体技术,了解目标旅游者心理,进行"感性营销"的策略,并进行从单向到多向的传播,发动旅游者的自主性、猎奇心理,是其在同类型文化古镇宣传中胜出的关键原因。

三、精准广告投放,全媒体运营吸引客流

广告语往往是受众在最小认知努力下与景区建立起关联最直接的方式。通常将诗歌、谐音等修辞策略引入广告语都是为了在传播过程中与消费者产生共鸣。有研究证明,广告语的设计与投放应和旅游者的心理动机与地方旅游资源[1]紧密结合。作为旅游宣传的典范,丹寨小镇的成功,除了主题定位的明确、内容的精准排布、推广渠道的多样化,还在于其"反客为主"的广告语策略。丹寨小镇的广告语"游丹寨就是扶贫"巧妙地将扶贫与旅游消费相结合,唤起了游客的共情心理,将游客从被动接受旅游推广的位置,变成主动消费助力扶贫。这则公益广告语在央视各大频道10天内滚动播放近500次,并通过海内外各大新媒体平台大力推广,让丹寨"旅游扶贫"的印象深入人心。同时,丹寨在宣传方面首创了"媒体扶贫联盟",即200多家媒体成员在丹寨开园的前一天对项目开展集中式采访报道,并邀请全国媒体人每年在小镇举办一次大型会议,商讨媒体助力扶贫事宜。

在广告投放的客户群体方面,丹寨采用深耕不同专项市场的手段,以保障和扩大客流,主要聚焦在暑期学生市场、政企大客户和自驾市场。在暑期学生市场,丹寨营销团队与许

---

[1] 王丽,谢桃,文雨欣,等.广告语视角下南京旅游景区形象传播效果研究[J].市场周刊,2020,33(8):48-49.

多夏令营机构和暑期培训机构合作,吸引众多中小学生到丹寨体验非遗文化。对于政府及企事业单位这一类大客户,丹寨小镇也比较注重拓展市场,通常以年终活动承办及协调工会活动为主。在自驾市场方面,丹寨小镇与许多自驾俱乐部和车友会合作,打造了车友探寨系列活动,并设计了多条自驾线路,解锁不同访寨攻略。

在广告的线下投放策略上,丹寨开发方将传统媒体下沉至客源地。在了解主要客源市场以及潜在客源区域的基础上,实体广告宣传主要集中在高速公路要道、县内交通要道以及景区加油站等户外媒体。针对国内旅游客流消费模式,把重心放在了"2 小时度假圈"内的社区媒体宣传上,派发了近 30 万份旅游攻略宣传册。

丹寨小镇的线上推广同样开展了多元化策略,利用新媒体技术进行全网宣传。推广渠道包括今日头条、新浪贵州、爱奇艺、微信朋友圈、腾讯视频等,从社交到影视,从新闻类到自媒体,实现全覆盖,在打造网红小镇的传播效果方面十分突出。在投放广告的同时,以各大平台支付为基础的丹寨扶贫公益项目更是取得了良好口碑。

思考题

1. 请谈谈旅游宣传,旅游营销有何不同?
2. 具体来说,旅游宣传的传统媒体平台包括哪些?
3. 文化创意与旅游宣传如何做到有机结合?
4. 试举例说明,旅游海报的平面设计如何实现创新?

本章参考文献

[1] 黄超,李典友.新媒体盛行背景下短视频对旅游宣传的影响[J].北京印刷学院学报,2020,28(1):12-14,54.

[2] 李海瑞.中国旅游宣传的早期开拓与发展回顾[J].中国旅游评论,2020(4):16-34.

[3] 朱艳梅,郭顺峰.以"旅游传播"带动"旅游宣传":当代旅游宣传的新趋势[J].湖北科技学院学报,2013,33(2):161-162,166.

[4] 王通武.IP 视域下旅游纪念品的创新设计——以江苏水乡旅游地为例[J].淮北师范大学学报(哲学社会科学版),2019,40(2):116-120.

[5] 熊月.文旅融合视域下洛带古镇文创产品设计策略研究[J].轻纺工业与技术,2022,51(5):106-108.

[6] 灵山·拈花湾小镇:历时五年打造的东方最有禅意的古镇 2016[EB/OL].https://www.sohu.com/a/403437052_505583.[访问时间:2023-04-10]

[7] 杨晓佳,蔡晓梅.旅游广告在旅游产品推广中的应用[J].商业研究,2005(15):184-188.

[8] 彭蕾.浅析旅游广告的表现形式及对其现状的思考[J].市场周刊(理论研究),2010(1):43-44.

[9] 贾士义,冯文勇,褚秀彩.旅游目的地旅游网站建设研究——以五台山旅游网站为例[J].山西师范大学学报(自然科学版),2015,29(4):109-113.

[10] 范宇容.关于完善旅游网站建设的策略分析[J].才智,2009(20):262.

[11] 李素.如何运用影视作品作为旅游宣传手段[J].商业故事,2015(6):108-109.

[12] 陈利军,白骅.文旅局长说文旅 品牌营销火出圈[N].中国旅游报,2023-01-12(2).

[13] 宋雅偲,王坚.狄德罗"美在关系说"对旅游品牌视觉形象设计的影响研究[J].化纤与纺织技术,2022,51(10):189-191.

[14] 杨玉艳.地域文化元素在平面设计中的探索与尝试[J].包装工程,2022,43(20):412-415.

[15] 邱杨,王家民.地域文化元素在旅游标志设计中的研究应用[J].大众文艺,2015,375(21):146-147.

[16] 方怿.保罗·兰德的幽默图形语言和理论研究[J].文艺生活(艺术中国),2012,891(12):121-123.

[17] 徐扬.视觉文化影响下的平面设计[J].艺术教育,2022,384(8):197-200.

[18] 杨玉艳.地域文化元素在平面设计中的探索与尝试[J].包装工程,2022,43(20):412-415.

[19] 新华网.5年游客超3 000万,丹寨万达小镇为何能火出圈?[EB/OL].http://www.xinhuanet.com/travel/20220708/01e61c45d57d44a9a746556772057377/c.html.[访问时间:2024-06-24]

[20] 王丽,谢桃,文雨欣,等.广告语视角下南京旅游景区形象传播效果研究[J].市场周刊,2020,33(8):48-49.

[21] 欧阳弘毅.基于大数据技术的红色旅游用户画像应用[J].宜春学院学报,2023,45(1):70-74.

[22] Witt S F, Moutinho L. Tourism Marketing and Management Handbook[M]. Upper Saddle River: Prentice Hall Inc., 1999.

[23] Moza M D, Ban O. Promotion in Tourism: A Brief History and Guidelines of the New Communication Paradigm[J]. Annals of Faculty of Economics, 2022,2(2):14-24.

[24] 丹寨万达小镇大型苗族歌舞情景体验剧《锦秀丹寨》7月3日上演[EB/OL].https://www.sohu.com/a/236297689_518414.[访问时间:2023-08-16]

[25] 杭州旅游宣传标志[EB/OL].https://wgly.hangzhou.gov.cn/cn/.[访问时间:2023-08-16]

[26] 6个国际文旅小镇案例的新启示[EB/OL]. https://zhuanlan.zhihu.com/p/26221934. [访问时间：2023-08-15]

[27] 在城乡建设中，如何加强历史文化遗产保护[EB/OL]. https://www.gov.cn/zhengce/2021-09/09/content_5636364.htm. [访问时间：2023-08-14]

第七章 旅游文创流程

学习目标

学习完本章,你应该能够:
(1) 了解旅游文创的基本流程。
(2) 了解旅游文创的策划的功能与原则。
(3) 了解旅游文创策划的基本路径。
(4) 了解旅游文创文创效果评估体系。

基本概念

旅游文创调研　旅游文创策划　旅游文创效果　旅游文创组织

旅游文创是利用旅游资源和文化元素,通过创意设计和创新思维,打造出具有吸引力和表达力的旅游产品和服务。在开展旅游文创相关工作时,需要经历调研、策划、组织实施、效果评估等流程。调研是旅游文创的第一步,通过对旅游市场、文化资源和目标受众的调查和研究,确定文创的定位和主题,调研结果为后续的策划和组织提供了有力的支撑和保障。策划是旅游文创的核心环节,通过制定目标、确定内容、规划资源和制定实施方案,将文化元素与旅游产品有机结合,营造出独特的体验和价值,策划阶段的工作将为后续的组织实施和效果评估提供有力的指导和基础。组织实施是将文创方案付诸实践的过程,包括活动组织、产品开发和宣传推广。组织实施的核心是协调各方资源,确保活动和产品能够顺利落地,并提供满足受众需求的旅游体验。效果评估是对旅游文创活动和产品进行全面评估和反馈的过程,以判断其达到的效果和对目标受众的影响。评估的内容包括活动的参与人数、参与度、满意度以及对品牌形象和市场竞争力的影响。通过有效的流程管理,可以提升旅游文创的质量和影响力,推动旅游产业的可持续发展。

第一节 | 旅游文创的调研

调研是调查研究的简称,是通过对原始资料的观察,有目的、有计划地搜集研究对象的资料,从而形成科学认识的一种研究方法。调研是整个旅游文创流程的起点,只有做好前期的调查研究工作,才能做好文创产品的策划与实施,调查研究的充分程度影响文创项目的整个过程。本节分别从资料的收集、资料的分析和调研报告的撰写三个方面帮助大家了解旅游文创的调研工作。

一、资料的收集

调研的整个过程都是围绕一定的资料进行的。调研是在一定的理论指导下,通过观察、列表、问卷、访谈、个案研究以及测验等科学方法收集研究资料,从而对研究对象的现状进行科学的分析和认识,并提出具体工作建议的一整套实践活动。这个过程的第一步就是资料的收集。

(一)资料的分类

1. 当地

同样的方案不能适用于所有的项目,在调研中,要对项目创建的情况进行了解,明确当时当地的具体情况,在当地选取合适的素材进行文创产品的设计。

(1)自然环境。每个地区的地貌、气候环境不同,造就了多样的旅游产业,依据不同地区自然环境的特点,可以打造各具特色的文创产品。长白山地区自然景观资源十分丰富,其特点是冬季漫长凛冽,夏季短暂温凉,夏季日间平均气温不超过 22℃,堪称舒适宜人的避暑胜地。天然的资源为长白山地区的旅游文创产业提供了便利条件,在长白山周边逐步形成以长白山为核心的冰雪文化,发展出众多的文创产品和旅游项目。对当地的自然环境资料进行收集,能够发现蕴藏在当地旅游产业中的文化符号,进而发展相关的文创产品。

(2) 文化资源。在这里,文化资源指的是对人们能够产生直接和间接经济利益的精神文化内容,如东北地区的狩猎文化、山东的酒文化、广西的壮族文化等,这些都是一直在焕发生机的文化资源。文化资源可以成为旅游文创的直接来源,故宫作为我国宝贵的文化资源,已经发展出多种多样的文创产品,故宫文创馆出品的化妆品、饰品、服饰等层出不穷,以故宫这一文化符号为载体的文创产品受到了大众的青睐。相较于自然资源,文化资源更具复杂性,在收集这部分资料的过程中需要进行深入挖掘,不仅要看到当地旅游产业已开发的文化资源,更要看到尚未开发的文化资源,这些资源有着更加广阔的创意空间。

(3) 客流基础。客流流量指的是一段时间内旅客流动的数量。一个旅游景区的客流基础能够反映其运营的基本情况,通过对客流基础情况的收集,我们能够了解旅游地区的淡季和旺季、了解不同区域的客流差距、了解旅客的喜好和需求等,这些都可以为后期的文创产品打造和投放提供参考基础。

2. 市场调研

市场调研的目的是了解真实的需求,并为创意提供方向。萨提亚的冰山理论认为,个人内在冰山共分成六个层次,依次是行为、感受、想法、期待、渴望和本性[1]。这是一个逐步深入的过程,这个理论想要告诉我们的是,当我们看待一个人的行为时,不能仅仅停留在表面,更重要的是探求其背后的深层需求。做市场调研也是如此,如果收集表面上的行为信息,就容易随波逐流,在失去差异化的同时,所生产的产品也与用户需求相去甚远。如全国各个景区皆可见的竹筒奶茶,已经从特色文创变成烂大街的摆拍神器,昂贵的价格、难喝的口味、千篇一律的外观成为对竹筒奶茶的统一印象,摆拍风潮过后,旅客不再愿为这一"智商税"买单。

此外,市场调研的资料收集可以帮助我们了解市场和行业发展的趋势。如今社会的发展日新月异,商品的更新换代迅速,旅游文创产品一方面要追赶社会潮流,另一方面要试图打造经久不衰的文创产品。

3. 竞品

竞品,也就是竞争产品。在资料收集的阶段,不可避免的是对同类文创产品的资料收集,对这部分资料的收集与分析有利于我们趋利避害。从同类产品身上能够看到不同方案所产生的结果,从而帮助我们对自身路径进行修正。在博物馆文创领域,故宫将其元素融入箱包、服饰、首饰、手机壳等,甘肃博物馆推出"马踏飞燕"丑萌玩具,新疆博物馆出品威猛虎纹金牌开瓶器,南京博物院则在场馆内出售笔记本,并以在各个场馆集章的方式吸引游客参与……这些同为博物馆文创,但从产品到出售方式都存在很大差异,对竞品信息进行收集和分析,不仅能够给我们的创意带来启发,还能通过对各个文创产品的成本、效益情况的了解,帮助我们选择最

---

[1] 维吉尼亚·萨提亚,约翰·贝曼,简·伯格,等. 萨提亚家庭治疗模式[M]. 聂晶,译. 北京:世界图书出版公司, 2007:136-139.

佳方案。

（二）资料收集方法

资料的收集需要依据一定的收集方法，时至今日，学术界已经发展出许多规范的资料收集方法，但我们并不是要使用每一种方法，而是要根据旅游文创行业的特点、按照需要收集资料的类型选取适宜的资料收集方法。

1. 实地收集

开展实地调研是最直接的获取资料的方式，也能够为调研人员提供最直观的分析资料。在对旅游文创项目当地的资料收集中，我们最好使用实地调研的方式进行实地资料收集，深入景区可以最直观地感受当地的风土人情，并且可以以游客的身份对景区中的文化元素进行价值判断，以此选取值得作为创意承载符号的素材。与此同时，在实地调研的过程中也更便于获取当地的文献资料，并据此进一步发掘文化潜力。

这一方法除了可以运用于对当地资料的收集外，对于竞品的资料收集也可以采用这一方法。可以进入竞品的销售市场，收集竞品生产与销售的第一手资料。

2. 文史资料收集

当地的文化、历史资料是进行文化创意开发的重要资源，通过对这些资料的收集和研读，可以充分了解当地的历史与文化状况。可以通过查询当地的档案馆、搜索网上的电子资料等方式收集这部分资料。

3. 数据收集

在今天，数据收集与分析已经成为十分方便快捷的调研方式，在旅游文创的调研过程中，无论是对当地情况的调研，还是对市场和行业的调研，抑或是对竞品的调研，都离不开对数据资料的收集。

（1）现有数据的收集与整理。不同于一级市场研究直接面向市场和用户，次级市场研究是利用他人研究成果或提供的相关数据进行二次研究。次级市场研究可以提供趋势信息(市场、技术、人口统计、政策等)、竞争分析、专利信息等，为进行一级市场研究奠定基础。简言之，次级市场研究就是对现有数据成果的二次利用。有许多渠道可以获取这部分数据，如政府统计报告、公开出版物、报纸和杂志、产品展会、企业年度报告、行业研究报告等，这部分数据可以帮助我们对整个市场和行业有一个概括性的初步了解。值得注意的是，在获取二手数据时要特别注意数据的权威性，一个数据的偏差都可能带来错误的分析结果。

（2）调查问卷的发放与收集。问卷调查是指通过制定详细周密的问卷，要求被调查者进行回答以收集资料的方法。调查问卷是我们了解用户想法的途径，根据载体的不同，问卷调查可以分为纸质问卷调查和网络问卷调查，在旅游文创调研过程中，我们可以根据不同的情况选择不同的问卷类型来收集用户数据。

在旅游文创调研资料的收集中，有许多场景可以使用调查问卷。

场景一：在针对当地的资料收集中，可以在当地向游客发放调查问卷，以此获取用户的满意度数据。通过这种方式，可以了解游客对当地现有文创产品的满意程度、改进意见等。

场景二：在针对行业和市场的资料收集中，可以在互联网中发放调查问卷，了解普通用户对旅游文创产品的看法，通过问卷问题的设置了解他们的深层需求。

场景三：在对竞品的意见数据收集中，也可以采取线上或线下发放问卷的方式。

相比对次级市场数据的收集，发放调查问卷更具目标性，可以按照问卷发放者的目的设置问卷问题，更加精准地获取资料。

（3）社交媒体行为数据收集。社交媒体是互联网互动的首要载体之一，如微信、微博、知乎、脉脉等大型社交平台，每个月都活跃着上亿用户，为市场调研提供了与客户进行互动的媒介。社交媒体能大量聚集用户信息，也能搜集用户对某件事或某种体验的反馈，因而是用户调研的绝佳工具，特别适用于关于普通人日常内容的调查。

资料收集者可以在社交媒体相关话题的讨论中收集数据，除了人工收集数据的方法以外，还可以利用现代化的数据收集方式，通过给程序设置关键词，在社交媒体中抓取相关数据。这种方式不需要资料收集者与用户直接接触，用户是在没有压力的情况下发表意见和看法，故而这部分数据有着巨大的应用价值。在社交媒体行为数据收集的过程中，既可以收集用户对旅游文创产业整体的看法和需求数据，也可以针对某一类产品收集用户的意见。

4. 用户访谈

用户访谈需要资料收集者与用户进行直接接触，可以采用电话、文字、面对面交谈等方式对用户进行访问，以此收集用户对旅游文创产品的看法。这种方法的主要挑战在于让用户配合访谈。这种方法可以用于了解当地的旅客群体，以便在景区设置合适的文创产品，也可以用于了解整个市场的用户需求，以便在进行大范围的销售时策划不同的文创产品。

旅游文创调研资料的收集可以借鉴社会学、市场营销学、人类学等学科的调查研究方法，可借鉴的资料收集方式还有很多，本书仅列举以上四种供大家参考。在调研的资料收集阶段，重要的是尽量收集一切有用的资料，并不拘泥于特定的资料收集方法，这是为了在第二步即资料分析阶段能够有足够的资料进行分析，资料的充分与否关系到分析结果的有效性。

二、资料的分析

资料的分析就是对收集来的资料进行筛选、整理、分类并重新展现的过程，其目的就是为需求方标识资料中的有用信息，并通过资料的分析做出有用的判断。

资料分析的步骤如下：第一，要根据本次调查的核心目标进行分析，明确此次调查分析的方向和最终目的，以及资料分析的重点等；第二，要确定调查资料收集的具体方法是否适合调查的总体目标，是否具有针对性；第三，要对收集资料的可靠性和代表性进行分析，总结资料所反映的问题；第四，选用适当的分析方法，对调查资料的数据进行分析，总结资料所反映的问题；第五，得出综合的分析结论[1]。

---

[1] 肖苏,张建芹.市场调查与分析[M].北京：人民邮电出版社,2017:115.

(一)资料分析的主要对象

1. 现有条件的分析

对当地现有条件的分析是旅游文创调研中必不可少的一环,通过对现有条件的分析,能够明确可以调动的一切资源,并在其中挑选能够进行文创的要素。

对当地现有条件的分析主要是对旅游文创项目当地的自然条件和文化历史资源的分析。自然条件向来是进行文化创意的一个重要元素,长白山是吉林宝贵的自然资源,当地围绕其衍生出一系列文创旅游项目和产品,长白山也成为吉林的一个文化符号。在自然环境中孕育出的文化历史资源也是进行文创的重要源泉,与自然资源不同,文化历史资源本身就有着丰富的精神内涵。三星堆位于四川的德阳,以其出土的文物而闻名。作为宝贵的人类文化遗产,三星堆也推出了一系列文创产品,如三星堆麻将摆件、三星堆文创手办、面具巧克力、三星堆杯子等,其中既包括观赏性的产品,也包括实用性的产品,紧紧围绕三星堆的特色元素不断推陈出新,获得了良好的市场反响。博物馆可以说是一个地区的历史与文化精华所在,同时也是各地都有的旅游资源。博物馆的文创产品异彩纷呈,如大英博物馆推出盖亚·安德森猫风暴瓶,又如成都博物馆以皮影花卉元素中的荷花为设计图案,推出了和气满堂扇形灯。除了文创产品外,根据当地文化打造的旅游体验项目也有许多。在四川乐山,旅客可以在当地身着彝族服装参与火把节活动,体验别样的彝族风情。

对当地自然资源和文化历史资源的分析,就是要发掘其中的独特之处、有价值之处,避免跟随市场大流、丢失自身的文化特色,这样的文创才能在同质化的旅游项目和文创产品中脱颖而出。

对当地现有条件的分析还包括对已有的旅游项目、文创产品、客流量等的分析。对以往文创产品和项目的实施效果进行分析,能够总结短板、汲取长处,以便在新的策划中不再"踩坑"。此外,对客流量的分析要深入细枝末节,细致的分析有利于洞察旅客的真实内在需求。

2. 对竞品的分析

竞品可能为文创策划提供一个成熟的模板,也可能成为前车之鉴。通过对竞品各个维度的分析,能够帮助我们取长补短。

首先是对竞品成本与效益的分析。了解竞品的目的就是学习和借鉴同类产品的策划、生产与销售模式,同时避免同类产品已经走过的弯路、犯过的错误。经济效益是进行旅游文创的一大目标,对竞品成本与效益的分析可以帮助我们判断一个文创产品的成功与否,并进一步分析造成成功或失败的原因。

其次是对竞品核心竞争力的分析。核心竞争力是一个旅游项目区别于同类产品而又能有效吸引客户的关键要素。我们可以把某一目的地旅游区(点)独特的旅游资源看作该目的地旅游产业的核心竞争力,而旅游设施和旅游服务是围绕旅游区(点)旅游资源而展开的。企业核心竞争力强调,在企业资源有效整合的基础上,形成独具的、支撑企业持续竞争优势的能力,这是企业长期制胜之根本。对竞品核心竞争力的分析,不是为了照搬其具有核心竞争力的能力、技术或文化要素,而是为了启发我们的思路,在文创策划中发挥自身的优势,创造出具有特殊性的核心竞争力。

最后是竞品的用户画像分析。对同类产品用户画像的分析也是对自身用户群体的描摹，在分析过程中，能够了解目标用户的喜好与需求。

3. 对用户与市场的分析

旅游文创调研过程中的一个重要部分是对用户与市场的分析，相较于前两个部分，用户与市场的范围更大，所涉及的资料和数据更多，对这一部分的分析是为了帮我们确定目标用户、了解用户的深层需求，并洞悉市场与行业的最新动向。

（二）定性分析

定性分析是运用归纳和演绎、分析与综合以及抽象与概括等方法，对获得的各种材料进行思维加工，从而去粗取精、去伪存真、由此及彼、由表及里，认识事物本质、揭示内在规律[1]。

1. 对比分析

对比分析是将事物和现象进行对比，找出其异同点，从而分辨事物和现象的特征及其相互联系的思维方法。旅游文创调研的对象不是孤立存在的，都和其他事物存在着或多或少的联系，并且相互影响，而对比分析有助于找出调研对象的本质属性和非本质属性。对旅游文创竞品资料的收集与分析本身就是一种对比分析，通过不同竞品之间的对比，能够帮助我们在策划中趋利避害。

2. 推理分析

推理分析是由一般性的前提推导出个别性的结论的一种分析方法。市场调查中的推理分析，就是把调查资料的整体分解为各个因素、各个方面，形成分类资料，并通过对这些分类资料进行研究，分别把握其特征和本质，然后将这些通过分类研究得到的认识连接起来，形成对调查资料整体和综合性认识的逻辑方法。市场调查是旅游文创调研中一个重要的部分，甚至可以说旅游文创的调研几乎就是对文创市场进行调研。

3. 归纳分析

归纳分析是由具体、个别或特殊的事例推导出一般性规律及特征的分析方法[2]。在旅游文创的调研中，要根据具体的项目类型进行归纳，通过对同类型产品、市场流行趋势等琐碎的细节和特点进行归纳，能够得出一般性的结论，为策划提供指导性意见。

定性分析的方法还有很多种，此处仅列举以上三种常用方法，最重要的是要抓住定性分析的特点，对事物进行整体、深入、符合逻辑的分析。此外，定性分析的对象是质的描述性资料，这些资料通常以书面文字或图片等形式表现，而不是精确的数据形式，是在各种自然场合，以定性研究的方法（如通过参与观察和深入访谈）得来的资料，带有很大程度的模糊性和不确定性。此外，定性的资料来自小的样本以及特殊的个案，而不是随机选择的大的样本。正是因此，定性分析有自己独特的分析方法，且需要量的资料进行补充。

---

[1] 孙瑞英. 从定性、定量到内容分析法——图书、情报领域研究方法探讨[J]. 现代情报，2005(1)：2-6.
[2] 李国强，苗杰. 市场调查与市场分析[M]. 北京：中国人民大学出版社，2017：354.

（三）定量分析

定量分析是指对事物量的分析与研究，即用数量表示的规定性，用来描述事物存在和发展的规模、程度等以及构成事物的共同成分在空间上的排列等[1]。在旅游文创调研中的资料收集阶段涉及许多数据资料，如景区的客流、营业数据，行业发展数据，调查问卷收集的数据等，这些数据都需要用定量分析的方法进行处理。

定量分析主要有统计分析和非统计分析两类方法。常用的统计分析法包括描述性统计、参数假设检验、回归分析、因子分析、主成分分析和聚类分析、偏最小二乘回归分析、非参数统计等。非统计分析法主要有人工神经网络、归纳学习方法、不确定性方法、数据挖掘等。

资料分析方法的选择要根据具体的调研目标和资料类型来确定，在旅游文创的调研中，通常同时使用定性和定量两种分析方法。

三、调研报告的撰写

撰写调研报告前，有必要事先明确调研报告的概念。调查报告是对某一情况、某一事件调查研究后，将所有材料和结论加以整理而写成的书面报告。广义上说，所有的调查报告都或多或少带有某种研究性质，都是调研报告。狭义的调研报告指的是以研究为目的写出的调查报告，它不等同于反映特定情况、介绍工作经验、揭露特殊问题的调查报告，但它又包含调查报告所具有的这几方面的内容。调查报告与调研报告的不同在于两者的侧重点不同，调查报告侧重调查过程，而调研报告侧重研究与结果[2]。由此，我们也能够明确旅游文创调研报告的着重点，就是要根据既有事实进行分析，并给出指导性的分析结果，为旅游文创的策划提供指导依据。

调研报告主要分为以下三个部分。

（一）标题

调研报告的标题要简洁、明确，能够揭示中心内容。

(1) 公文式标题。这类标题多数由事由和文种构成，平实沉稳，如《关于知识分子经济生活状况的调研报告》，也有一些由调研对象和"调查"二字组成，如《知识分子情况的调查》。

(2) 一般文章式标题。这类标题直接揭示调研报告的中心，十分简洁，如《本市老年人各有所好》。

(3) 提问式标题。这是典型调研报告常用的标题写法，特点是具有吸引力，如《"人情债"何时了》。

(4) 正副题结合式标题。这是用得比较普遍的一种标题，特别是典型经验的调研报告和新事物的调研报告。正题揭示调研报告的思想意义，副题表明调查的事项和范围，如《深化厂务公开机制　创新思想政治工作方法——关于武汉分局江岸车辆段深化厂务公开制度的调查》。

旅游文创调研报告的撰写主要面向内部人员，不需要格外吸引人的标题。调研本身往往

---

[1] 刘红煜,曲建升.情报学定量研究现状与趋势分析[J].情报理论与实践,2015,38(12):10.
[2] 徐群.调研报告的写作[J].理论学习与探索,2007(1):69.

内容比较丰富,简短的标题难以概括所有重点。因此,在旅游文创调研报告的撰写中,主要采用第一种和第四种标题写作方式。

(二) 正文

正文包括前言、主体和结尾三个部分。

1. 前言

前言简要地叙述:为什么对这个问题(工作、事件、人物)进行调查;调查的时间、地点、对象、范围、经过及采用的方法;调查对象的基本情况、历史背景、调查后的结论等。这些方面的侧重点由写作者根据调研目的确定,不必面面俱到。在旅游文创调研报告的写作中,可以对各个调研部分进行简要的介绍。

2. 主体

这是调研报告的主干和核心,是结论的依据。这部分主要写明事实的真相、收获、经验和教训,即介绍调查的主要内容是什么,为什么会是这样的。主体部分要包括大量的材料,如人物、事件、问题、具体做法、困难障碍等,内容较多。所以,要精心安排文章的层次,安排好结构,有步骤、有次序地表现主题。

调研报告中关于事实的叙述和议论主要都写在这部分里,是充分表现主题的重要部分。一般来说,主体的结构大约有三种形式:①横式结构。把调查的内容加以综合分析,紧紧围绕主旨,按照不同的类别分别归纳成几个问题来写,每个问题可加上小标题,而且每个问题里往往还有若干个小问题。典型经验的调研报告一般采用这样的结构。这种结构形式观点鲜明、中心突出,使人一目了然。②纵式结构。纵式结构有两种形式。一是按调查事件的起因发展和先后次序进行叙述和议论。一般情况调研报告和揭露问题的调研报告多使用这种结构,有助于读者对事物发展有深入全面的了解。二是按成效、原因、结论层层递进的方式安排结构。一般综合性质的调研报告多采用这种形式。③综合式结构。这种形式兼有纵式和横式两种特点,互相穿插配合组织安排材料。采用这种写法,一般是在叙述事件发展过程中用纵式结构,而写收获、认识和经验教训时采用横式结构。

3. 结尾

结尾是调研报告分析问题、得出结论、解决问题的最终结果。不同的调研报告,结尾写法各不相同,一般来说有以下五种:对调研报告归纳说明,总结主要观点,深化主题,以提高人们的认识;对事物发展做出展望,提出努力的方向,启发人们进一步去探索;提出建议供领导参考;写出尚存在的问题或不足,说明有待今后研究解决;补充交代正文没有涉及而又值得重视的情况或问题。

第二节 旅游文创的策划

策划是指根据所希望达到的目标,订立具体可行的计划,谋求使目标成为事实。策划讲求的是运筹帷幄、决胜千里。在古汉语中,策划中的"策"原意是驾驭马车的工具,类似鞭子,但比普通的鞭子击打的力度大得多,鞭策一词就由此而来。所以,"策"具有打破表面的意思,而在"策划"一词中具有道破天机的内涵,意指揭示深藏在事物背后的规律。"划"在古汉语中意指刻画,形成深刻的蓝图的意思,在"策划"一词中是"导引潮流、领先时代"的含义。因此,从本质上来讲,策划是道破天机、导引潮流的理念与方法的选择。它源于策划人员的世界观,但最终归于促使目标实现的方法论。策划是知与行的结合。

一、旅游文创策划的功能

在旅游文创的活动策划中,不仅要保证旅游文创的调性和曝光量,还要将这些曝光量转化为销量,不仅要触达用户,还要实现用户转化,并最终让新用户成为忠实用户,从而使之反复购买文创产品。旅游文创策划会梳理活动中的每一个转化链,清晰地规划出:哪些动作是为了提高品牌力,如发布创意广告、热点海报等;哪些动作是为了提高转化率,如推广二维码、口碑软文、小程序等;还有哪些动作是为了促进用户复购,如设置积分系统、用户等级、特权加持等,为用户打造一个闭环的行为路径,并且不断优化这个路径,从而提高用户的品牌忠诚度。

(一)旅游文创策划有助于迅速获取流量

旅游文创的策划能帮助旅游地和旅游文创迅速获取流量。首先,旅游文创策划非常灵活。流量在哪里,就在哪里做活动;人们更容易转化为用户的场景在哪里,就在哪里做活动。其次,旅游文创策划会让流量沉淀到自己的私域流量(指自媒体、微信公众号等可直接触达用户的渠道)中,让这一部分流量可以实现低成本的反复触达,并同时快速测试出核心流量也就是质高量高的流量喜欢的活动方式。最后,旅游文创策划可以利用在每一次活动中获取的有用的数据不断调整活动方式,这样也会使流量的获取速度越来越快。

(二)旅游文创策划是实现销售转化的利器

旅游文创的营销一直要做的事情就是找到购买产品的人群,而现在互联网的大数据及人群标签可以帮助企业找到目标用户。旅游文创策划者就是要在此基础上,找到最优的优惠福利或者创意内容的组合,达到更高的销售转化率。同时,旅游文创策划者也会分析整个转化链条,缩短转化路径,让用户即看即买。旅游文创策划者还将重点关注有过购买行为的用户,通过营销活动让他们裂变和复购。

(三)旅游文创策划有助于品牌塑造、提高品牌力

当企业品牌力强劲时,说明喜欢该品牌的用户非常多,这个品牌通常自带流量。旅游文创策划可以提高品牌力,通过和不同的IP跨界合作推出联名产品,可以增强企业品牌给人的新鲜感和溢价能力。在持续打造"爆款"产品之后,品牌IP化,达到自传播和受人追捧的程度,就是旅游文创策划者最好的成绩。

二、旅游文创策划的原则

文化是旅游的灵魂,旅游是文化的重要载体,加强文化产业和旅游产业的深度结合能产生

推进文化体制改革、提升人民群众的旅游消费质量、推动中华文化遗产的传承保护等社会效益，以及加快文化产业发展、促进旅游产业转型升级等经济效益。

（一）文化性

文化性可以说是旅游文创的本质属性，若是没有了文化，旅游文创就失去了灵魂，失去了其最独特、最具价值的内容。旅游文创要立足于文化，融入旅游的表象或内涵。

文化内涵是旅游文创的核心，每个地区的文化都有其特点，且文化的具体载体不同，所以旅游文创要体现当地特有的文化内涵，设计出的旅游文创产品应显示出强烈的地域文化，增强当地旅游文创的独特性。国内外许多纪念馆、博物馆在开发文创产品时都会遵循这一原则。从实务层面观之，独特性是文创产品吸引消费者购买的主要原因。因此，在开发旅游文创产品时，应把握住当地特有的物质文化、精神文化等，与其他旅游文创区别，提高旅游文创产品的独特性。

（二）创新性

产品的设计有从众性，如大家俗称的"山寨"产品，就是在设计上模仿甚至复刻其他品牌的知名产品来迎合大众获取市场，造成文创旅游的同质化，这是文创产业在如今的迅猛发展中不可避免的。要想有效地应对，在同质化的产品中具有竞争力，最根本的方法就是创新，创新可赋予产品新的生命力。同时，市场调查表明喜欢旅游文创的年轻人较多，文创产品的主要受众群体也是年轻一代，他们思想先进、思维活跃、喜欢新潮，想要展示自己独特个性。一件"新奇、独特"的产品更能吸引此类消费者的注意力，激发购买意愿，这要求文创产品的设计要有创意。"创意"是一个创造性的想法，"创新"是把这个创意的点子付诸实践，变作现实成果，二者殊途同归。

创新可以是一个从无到有的过程，也可以是创造性转化的过程，需要设计者准确地把握多种文化特征，同时对现有的文创产品有全局的把控。不能以惯性思维进行设计，要跳出传统的框架，更不能走捷径去模仿甚至复制。

（三）实用性

文化创意产品首先是一个产品，需要具有一般商品所具有的实用功能与使用价值，其次再赋予其独特的文化元素和外在的美感。"有研究表明产品属性在消费者购买意愿中起着决定性因素，消费者所追求的产品具有的使用价值，反映的是某些基本利益，以满足需求和欲望，是消费者真正想要的东西。"[1]实用主义是消费者最传统的消费观念，为了满足最基本、最实际的需求，人们在进行消费时会优先考虑产品的实用性。所以在旅游文创产品的开发设计中，在注重给消费者带来独特旅游文化体验、感官享受的同时，更要考虑开发设计出的产品能够满足消费者什么样的需求、为消费者解决什么样的问题、给用户带来什么样的持续性体验。

故宫文创淘宝店于2008年上线，如今有七百多万名粉丝，但曾经一度遭遇差点被关店的命运，故宫文创项目科科长陈非说，2014年他们做出了改变。在研发模式上有了变化，形成故

---

[1] 余雨桐. 消费者时间取向对实用性和享乐性产品购买意愿的影响研究[D]. 成都：西南财经大学，2013：57.

宫文创标准体系。另外最大也最重要的变化就是，所有产品都具有了功能性。他们从消费者需求视角出发，探究大众在日常生活中要用到什么产品，同时也做了一些调研，结果表明年轻人是消费的主力。做了改变之后，许多不一样的产品逐渐问世，如朝珠耳机、牌匾冰箱贴、故宫折扇等，深受年轻人喜爱[1]。

如今文创产品与百姓生活联系越来越密切，注定其不能仅仅是一件艺术品，失去了实用性的艺术品无异于"空中楼阁""镜花水月"，只有真正能给百姓生活带来实用性的产品才能得到消费者的认可，只有在实用性的基础上，旅游文化艺术才能为更好地为大众服务。产品被反复使用，延长了消费者对产品的体验经历，也在潜移默化中发挥其积极的感化心灵、启迪智慧的教育功能，增加了快乐感受，拉近了旅游文创与大众的距离。

(四) 品质性

要考察产品各个部件的风格是否统一，特别是要考虑设计核心即文化元素的风格表现。图 7-1 所示的是中国国家博物馆的元宵行乐拍拍灯，灯罩的外轮廓造型是圆中带方的几何线条，没有过多的转折细节，灯座的四个脚也采用圆台的几何造型。夜灯产品的亲近感由色彩和材质来实现：灯罩采用乳白色硅胶材质，体现轻柔细腻的触感；灯脚是浅黄色木质贴皮的塑料材质，木质纹理给人亲近自然之感，设计的核心"元宵节庆的人物百戏场景"也模糊了《宪宗元宵行乐图卷》原作细致的工笔笔法、艳丽的设色，只概括出动态人物剪影，使得核心装饰也与整个产品的造型风格相符。

图 7-1 元宵行乐拍拍灯

资料来源：中国国家博物馆. 宪宗元宵行乐图[EB/OL]. https://www.chnmuseum.cn/portals/0/web/zt/202102yuaxiao/. [访问时间：2023-08-10]

设计精巧的结构，一方面能保证用户的使用过程顺畅简单，不需要多余的操作，另一方面也不影响外观精致，如结构设计时将分型线设置在隐蔽的地方，减少对视觉整体效果的影响。

在制作方面，由于文旅场景中文创产品的重要功能包括观赏价值和送礼价值，所以人们对其外观的要求往往更高一些，要求文创产品精致精美。因此，要把控好文创产品的做工，在生产过程中避免溢胶、飞边、上色不均等问题，如有必要，应进行后期的加工处理，否则会影响消费者的评价，这一点从之前的调查问卷和网购平台的评价中都可以得到验证。

---

[1] 郭雅静. 山西宗教旅游文创产品开发研究[D]. 大连：辽宁师范大学，2022：28.

三、旅游文创策划路径

要成功打造蕴含地域特色的旅游文创产品,应当意识到地域特色文化是地区旅游发展的核心资源,应综合考虑当代旅游业及文创产业的趋势,从深入挖掘地域特色文化、开发特色旅游文创产品形式、打造特色旅游IP形象等三个方面进行开发。

(一)深入挖掘地域特色文化

1. 地域文化的概念及类别

对于地域文化的概念,目前学术界还未有特别权威的界定。综合而言,地域文化指不同地区在自然地理环境、区划、移民、民族分布等因素影响下形成的具有鲜明地区特征的文化,是特定地区在长期发展历程中形成的、能够反映地区居民生产生活方式以及社会精神文化面貌的在地性文化形态,具有一定的稳定性。

国内外许多研究学者对地域文化进行了不同视角的分类,形成了多样的类别体系。笔者对部分代表性学者观点进行了总结(见表7-1)。可以看出,地域文化可从三个层面进行划分:第一个层面是物质形态的外在层面,即可通过感官感知到的文化,如文物古迹、风景名胜、民族服饰、特产等;第二个层面是社会活动中人与人交往的行为方式和制度等,是地域文化的中间层面,主要包括民俗艺术(如民俗文学、民俗舞蹈、民俗音乐、戏曲等)、民间工艺、生产方式、方言等;第三个层面是地域文化的内在层面,体现的是当地人们的精神、思想和意识,主要包括民族精神、民族信仰与禁忌、价值取向、精神品格、传承文化等。

表7-1 代表学者对地域文化的分类

代表学者	分类方式	内容
张凤琦(2008)	物质层面	饮食、建筑、服饰、器物
	制度层面	礼仪、制度、法律、宗教、艺术
	哲学层面	价值取向、审美情趣、群体人格
贺礼文(2021)	物质资源	风景名胜、文化遗迹、文物器皿、文物字画、民族服饰
	行为资源	地域方言、地域工艺、地域艺术、生产方式、地域民俗
	精神资源	民族精神、民族信仰、民间传说、精神品格、传承文化
奈达(1963)	物质意识形态	生态文化、物质文化、社会文化、宗教文化、语言文化
何晓明(2007)	物态文化	器物(由人类加工自然物质而创制的器物)
	制度文化	社会经济制度、婚姻家庭制度、政治法律制度
	行为文化	礼仪、民俗、风俗
	心态文化	价值标准、审美观念、思维方式

2. 挖掘地域特色文化的重要性

地域文化的挖掘、文化精髓的提炼及文化主题的确定是旅游文创策划和开发的关键。如今,旅游活动遍地开花,有的依托当地的自然景观,有的依托民俗文化、工业技术成果等,这些主题往往具有一定的相似性甚至雷同性。比如,云南罗平油菜花节和江西婺源油菜花节都以油菜花为节庆主题,成都灯会和自贡灯会都以传统花灯为主题展开。因此,如何与同类旅游品牌形成差异化是打造旅游文创产品时考虑的关键因素。以旅游地域文化为设计来源是旅游文创产品设计的基础,但由于地域文化的广泛性特征,各地文化虽多样化但文化开发传承程度偏低,导致部分地域文化逐渐被遗忘,而外地游客感知度则更弱。旅游文创是展现举办地鲜明特色文化的载体,因而所彰显的地域文化应具备代表性,而非"雨露均沾"。挖掘特色文化作为设计创意的来源,不仅有利于产品开发的深度,也有利于消费者对举办地核心文化的认知和理解。

3. 挖掘地域特色文化的方法

首先,地域特色文化的挖掘需要建立在对该地区现存及史料记载中的在地性文化资源的全面搜集和详细整理之上,并通过多种分析方式进行筛选。综合目前相关各学科的特色因子提取方法,可利用感知度分析法和层次分析法进行选取。可以让当地居民、目标受众等用户群体参与对地域文化因子的感知度分析。层次分析法则是选取感知度最高的一个或多个特色地域文化作为文创设计的文化素材,对地域文化因子进行权重比较分析,通过资源的观赏价值、文化价值、可开发利用价值等因素进行比较,在分析时也可参考非遗评级、旅游资源评级等方面的因素。通过多种方法的分析,最后综合筛选出具有代表性的地域文化进行元素提取。

(二) 开发特色旅游文创产品形式

旅游文创产品作为新兴旅游模式延伸的产业模块,其诞生本身就具有极强的时代性。旅游文创产品要想摆脱传统文创产品同质化的问题,就应顺应最新的文创产品设计和开发趋势,采用创新设计手法,突破传统开发模式,避免让旅游文创停留在普通旅游纪念品的低消费层次,能够真正为产品注入文化基因,提升文创产品的附加值。

开发特色旅游产品形式需要密切关注文创发展新动向。当前,伴随着互联网和科学技术的快速发展,业界提出了"新文创"的概念作为文化产业方向的最新战略。"新文创"是一种系统的发展思维,旨在通过广泛的主体连接,推动文化价值和产业价值间的相互赋能,从而实现更为高效的复合化生产和IP构建。通过分析"新文创"的内涵,可以看出其发展的趋势包含两方面。一方面,以IP为核心构建文化产业,文化产业构建重在对IP文化的深度挖掘,提升IP的文化内核,将IP融入文化产业链条的各领域,从而持续促进文创产业链的延伸,实现文化产业规模化;另一方面,利用最新的科学技术进行文创产品的形式创新,新技术为文化创意带来崭新的呈现载体,"新文创"可基于网络电视、网游游戏、网络影视、微信、微博等互联网平台,以及AR、VR、AI等新技术,打造数字化文创产品。"新文创"可将传统文创对文化的视觉表达形式转变并升级为文化体验形式,具有受众广、传播快、交互体验性强等特点。

(三) 打造特色旅游IP形象

1. 打造特色旅游IP形象的作用

随着大力推进全域旅游政策的实施,以IP为核心构建旅游产业链已被业界视为当今旅游发展的主流方向。在旅游核心资源匮乏以及旅游主题偏同质化的社会环境下,IP与旅游文创的结合是文创产业的发展方向和必然趋势。旅游IP具有高识别性、独特性、增值性、延展性等特征,可围绕其构建多业态形式的文创产业链,打造多元化的文创产品,以此满足当今消费者多样化的需求,让文创产品给景区带来源源不断的生命力。将 IP 与旅游文创结合的方式在国际上有很多成功的案例,其中,美国迪士尼无疑是成功的典范。迪士尼以其庞大的 IP 系统将娱乐产业链扩张成完整的 IP 生态圈,其产业涉及影视、网络媒体、游戏、主题公园、IP 衍生消费商品等诸多类别。

2. 打造特色旅游 IP 形象的关键因素

一是情感定位。打造 IP 的关键是与用户建立情感连接,所以前提是与用户建立情感共振点。人类的情感由浅至深可分为四个层级:情绪、情感、情结以及无意识的本能。超级 IP 多基于情结这一层级进行定位。情结是人类潜意识的情感,当 IP 定位到这个层级,常引发人们情不自禁的感触。真正具有持久生命力的超级 IP 会深入到情感的潜意识甚至集体无意识的层次,不需要过多的话题也会深受大量粉丝的喜欢和追捧。

二是符号原型。符号原型即使 IP 形成简洁的符号,具有独特的辨识度、延展性等特征。应用符号原型有助于 IP 实现跨越次元壁或内容壁。比如,熊本熊之所以能火遍全球与它极具辨识度的形象有较大关联,其符号辨识度由熊本熊的典型色黑色与两个红色圆点形成的腮红以及白色萌感的五官组成;著名的凯蒂猫最具代表性的符号是蝴蝶结头饰、没有嘴巴、纯白色脸蛋等。

三是多元化营销。具有顽强生命力和魅力的文化 IP 离不开其多元化营销。IP 需要频繁出现在消费者的视野中,通过持续输出优质价值观等内容,与消费者持续互动、连接情感,从而形成广泛的 IP 产业链和强大粉丝基础。这也是实现 IP 符号化传播的过程。传统的线下产品营销(如毛绒玩具、周边产品的模式)已不适用于 IP 泛滥的社会环境,应进行线上线下全方位、多平台的 IP 营销。线上借助互联网平台,通过抖音、快手、今日头条、微博、小红书等热门媒体来创造话题、策划热门事件等达到引爆式的宣传,还可利用游戏、影视、动漫、动画等多传播渠道达到营销的目的。线下通过 IP 主题商店、文旅活动、主题餐馆等形式进行打造,从而形成一个多业态融合的 IP 产业链。熊本县政府利用多种方式对超级 IP 熊本熊进行了铺天盖地的营销。如精心策划"找腮红"事件,通过新闻媒体曝光引爆话题,让熊本熊参与电视节目和歌舞赛事,打造熊本熊主题酒店、餐厅,开发周边衍生商品等,这些系统化的营销方式让熊本熊形象深入民众生活的方方面面,形成了强大的 IP 产业链,也让 IP 价值成功变现。

案例解析

三星堆遗址文创如何策划出圈

三星堆的每一件文物都具有悠久的底蕴,极具观赏价值,它们自带光环,是引起大众对传统文化认同感的天然载体。特别是光怪陆离、奇异诡谲的青铜器,更是让人叹为观止,甚至陷入文明轮回演进的迷思。这些文物见证了一个时期人类的文明发展,不应只沉睡在博物馆的陈列柜里,它们需要被大众看见,需要走进千家万户,让其固有的内涵生发新芽,承担起讲述历史、发挥社会教育功能的角色,拉近人与历史的距离,转变成可以直接触摸和感知的文化产品。2021年,各大博物馆相继推出考古盲盒,给低迷的博物馆文创产业带来惊喜。三星堆博物馆共打造了四款文创类盲盒——"祈福神官"系列盲盒、考古盲盒、"川蜀小堆"主题盲盒以及"三星伴月"铜摇滚盲盒(见图7-2)。

(a) "祈福神官"系列盲盒

(b) 考古盲盒

(c) "川蜀小堆"主题盲盒

(d) "三星伴月"青铜摇滚盲盒

图7-2 三星堆文创类盲盒

资料来源:腾讯网. 前方高萌!三星堆"川蜀小堆"主题盲盒上新[EB/OL]. https://new.qq.com/rain/a/20210602A08L9G00. [访问时间:2023-08-10];搜狐网. 三星堆文物盲盒,这营销炸了![EB/OL]. https://www.sohu.com/a/477273382_121124805. [访问时间:2023-08-10];搜狐网. 网红文创受追捧 | 北服教师杜尽知设计三星堆祈福神官系列盲盒[EB/OL]. https://www.sohu.com/a/465092238_391364. [访问时间:2023-08-10];澎湃网. 这些考古盲盒也太火了,和孩子把历史玩出花[EB/OL]. https://www.thepaper.cn/newsDetail_forward_14423163. [访问时间:2023-08-10]

一、三星堆考古盲盒为什么"爆火"

三星堆考古盲盒自开售以来广受欢迎,几度出现"一盒难求"的脱销情形。充满未知的开盒体验、憨厚可爱的形象设计、精雕细刻的玩具制作,让三星堆博物馆馆藏的诸多文物开始走入大众视野,那么三星堆考古盲盒为何会爆火呢?

(一)潮玩形式,搭乘"盲盒红利"顺风车

三星堆考古盲盒(见图7-3)采用了潮玩的形式,以系列组合的方式推出,一个系列的数量通常为6~12小盒。同一主题的盲盒,外观包装相同,盒内放置着以动漫或影视作品为主题的周边模型或玩偶手办,消费者只有在购买后,拆开纸盒,才能够知道盲盒内具体的产品样式。

图7-3 三星堆文创盲盒
资料来源:三星堆博物馆.藏品陈列[EB/OL].https://www.sxd.cn/.[访问时间:2023-8-10].

以盲盒为形式打造三星堆文物的衍生品并意外"出圈",其原因首先是三星堆博物馆的文创设计利用了盲盒的不确定属性。在开盒之前,盒内产品的具体面貌、形态是未知的,购买者能否抽中心仪手办全凭运气。在挑选和拆开盲盒的过程中,这种不确定性极大地强化了消费者对于盒内产品的心理预期,充分把握消费者对于具有未知性与不确定性事物的猎奇心理,给予消费者紧张有趣的购物体验。在这一过程中,盲盒也从销售商品转化为销售惊喜。

隐藏款的设置是三星堆考古盲盒的另一卖点。在三星堆考古盲盒的每一个系列中都有一个隐藏款,每个系列抽中隐藏款的概率不等,但均不足1/50。极小的概率设置巧妙地抓住了消费者的赌徒心理——利用稀缺性,刺激购买欲。物以稀为贵,且隐藏款的设计相较其余款式往往更加具有创意性,例如,"祈福神官"系列盲盒的设计师就将隐藏款设计为黄金色泽的神鸟,在颜色上与普通款进行区分,稀缺的隐藏款自然也就相应地被赋予了更高的收藏价值。根据调查,在"闲鱼"等闲置物品交易平台上,出现了不少消费者高价"求娃"(在闲鱼上求购手办娃娃)的情况,他们甚至表示,愿意在原价的基础上加价60倍购买。隐藏款的溢价再次刺激了消费者的执着与持续购买,他们试图加大购买量,增加抽中隐藏款的概率,进而带来更多的回报。

(二)符号转译,打造趣味化"萌娃"

三星堆博物馆推出的四个系列盲盒,均以青铜大立人像、青铜神鸟、青铜纵目面具、金面罩铜人头像等三星堆一、二号祭祀坑中出土的典型器物为原型。在对这些文物的造型、纹饰、色彩、材质等视觉元素进行提取之后,融合设计者的创意思维,加以整合,最终以符号化的形式融入考古盲盒产品。

在造型方面,三星堆考古盲盒大多实现了将原有的造型形象抽象化、动漫化的转译处理,形成了较为简洁、生动的形态。在抽象化以及动漫化的转译之后,盲盒内的产品由生冷肃穆的祭祀用具转变为可爱单纯的潮流玩具,成为象征"萌趣"的可观赏、可把玩之物,同时也凝聚了更为强烈的情感带入性。以"祈福神官"系列中的铜鸟形象为例,其原型为三星堆

遗址出土的铜花果与立鸟(见图7-4)。盲盒铜鸟与其原型的形态大体相似:"鸟昂首前视,立于花果之上,双翼紧收作栖息状。花朵呈四瓣绽开,中间露出花果。鸟身较小,短颈,圆眼,钩喙,鳞状羽毛,双翼紧收上翘。头顶有三支花冠,排列有序。尾部分出上下两股羽毛,一股上翘,一股下卷,每股又分三支歧羽并行排列,羽端作中空的桃形,恰似孔雀开屏。"[1]

图 7-4 "祈福神官"系列与实物对比
资料来源:腾讯网.国宝重器——三星堆文化出土铜动物[EB/OL]. https://new.qq.com/rain/a/20210705A04TLP00.[访问时间:2023-08-10]

(三)挖土开盒,提供沉浸式考古体验

三星堆博物馆文创部门设计的考古盲盒是一套带有挖土功能的考古盲盒。其特殊之处在于,盲盒内的"文物"由一层厚厚的仿真土包裹。据称,盲盒内土壤的形貌、颜色等都力图与三星堆一、二号祭祀坑中的土壤特质相近。盒内还附送有锤子、铲子、刷子、护目镜等小工具,便于玩家使用。消费者在开盲盒的过程中,可以获得沉浸式的考古发掘体验——手持小巧的"洛阳铲",耐心地铲除土层,使掩埋于土中的"文物"慢慢露出真容,继而玩家用刷子扫去"文物"表面的浮尘,直至陶猪、天鸡、纵目面具、大立人等一一露出完整的全貌。考古盲盒系列中的隐藏款"青铜神树"还重现了20世纪三星堆遗址考古发现时的原始状态,即青铜神树的各个部件,如树枝、花鸟等,皆呈零散之态,有待玩家来一次"修复式"的组装。此时的玩家不仅是位于坑内的文物发掘者,同样也是修复室内文物的研究者,俨然"高端"玩家。

三星堆考古盲盒购买便捷,形式又小巧便携,将大型的模拟考古现场转移到了案头之上。玩家在此过程中不仅收获了具有吸引力的潮流玩具,对文物的基本形貌形成立体化认识,同时也享受到了沉浸式的考古体验——变身考古工作者、文物修复师,无形中提升了自身的文物保护观念与技能。

---

[1] 腾讯网.国宝重器——三星堆文化出土铜动物[EB/OL]. https://new.qq.com/rain/a/20210705A047LPOO.[访问日期:2023-8-10].

二、对三星堆盲盒文创的思考

(一) 挖土开盒,提供沉浸式考古体验

第一,三星堆博物馆目前推出的四款考古盲盒,其内容设计仅仅局限于对三星堆遗址出土的文物进行视觉元素的简单提取与转译,而文物背后隐藏的深层文化内涵却未被挖掘出来,文物所象征的古蜀王国的礼仪制度与精神信仰,在三星堆考古盲盒的设计中极难体现。第二,三星堆考古盲盒参考的文物原型过于单一,三星堆博物馆目前推出的四套考古盲盒反复对大立人像、金面罩铜人头像等公众熟知的器物加以创造、表现。如此单一、片面的设计选择,实在难以向公众传达三星堆文化的完整面貌,更遑论实现公众对三星堆文化的全面认识与理解。第三,三星堆考古盲盒内容设计的过度娱乐性易导致公众对三星堆文物本质内涵的曲解。考古盲盒作为创意产品,虽然需要融入设计者大量的新意与想法,但无论进行何种改造与设计,仍需要坚持以文化传承和弘扬为基础,发掘并提炼出文物的核心内涵才是博物馆文创工作的追求所在。

(二) "萌系"泛滥,设计同质化严重

文创产品的同质化问题是文化产业目前面临并亟待解决的一个关键问题。

在三星堆考古盲盒的设计中,同质化具体表现为设计理念的同质化,即各个系列的考古盲盒产品皆选择以"萌系"的表达为主题。在趋同的设计思路指导之下,考古盲盒中的玩具形态也都趋于雷同,例如,"祈福神官"系列盲盒中幼态化的青铜神鸟与考古盲盒中圆滚滚的铜鸡,"川蜀小堆"主题盲盒中的茶小堆、牌老大、绣小堆与考古盲盒中的青铜大立人印章等,它们之间除了姿势、动作略有不同,神态形貌可以说别无二致,皆以三星堆博物馆的同一器物作为创作原型,使其成为"可爱"与"萌趣"的物质化、符号化形式。如果博物馆的文创部门长此以往地对"萌系"产品进行复制,毫无创新,消费者对其的兴趣与购买欲也会呈现出明显的下降趋势。

第三节 旅游文创的组织实施

在学习了旅游文创前期的调研和策划之后,我们需要进一步了解项目如何落地,即旅游文创的组织和实施。在管理学中,组织指维持与变革组织结构以达成组织目标的过程;实施指通过实际的行动将既定的事务落实,达到预期的目标[1]。过程总是充满魅力的,下面我们将介绍旅游文创组织与实施的具体步骤。

---

[1] 市中机构编制网. 组织实施[EB/OL]. http://sz.jnbb.gov.cn/articles/ch00147/201911/70a24415-8457-4722-b5b5-d0ed9dc20506.shtml. [访问时间:2023-08-10]

一、旅游文创的组织结构

组织，通俗地讲就是"召集人手，安排任务"。所谓组织结构，是指组织的框架体系，是对达成组织目标的人员、工作、技术和信息所做的制度性安排。组织结构可以用复杂性、规范性和集权性三种特性来描述。在当代旅游文化领域，旅游文创作为融合文化传承与创新的重要驱动力，已经引起了广泛的关注和兴趣。然而，在实现旅游文创的宏伟愿景时，组织结构这一看似隐蔽的内在机制却显现出其不可忽视的关键性地位。在这个高度多元和复杂的领域中，一个精心构筑的组织结构扮演着协调、管理和推动的重要角色，它不仅是成功实施旅游文创的保障，更是文创愿景得以具体实现的基础。

旅游文创项目的组织结构不仅是人员层级的安排，更是一个有机的架构，将创意、资源和责任有序融合。一个合理规划的组织结构能够有效协调各专业领域、部门之间的协作，确保创意的传递不受阻碍，实现项目的全面协同。因此，深入探讨旅游文创的组织实施，实际上是探索如何在复杂的环境中构建起一套既灵活又切实可行的运作机制，以促进项目的顺利推进。

下面以北川禹泉文旅集团为例（见图7-5），我们将深入探讨组织结构在旅游文创领域中的重要性。我们将审视不同的组织模式，解析各层级的职责分配，同时关注如何在多样性的专业领域中实现有效的协调。通过对组织结构的全面了解，我们将能够更好地应对项目中的挑战，确保创意在旅游文创的道路上稳步前行。

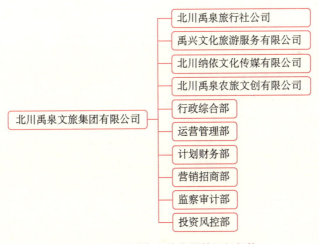

图7-5 北川禹泉文旅集团的组织架构
资料来源：禹泉文旅集团官网[EB/OL]. http://bcyqwl.com/h-col-120.html. [访问时间：2023-08-10]

从组织结构看，该集团涵盖了多个与旅游文创相关的业务板块。例如，游览景区管理、名胜风景区管理、城市公园管理等部门负责各类旅游景点的运营；酒店管理、餐饮管理等专注于提升游客的吃住体验；商业综合管理服务则涉及相关商业设施的运作。

在组织模式方面，注重各部门之间的协同合作。文化艺术交流活动、体育竞赛以及体验式拓展活动组织及策划等工作，需要多个部门协同完成，以提供丰富多样的旅游文化体验。同时，农村民间工艺及制品、休闲农业和乡村旅游资源的开发经营等业务，也体现了集团对地方特色文化和资源的挖掘与利用。

在层级结构上，一般有明确的决策层、管理层和执行层。决策层负责制定集团的发展战略和重大决策；管理层负责协调各部门之间的工作，确保各项业务的顺利开展；执行层则具体落实各项工作任务。例如，集团领导和相关高层管理人员构成决策层，各业务部门的负责人属于管理层，而基层员工则处于执行层。

此外，集团可能还设有一些支持性部门，如财务部门负责资金管理和财务规划，以支持各项业务的开展；市场营销部门负责推广旅游产品和文创项目，吸引更多游客和客户；人力资源部门负责招聘、培训和绩效管理，为集团提供人才保障。这种组织架构有利于整合旅游文创产业的各种资源，实现旅游与文化、创意的深度融合。通过各部门的协同工作，能够打造出具有特色的旅游产品和文化创意项目，提升集团在旅游市场的竞争力，推动当地旅游文创产业的发展。不过，具体的组织架构还可能根据集团的实际运营情况和发展需求进行调整和优化，以更好地适应市场变化和业务拓展的需要。以上仅是基于一般情况的分析，实际情况可能会有所不同。如果能获取到该集团更详细的组织架构信息，将能给出更准确的分析。

阅读材料

组织结构的类型

一般来说，项目组织结构的主要类型分为职能型、矩阵型和项目型。旅游文创项目要根据项目实际情况和特点选择合适的组织类型。

第一种是职能型组织（见图 7-6）。典型的职能型组织是一种层级结构，每名雇员都只有一位明确的上级。人员可按专业分组，如最高层可分为市场、工程、生产、采购、财务行政和人力资源。各专业还可进一步分成职能部门，如将工程专业进一步分为机械工程、电子工程等。在职能型组织中，各个部门相互独立地开展各自的项目工作。

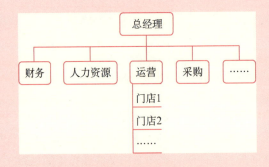

图 7-6　职能型组织结构

职能型组织的一个优点是：相同专业的员工在一个部门，对于实现技术进步有帮助。与此同时，部门员工只有一个上司，工作只需要向唯一的上司汇报。但是，职能型组织的缺点也很明显。在项目工作中，没有一个明确的项目经理，各职能部门均对分配给自己的项目任务负责，而不是对项目最终成果负责。也就是说，这种方式下难以获得项目资源对项目最终成果的承诺。在项目任务能够清晰划分、稳定划分的情况下，这种形式是可行的，但当项目中的不确定因素较多、很难预先明确责任时，这种方式下很容易出现相互推诿以及在项目活动流程的下游部门、人员吃亏的情况。所以，职能型组织形式最适合项目界面和技术上相对独立的简单项目。当需要各部门协作面对跨职能部门的复杂项目时，职能型组织的效率十分低下。

第二种为矩阵型组织（见图7-7）。矩阵型组织可以把职能分工与组织合作结合起来，从专项任务的全局出发，促进组织职能和专业协作有利于任务的完成。这种组织能把常设机构和非常设机构结合起来，既发挥了职能机构的作用，保持了常设机构的稳定性，又使行政组织具有适应性和灵活性，与变化的环境相协调。在执行专项任务时，有利于专业知识与组织职权相结合。此外，矩阵型组织中的项目团队成员一般是临时的，团队成员可以在同一时间段承担多个项目，使组织资源能够得到充分利用，非常设机构在特定任务完成后立即撤销，可避免临时机构长期化。矩阵型组织的缺点也较为明显：在矩阵型组织中，各项目团队与各职能部门关系多头，协调困难；项目经理的权力与责任不相称，如果缺乏有力的支持与合作，工作难以顺利开展。项目团队是非常设机构，其成员工作不稳定，利益易被忽视，故他们往往缺乏归属感和安全感。一般来说，较为大型的旅游文创项目不适用矩阵型组织。

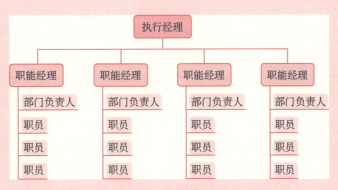

图7-7　矩阵型组织

最后一种组织结构形式是项目型组织（见图7-8）。项目型组织以项目组作为独立运行的单位，项目组拥有专用的项目资源，团队成员通常集中办公。在这种组织中，大部分资源都用于项目工作，项目经理拥有很大的自主性和职权。项目型组织中也有被称为"部门"的组织单元，但这些部门要么直接向项目经理报告，要么为各个项目提供支持服务。项目型组织的优点在于有明确的项目经理对项目结果的实现承担责任,可以充分利用项目组的专用资源。然而,这种方式的也有其相应的缺点:它对企业的资源利用程度不够。项目资源被各项目组独占,当项目需要这些资源的时候固然能及时获得,但当项目不需要这些资源时却很难将资源从项目组释放。当项目遇到技术难题需要调用组织更多力量时,这种形式也颇为不便。项目型组织对于那些进度或产品性能极为重要、对技术和质量的要求较高,而项目开发成本相对不重要、企业资源相对充裕的项目来说,是个较好的选择。

图7-8 项目型组织

资料来源:远大方略管理咨询集团.知识分享:项目管理的三种组织结构[EB/OL]. https://mp.weixin.qq.com/s/HT15ZMqLO9XpUpp4JJCTlw. [访问时间:2023-08-10]

旅游文创项目需要用动态管理观点来考虑其组织结构的选择,特别是要充分考虑组织的发展阶段、项目的特点、项目管理者的能力等诸多因素。成功的旅游文创品牌从诞生、职能化、规范化到逐步项目化,都有着类似的历程和发展阶段,这个过程没有捷径。当考虑旅游文创项目的组织结构时,我们可以探讨不同类型的结构,包括职能型、矩阵型和项目型,每种类型都有其特点和适用场景。

首先,职能型组织结构将员工按照专业领域或功能进行分组。这种结构适用于大型企业,旅游文创项目也可以采用此结构,将不同领域的专业人员分配到不同部门。例如,一个旅游文创项目可以在城市文化促进局的管理下进行,各个部门如市场营销、文化传承、活动策划等各自负责特定职能。然而,这种独立的部门操作可能导致信息交流不畅和决策速度较慢。

其次,矩阵型组织结构将项目管理和职能领域结合起来。每个项目都有一个项目经理,同时员工也隶属于特定的职能部门。这种结构适合需要快速反应和高度协调的项目。例如,一个旅游文创项目可能涉及设计、营销和场地准备,每个领域都有专业团队,但同时也有项目经理负责协调各个领域,确保项目目标的实现。矩阵型结构允许更高的灵活性和协调性,但需要有效的沟通和决策机制。

最后,项目型组织结构是专门为实施特定项目而设立的。项目成为主要的运作单位,各项任务围绕项目目标展开。这种结构适用于临时性、独立的项目。例如,一个旅游文创项目以创建一个艺术节为目标,项目成员来自不同领域,专注于实现特定的目标。然而,项目结束后组织可能解散,保持知识和经验的传承是一个挑战。

在选择适合的组织结构时,旅游文创项目需要根据项目的规模、特点、时间、资源限制等因素进行权衡。不同的项目类型可能需要不同的组织结构来最大限度地实现项目目标。

(一)旅游文创的组织实例

在旅游文创项目中,构建合适的组织架构是确保项目成功实施的关键一步。这个过程涉及一系列策划和决策,以确保团队的协作、资源的高效利用以及项目目标的实现。

首先,明确项目目标和需求是组织架构设计的基础。旅游文创项目的成功往往取决于其独特的目标和传达的信息,因而在开始阶段就要明确项目的愿景、目标受众以及核心信息。

随后,分析项目的特点和要求是构建适当组织架构的关键。了解项目的规模、领域、时间限制和资源需求,有助于决定哪种组织结构最合适。不同项目可能需要不同的专业知识和技能,因而需要根据项目的特点进行权衡和选择。

在考虑不同的组织结构类型时,旅游文创项目可以选择职能型、矩阵型或项目型结构,根据项目的需求判断哪种结构最能满足项目目标。例如,对于一个旅游文创项目,如一个历史文化展览,可能会选择职能型结构,以便在不同领域专业人员的协作中实现项目的顺利推进。

制定组织层次和职责是组织架构设计的重要步骤。这包括确定项目经理、职能部门负责人以及项目团队成员。在跨领域合作方面,建立有效的沟通机制和决策流程也是至关重要的,有利于确保不同领域之间的信息流动和决策效率。

举例来说,假设一个旅游文创项目要在历史遗址上举办一个文化艺术节。这个项目需要艺术、历史、活动策划等多个领域的合作。为了确保项目的成功,可以采用矩阵型组织结构,将项目团队成员与各个领域的专业人员结合起来,由一个项目经理协调他们的工作,以确保项目能够有序进行并取得预期的成果。

总之,旅游文创项目的组织架构设计需要综合考虑项目的目标、特点和需求,以及适当的组织类型。一个合理的组织架构能够确保团队协同合作、资源高效分配,并使项目能够顺利实现其创意和目标。为了让同学们更直观地认识旅游文创的组织结构以及组织中各部门的职责,我们将直接呈现一份某文旅公司系统的组织架构书[1]。

(二)公司经营管理架构

某公司根据其功能特点,为保障旅游文创项目(景区)的正常运行,加强公司内部责任制管理,做到科学、规范、标准、程序化,本着职责明确、责任清楚的原则,对管理架构采取直线职能型架构模式,拟设立四大中心,18个一级管理部门。其中,四大中心为景区管理中心、品牌运营中心、财务管理中心、行政管理中心。

景区管理中心。暂定下划七个一级部门,分别为游客服务部、工程保障部(在施工期间直

---

[1] 旅游公司组织管理架构[EB/OL]. https://wenku.baidu.com/view/93198b7784254b35eefd34bb. [访问时间:2023-08-10](原文内容为陕西甲天下旅游文化发展有限公司关于"唐家大院"旅游景区的管理及组织架构书)

接向董事长负责,管理期内向总裁助理负责)、商务管理部、安全保卫部、表演部、酒店管理部、环卫部。二级部及领班级的设置将根据工作的进一步开展予以搭建,各部门的工作直接向执行总裁(总裁助理协管)负责。

品牌运营中心。暂定下划六个一级部门,分别为宣传策划部、美术视觉部、旅行社部、营销渠道资源管理部、课题研究部、专项活动部。二级部及领班级的设置将根据工作的进一步开展予以搭建,各部门的工作直接向执行总裁(总裁助理协管)负责。

财务管理中心。暂定下划一个一级部门财务部。二级部的设置将根据工作的进一步开展予以搭建,各部门的工作直接向董事长负责。

行政管理中心。暂定下划三个一级部门,分别为行政部、人力资源部、经营采购部。二级部的设置将根据工作的进一步开展予以搭建,各部门的工作直接向董事长负责。

(三) 各中心、部门工作职责

1. 执行总裁工作职责

①负责公司的经营管理,组织实施执行董事会的决议。②负责执行公司章程,对董事会负责并不定期向董事会报告。③负责组织和制定年度经营、发展、财务、人事、劳资、福利等计划,报董事会批准实行,主持制定公司年度经营预、决算报告。④负责根据董事长的授权,代表公司对外签署合同和协议;负责定期向董事会提交经营计划工作报告、财务状况报告等。⑤负责处理由董事会或董事长授权的有关事宜。⑥负责决定员工的奖惩、定级、升级、加薪、招工、调工(干)、雇用或解雇辞退等工作。⑦负责提出聘用专业顾问公司,报董事会批准。⑧负责制定并实施管理机构设置、调整或撤销的方案。⑨负责签发日常行政、业务和财务等文件。⑩负责组织实施公司年度经营计划和投资方案。⑪负责拓展市场,持续策划创新公司的旅游产品结构,正确处理国家、公司、员工三者的利益。⑫负责公司人、财、物的调配、经营调整、统筹管理。⑬负责在经营活动中,对本公司的服务质量、消防安全、营销活动等的全面管理。

2. 总裁助理工作职责

①在执行总裁领导下负责公司具体管理工作的布置、实施、检查、督促、落实执行情况。②协助执行总裁做好各项管理工作并督促、检查落实贯彻执行情况。③负责执行总裁各类文件的审核、修改,并交由执行总裁阅批并转有关部门处理执行。④协助执行总裁调查研究,了解公司经营管理情况并协助提供决策。⑤做好执行总裁办公会议和其他会议的协调组织工作。⑥负责公司内外的公文审核并向执行总裁及时汇报。

备注:具体职责在实际工作开展中根据实际情况再做调整。

3. 景区管理中心职责

景区管理中心主要负责景区内部的综合管理工作,做好景区的各项安全接待工作。

4. 总监工作职责

①负责景区内部的综合经营管理工作,组织实施执行公司的决议。②负责制定和执行景区综合管理规定,对执行总裁(总裁助理协管)负责并定期向执行总裁报告。③负责组织和制定景区年度经营、发展、财务、人事、劳资、福利等计划,报执行总裁(总裁助理协管)负责批准实

行,主持制定景区年度经营预、决算报告。④负责定期向执行总裁(总裁助理协管)负责提交经营计划工作报告等。⑤负责处理由执行总裁(总裁助理协管)负责授权的有关事宜。⑥负责景区内部员工的奖惩、定级、升级、加薪、招工、调工(干)、雇用或解雇辞退等工作。⑦负责景区内部管理机构的调整或撤销等。

5. 商务部工作职责

①贯彻执行总监的工作部署,负责制定和实施本部门的管理制度、工作流程和作业指导书。②负责景区内各类酒店的管理、检查和监督工作。③负责景区各商户的协调工作。④负责景区商户进驻的商业谈判、签约工作。⑤负责景区商业单位的商户人员的思想教育、劳动纪律和优质服务培训,切实提高合作商户的服务意识。

6. 游客服务部工作职责

①贯彻执行总监的工作部署,负责制定和实施本部门的管理制度、工作流程和作业指导书。②负责景区游客入园的检票和统计工作。③负责游客咨询接待工作,负责游客行李、宠物等寄存管理工作。④负责景区各景点的导游讲解、电瓶车运营的日常管理工作。⑤负责景区广播、背景音乐的播放工作。⑥负责公司总机的接听服务及管理工作。⑦负责景区的应急医疗工作。

7. 安全保卫部工作职责

①贯彻执行总监的工作部署;制定和实施公司安全、保卫、消防、综合治理、环境卫生的工作流程和作业指导书。②负责公司设备、设施等财产的安全保卫工作。③负责公司经营环境秩序和游客的安全、治安、保卫工作。④负责公司消防、综合治理工作,消防设施的管理和维护,并对园区消防设施的配置提出需求计划。⑤负责检查、考核各部安全、消防、综合治理工作,并负责员工消防、安全的培训宣传教育工作。⑥负责督促安全隐患整改,处理安全事故。⑦负责新、改、扩建技术改造工程项目中有关劳动安全、卫生及消防设施的设计审查和竣工验收工作。⑧负责公司所有机动车和非机动车出、入、停管理工作。⑨负责景区游览区域、园林以及指示牌、路灯、休息亭廊等游览设施的看护。⑩负责景区范围内游客秩序的维护和游客人身财产的保护工作,员工通道和车辆通道的管理工作。⑪负责停车场的日常管理工作。⑫负责景区表演场地、广场、平台、休息廊、停车场、绿化带范围内(经营、餐饮场、酒店除外)的卫生管理及垃圾清运检查监督管理工作。⑬负责公司对外公共洗手间的服务管理和维护保养的监督管理工作。⑭负责景区水池的卫生打捞工作。⑮负责保持与公安部门的联络,配合各级公安部门做好治安防范及安全警卫工作,根据警卫级别制定相关的安全保卫方案。

8. 工程保障部工作职责

①贯彻执行总监的工作部署;制定和实施公司基建、水电气运行、设备设施维护、园林绿化相关规章制度、工作流程、作业指导书。②负责公司各项工程建设工作,并对各种预算决算做出一审认定。③负责公司房屋、道路、设备、设施的维护保养工作。④负责公司水电气供应、运行、管理工作。⑤负责公司微机网络、园区闭路监控系统、电讯、空调设备设施等维护保养工作。⑥负责公司灯光、音响的调控、运行、管理工作。⑦负责公司园林规划、设计、绿化管理

工作。

9. 表演部工作职责

①贯彻执行总监的工作部署；负责制定和实施本部门的管理制度、工作流程和作业指导书。②负责景区各类表演的策划、创意、管理、检查和监督工作。③负责表演团队的联系、洽谈，演出节目调整的管理工作。④负责表演服装的监制、表演道具的制作管理工作。⑤负责表演服装的监制管理工作。⑥负责表演道具的制作管理工作。⑦负责表演演员的基础训练组织管理工作。⑧负责公司演出活动的策划、联系、洽谈工作。⑨负责公司表演团队对外演出的联系、洽谈工作。

10. 酒店管理部工作职责

①贯彻执行总监的工作部署；负责制定和实施本部门的管理制度、工作流程和作业指导书。②负责景区内各类酒店的管理、检查和监督工作。③负责游客的住宿接待工作。

11. 行政管理中心总监工作职责

①负责公司内部的行政管理工作，组织实施执行公司的决议。②负责制定和执行公司管理规定，对执行总裁(总裁助理协管)负责并定期向执行总裁报告。③负责组织和制定公司基本人事、劳资、福利等计划，报执行总裁(总裁助理协管)负责批准实行，主持制定管理年度经营预、决算报告。④负责定期向执行总裁(总裁助理协管)负责提交公司管理工作报告等。⑤负责处理由执行总裁(总裁助理协管)负责授权的有关事宜。⑥负责协助其他部门对员工的奖惩、定级、升级、加薪、招工、调工(干)、雇用或解雇辞退等工作。⑦负责行政中心内部管理机构的调整或撤销等。

12. 行政管理部工作职责

①贯彻执行公司的工作部署，负责制定和实施本部门的管理制度、工作流程和作业指导书；协助公司领导处理行政日常事务，平衡、协调、综合汇总各部门情况。②负责起草、印发公司各项工作计划、报告、总结、文件。③负责审核公司内部各类函件、文稿，统一文书收发、登记、传递、印发、归档工作，以及文秘、党政工团、档案管理工作。④负责公司印章、印鉴和介绍信的使用、管理工作。⑤负责审办公司各类证照，协调公司内、外关系。⑥负责公司办公楼的管理工作及总经理室成员办公室的保洁工作。⑦负责公司会议室的调配管理及有关会议的筹备工作。⑧负责公司行政用车日常管理和调配工作。⑨负责公司机动车辆的维修保养工作。⑩负责贵宾来访联络及行政接待工作。⑪负责公司固定资产的管理。⑫负责公司经济合同审定，处理相关法律事务、合同管理工作。⑬负责上级领导机关或兄弟单位领导的接待工作。

13. 人力资源部工作职责

①贯彻执行总经理室的工作部署，负责制定和实施本部门的管理制度、工作流程和作业指导书。②负责设置公司管理架构、编制人力资源规划。③负责制定和实施公司薪酬、劳动考勤、社会保险、劳动保护、员工培训、员工考评、员工奖惩、员工行为规范等管理制度。④负责公司人才招聘、储备等管理工作。⑤负责制定、实施公司员工培训管理方案。⑥负责公司人力资

源开发、管理、调配工作。⑦负责公司劳动用工管理、劳动合同管理工作。⑧负责编制年度人工成本计划,适时修订薪酬标准,实施薪酬发放等管理工作。⑨负责人力资源、劳资、社会保障等信息资料的整理存档工作。⑩负责公司员工入职、离职等相关手续的办理工作。⑪负责制定员工岗位服装计划、入园证卡的制作管理工作。⑫负责公司景区服务质量的检查和督导,跟踪整改并及时向总经理室反馈信息。⑬负责受理游客投诉、员工申诉及游客意外事件的事后处理,督促有关部门做好预防和纠正。⑭负责对公司各项工作所涉及的其他环境、职业安全与卫生问题进行监督、检查工作。

14. 经营采购部工作职责

①贯彻执行总监的工作部署;负责制定和实施公司经营管理各项管理制度和工作流程及作业指导书。②负责公司固定资产、物资材料、办公用品的采购供应管理工作。③把握实际耗材使用情况,制定并实施进货计划。④负责员工集体宿舍的管理工作。⑤负责公司职工食堂的管理工作。⑥负责多功能厅、棋牌室、职工理发店等职工休闲服务区的管理。

15. 品牌运营中心工作职责

主要负责景区内、外部的全部品牌管理、市场品牌营销策划和活动执行工作。

16. 总监工作职责

①负责景区内、外部的品牌管理,组织及实施执行公司的决议。②负责制定和执行景区市场品牌推广计划,对执行总裁(总裁助理)负责并定期向执行总裁报告。③负责组织和制定景区年度品牌管理、推广、发展、财务、人事、劳资、福利等计划,报公司批准实行,主持制定景区年度推广预、决算报告。④负责定期向公司提交未来市场营销推广计划及执行报告等。⑤负责处理由公司授权的有关事宜。⑥负责中心内部员工的奖惩、定级、升级、加薪、招工、调工(干)、雇用或解雇辞退等工作。⑦负责中心内部管理机构的调整或撤销。

17. 宣传策划部工作职责

①贯彻执行总监的工作部署;负责制定和实施本部门各项管理制度、工作流程及作业指导书。②负责景区全年活动计划及具体活动方案与宣传工作。③负责公司战略规划及公司品牌运营策划。④负责策划公司各类宣传广告,推出公司最佳营销形象。⑤负责策划并实施公司营销活动方案。⑥负责策划并推出公司各类营销项目,培育、引导、组织公司客源。⑦负责开拓公司营销市场及营销项目,吸引商家、引进投资,建立营销网络,保证客源。⑧企事业单位、传媒的联系与接待工作。

18. 美术视觉部工作职责

①贯彻执行总监的工作部署;负责制定和实施本部门各项管理制度、工作流程及作业指导书。②负责景区 VIS 视觉管理、景区内导视系统设计。③负责公司对外形象平面宣传设计。④负责重要来宾、公司重大活动的摄影、摄像工作。

19. 旅行社部工作职责

①贯彻执行总监的工作部署;负责制定和实施本部门各项管理制度、工作流程及作业指导书。②负责旅行社团队的接待工作。③负责与旅行社建立常态业务的工作开展。

20. 课题研究部工作职责

①贯彻执行总监的工作部署；负责制定和实施本部门各项管理制度、工作流程及作业指导书。②负责景区自然、历史文化、宗教研究及协助相关活动策划及实施。

21. 营销渠道管理部工作职责

①贯彻执行总监的工作部署；负责制定和实施本部门各项管理制度、工作流程及作业指导书。②收集、整理合作方、媒体等市场营销渠道资源信息，如单位名称、人员名称、媒体联系方式、价格、媒体资源介绍等。③负责游客需求及其他市场旅游信息的收集、统计、整理工作。

22. 专项活动部工作职责

①贯彻执行总监的工作部署；负责制定和实施本部门各项管理制度、工作流程及作业指导书。②负责公司对外具体活动的监督执行工作。③负责按照项目营销计划拓展市场业务。

23. 财务管理中心工作职责

财务管理中心主要负责公司的财务管理工作。

24. 财务部工作职责

①贯彻执行董事长的工作部署，负责制定和实施本部门的管理制度、工作流程和作业指导书。②负责按照会计法、税法和有关财经法规、政策、制度的规定，组织财会人员办理会计事务，进行会计核算，实现会计监督，正确分配企业收益，协调好各方面的经济关系。③负责组织财会人员和业务人员搞好市场预测、财务预算、成本核算，研究市场动向，协助公司总经理对企业总体规划以及总体经营目标做出决策，并随时向总经理或董事会提出财务决策建议(包括融资、投资、库存、成本、定价、销售、利润决策)。④负责参与公司商品价格、薪酬分配方案、重要经济合同、工程项目的审查工作。⑤负责组织本公司的财务管理、成本管理、预算管理等方面的工作。⑥负责编制公司财务收支预算、成本费用计划、信贷计划、会计报告、会计决算、财务评价和专题报告。⑦负责公司门票、表演票、餐饮点、销售点、酒店等收银管理工作。⑧负责公司固定资产、物资材料、办公用品的收、发、存等仓管安全管理工作。⑨负责公司基本建设工程项目的预、决算审核及管理工作。⑩负责按照国家税法进行纳税工作。

通过学习，我们更深刻地认识到旅游文创项目的组织架构在整个实施过程中的重要性。通过对职能型、矩阵型、项目型等不同组织结构类型的深入探讨，我们能够更全面地理解每种类型的特点，并且可以根据项目的性质和需求做出明智的选择。

旅游文创项目的组织架构并非仅仅是一种层级的安排，而是一个精心设计的框架，旨在促进不同领域间的协作，合理分配资源，并推动整个项目向前推进。这样的架构有助于协调不同专业领域之间的合作，同时为项目的顺利实施提供坚实支持，从而最大限度地发挥文化创意。

我们提供了一个完整的旅游文创组织架构示例，这将为读者提供实用的参考工具，帮助他们更好地理解如何运用不同的组织结构类型，满足旅游文创项目的独特需求。这种深入的学习和了解将使读者能够在实际项目中做出明智的决策，为项目的成功实施打下坚实基础。

在旅游文创的道路上,适切的组织架构在促进创意实现和目标达成方面发挥着关键作用。通过持续学习和实践,我们将能够更好地应对项目挑战,为旅游文创领域的不断发展贡献更多的智慧和力量。

二、旅游文创的项目实施

当组织架构的蓝图绘制完成后,旅游文创项目的实施便成为关注的焦点。下面,我们将深入探讨旅游文创项目在组织架构构建完成后的具体落地工作。实施阶段涵盖了从计划到执行再到评估的全过程,其中每一步都扮演着至关重要的角色。通过深入了解实施阶段的关键要点,我们将能够更好地应对挑战,有效地推动项目向前发展。从策划的理念到实际操作的过程,让我们一同探索旅游文创项目实施的精彩旅程。

(一)项目实施的一般步骤

旅游文创的项目实施步骤一般如下:①明确指导思想、发展目标、战略与方针;②确立主要任务;③设定项目建设内容和模式;④寻求项目保障;⑤开始实施并预估项目计划进度。在旅游文创项目的实施阶段,我们将项目实施这一复杂过程分解为多个关键步骤,以确保项目有序推进并达到预期目标。然而,在每一步骤中都存在一些关键的注意事项,需要我们谨慎考虑和处理。

(1)在明确项目的指导思想、发展目标、战略与方针时,我们应当确保这些元素与项目的实际情况相契合。指导思想和发展目标应该是切实可行的,战略和方针则应当具备明确性和可操作性,以确保实施过程的连贯性和合理性。

(2)确立主要任务时需要注意不要过于笼统或过于详细。任务的描述应当具备明确性,以便团队明确工作方向,但同时也要避免过于烦琐,防止妨碍灵活性和创新性。

(3)在设定项目建设内容和模式时,我们要考虑到项目的可持续性和创意实现。建设内容应当能够真正体现项目的核心创意,而模式则应当考虑到资源的合理分配以及在实施过程中可能出现的问题。

(4)在寻求项目保障阶段,需要与相关部门或合作伙伴充分沟通。这时,我们需要注意合作协议和协调机制的明确性,确保所需的资源和支持能够及时提供,从而避免因保障不足导致实施困难。

(5)最后,在实际实施阶段,我们要时刻关注项目进度和细节。但同时,也需要具备应变的能力,及时调整计划以应对可能出现的变数。我们还要保持良好的沟通和协调,确保团队内外的信息流通畅,从而避免信息不对称带来的问题。

综上所述,在旅游文创项目的实施阶段,不仅需要从整体规划的角度出发,还需要在每个步骤中注意细节和风险。通过充分考虑每一步的注意事项,项目团队将能够更加有信心地推进项目,实现项目目标并取得成功。这一阶段不仅需要策略的规划,还需要团队的灵活应变和协作能力,以应对项目实施过程中的挑战。

下面我们继续给出实例来学习旅游文创的具体实施。

(二)旅游文创项目的实施实例

阅读材料

渭源县锹峪镇峡口村休闲农业和乡村旅游开发建设项目实施方案

1. 指导思想

以习近平新时代中国特色社会主义思想为指导,认真贯彻落实党的十九大和十九届四中、五中全会精神,习近平总书记视察甘肃重要讲话和指示精神,以实施乡村振兴战略为抓手,依托我村独特的自然风光、生态环境和人文底蕴,贯彻落实"绿水青山就是金山银山"的发展理念,以市场为导向建设集生态特色、休闲度假、康复疗养于一体的乡村民宿,让农民更多地参与到乡村旅游服务中,找准经营者与集体、农民的利益平衡点,以乡村民宿旅游发展为重点,推动产业融合发展,促进农民致富增收。

2. 任务与原则

坚持统一规划,做好统筹部署。以渭源县锹峪镇峡口村村庄规划为依据,按照"保护生态、因地制宜、彰显特色、合理布局、有序发展"的要求,优先在沿路、沿安置点区域以及传统村落布局乡村民宿,引导乡村民宿连点串线成片规模发展,打造民宿特色品牌。

坚持绿色理念,彰显人文内涵。结合生态资源、民俗文化、产业和市场需求,加大对传统艺术、传统民俗、人文典故、地域风情等非遗的挖掘和传承力度。将乡村文化、红色文化等各类本土文化融入乡村民宿开发和建设。在民宿建筑风格设计、房间装饰装修和风味乡村食品开发上深度策划,打造极具创意和景观美学概念的乡村特色民宿产品。

坚持多元投入,创新发展模式。积极引进社会资本,参与乡村民宿建设。鼓励探索农户自主经营型、村集体经营型、"公司+农户"型乡村民宿发展模式。扶持有条件的农户通过维修、改造自有住房发展民宿。鼓励有意愿的组织和个人通过租赁民房开办民宿。鼓励通过注册旅游投资公司、组建农家乐合作社、村民入股等方式整村连片发展乡村民宿。

坚持农助农,拓展脱贫成果。把民宿建设与花卉产业、蔬菜产业、旅游产业、巩固拓展脱贫攻坚成果同乡村振兴有效衔接相结合,统筹推进,盘活村集体经济、激活村农业资源。

3. 项目建设单位及内容

项目主管部门:渭源县文体广电和旅游局。

项目实施单位:渭源县锹峪镇人民政府。

建设内容:建设峡口村拾光民俗园一处。一是打造民宿7套1 176平方米(财政扶贫资金100万元打造3套民宿及附属设施等、撬动社会投资200万元打造4套民宿);二是建设中央厨房1处100平方米(撬动社会投资50万元);三是建设民宿园内基础设施及停车场等附属设施(撬动社会投资150万元)。

4. 运营模式及收益分配

(1)运营模式。由峡口村股份经济合作社负责,以100万元财政资金投资建设的3套民宿入股民宿园运营方,参与民俗园运营监管,进行合资经营。

(2)收益分配。该项目建成后,村级以财政资金投资100万元建成的3套民宿进行入股,按照财政投资的8%进行分红,多收多分,少收少分,年保底分红为8万元,其中:收益的40%归村集体经济所有,用于村集体经济公积金、村级公益事业部分维修支出等;30%用于村级基础设施建设、困难群众救助等;30%用于开发公益性岗位。

5. 资金预算及扶持标准

项目概算总投资500万元。一是投入财政专项扶贫资金100万元(用于3套民宿及附属设施等),以投入财政资金形成固定资产;二是撬动社会投资400万元(200万元打造4套民宿、50万元用于1处中央厨房建设、150万元用于拾光民宿园停车场等外围基础设施建设及后期运营管理费用)。

6. 效益分析

(1)经济效益。该项目投入财政专项扶贫资金100万元建设民宿3套,住房15间。住宿房屋价格每天100元/间,每年的有效运营时间8个月,预估每月接待游客10天,预计年接待游客4 000人,可获得收入12万元(15×8×10×100);餐饮预计每人消费60元,获得收入24万元(4 000×60),扣除聘用工作人员工资12万元,每年可收益约24万元(年保底分红为8万元)。

(2)社会效益。该项目建成后,将有力推动乡村振兴进程、提高农民素质、改善农村环境、更新生产方式、逐步延伸产业链,进一步提升乡村旅游助推乡村振兴增收效应。一是该项目把民族风情、村文化艺术、乡村生活、农业生产等作为旅游资源进行开发,形成旅游产品,并将其推向市场,从而促进农业结构的调整,推进农业产业化的进程。二是该项目可提供就业岗位约18个,其中财政资金投建的3套民宿能吸纳劳动力6名,每人每年工资收入2.4万元。可带动周边村民通过加工和销售农产品、提供农家饭等方式为自己创造增收机会,达到致富增收的目的。三是该项目实施同时,政府将通过鼓励引导,以资金或水泥、涂料等实物奖补,扶持农户进行房屋风貌改造,庭院硬化,自家门前、庄前屋后及周围杂物整理等,进一步推动改善乡村卫生条件,加快环境治理步伐,实现村容整洁目标。

7. 项目实施进度安排

2021年5月—2020年6月,完成项目前期工作;2021年7月—11月,完成所有项目;2021年12月,完成项目验收。

8. 保障措施

一是强化组织领导,健全发展机制。镇上成立由镇长任组长,副镇长、包村领导、财政所、驻村工作队队长、党支部书记、村民委员会主任等为成员的工作领导小组,全面负责项目建设的组织领导、宣传发动、规划实施和项目决策,确保项目建设工作有序、高效开展。

二是落实工作责任,形成推进合力。镇政府负责项目村建设前期项目建设工作。多渠道引进社会资金加入项目建设,壮大村级集体经济收益、增强峡口村基层组织战斗力,切实把村党支部打造成引领脱贫攻坚和村级集体经济发展的领导核心和战斗堡垒,加强村级基层组织建设,切实提高村"两委"科学谋划、创业致富、促进和带领全体村民脱贫致富和全面建成小康社会的能力和本领。

三是完善项目资金管理,加大监督检查。项目资金严格按照财政资金管理办法使用,专款专用,专户管理,单独核算。不准挤占、截留、挪用和克扣。项目建设单位根据投资计划和工程进度,按已完成工程量填写报账申请书,经项目负责人和工程监管人员签字后,连同财务原始凭证,审核后予以报账,同时上级管理部门对资金应用情况随时进行检查、监督、年终审计,发现问题,及时查处解决。镇纪委、镇财政所监督检查财政预算资金管理落实情况,定期组织开展重点抽查,对发现的问题责成施工单位限期整改,确保财政资金项目落实到位,取得实效。

资料来源:渭源县人民政府.渭源县休闲农业和乡村旅游开发建设项目实施方案[EB/OL]. http://www.cnwy.gov.cn/art/2021/9/16/art_953_1449010.html.[访问时间:2023-08-10]

本节我们深入探讨了旅游文创项目的组织架构与实施,揭示了如何在设计初期确定合适的组织结构,以及在实施阶段将创意付诸行动。通过明确项目的目标、选择适当的组织结构类型,以及关注实施中的关键步骤和注意事项,我们能够更好地应对旅游文创领域的挑战,取得更为出色的成果。

通过学习本章所介绍的理论知识,我们可以举一些生动的实例来进一步理解。例如,假设有一个古镇文化复兴项目,旨在将古老的文化和艺术注入现代生活。在项目的组织架构中,可能需要跨领域的专业人员,如历史学家、艺术家、市场营销专家等,共同推动项目的实施。在实施阶段,团队需要在文化保护与创新之间寻找平衡,将传统文化元素与现代审美相结合,从而吸引更多人的关注。另一个例子是一个沿海城市的海洋文化体验项目。在项目的组织架构中,可能需要海洋生态、海洋历史、科学传播等领域的专家和团队成员。在实施过程中,团队需要考虑如何将海洋文化元素融入各种体验活动,以引起游客的兴趣,同时也需要关注海洋环境的保护问题,确保项目对当地生态的影响最小化。

综合来看,旅游文创的组织实施是一个既需要理论指导又需要实践经验的过程。通过对不同项目的实例分析,我们能够更加深入地理解如何根据项目特点选择合适的组织结构,以及如何在实施阶段应对各种挑战。让我们在不断学习与探索中,为旅游文创领域的发展注入新的活力与创意,创造出更多精彩的项目与故事。

 阅读材料

实景体验剧《走北川》演员招募啦

《走北川》是北川打造的首部大型实景体验剧,该剧融合了禹羌文化、红色文化、抗震文化、感恩文化等北川本土文化,以古朴厚重的禹羌文化展演为依托,通过"四季轮转"等四个板块的表演结合富有科技感、时代感的现代布景,展现具有深厚底蕴的北川文化,是北川文旅精品创意项目之一。以下是该项目实施过程中演员招募环节的具体内容。

一、《走北川》旅游文创活动简介

为深化文化体制改革,增强剧目发展活力和市场竞争力,进一步完善艺术人才队伍结构,推动我县文化艺术产业繁荣发展,同时满足剧目需求、保证演出质量,现面向社会招募优秀舞蹈人才及业余舞蹈尖子,在《走北川》的舞台上实现自我、实现梦想。

二、招募岗位

1. 群舞演员(20 人)。

2. 情景舞蹈演员(20 人)。

三、招募要求

1. 年龄:18—50 周岁。

2. 身高:女性 1.58 米以上,男性 1.70 米以上。

3. 五官端正,身体健康,热爱艺术,具有一定舞蹈艺术功底。具备专业舞蹈水准、参与或接触过舞台演出者优先。

4. 具备良好的思想品质、职业道德和团队协作精神。

5. 能够全程参与并保证充足的排练时间及演出时间。

6. 面试时准备一段舞蹈组合(时长可在 1 分钟内)。

四、报名截止时间

即日起至 2022 年 6 月 6 日。

五、报名方式

提交简历至邮箱 54×××××68@qq.com。

六、面试时间、地点

面试时间:6 月 7 日。

面试地点:北川羌族自治县××镇××路××-×号北川××文化传媒有限公司。

资料来源:北川文旅."实景体验剧《走北川》演员招募啦!"[EB/OL]. https://mp.weixin.qq.com/s/x61wgkYkSTb-_cNKk_AZhQ.[访问时间:2023-08-10]

实景体验剧《走北川》排练花絮

根据县委县政府文旅兴县的相关精神,由北川禹泉文旅集团有限公司倾力打造的实景体验剧《走北川》在紧张而有序的排练中。

演员们从6月初投入排练,预计7月1—2日进行试演,7月3日正式公演。

一、剧目简介

在这个火热的夏季,国内文旅演艺市场全面恢复的时机即将到来,作为远近闻名的大禹故里,亦是全国唯一羌族自治县的绵阳市北川县即将隆重推出一部以禹羌文化为核心的实景体验剧——《走北川》。

该剧以禹羌文化为主体视角展开,既是对多民族同根同源的高度认同,也是铸牢中华民族共同体意识的生动体现。剧名《走北川》包含了两层深义:一是在"文旅融合"的大背景下,"走北川"将成为一种新民俗与新时尚;二便是从远古走向今天,北川人的步伐不断地向前迈进,过去、现在与未来的北川故事将在"行走"中娓娓道来。

二、整体布局设计

实景体验剧《走北川》以禹王广场中心区域为观众环形看台,在看台外侧设置360°的环形实景表演舞台,广场中心设置29张圆桌,可供348名观众就座(见图7-9)。

演艺内容将按照编排结构,依次在环形舞台的不同区域定点表演,环形表演区域在不同的方位将与大禹神像、白石祭坛以及广场周围的建筑群等共同构成景观,并配合富有层次感的背景音乐与光影特效,力求每一次观众视线的切换都能产生新的冲击力和期待感。

观众将在观演区域品羌茶、喝咂酒、尝美食,并跟随不断变幻的表演情境,沉浸领略"一轮展四季"的北川色彩,这种全新的观演模式将成为《走北川》最具吸引力和话题度的亮点。

图7-9 《走北川》实景剧场地模型

> 实景体验剧《走北川》既有历史文脉的传承,又有与时俱进的突破与创新,相信随着该剧的上演,将逐步建立起具有市场号召力和审美驱动力的旅游文创品牌,为北川文化旅游产业持续发展提供动能的同时,也为广大游客献上一场精彩绝伦、不容错过的视听盛宴。
> 资料来源:文化北川."实景体验剧《走北川》排练花絮"[EB/OL]. https://mp.weixin.qq.com/s/64UCC0ShURkMCGZ-qvpExw. [访问时间:2023-08-10]

第四节 旅游文创效果评估

旅游产业和文创产业是两种不同性质的产业,地区旅游具有地域性和资源性,文创产业具有艺术性、设计性。两者贯通的属性是文化。发展旅游文创产业是以地域文化底蕴为载体,用创意赋能地域文化,充分体现其文化价值和旅游价值[1],形成特色文化,促进旅游发展。通过"旅游+文化""资源+创意"的模式,提升旅游品质,实现文化价值[2]。

旅游文创涵盖内容广泛,具体可以包含旅游地点为游客提供的吃、住、行、游、购、娱等方面,在每个方面都为游客提供具有本地特色的体验感。旅游文创的目的是满足游客体验需求、提升旅游地的知名度以及赚取旅游经济效益。旅游文创能否达到目标需要以特定标准进行检验,通过对旅游文创整体综合评估,促成目标的实现,为提升旅游文创开展的有效性和后续推进的可持续性奠定基础。效果评估要实现"多项指标建构目标"需要在开放纳新和相对稳定之间寻找动态平衡,协调好各个指标之间的关系,推动旅游文创效果评估体系建设[3]。

在分析旅游文创效果评估之前,需要对效果评估进行了解,了解其基本的效果评估指标,包括量化指标和质化指标,并通过效果评估指标延伸出旅游文创的效果评估指标。

一、效果评估指标

效果指的是特定事件、物品传递给受众后,受众对于该事件、物品的反应以及该事件、物品对于受众的影响。对于效果的评估不是无序的,在特定的指标下进行评估,效果评估才具有准确性和可信性。效果评估指标指的是针对某一内容设置的能够衡量该内容价值的标准。效果评估指标包括定量效果评估指标和定性效果评估指标。

(一)定量效果评估指标

定量效果评估指标指的是能够准确定义、精确衡量并能设定绩效目标的,反映工作结果的

---

[1] 郭永久,王依凡,周丹.河北省近郊乡村旅游与文创产业艺术化发展研究——以河北省赤城县全家窑村为例[J].安徽农业科学,2022,50(9):134-137.
[2] 王艳囡.黑龙江旅游文创产品品牌设计及推广途径研究[J].品牌与标准化,2022(S2):65-67.
[3] 刘燕南,吴浚诚,果雅迪.城市文化网络传播效果评估指标体系研究[J].当代传播,2022,226(5):31-35,45.

关键业绩指标。定量指标的特点是具有准确性、可靠性、可操作性和可解释性。

1. 准确性

准确性指的是设定的效果评估指标能够通过具体的数字反映具体的结果,能够反映设定的问题。准确性可以通过比较定量指标结果和实际情况来分析。

2. 可靠性

可靠性指的是通过定量方法分析定量效果评估指标的结果的可靠程度,能够反映出效果的真实情况。可靠性可以通过重复分析定量数据的结果来评估。

3. 可操作性

可操作性指的是针对定量分析方法获取的评估指标可以在现实操作中予以执行。

4. 可解释性

可解释性指的是定量效果评估指标的结果易于解释,能够清楚地表达研究结果。可解释性可以通过比较定量效果评估指标的结果和研究者的解释来评估。

这些指标可以帮助旅游文创主体更好地分析效果,并提供有用的信息。在为特定具体内容设置效果评估指标时需要满足效果评估指标的上述特定要求,才能够准确地评估具体效果。

(二)定性效果评估指标

定性效果评估指标相对于定量效果评估指标而言,即对于特定内容无法简单用数字表述结果的考核内容,通过定性的指标可以对被评价内容的价值进行衡量。定性指标具有如下特点:定性指标的评价简单易行,主观评定不必像定量指标那样严格;定性指标可以强调对实现过程的考核;定性指标考核能够更加清晰地反映评价者对被评价内容的主观感受;对同一事物,定性指标考核评估较定量指标考核评估更加全面。

定性效果评估指标虽然不如定量效果评估指标客观,也容易受评价人的知识、经验、判断能力和对评价标准的把握等影响,但通过科学的方法,仍然可以较为合理地对定性效果评估指标给予评价。所以,对定量和定性效果评估指标的使用要相互结合、取长补短[1]。

二、旅游文创效果评估体系

旅游文创以多种形式存在,主要体现在旅游地为游客提供的吃、住、行、游、购、娱等方面。旅游文创的目的是让游客感受到旅游地的文化特色,并吸引更多游客来到该地旅游,同时具有提振该地经济的功能。对旅游文创的各个方面进行评估,能够帮助旅游地及时监测文创效果并及时修改策略。

旅游文创产品是旅游文创重要的一部分,通过对产品的创意设计,展示旅游地的文化特色。对旅游文创产品的效果评估可以判断该旅游地点是否受欢迎,以及文创产品是否有利于该旅游地的经济发展。旅游文创产品的效果评估体系也需要包含定量效果评估指标和定性效

---

[1] 管理者定性考核指标[EB/OL]. https://www.docin.com/p-1918404926.html. [访问时间:2023-08-10]

果评估指标,以确定旅游文创是否能够获得旅游者的喜爱以及是否能够充分地展示旅游城市的文化特色。

(一)旅游文创产品的定量效果评估指标

1. 客流量

客流量是评估旅游文创产品效果的重要指标之一。通过客流量的变化,可以判断旅游文创产品对游客的吸引力。如果客流量有明显增加,说明旅游文创产品受到游客的欢迎,效果比较好。

2. 文创产品销售额

文创产品的销售额是评估旅游文创效果的重要指标之一。旅游文创产品能够让本地文化走进生活、融入生活,又能让物品因为增加创意而富有趣味性,使得大家在消费和使用过程中获得更多的精神享受。文创产品销售额的高低能够评估文创产品是否受到游客的喜爱,以及产品本身是否具有吸引力。

3. 旅游地文创产品收入

收入是评估旅游文创效果的重要指标之一。旅游文创产品是提振当地经济的重要因素之一。旅游文创产品的上线不仅要考虑游客的需求,还要考虑经济效益。如果旅游文创产品能够为当地居民带来更多的收入,那么旅游文创的效果就比较好。

4. 文创产品推广传播效果

当下处于互联网时代,旅游文创产品需要向互联网借力,从开发设计到宣传推广,需要充分利用互联网。在文创推广过程中可以通过微信公众号、微博、抖音等社交媒体软件向大众传播旅游文创产品。评估旅游文创产品的传播效果可以参考文创产品在社交媒体中的覆盖率、社群或评论区的讨论度、文创产品的知名度、受众对于文创产品的接受度以及用户自发在社交媒体平台中的传播度。对以上指标进行评估可以了解文创产品在互联网中的存在率以及传播效果。

(二)旅游文创产品的定性效果评估体系

1. 口碑

口碑是评估旅游文创产品效果的重要指标之一。口碑指的是游客通过口口相传的方式对某一物品或事件的评价。旅游文创产品的品质会受到已经拥有该旅游文创产品的游客的评价,他们会在亲朋好友前传播,并且也会借助社交媒体平台对该文创产品进行评价并传播。旅游文创产品口碑的好坏不仅仅取决于游客的评价,还要考虑社会舆论的影响。如果旅游文创产品能够赢得良好的口碑,那么旅游文创的效果就比较好。

2. 体验感

体验感是评估旅游文创效果的重要指标之一。旅游文创产品的核心是为游客提供更加独特、个性化的旅游体验。如果旅游文创产品能够带给游客更加美好、难忘的旅游体验,那么旅游文创的效果就比较好。

3. 游客满意度

游客对旅游文创产品是否满意是效果测量的重要指标之一。游客希望通过旅游文创产品了解旅游地的多样文化,感受其鲜明的地域特色和内涵。优秀的旅游文创产品要能够"张开嘴"向游客讲故事,要让游客感受到旅游地的气息,要伴随持久的回忆,与游客产生共鸣[1]。游客对文创产品的满意度可以通过欣赏价值、文化体验、休闲娱乐价值、知名度等因素进行测量[2],可以在一定程度上测出游客对旅游点文创产品的感知差异。

4. 品牌价值

品牌价值是评估旅游文创效果的重要指标之一。旅游文创产品的效果评估需要考虑品牌价值的提升。如果旅游文创产品能够提升品牌价值,那么旅游文创的效果就比较好。

5. 文创产品的创意度

旅游文创产品有别于旅游纪念品,不仅融入地方文化,更传播创新理念和实用价值,增加了旅游附加值,推动地方旅游市场竞争力提升。旅游文创产品传播的是文化,需要不断注入文化内涵。开发设计者要充分了解旅游地的文化内涵,包括旅游地的历史、风景、民俗、宗教,加以梳理、归纳、总结,集合创意元素和设计理念,在旅游文创产品中准确表达出来。对于旅游文创产品的创意性评估,要从文化角度评估文创产品是否具有当地文化元素。从创新性角度来看,要评估不同旅游文创产品是否针对不同的群体,是否因地制宜。比如:对于海洋风光景区,旅游文创产品的设计开发要偏向年轻化,注重现代感,尤其要与沙滩娱乐的实用性紧密结合;对于博物馆景区,要注重提炼旅游地元素,自然而然融入产品,满足游客的高审美需求,还可以利用展品背后的文化认同和精彩故事打动游客。将地方文化融入旅游文创产品,扩大了地方文化宣传面,在对地方文化资源深度保护和再开发的同时,促进旅游经济发展。

6. 文创产品实用程度

以往的旅游纪念品通常只注重观赏性而忽视了实用性,占用了过多的摆放空间,难以赢得游客的青睐。文创产品要有创意,创意的文创产品能够给游客带来情感上的体验,但同时也要具有实用性,以人们日常生活为导向,通过现代设计理念,自然而然地融入人们的生活。实用性较之新颖性、创造性更容易判断,标准相对确定。文创产品是否实用在于游客在日常生活中是否能够频繁地使用、在时间方面是否具有耐用性、是否能够操作运行等。实用的文创产品能够获得更多游客的青睐,并且在日常生活中的使用也能够增加文创产品的曝光率,让更多人了解该文创产品。

7. 文创产品质量

文创产品不仅要具有较高的文化附加值,同时也是一种商品,质量是其底线。不论文化文物单位还是其他文创产品开发主体,都需要在确保"文化"的基础之上严把文创产品的质量底线。要保证文创产品的质量,就要与品质有保障的老字号或者大品牌公司"跨界合作",文化单

---

[1] 管理者定性考核指标[EB/OL]. https://www.docin.com/p-1918404926.html. [访问时间:2023-08-10]
[2] 朱瑜. 景德镇旅游业与陶瓷文创产业融合发展路径研究[J]. 太原城市职业技术学院学报,2019,211(2):43-47.

位提供文创产品中的文化元素授权,企业则用精湛的技艺提供产品,二者强强联合,既增加了产品的文化附加值,又保证了产品品质[1]。文创产品质量可概括为性能、寿命、可信性、安全性、适应性、经济性等。性能通常指产品在功能上满足顾客要求的能力;寿命指在满足规定使用条件下产品正常发挥功能的持续能力;可信性包括可用性、可靠性、维修性和保障性;安全性是指产品服务于顾客时保证人身和环境免遭危害的能力;适应性是指产品适应外界环境变化的能力;经济性是指产品寿命周期的总费用。顾客对质量特性的感受直接影响其购买行为以及购买后的满意程度,而这种感受是综合的,是产品在性能、寿命、可信性、安全性、适应性、经济性等方面的综合表现[2]。因此,文创专业人士要注重产品创新、强化研发投入、积极完善服务体系,使文创产品以质量赢得市场、以创意赢得消费者的青睐。

三、旅游文创活动效果评估

旅游文创活动是以旅游地的文化特色为基础,基于现有资源进行传播的多种多样的活动。旅游地不仅能够举办一系列线下互动活动,还能够依托互联网,在线上举办系列活动。因此,此部分将根据线上、线下不同形式的活动分别设置评估指标。

(一)旅游文创线下活动效果评估指标

旅游地的线下互动一般包括文艺会演、展览会以及与本地有关的特色活动,如游客动手制作产品等。不同活动都需要与本地文化和创意相结合,才能在全国各地的旅游活动中脱颖而出,需要树立本地活动的独特性与唯一性。每个活动都需要定量和定性的评估指标来进行活动效果评估。

1. 文艺会演活动效果评估指标

定量评估指标包括文艺会演活动举办周期频次、文艺会演活动每次举办的观看人数等,根据以上指标评估文艺会演活动每周举办的合适次数,根据不同场次观看的人数设置合理的举办时间。

定性评估指标包括文艺会演活动的创意性、文化特色性以及游客的满意度。旅游地文艺会演活动的创意性是区别于其他城市旅游文艺会演活动的重要因素之一,过于相似、普遍的文艺会演流程会遭到游客的排斥,难以产生兴趣,因而需要对旅游文艺会演创意活动展开评估,其中需要评估文艺会演的环节是否环环相扣、会演内容是否突出文化特色、能否让游客印象深刻等。文艺会演活动需要具有本地文化特色,能够让游客直接通过观看节目了解本地文化内涵和文化故事。此外还要评估游客对整体文艺会演的满意度。通过调查游客对该文艺会演活动的认知深度、记忆深度、推荐度来评估游客对文艺会演活动的满意度。

---

[1] 人民网. 文创产品:重"文"也要重"质"[EB/OL]. https://me.mbd.baidu.com/r/14kl0eTgNTW?f=cp&u=2986d3ef886d5c29. [访问时间:2023-08-10]

[2] 泓域. 文创产品公司质量管理[EB/OL]. https://www.zhuangpeitu.com/article/93246070.html. [访问时间:2023-08-10]

2. 展览会活动效果评估指标

展览会是展示旅游地特色文化内容的重要基地之一,通过文物和特色作品展览能够让游客更了解旅游地的文化特色。展览会的评估指标也包括文艺会演活动的评估指标,如举办频次、观看人数、创意性、文化特色性、游客满意度,此外还需要通过美学特征指标来评估展览会,欣赏性、协调性、新奇度是展览会内容美学方面的重要评估指标。

3. 本地特色活动效果评估指标

本地特色文创活动指的是能够让游客参与其中,与活动创作者有互动,游客能够通过自身参与融入旅游地的文化特色,并且能够从参与互动中更深入地体会旅游地文化的活动。对本地特色活动的效果评估,定量效果评估指标包括活动的收入情况、参与人数;定性效果评估指标包括活动历史传承度、文化特色(地方性、民族性、内涵深度、识别强度)、娱乐性、独特性(稀奇性、传承度、再生度)、知名度(辐射度、感召力)等。

(二)旅游文创线上活动效果评估指标

旅游文创线上活动一般与线下相连,通过线上与网友的积极互动从而吸引网友到线下旅游地参观旅游。比如,旅游地会通过社交媒体平台发布抽门票、投选景点、征集文案以及邀请网友参与文创产品创作等活动。评估旅游文创线上活动,定量效果评估指标包括参与人数、评论人数、转发人数等,定性效果评估指标包括用户满意度等。

四、旅游文创传播效果评估

旅游文创需要进行传播,才能实现旅游地文化的影响力扩散。旅游文创传播具有不同的形式,分为线上传播和线下传播,对旅游文创传播的不同形式进行评估能够促成传播目标的实现,也为提升传播活动的有效性和后续开展活动可持续性奠定基础。

(一)旅游文创线上传播效果评估

对旅游文创线上传播效果的评估需要考虑到不同内容和形态的传播方式和手段,图文传播、视频传播就是两种不同的传播方式,带来的传播效果也不尽相同,因此,需要分类进行传播效果评估。由于这两种形式都在网络上进行传播,在评估的总体指标中是具有一致性的,所以只需要对具体指标进行具体细分即可。图文传播主要是活动主办方或协同媒体发布的原创内容,通过图文、展览、H5、宣传片等展示性的传播形态吸引用户,注重内容的质与量;视频传播借助短视频、vlog 等技术方式进行传播,具有影响力的视频传播内容能够吸引网络用户的观看,形成强大的传播效果。因此在确定具体的评估指标时,需要对不同形式的传播活动进行具体指标设置。在总体评估指标设置中,旅游文创网络传播定量效果评估指标分为内容度、传播度、参与度;定性效果评估指标则是满意度。

内容度下设内容生产与内容品质两个指标。传播内容是传播活动开展的基础,内容的质与量是最重要的致效因素。内容生产侧重对内容产量及其类别的评估,包括对话题量、内容量、内容更新频率的监测,以考察内容矩阵在传播活动过程中的充裕性、时间分配的合理性等。内容品质则主要从社会效应的角度来考察内容产品对历史考古、遗址遗迹、文化新潮等的描述和介绍是否准确到位,内容是否多样丰富、是否具有原创性、形式是否新颖等[1]。

图文传播方式通常以话题的形式进行,话题的数量与热度直接影响传播效果,在内容生产的指标下下设话题的数量及阅读指标;图文传播讲究内容的新颖性以及完整性,因而在内容品质指标下设置完整性和创新性指标。

传播度包括平台覆盖与传播触达两项指标,主要表征网络传播的客观效果。平台覆盖反映网络传播平台的覆盖用户能力,是信息渠道实力的基础支撑,包括平台数、平台用户数、平台广告资源、传播账号粉丝数等。传播触达则指相关活动内容的阅读或播放量,以及所触达的独立访客数和用户平均停留时长,是对旅游文创网络传播活动实际效果的衡量[2]。

由于短视频平台任意滑动的使用特征,简单的播放与互动数据并不能完整地呈现传播的有效性,需要辅以完播率、播赞比、播评比、播转比等播放比例数据和播放时长数据,对传播效果进行补充和佐证。

参与度下设互动式参与和跟随式参与两个指标,反映活动传播引发的再传播及后续效果,是网络传播不同于大众传播的关键所在。用户因主办方及协同(合作或授权)媒体围绕活动首发的宣推性内容而产生的互动行为,称为互动式参与,包括点赞、评论、转发等常规指标;跟随式参与则指用户/非协同媒体主动参与活动进程所产生的参与行为,即响应传播方及协同媒体的号召或引导,在相关话题/专题下生产内容、投稿或发布的自主产发行为,如短视频平台中的翻拍视频和创意视频、微博相关话题下的体验打卡微博等,一般通过话题/专题下的内容量、阅读/播放量,以及转发、点赞、评论等指标进行评估。

满意度主要有用户感受、平台媒体、内容质量三个指标,反映用户对传播活动的主观评价。其中,用户感受是指用户对活动相关内容的提及以及认知情况,平台媒体指标评估用户使用平台媒体的满意程度和推荐情况;内容质量指标则反映用户对传播内容的满意度和对文化贴合度的评价[3]。

(二) 旅游文创活动的线下传播效果评估

旅游文创活动的线下传播主要依靠广告宣传和举办相关活动吸引游客。此前已经对旅游文创活动的相关评估指标进行了介绍,这里主要介绍户外广告传播效果的评估指标。户外广告的效果评估主要有广告活动的预期效果和实际效果评估。相较于互联网广告,户外广告由于物力、人力、时间成本等因素,广告投放更严谨。因此,在广告投放前就需要对广告主题、广告点位、广告媒介等进行全年细化的预期效果评估,及时发现问题并优化广告投放[4],实现广告效果最大化。广告投放后的实际效果评估,则需要参考实际销售效果、受众反馈等。

定量效果评估方面,需要设置广告内容、广告地点、广告媒介、门票购买率这几个指标;定性效果评估方面,则需要设置受众认知度、受众记忆度、受众态度等指标,评估旅游文创广告传

---

[1] 刘燕南,吴浚诚,果雅迪.城市文化网络传播效果评估指标体系研究[J].当代传播,2022,226(5):31-35,45.
[2] 刘燕南,吴浚诚,果雅迪.城市文化网络传播效果评估指标体系研究[J].当代传播,2022,226(5):31-35,45.
[3] 刘燕南,吴浚诚,果雅迪.城市文化网络传播效果评估指标体系研究[J].当代传播,2022,226(5):31-35,45.
[4] 十目广告监测.户外广告投放效果评估的内容与主要实现方法[EB/OL]. https://baijiahao.baidu.com/s?id=1674631084979073510&wfr=spider&for=pc.[访问时间:2023-08-10]

播效果。

对广告内容的评估指标包括内容准确度、内容新颖度；广告地点指标下设地理接近性指标；广告媒介指标下设载体尺寸、播放量、所在位置、成本、时段、受众类型等多方面作为参考指标进行细致化评估。

受众认知度指的是指接触过广告的视听众对该广告所表达的相关信息的了解与感知程度。受众记忆度是指接触广告的视听众记忆广告的程度（包括深刻程度和记忆量），该指标在评估累积的广告效果时非常有价值。受众态度是指受众对该广告的态度以及对该广告内容的态度。

设置这些传播效果评估指标的最终目的是结合门票购买率以及文创产品的销售效果验证媒体是否适合旅游文创活动的传播、媒体传播发布时间与频率是否得当、传播内容主题是否突出、传播创意是否新颖独特等。

五、旅游景区服务文创效果评估

旅游景区的服务包括吃、住、行等方面，旅游景区的服务可以朝着文化创意的方向改进，增强游客的体验感。对于景区服务文创的效果评估可以对吃、住、行等方面进行评估，评估其是否具有文化创意性。在"吃"方面，定量效果评估指标分为餐厅收入、客流量，定性效果评估指标分为餐厅建筑的文化特色性、餐厅环境的文化特色性、食物的文化特色性、游客满意度等。对景区的"住"服务的文创效果评估，定量效果评估指标分为酒店收入、留宿率，定性效果评估指标分为建筑文化特色性、住房内部文化特色性、服务人员文化特色性、游客满意度等。对景区的"行"服务的文创效果评估，定量效果评估指标从可进入性评估其交通状况，从外部交通评估旅游地是否具有航空、铁路、公路并评估其路网分布情况和车况数量，从内部评估其旅游线路、车流量、游客流量等。

综合对景区的吃、住、行的文创评估，能够让游客在休息过程中也感受到景区的文化创意，增强游客体验感和满意度。

六、旅游文创效果评估方式

进行旅游文创的效果评估需要先确定旅游文创项目，包括文创产品、文创互动、文创传播以及文创服务。确定具体项目后对项目中的不同子类设置定量和定性效果评估指标，根据指标检测旅游文创效果。实施游客调查、网络监测、专家评审以及其他多样方法检测旅游文创效果，能够促进效果的达成与改进。

根据旅游文创效果评估指标，设计不同评估方式。其评估方式可大体分为受众调查、网络监测、专家评审和其他方法四类。

（一）受众调查

受众调查主要采用问卷调查和访谈方式。问卷调查能够将大体量的内容一次性发放给游客，收集时间短，能够通过问卷填写内容快速了解游客对旅游文创的满意度。但是游客对于填写主观性问答内容较为排斥，因而很难了解游客的真实想法。因此，在问卷基础上采用访谈的方式，深入了解游客对旅游文创的认知度、记忆度和态度。游客作为旅游文创传播的对象，是最能检验旅游文创效果的评估人。

（二）网络监测

网络监测指通过互联网收集内容和用户行为等数据的方法，包括对用户网媒接触行为、转赞评等互动行为、用户生产内容等的监测。利用网络监测这一评估方式，监测旅游文创的定量效果评估指标，如客流量、销售量、收入等，以数据的方式直观呈现，能够保证旅游文创发展和传播效果第一时间被相关部门看到从而促进旅游文创发展路径的及时调整。

（三）专家评审

专家评审指邀请相关行业内具有一定素养和经验的专业人士对旅游文创进行评估，主要用于内容层面的评估。不同专家对旅游文创的不同指标进行评估，如历史学家评估旅游文创的历史性、文化特色性，美术家从美学方面评估旅游文创的创意性、欣赏性。专家评审不仅能够检验旅游文创指标，还能提出新的评估指标，提升旅游文创的传播效果。

（四）其他方法

人工统计、观察法、对比分析法等一并归入其他方法。采用对比分析法，通过对比同地区其他旅游点以及不同地区具有不同特色的其他旅游点，找到自身旅游文创的优势以及不足之处，并不断确认效果的提升。在满意度调查中，也时常采用观察法了解用户的反应、需求及建议。

案例研读

西安大唐不夜城文化创意效果评估

一、大唐不夜城旅游文化创意简介

西安大唐不夜城在2018年成为网红打卡地，大唐不夜城及其周围的景观展示了西安作为历代古都的文化魅力，同时也通过创新手段将西安打造成为旅游胜地。

大唐不夜城位于世界遗产大雁塔的南侧，其以盛唐文化为背景，以唐风元素为主体，陈设大量的唐代名人雕塑，道路两旁建有众多古色古香的仿唐建筑。从最北面的玄奘广场开始，大唐不夜城景区一直延伸至唐城墙遗址公园。街道中间建满了大唐众多的历史名人雕像。最核心的贞观文化广场由西安大剧院、西安音乐厅、曲江美术馆和曲江影视馆四组建筑组成，中间则建着一组以唐太宗李世民为主的群体雕塑。这组雕塑"贞观之治"也是大唐不夜城最雄伟的群雕之一，最高处就是一尊骑着战马的李世民雕像，高度达到了18.1米[1]。

---

[1] 闻道底. 打卡西安最火景点, 大唐不夜城的魅力何在？[EB/OL]. https://mp.weixin.qq.com/s/cx6Pgj8EyoSEky7HuNmalg. [访问时间：2023-08-10]

大唐不夜城除了景区地理上的文化建构,在活动上也别出心裁,每天都会上演街头文艺会演与游客进行互动,如"不倒翁小姐姐"、花车巡演、秦腔表演、乐队联唱、皮影表演等各种具有文化特色且富有创意的文化活动。这些线下活动通过互联网转移到社交媒体平台上,使得大唐不夜城得以传播,同时,也在线上线下开办相关文创传播活动。广受欢迎的"盛唐密盒"作为大唐不夜城推出的一种新的人文历史类表演互动活动,通过"演绎+互动"的形式,让唐朝名士房玄龄、杜如晦以盲盒的形式出现在游客面前,从诗词歌赋到传统节日,从历史典故到生活常识等,向观众科普中国历史文化小知识。两位"梗王"通过脱口秀式快问快答的形式,带给观众新奇的体验。

大唐不夜城的文创产品也吸引众多游客前来购买。大唐不夜城的文创产品有遇见长安系列盲盒手办"Q版唐朝人物"、大唐不夜城清凉美味"长安冰酪"、虎一喵冰箱贴、诗仙系列盲盒等。文创产品在线上线下都有专门的售卖店,游客可以带着文创产品到景点打卡,或者到大唐不夜城官方微店小程序购买。

以文塑旅,以旅彰文。立足于整个西安,演艺、文创、雕塑等多样元素不断迭代,西安将沉浸式文旅体验贯穿于景区整体规划。可以说,大唐不夜城的频频出圈离不开各大优势资源汇聚,更离不开西安这片土地立足于文化、历史与区域特色的不断创新[1]。

二、大唐不夜城作为西安文旅胜地如何出圈

大唐不夜城依靠文化优势以及借助网络推广的旅游模式在全国出圈后,不断持续打造大唐不夜城的旅游IP,从"不倒翁小姐姐"到"石头哥"再到"房谋杜断",持续为大唐不夜城文旅输入游客。其能够持续不断地出圈,背后有"高招"。

(一)文化资源的活化

文化资源的活化就是"新瓶"装"旧酒"。大唐不夜城的文旅策划不仅仅是简单地将唐代文化风格直接套用到现在的旅游华景中,许多古城都会租借汉服让游客体验,而除了这些表面的装扮之外,大唐不夜城还在形式上融入了新的东西,如对诗、脱口秀等,这些传统文化在新的模式下从"陈旧"变得生动而鲜活。

(二)游客的参与感

游客的需求渐趋多元,简单打卡已经不能满足游客的需求,游客越发重视文旅活动的体验感和参与感。在大唐不夜城中,"不倒翁小姐姐""盛唐密盒""诗仙李白"等表演活动均是互动模式,游客对其既没有束之高阁的陌生疏离,也没有只可远观的敬畏拘束。

(三)给予时间让IP成长

无论"不倒翁小姐姐"还是"盛唐密盒",这些演出并非一经推出就万众瞩目,而是经过时间的沉淀才逐步被大众知晓。据媒体报道,在走红前,"盛唐密盒"其实已经在大唐不夜城表演一年了,起初"盛唐密盒"是填内容、台词,然后以表演形式演出来,为了提升与游客

---

[1] 华商网.新晋大唐不夜城顶流!对话"盛唐密盒",探寻爆火的秘密[EB/OL]. https://mp.weixin.qq.com/s/RCGyV7yVHtBuXAjrVL6qkQ.[访问时间:2023-08-10]

的互动性,后期才加入了照相、聊天、游戏、礼物等互动环节,最终形成了现在的呈现形式,前期的积累也是他们爆火的铺垫。

大唐不夜城爆火并持续地在文旅业闪闪发光,离不开其长期的沉淀和不断地创新的努力[1]。

三、大唐不夜城文化创意评估对象选取

大唐不夜城景区以盛唐文化历史为核心,具备多种旅游文创产业。大唐不夜城景区文化创意评估的对象选取主要从其现有的文创产业出发,包括大唐不夜城的文创产品、文创活动、文创传播、文创服务和文创景区。

不同文创产业采用不同指标进行评估,例如,对大唐不夜城文创活动进行评估,要区分线上活动和线下活动。线下活动包括文艺会演、展览会、本地特色活动;线上活动包括门票抽奖活动、投选景点互动、征集文案以及邀请网友参与文创产品创作等活动。确定对文创活动评估的一级指标,包括满意度、观看人数和内容度。根据不同活动形式确定二级评估指标,如线下文艺会演活动评估指标有举办周期频次、每次活动举办的观看人数、活动创意性、文化特色性以及游客的满意度。展览会评估指标除以上指标外还增加美学指标,包括欣赏性、协调性和新奇度。本地特色活动是拉近景区与游客距离的重要方式,如大唐不夜城景区中"不倒翁小姐姐",因此,需要增加游客互动程度指标。对于线上活动的评估指标包括参与人数、评论人数、转发人数以及用户满意度。

通过对大唐不夜城文创产业的评估,可以充分分析该景区的竞争力与不足之处,找到价值差异的具体原因,为景区日后的改进与开发提供指导建议。

四、大唐不夜城文化创意数据收集

大唐不夜城文化创意评估的重要数据来源包括游客调查、网络监测、专家评审和其他方法。首先,可以通过已有评估指标设置相应问卷,通过线上和线下的方式发放给已经来过大唐不夜城的游客,由他们通过回答问卷的形式做出评价。其次,通过网络监测获取大唐不夜城各个社交媒体平台的内容数据、浏览量数据、粉丝转赞评数据等。再次,邀请相关专家对大唐不夜城景区的历史文化建设、活动内容层面进行专业评估,并提出修正性指标。最后,还可以对游客采取深度访谈的方式了解游客对景区的满意度和真实的想法。

大唐不夜城作为文旅产业的杰出业态之一,屹立于文旅产业顶峰而不倒,给所有文旅胜地的启示是:在文旅产业中,想要长期维持文旅发展,需要有长远思维,而非跟风复制。文旅的长期主义者,终会得到时间的奖赏。

---

[1] 文旅产业链服务商. 从"不倒翁小姐姐"到"盛唐密盒",看大唐不夜城 IP 的成功之道[EB/OL]. https://mp.weixin.qq.com/s/aZaabyGPWABhEm3zsk-Sgw. [访问时间:2023-08-10]

思考题

1. 旅游文创调研的基本方法有哪些?
2. 旅游文创的实地调研需要注意哪些问题?
3. 旅游文创的策划、组织该如何实施?
4. 请试以任一旅游文创案例分析其传播效果。

本章参考文献

[1] 维吉尼亚·萨提亚,约翰·贝曼,简·伯格,等.萨提亚家庭治疗模式[M].聂晶,译.北京:世界图书出版公司,2007.

[2] 肖苏,张建芹.市场调查与分析[M].北京:人民邮电出版社,2017.

[3] 孙瑞英.从定性、定量到内容分析法——图书、情报领域研究方法探讨[J].现代情报,2005(1):2-6.

[4] 李国强,苗杰.市场调查与市场分析[M].北京:中国人民大学出版社,2017.

[5] 刘红煦,曲建升.情报学定量研究现状与趋势分析[J].情报理论与实践,2015,38(12):10.

[6] 徐群.调研报告的写作[J].理论学习与探索,2007(1):69.

[7] 郭雅静.山西宗教旅游文创产品开发研究[D].沈阳:辽宁师范大学,2022.

[8] 中国国家博物馆.宪宗元宵行乐图[EB/OL]. https://www.chnmuseum.cn/portals/0/web/zt/202102yuaxiao/.[访问时间:2023-08-10]

[9] 腾讯网.前方高萌!三星堆"川蜀小堆"主题盲盒上新[EB/OL]. https://new.qq.com/rain/a/20210602A08L9G00.[访问时间:2023-08-10]

[10] 搜狐网.三星堆文物盲盒,这营销炸了![EB/OL]. https://www.sohu.com/a/477273382_121124805.[访问时间:2023-08-10]

[11] 搜狐网.网红文创受追捧|北服教师杜尽知设计三星堆祈福神官系列盲盒[EB/OL]. https://www.sohu.com/a/465092238_391364.[访问时间:2023-08-10]

[12] 澎湃网.这些考古盲盒也太火了,和孩子把历史玩出花[EB/OL]. https://www.thepaper.cn/newsDetail_forward_14423163.[访问时间:2023-08-10]

[13] 三星堆博物馆.藏品陈列[EB/OL]. https://www.sxd.cn/.[访问时间:2023-08-10]

[14] 腾讯网.国宝重器——三星堆文化出土铜动物[EB/OL]. https://new.qq.com/rain/a/20210705A04TLP00.[访问时间:2023-08-10]

[15] 市中机构编制网.组织实施[EB/OL]. http://sz.jnbb.gov.cn/articles/ch00147/201911/70a24415-8457-4722-b5b5-d0ed9dc20506.shtml.[访问时间:2023-08-10]

[16] 禹泉文旅集团官网[EB/OL]. http://bcyqwl.com/h-col-120.html. [访问时间:2023-08-10]

[17] 远大方略管理咨询集团.知识分享:项目管理的三种组织结构[EB/OL]. https://mp.weixin.qq.com/s/HT15ZMqLO9XpUpp4JJCTlw. [访问时间:2023-08-10]

[18] 旅游公司组织管理架构[EB/OL]. https://wenku.baidu.com/view/93198b7784254b35eefd34bb. [访问时间:2023-08-10]

[19] 渭源县人民政府.渭源县休闲农业和乡村旅游开发建设项目实施方案[EB/OL]. http://www.cnwy.gov.cn/art/2021/9/16/art_953_1449010.html. [访问时间:2023-08-10]

[20] 北川文旅."实景体验剧《走北川》演员招募啦!"[EB/OL]. https://mp.weixin.qq.com/s/x61wgkYkSTb-_cNKk_AZhQ. [访问时间:2023-08-10]

[21] 文化北川."实景体验剧《走北川》排练花絮"[EB/OL]. https://mp.weixin.qq.com/s/64UCC0ShURkMCGZ-qvpExw. [访问时间:2023-08-10]

[22] 郭永久,王依凡,周丹.河北省近郊乡村旅游与文创产业艺术化发展研究——以河北省赤城县全家窑村为例[J].安徽农业科学,2022,50(9):134-137.

[23] 王艳图.黑龙江旅游文创产品品牌设计及推广途径研究[J].品牌与标准化,2022(S2):65-67.

[24] 刘燕南,吴浚诚,果雅迪.城市文化网络传播效果评估指标体系研究[J].当代传播,2022,226(5):31-35,45.

[25] 管理者定性考核指标[EB/OL]. https://www.docin.com/p-1918404926.html. [访问时间:2023-08-10]

[26] 朱瑜.景德镇旅游业与陶瓷文创产业融合发展路径研究[J].太原城市职业技术学院学报,2019,211(2):43-47.

[27] 人民网.文创产品:重"文"也要重"质"[EB/OL]. https://me.mbd.baidu.com/r/14kl0eTgNTW?f=cp&u=2986d3ef886d5c29. [访问时间:2023-08-10]

[28] 泓域.文创产品公司质量管理[EB/OL]. https://www.zhuangpeitu.com/article/93264070.html. [访问时间:2023-08-10]

[29] 十目广告监测.户外广告投放效果评估的内容与主要实现方法[EB/OL]. https://baijiahao.baidu.com/s?id=1674631084979073510&wfr=spider&for=pc. [访问时间:2023-08-10]

[30] 闻道底.打卡西安最火景点,大唐不夜城的魅力何在?[EB/OL]. https://mp.weixin.qq.com/s/cx6Pgj8EyoSEky7HuNmalg. [访问时间:2023-08-10]

[31] 华商网.新晋大唐不夜城顶流!对话"盛唐密盒",探寻爆火的秘密[EB/OL]. https://mp.weixin.qq.com/s/RCGyV7yVHtBuXAjrVL6qkQ. [访问时间:2023-08-10]

[32] 文旅产业链服务商.从"不倒翁小姐姐"到"盛唐密盒",看大唐不夜城IP的成功之道[EB/OL]. https://mp.weixin.qq.com/s/aZaabyGPWABhEm3zsk-Sgw.[访问时间: 2023-08-10]

第八章

旅游文创的组织保障

学习目标

学习完本章,你应该能够:
(1) 了解旅游文创人才培养的必要性和要求。
(2) 了解旅游文创的各中介机构职能。
(3) 了解危机公关的定义、特点和处理原则。
(4) 了解旅游文创危机公关的类型及处理方式。

基本概念

旅游文创　人才培养　中介机构　危机公关

第一节 旅游文创人才的要求与培养

国家兴盛,人才为本。习近平曾强调,在百年奋斗历程中,我们党始终重视培养人才、团结人才、引领人才、成就人才,团结和支持各方面人才为党和人民事业建功立业[1]。因此,作为一项新兴领域,旅游文创的发展离不开人才的培养。

一、文旅融合对旅游文创人才的要求

(一) 文旅融合对人才培养的要求

人才培养一直是我国文化和旅游事业的重要工作,党和政府出台政策持续关心支持文化旅游人才发展。2016年中共中央印发《关于深化人才发展体制机制改革的意见》后,从中央到地方出台了一揽子促进人才体制机制发展的政策。特别是在文旅融合的时代背景下,我国进一步加大了对文化旅游行业的支持力度,并从体制机制建设上大力支持文化旅游发展,制定印发了《人力资源保障部、国家文物局关于进一步加强文博事业单位人事管理工作的指导意见》《国有文艺院团社会效益评价考核试行办法》《关于深入推进公共文化机构法人治理结构改革的实施方案》《国家旅游人才培训基地管理办法(试行)》《导游管理办法》等一揽子深入推进人才发展、改革体制机制的文件,为文化旅游人才发展创新管理模式、完善体制机制奠定了基础。

2018年3月,中华人民共和国文化和旅游部批准设立。这是为了增强和彰显文化自信,统筹文化事业、文化产业发展和旅游资源开发,提高国家文化软实力和中华文化影响力,推动文化事业、文化产业和旅游业融合发展。人才资源是第一资源,文化和旅游高质量融合发展归根结底取决于人才,人才培养是其中的关键动力和根本保障。在我国建设社会主义文化强国目标的指引下,文化和旅游在国家战略层面和产业层面的深度融合产生了许多新方向和新实践,对行业人才的培养提出了新挑战和新诉求[2]。

第一,对人才培养供给提出新要求。文化和旅游融合的繁荣发展对行业人才培养及供给提出了更高要求,产业和政府各类机构对创意创造、专业技术、经营管理、政府管理和公共服务、运营管理、作业服务等各类人才的需求持续增长,对人才素质和能力的要求更加趋向于跨领域、跨专业、复合型和创新型等方向。

第二,对人才培养内容提出新要求。市场环境方面,随着大众文化和大众旅游的兴起,新时代消费主体的个性化、品质化、情感化体验需求特征明显,行业内对策划、设计、产品、营销等

---

[1] 习近平.深入实施新时代人才强国战略 加快建设世界重要人才中心和创新高地[J].当代党员,2022(1):3-7.
[2] 白长虹.文旅融合背景下的行业人才培养——实践需求与理论议题[J].人民论坛·学术前沿,2019(11):36-42.

方面的创新创意型人才的需求凸显;技术环境方面,以移动互联网为代表的人工智能、信息科技迅猛发展,这将给整个文化旅游产业结构及产业链条带来巨大影响,行业内对科技型数字技术人才的需求逐步扩大。

第三,对人才培养导向提出新要求。文化和旅游产业作为增强和传播我国文化自信的最佳载体,其产业功能也应逐步从单一促进经济社会发展向助力大国外交、推动全球文化新秩序和人类命运共同体形成等综合功能拓展。文化和旅游产业功能的变革传导到人才培养领域,就使得未来行业人才培养的导向应超越个体或国家的单位,上升到全球和整个人类社会未来发展的新高度。

(二) 旅游文创人才培养存在的问题

旅游文创人才的培养要建立在充分理解文旅融合的政策之上。文化和旅游各有内涵和特色,两者之间的融合不是简单地叠加,而是有机地融合。从人才培养的角度来说,受以往单一产业管理体制的制约和影响,旅游文创人才培养囿于单向思维和行业藩篱,难以产生双向介入与相互借势的人才效应,已经相对滞后于其他行业的创新与发展,这是当下推进文化和旅游融合发展需要正视的现实问题之一[1]。具体而言,旅游文创人才培养的问题主要表现在以下三个方面。

1. 行业需求和高校培养的错位

旅游跨界深度融合驱动新业态、新场景、新模式,消费需求变化和行业创新变化对旅游文创人才的质量和数量提出了新要求。适应现代旅游业创新发展的战略性人才、高技能人才和跨界复合型人才严重短缺[2]。旅游文创专科、本科层次人才培养大多借鉴职业院校的培养模式,注重专业技能的培训,实践动手能力强,而综合研究能力薄弱;硕士、博士人才培养侧重理论研究,具体技能方面较弱,供给的是理论研究型人才,综合研究能力不够。这就造成了供给方的技能单一型或理论单一型人才供给现状[3]。面对旅游文创行业巨大的人才缺口,多数高校仍然延续传统型、单一型的人才培养模式,课程设置滞后于旅游文创行业发展,致使新兴领域人才结构性失衡,供给与需求严重错位。

2. 复合型文创人才的缺失

当前传统文创人才培养多数以具体项目进行,如文创产品设计、旅游景区景观设计等,对旅游文创的共性挖掘不够。即使进行了技能和理论的综合学习,也只是某一具体项目的专业人才,适用领域较窄,整合能力较差,跨界研发能力较缺乏,属专业型人才供给。文旅融合大趋势下更加需要复合型的文创人才。他们要具有较强专业素养,了解全套生产制作流程,具备较强沟通交流能力,掌握旅游营销策划技能,并且熟悉相关和相近的文创领域、融会贯通跨界学科知识的能力[4]。总体而言,复合型的文创人才是集知识符合、能力符合和思维符合于一体

---

[1] 毕绪龙. 从人才培养角度看文化和旅游的关系[J]. 旅游学刊,2019,34(4):9-10.
[2] 李君轶,贺哲. 以学科交叉推动旅游复合型创新型人才培养[J]. 旅游学刊,2022,37(8):7-9.
[3] 潘昱州,彭荔. 非遗文创人才的供需矛盾及其对策[J]. 文化遗产,2019(1):1-8.
[4] 潘昱州,彭荔. 非遗文创人才的供需矛盾及其对策[J]. 文化遗产,2019(1):1-8.

的人才。

3. 旅游文创管理人才的替代性

当今世界国际环境复杂,以大数据、人工智能、云计算、物联网等新技术为发展方向的信息化浪潮已然蓬勃发展,促进各行各业优化升级,大量劳动力正逐渐被自动化和技术型人才所取代。在文旅融合高质量发展的趋势下,新业态、新模式和新场景不断涌现,旅游行业的交叉属性日益显现。其他行业人才会进入旅游文创领域,抢占传统旅游管理人才的工作空间。传统旅游管理人才创新思维缺乏,专业技能和专业素质不强,在市场竞争中处于弱势地位,极易被其他行业人才替代。因此,从管理角度来说,旅游文创行业需要具有国际前沿管理思维和管理能力的人才,并且掌握互联网思维和新信息技术,满足新时代的游客需求[1]。

(三) 旅游文创人才培养的方向

面向未来,应对我国旅游文创行业人才培养的实际挑战,破解文化和旅游融合发展需求与行业人才队伍建设不平衡不充分的重要问题,需要的是理念的创新,是人才培养观的转变,这是最基础、最首要、最关键的要素。整合政府部门、企业、院校、行业组织等资源,完善旅游人才培养、引进、使用体系。具体而言,旅游文创人才培养的方向表现为以下三个方面。

1. 加强党政部门对于人才工作的领导

牢固树立人才资源是"战略性资源""第一资源"的观念,充分认识文创人才的特殊属性和旅游人才的行业特点,把握和尊重文化旅游人才成长的规律,把人才建设作为一项基础性、系统性、战略性工程,把握新形势、新任务、新要求,深刻认识人才培养对文化事业、文化旅游产业发展的重要性和紧迫性,增强做好文化旅游人才工作的使命感和责任感。各地区要结合本地区实际制定旅游业发展规划或具体实施方案,明确工作分工,落实工作责任。建立当地的文旅人才联席会制度,将行业单位、次级文旅单位纳为联席会成员单位,每年召开会议,建立信息沟通机制,探索人才资源互利共享的新方法、新机制。

2. 树立行业人才培养的科技观

科技的重大变革和创新是当前和未来人才培养中关键的力量。以人工智能、区块链、混合现实技术、云计算、通信技术、互联网等为代表的技术变革和创新将对人才培养产生重大影响。比如,网络教育、公开课程、付费知识推动了教育的社会化进程,人才培养模式亟待升级。因此,要利用现代技术加快推动人才培养模式改革,实现规模化教育与个性化培养的有机结合。树立科技观,探索科技对于文创产业、各类艺术行业及旅游业的深刻推动和改变,进而研究科技在旅游文创行业人才培养中的应用方式,具有重要的理论与现实意义[2]。

3. 建立行业人才培养的长效体系

文化和旅游的深度融合决定了人才培养要坚持复合性教育和长效化学习。鼓励各行业、各单位制定人才发展规划(计划),把握好人才发展实际情况和长远目标的关系,把握好人才发

---

[1] 李君轶,贺哲.以学科交叉推动旅游复合型创新型人才培养[J].旅游学刊,2022,37(8):7-9.
[2] 白长虹.文旅融合背景下的行业人才培养——实践需求与理论议题[J].人民论坛·学术前沿,2019(11):36-42.

展自主培养和引才引智的关系。落实"学习化社会"和"终身教育"的理念,强调人才培养及教育应摆脱封闭,推动开放性教育,为个体提供更多选择与学习机会,并把教育扩展到人生全部阶段,超越校园范围扩展到社会的各个方面,使学习、教育与社会交织融合。因此,未来旅游文创行业的人才培养应树立"长效体系观",创新多元化培养途径,积极采取开放、灵活、全方位的培养方法,将教育、开发和培训三种途径进行系统整合。

二、旅游文创管理人才的培养

前文介绍了文旅融合新形势下,旅游文创对行业人才的要求。接下来,我们将进行对旅游文创管理人才培养的学习。管理学大师波特认为,产业的价值只能从设计、生产、流通和消费整个链条里产生,因此,产业价值不是由单一活动实现,而是由整个产业价值链创造的。产业价值创新突出强调顾客感知到的价值,只有顾客感知到的价值才能产生经济性,才能促进产业发展。纵观产业革命历史,企业家的创造性思维和经营管理人才的系统性努力更有助于实现一个产业的发展[1]。旅游文创的宝贵资源,需要通过管理人才的努力,实现其最大的产业价值。基于此,旅游文创管理人才的培养可以从以下三个方面入手。

(一)实施交叉学科培养体系

旅游文创的管理人才不能以传统的单一学科模式来培养,而应该结合社会发展趋势与行业需求,以学科交叉为切入点,推动旅游文创人才培养机制、培养平台、培养环境、培养目标等的改革,培养复合型创新型旅游文创人才。

第一,构建"三结合"的多学科交叉人才机制。基于"三结合"原则,建立多学科交叉人才培养机制,将理论学习与社会实践相结合、学科创新与多学科协同创新相结合、本学科导师负责与多学科导师共同指导相结合,为提高学生的多学科交叉创新能力和复合型综合素质提供保障。依托旅游管理专业基础课程,建立包括计算机网络、信息管理、地理学、文学、艺术学、心理学、社会学、传播学等的多学科交叉课程体系,打破传统的学科边界,培育复合型创新型旅游人才[2]。

第二,打造多学科支撑的复合型平台。基于平台培养和项目培养,共同打造多学科支撑的复合型人才培养平台。建立科学研究和产品开发相结合的科研实践体系,学生通过参与各类交叉学科科研项目、社会实践项目以及跨学科竞赛,将学到的理论知识应用于解决旅游文创行业具体问题的实践。高校应依据旅游管理专业学科属性以及旅游行业需求,明确各学科之间的衍生关系,以旅游管理学科为根基,以计算机网络、信息管理、地理学、文学、艺术学、心理学、社会学、传播学等学科为依托,由各学院高水平教授组建交叉学科研究管理平台及机构,设立跨学科研究中心、跨学科课程事务机构,为复合型旅游文创人才培养提供平台支持[3]。

第三,实施定制式人才培养工程。如同任何管理专业,旅游管理专业是实践性非常强的专

---

[1] 迈克尔·波特.竞争优势[M].北京:华夏出版社,2005:36.
[2] 李君轶,贺哲.以学科交叉推动旅游复合型创新型人才培养[J].旅游学刊,2022,37(8):7-9.
[3] 李君轶,贺哲.以学科交叉推动旅游复合型创新型人才培养[J].旅游学刊,2022,37(8):7-9.

业,必须遵循理论结合实践的办学方针。应经常吸取业界和校友的意见反馈,随着行业的发展变化不断调整更新现有的课程和开发新的课程[1]。建立人才培养配套制度,鼓励文物博物、图书资料、群众文化、非遗传承、创意产业、旅游酒店、经营管理、艺术教育等专业单位在专业部门的指导下定制人才培养规划或计划,特别是针对紧缺人才制定人才培养计划。大力实施"人才+项目+基地"的培养模式,重点培养一批有全国水平的学术带头人和领军人物,抓紧造就一批紧缺的专门人才和专业人才,夯实旅游文创发展的基础,增强旅游文创繁荣和发展后劲。针对文旅融合的趋势,大力探索旅游文创复合型人才培养机制[2]。

(二) 坚持产教融合的育人模式

由于旅游文创较强的实践属性,学校教育必然要与产业界深度合作,找到一条产教融合的育人模式。相关学院可以与知名设计公司、文化产品制造企业、地方文旅企业建立良好的合作关系,以众创空间作为交流平台,邀请旅游、文创设计领域的专家进行跨学科融合的交流,以实际案例进行讲解和分析,提升学生的项目分析能力、设计思维与创新能力,有针对性地培养学生的市场意识和解决实际问题的能力[3]。

此外,传统的旅游管理专业强调理论和实践相结合,特别强调管理理论在运营操作中的应用。以美国为例,各旅游管理专业对学生都有严格的实习要求和毕业后在本行业就业率的考核。美国的旅游酒店管理院校基本都设有就业服务指导中心(career services center),该中心的职能由过去仅提供实习和就业机会、举办招聘会以及统计毕业生信息,发展到提供全面服务,包括职业咨询、求职培训、个人能力测试、修改简历、模拟面试、社交网络等。通过对学生的求职教育和指导来提高毕业生的就业竞争力,因为对就业率的考核是衡量旅游专业质量的关键指标[4]。

(三) 加强文旅干部队伍建设

按照《党政领导干部选拔任用工作条例》,实施中青年业务型领导干部选拔计划,进一步打破专业技术人员担任领导干部的壁垒,按照德才兼备、业务精通、善于管理的标准,选拔优秀专业技术干部到管理岗位担任领导职务。实施后备干部培养计划,针对艺术、文博、公共文化等序列专业性强的特点,加大后备干部培养力度。通过挂职锻炼、轮岗、调训、项目参与等方式在实际工作中锻炼考察干部,大胆提拔素质高、能力强、经验丰富、成绩突出的中青年后备干部,营造良好的用人导向,激发干部干事创业的热情。

此外,要进一步提高年轻文旅干部的新媒体素养,培育"网红局长"为地方文旅代言。在短视频时代,不少地方文旅局长以"貌"取胜,为家乡景点做宣传。比如,新疆伊犁哈萨克自治州文旅局副局长贺娇龙凭借一则鲜衣怒马雪地驰骋的视频涨粉50万名,四川甘孜藏族自治州文旅局局长刘洪以"笑傲江湖变装视频"走红网络(见图8-1),还有因造型另类出圈的湖北随州文

---

[1] 于良.美国旅游人才培养:从教育谈起[J].旅游学刊,2015,30(9):4-6.
[2] 李君轶,贺哲.以学科交叉推动旅游复合型创新型人才培养[J].旅游学刊,2022,37(8):7-9.
[3] 刘第秋.交旅融合视域下旅游文创设计人才培养路径探索——以重庆交大毕业设计教学为例[J].装饰,2020(5):130-131.
[4] 于良.美国旅游人才培养:从教育谈起[J].旅游学刊,2015,30(9):4-6.

旅局长解伟。经由"网红局长"们介绍的地方知名度大增、好感度提升，吸引不少人的目光，在一定程度上打破了"藏在深山人未识"的困境[1]。

图8-1 "网红局长"贺娇龙和刘洪的短视频装扮
资料来源：文旅局长"出圈"，以好思路拓宽好出路[EB/OL]．https://baijiahao.baidu.com/s?id=17584291636263483 52&wfr=spider&for=pc.
［访问时间：2023-05-02］

三、旅游文创业务人才的培养

上文介绍了旅游文创管理人才的培养，那么旅游文创业务人才该如何培养呢？文旅融合驱动了旅游产业的文化价值创新。党的十八大以来，习近平鲜明提出了坚定文化自信这一重大论断，并强调要"建设社会主义文化强国"。习近平指出，坚定中国特色社会主义道路自信、理论自信、制度自信，说到底就是要坚定文化自信。文化自信，是更基础、更广泛、更深厚的自信，是更基本、更深沉、更持久的力量。坚定文化自信，是事关国运兴衰、事关文化安全、事关民族精神独立性的大问题[2]。文化和旅游作为我国增强和彰显文化自信、提升国家软实力的重要力量，实现文化价值创新的关键，就是要培养大量在文化和旅游产品及服务的创新、创意、策划、研发等方面具有突出建树的旅游文创人才。

（一）实施青年人才培养模式

人才培养模式是指按照特定的人才培养目标定位，以相对稳定的教学内容、课程体系、教学流程、教学方法、管理制度、评估方式等，实施人才教育过程的总和。它主要包括人才培养目

---

[1] 人民网.文旅局长"出圈"，以好思路拓宽好出路[EB/OL]．https://baijiahao.baidu.com/s?id=175842 9163626348352&wfr=spider&for=pc.［访问时间：2023-05-02］
[2] 习近平.坚定文化自信，建设社会主义文化强国[EB/OL]．http://www.qstheory.cn/dukan/qs/2019-06/15/c_1124626824.htm.［访问时间：2023-05-02］

标与规格、专业设置、课程模式、教学设计、教师队伍、人才培养途径和教育方法等构成要素[1]。青年人才作为人才队伍中的新生力量，是实现人才储备转换为人才红利释放的核心关键。因此，要实施青年旅游文创人才的培养模式。

第一，建立青年人才导师培养项目。发挥地方系统高级专家科研、师导、创新和传承作用，联合高等院校、国内外知名文化旅游专家，通过名家工作室、"薪火相传"、"一人一戏"、非遗传承、学术团队建设等项目，培养青年专业技术人才。将专业领域创新、学术经验传承、学徒"传帮带"等内容纳入高级专家岗位职责和聘期任务，支持和鼓励高级专家发挥引领示范辐射作用。

第二，建立青年人才宣传展示平台。制定青年人才扶持办法，在岗位晋升、职称申报、人才申报、领导干部竞聘、人大代表和政协委员推选等领域给予倾斜。联合媒体平台开辟青年人才展示板块，重点宣传报道优秀的旅游文创人才，让青年人才脱颖而出。利用音乐节、舞蹈奖、群星奖、讲解员大赛、金牌导游、五星导游等平台开辟青年人才展示板块。争取相关人社部门对职业技能人才的认可和支持，通过职业技能竞赛、非遗展演、文创设计奖等项目，宣传展示非遗、旅游、文创等职业技能人才。

第三，实施青年人才教育培养项目。制定青年人才奖励办法，对青年人才进行奖励，有重点地选择有发展前途的中青年专业骨干到全国知名院校进修。联合高等院校、行业单位建立实训实习基地。通过共建合作发挥青年人才作用，为优秀人才引进做好储备。采取多种培训方式，鼓励青年人才积极参加境内外有一定影响力和竞争力的培训和比赛，开阔青年人才视野，扩大青年人才朋友圈，提升文化事业和文旅产业的影响力。

（二）培养具有工匠精神的文化传承人

对于旅游文创青年人才的培养，除了教育和宣传外，还要培养其工匠精神。所谓工匠精神，它强调了"尊师重道的师德精神、一丝不苟的制造精神、自我否定的创新精神、精益求精的创造精神、知行合一的实践精神"的特质以及在经验、知识、器物和审美四个方面的和谐统一[2]。工匠精神是旅游文创产品之"魂"，倡导"生命品质的好坏不由自己定义，作品是最好的说明，每一项工作都当作精工物件"的理念，培育旅游文创产业研发人才精益求精的思想与行为习惯，把改善当作工作的常态，鼓励他们大胆进行工艺创新和产品品质提升，突破研发设计的规矩和法度，使产品附加值极大化[3]。

创意思维的培养不只需要精益求精的耐心，还需要内心充盈的"文心"。要让"文心"支撑旅游创意生产，优化培训教育体系。旅游文创产业组织可以根据各岗位创意研发人才的素质和能力需求，对创意研发人才进行有针对性的培训。除了传统的到知名高等学府、人才培养基地学习进修等方式外，还鼓励创意研发人才到各类文化胜地、知名艺术区等进行创意休假、研发疗养，"破万卷书、走万里路"，特别提倡到基层采风获取创意源泉。在工艺方面也鼓励研发

---

[1] 张丹宇.高校旅游管理专业应用型创新人才培养模式[J].学术探索，2015(2):73-77.
[2] 李宏伟,别立龙.工匠精神的历史传承与当代培育[J].自然辩证法研究，2015,31(8):54-59.
[3] 吴贵明.文化创意产业研发人才胜任力的结构特征及其开发机制构建[J].东南学术，2017(6):110-116.

人才跨岗学习,通过"工作丰富化"和"工作扩大化"策略,拓展"文心"资源,从而为再创新、再改善、再精进提供灵感与可能[1]。

除了旅游文创设计人员以外,非遗传承人也是旅游文创业务人才的重要组成部分。非遗传承人的内涵正在逐步扩展:非遗传承人不只包括手工技艺、口头文学、表演艺术和民间知识类的"代表性传承人",还应该扩展到礼俗仪式、岁时节令、社祭庙会等民俗活动的群体传承;除了重点保护精英式传承人,人数更多的普通传承人同样值得关注与呵护。

基于此,我国应尽快建立非遗知识产权制度,既保护非遗知识产权所有者的权利,也保障传承人发展自己所传承非遗的文化权利。这不仅可以帮助非遗传承人进行传承活动和维持自身生活,同时也是对传承人应有的尊重和肯定,提升社会对于非遗保护的认知度和责任感[2]。

(三)发掘"互联网+"的创意设计人才

2020年11月,教育部对新文科建设做出了全面部署,发布的《新文科建设宣言》提出打破学科专业壁垒,推动文科专业之间深度融通、文科与理工农医交叉融合,融入现代信息技术赋能文科教育。文件提出的趋势和变化为新文科建设提供了良好契机。新文科建设核心是探索学科交叉,尤其是与科技相结合,实现文理交叉,聚焦知识生产与立德树人两个维度,创新人才培养的"新"模式,培养具有数字化思维、创新创业意识和跨界整合能力的高素质人才,服务我国社会主义文化强国建设。

例如,作为旅游文化产业的重要组成部分,博物馆藏品文创设计既是推动中华优秀传统文化创造性转化和创新性发展的重要媒介和手段,也是社会大众了解历史、了解中华优秀传统文化的一个新窗口。面向文博领域的文创设计能够使"收藏在博物馆里的文物、陈列在广阔大地上的遗产、书写在古籍里的文字都活起来",只有培养和造就一批高素质的文博文创设计人才,才能更好地推动我国文博事业的大发展大繁荣[3]。

大数据、虚拟技术、人工智能、核心算法、区块链等一系列新技术已经被应用到文创设计领域,这对文博领域的艺术设计创新型人才提出了新的挑战和更高的要求。因此,在设计课程教学中,要建立艺术与科技知识的内在联系和逻辑关系,巧妙地将"艺工融合"的设计思维与设计表达经验贯彻到教学中,引导学生由浅入深地学习掌握艺术与科技的内在联系,培养学生的跨领域知识融通能力和实践能力。旅游文创人才通过艺术与科技的交叉融合学习,给博物馆文创产品赋予科技含量,为文博文创产品的艺术呈现提供技术支持和保障,以此推动设计人才的多元化发展,全面提高未来旅游文创设计师的文化素养和综合素质,使其逐步成长为懂数理、厚人文、通技术、擅推广的旅游文创复合型设计人才[4]。

---

[1] 吴贵明. 文化创意产业研发人才胜任力的结构特征及其开发机制构建[J]. 东南学术,2017(6):110-116.
[2] 吕静,薄小钧. "非遗"传承人保护政策的再思考[J]. 东南文化,2018(6):6-11,127-128.
[3] 刘玲,胡雨欣. 新文科背景下的文博文创设计人才培养研究[J]. 传媒,2023(5):80-82.
[4] 刘玲,胡雨欣. 新文科背景下的文博文创设计人才培养研究[J]. 传媒,2023(5):80-82.

四、旅游文创人才的资金和制度保障

旅游文创人才的培养也离不开资金和制度的保障,接下来将从企事业关系、用人与分配机制以及激励机制三个方面介绍具体的保障措施。

(一)重新界定企事业关系

旅游文创产业所具有的经济活动特点与传统文博机构公益性事业单位的经营方式不相符,这是在实际工作中难以回避的问题。2016年,国务院办公厅转发文化部等四部委《关于推动文化文物单位文化创意产品开发的若干意见》。一系列重大文化战略推动了故宫博物院乃至全国博物馆系统文创事业的发展。为了激发旅游文创的活力,以博物馆为代表的文博机构应该重新界定事业与企业的关系。换句话说,博物馆的许多工作同时涉及公共文化事业和文创产业范畴,其事业性质是普及性的,具有保障属性,而产业性质是选择性的,具有经营属性,两者互为补充,不断丰富。开展实际工作的关键点是厘清博物馆与文创产业之间的关系以及博物馆文创的经营方式。

比如,2016年上海博物馆正式挂牌成立"文化创意发展中心"(以下简称"文创中心"),这是上海博物馆关于机构调整的一次重要尝试,也是对于文创工作的一次顶层设计,其首要工作便是厘清企事业的不同职能。文创中心作为上海博物馆的一个职能部门,立足于全馆的工作层面,完善文创工作保障体系,组织协调馆内其他相关部门,整合行业资源和社会资源,统筹规划并推进开展上海博物馆文创发展工作。原有的艺术品公司实行人员、财务、法务等方面的独立管理,并进一步由全民所有制企业改制为有限公司,从而以专业的姿态参与市场化运作[1]。

早在2008年,苏州博物馆与其主管部门苏州市文化广电新闻出版局的下属企业苏州市文化经济发展总公司合作,成立苏州市博欣艺术品有限公司。依托博欣公司这一载体,苏州博物馆文创的运营以市场化的视角,遵循市场化的思路,积极参与市场竞争,努力实现从事业化运营到产业化运营的转变[2]。

(二)建立全新的用人与分配机制

界定事业与企业的关系后,完善用人和分配机制也是旅游文创制度保障的重要内容。比如,故宫博物院通过内部竞聘的方式鼓励馆内年轻人积极应聘文创负责人的岗位并组建文创团队。与此同时,制定文创团队内部(下属关联公司)绩效考评制度,将绩效与文创产品的研发、销售成绩挂钩,真正实现多劳多得、少劳少得[3]。从宏观角度看,可以从三个方面优化旅游文创职能部门的用人和分配机制。

第一,深化旅游文创人才体制机制改革。以增强职能部门用人自主权为原则,积极推进公

---

[1] 刘辉,朱晓云,李峰,等."文旅融合下博物馆文创的探索与实践"学人笔谈[J].东南文化,2021(6):135-149,190-192.

[2] 刘辉,朱晓云,李峰,等."文旅融合下博物馆文创的探索与实践"学人笔谈[J].东南文化,2021(6):135-149,190-192.

[3] 刘辉,朱晓云,李峰,等."文旅融合下博物馆文创的探索与实践"学人笔谈[J].东南文化,2021(6):135-149,190-192.

共文化单位法人治理结构建设,规范公共文化单位人事、财务、纪检监察等制度建设,进一步整合行业资源,促进公共文化单位规范化、专业化管理。同时,相关政府部门要出台旅游文创人才扶持政策,为文旅人才发展在岗位管理、职称评审、技能鉴定、人才引进、人才交流等方面争取更多优惠政策。此外,相关职能部门要进一步深化国有文艺院团改革,完善养老保险、人才支持等政策,保持国有文艺院团队伍的稳定。

第二,做好旅游文创人才引进工作。以高层次人才和紧缺人才为重点,加大旅游文创人才引进工作力度。拓宽引进优秀人才的"绿色通道",通过专项选聘积极引进青年拔尖人才、知名艺术家、紧缺人才等。通过公开招聘、专项选聘等途径,严把入口关,提升文旅人才整体素质。探索实施人才"柔性流动"政策,引才引智。树立"不求所有、但求所用"的招才引智理念,采取项目引进、剧目合作、技术指导、协作共建等形式,探索灵活高效的引人用人途径,做到引才和引智相结合、培养和引进相结合,带动和促进人才整体素质提高。

第三,创新旅游文创人才评价机制。以用人单位为主体,按照社会效益和经济效益相统一的原则,结合专业技术职务和岗位管理需要,结合非遗、旅游、文创人才职业技能需要,分级分类制定人才评价行业标准。积极推进文化旅游人才智库建设,发挥政府、市场、专业组织、用人单位等多元评价的主体作用,根据人才发展的不同轨迹和需求,分权重引入同行专家评价、市场评价和社会评价。

(三)健全激励机制

2021年5月,中央宣传部、文化和旅游部等九部委发布《关于推进博物馆改革发展的指导意见》,开篇就提出"为深化改革,持续推进我国博物馆事业高质量发展"。同年8月,文化和旅游部、中宣部等八部委联合印发《关于进一步推动文化文物单位文化创意产品开发的若干措施》,指出"文化文物单位按照要求推动文化创意产品开发,取得了一定成绩,但也面临试点政策落实没有完全到位、激励机制有待完善等问题"。

事实上,《关于推进博物馆改革发展的指导意见》中已提到"健全激励机制"这一问题:"博物馆开展陈列展览策划、教育项目设计、文创产品研发取得的事业收入、经营收入和其他收入等,按规定纳入本单位预算统一管理,可用于藏品征集、事业发展和对符合规定的人员予以绩效奖励等。"同时提出"合理核定博物馆绩效工资总量,对上述工作取得明显成效的单位可适当增核绩效工资总量,单位内部分配向从事这些工作的人员倾斜。"《关于进一步推动文化文物单位文化创意产品开发的若干措施》则在此基础上进一步提出"健全收入分配",并对收入、绩效工资、奖励等提出具体办法。相较于其他博物馆单一的事业管理体制,故宫拥有故宫文化服务中心、故宫出版社等下属企业,企业的市场化运营、品牌管理的社会效益和经济效益双向考评均有利于激发企业员工的积极性,不断推进文创工作发展[1]。

在国家政策框架体系内,完善绩效工资分配办法,探索高层次人才引进和兼职人员等激励分配机制,调动文化事业单位人员的积极性。例如,南京博物院在2017年制定了《南京博物院

---

[1] 刘辉,朱晓云,李峰,等."文旅融合下博物馆文创的探索与实践"学人笔谈[J].东南文化,2021(6):135-149,190-192.

文化创意开发激励办法(试行)》，开篇即对"文化创意开发"的目标、资源、措施和机制做了规定：基于南博院藏文物资源，"以本院人力资源、知识产权和江苏地域文化为依托，开发原创性、创意性文化产品、文化服务和文创商品"。也就是说，南京博物院健全激励机制应建立在创新文创模式基础上，文创产品的开发是南京博物院展览和服务的延伸，是南京博物院履行社会责任的重要内容。在此背景下，规范收入管理："文创开发项目产生盈利的，盈利总量的50%以上应用于支持本院事业发展的需要""部分盈利可以作为对项目组的奖励，该奖励不受本院年度绩效核定总量限制"[1]。

第二节 旅游文创中介机构职能

新时代赋予文化和旅游融合发展的新使命。文化丰富旅游内涵，旅游加强文化影响，二者相互融合、相互促进、共同发展。十九届五中全会通过的《中共中央关于制定国民经济和社会发展第十四个五年规划和二〇三五年远景目标的建议》提出"推动文化和旅游融合发展，建设一批富有文化底蕴的世界级旅游景区和度假区，打造一批文化特色鲜明的国家级旅游休闲城市和街区"，对"十四五"时期深化文化和旅游融合发展提出新要求。上一节我们已经学习了文旅融合趋势下，文博事业单位与文旅企业的重新界定方式。这一节我们将从经营管理结构、行业创作机构以及相关政府部门三方面，介绍不同类型机构在旅游文创领域的职能。

一、旅游文创经营管理机构的职能

旅游文创的发展离不开市场主体的培育。为了壮大市场主体，需要突出企业在旅游文创产业发展中的主体地位，加强分类指导，促进协同创新，优化文旅企业发展环境，推动市场主体规模持续扩大、整体实力进一步增强、发展质量不断提升[2]。早在改革开放初期，国内相关旅游职能部门就已实现了政企分开和产业运作。以北京为例，1983年5月，根据国务院统一要求，北京市旅行游览事业管理局改名为北京市旅游局。1986年，北京市委、市政府决定，市旅游局与市饭店总公司合并，组成北京市旅游事业管理局。市旅游事业管理局一方面管理直属企业，另一方面实施行业管理。1998年，北京市将原直属政府管理的旅游总公司逐渐分离，初步实行政企分开，进一步加强了旅游局的行政管理职能。旅游业实现了从外事接待型向经济创汇型的转变，旅游管理与经营分开，政企分开迈出关键性步伐[3]。

---

[1] 刘辉,朱晓云,李峰,等."文旅融合下博物馆文创的探索与实践"学人笔谈[J].东南文化,2021(6):135-149,190-192.
[2] 中共中央办公厅 国务院办公厅."十四五"文化发展规划[EB/OL]. http://www.gov.cn/zhengce/2022-08/16/content_5705612.htm.［访问时间:2023-05-02］
[3] 高福.北京市旅游产业发展过程中的政府职能研究[J].黑龙江社会科学,2016(1):91-94.

根据《"十四五"文化产业发展规划》的要求,"十四五"期间,国家要培育骨干文化企业,鼓励大型文化企业通过资源整合、并购重组等方式做优做强,形成一批具有核心竞争力与国际影响力的文化产业集团[1]。在旅游文创领域,要支持中小微企业向"专业化、特色化、创新型"方向发展,在提供个性化、多样性、高品质文化产品和服务方面形成比较优势。与此同时,各地方要深化国有文旅企业改革,推进国有文化旅游企业建立健全现代企业制度,完善法人治理结构,进一步提高国有文化旅游资产投入使用效率。此外,各地方要引导民营文化旅游企业健康发展,依法保障民营文化旅游企业及企业家合法权益。加快发展新型文化旅游企业,推动传统文旅业态企业提高数字化发展能力。引导文旅企业增强品牌意识、加强品牌建设,打造一批有代表性、影响力和美誉度的文旅企业品牌。接下来,我们将以西安曲江文化旅游股份有限公司为例,详细介绍旅游文创经营机构的运作模式。

西安曲江文化旅游股份有限公司(以下简称"曲江文旅")是隶属于西安曲江新区管理委员会旗下西安曲江文化产业投资(集团)有限公司(全国文化企业30强)的国有控股上市公司。其立足西安,放眼全国,构建了文化旅游全产业链条集成运营发展平台,是集文化旅游"策、规、投、建、营"于一体的中国文化旅游集成运营商[2]。在公司的2021年度报告中,曲江文旅将其核心竞争力总结为面向历史、文化主题景区的全面运营管理集成能力,即历史、文化主题景区前期文化研究、策划规划能力,后期运营管理能力,以及相关产业协同的全面把握能力。由于上述能力具有历史、文化、旅游交叉领域的多样性和集成的复杂性,需要通过众多项目的实践经验才能逐渐形成,所以具有较高的能力形成壁垒[3]。基于此,我们可以把旅游文创经营管理机构的职能分为以下四类。

(一)旅游景区运营

旅游景区运营是文旅企业的主要职能,一方面要保证景区收支良性循环,另一方面也要为景区注入地方特色的文化元素。具体而言,旅游景区运营的业务职能包含旅游资源整合规划、景区精细化管理、活动商业营销管理、品牌活动包装策划、文化旅游产品升级策划等。以曲江文旅为例,公司运营管理的文化旅游景区业务主要包含西安曲江大雁塔·大唐芙蓉园、西安城墙景区、大明宫国家遗址公园、大唐不夜城四个国家5A级旅游景区,曲江海洋极地公园这个国家4A级景区,曲江寒窑遗址公园、曲江池遗址公园、唐城墙遗址公园、唐慈恩寺遗址公园、杜邑遗址公园、秦二世陵遗址公园等多个文化旅游景区,"三河一山"绿道、㵲陂湖水系生态文化旅游区等数个生态旅游景区,以及曲江青年公园、曲江大华社区公园、曲江花影公园等多个休闲景区。其中,深入挖掘文化内涵,以国际化视野和格局,将大唐不夜城打造成为中国最美新唐人街和梦幻不夜之城,也让大唐不夜城成为年节期间全国人流量最大、关注度最高的热点

---

[1] 中共中央办公厅 国务院办公厅. "十四五"文化发展规划[EB/OL]. http://www.gov.cn/zhengce/2022-08/16/content_5705612.htm. [访问时间:2023-05-02]

[2] 文产曲江. "十四五"如何实现文化产业融合发展[EB/OL]. http://qjxq.xa.gov.cn/ztzl/whqj/60da9196f8fd1c0bdc361c08.html. [访问时间:2023-05-02]

[3] 曲江文旅. 西安曲江文化旅游股份有限公司2021年年度报告[EB/OL]. http://static.sse.com.cn/disclosure/listedinfo/announcement/c/new/2022-04-27/600706_20220427_1_L0s1bg0t.pdf. [访问时间:2023-05-02]

景区。

(二) 文化旅游演出

除了景区运营以外,景区内的文化旅游演出也是旅游文创经营管理机构的重要职能之一,同时也最能体现一个地方的文化创意。具体而言,文化旅游演出的业务功能包括文化旅游精品演出内容策划及管理运营,主题秀、创意水秀、光影秀技术方案开发,室内演艺项目的定制开发,舞美特效创意策划,以及演员团队培训。以曲江文旅为例,曲江演艺结合盛唐文化、地域文化特色,打造内容丰富、形式多样的精品文化旅游演出项目。这些项目现已全方位覆盖大众通俗演出、高端品位演出、地域特色演出市场,占据了西安95%、陕西80%的演出市场份额。曲江文旅推出了《梦回大唐》《梦长安》等旅游演艺品牌,《大唐追梦》《家风》《陕北往事》等一批文艺精品相继问世,还包括人类非物质文化遗产东仓鼓乐等。另外,"不倒翁小姐姐"电商直播、"盛唐密盒"答题互动以及"云上国宝音乐会"等线上活动火热非常,带动曲江文旅迈上"5G+"新时代。

(三) 住宿餐饮服务

对于外地游客而言,住宿餐饮是旅游体验的刚需。因此,给旅游基础设施增添文创元素(创意酒店、创意菜等),也是旅游文创经营管理机构需要提供的功能价值。具体而言,住宿餐饮服务的业务功能包括"文化旅游+大住宿"产业融合,特色酒店及精品民宿的投资、运营和管理,高星级酒店包装和运营,金钥匙"满意+惊喜"服务,AI系统应用无人智慧化管理,"文化旅游+餐饮"产业融合,"中华老字号"餐饮品牌创新管理,高端文化餐饮品牌管理输出等。以曲江文旅为例,基于文旅融合的指导思想,打造了西安唐华华邑酒店、芳林苑酒店等具有唐风情调的高端主题酒店,还培育了御宴宫、大唐不夜城餐饮老字号集群、金缘阁等有独特地方风格的主题餐饮品牌。这些服务设施形成了文化旅游景区的重要组成部分,丰富和完善了文化旅游的业态结构。

(四) 文旅产业教育培训

上文已经介绍了高校在旅游文创培养中充当的角色,作为业界第一线的旅游文创经营管理机构,同样也要担负起文旅产业教育培训的职能。这些职能业务包括培训需求调查及分析、培训计划的制定、培训组织与实施、培训评估与效果转化、全体系岗位实战历练、标准化团队建设、优质自有人才派驻和后续团队考评服务等。以曲江文旅为例,于2019年创办了曲江文旅学院,它不仅为曲江文旅相关员工提供学习平台,同样也为其他旅游行业企业提供同等且个性化的行业先进经验学习方式。其开设的主要课程包括"文旅演艺的实践之路""全域旅游背景下文化与旅游融合发展""旅游的战略""景区的营收增长""企业品牌文化""智慧旅游建设与运营"等。

二、旅游文创行业创作机构的职能

随着移动互联网以及各种沉浸技术的发展,旅游文创行业创作机构迎来了转型升级的契机。习近平指出,"旅游是综合性产业,是拉动经济发展的重要动力"。[1]"旅游+"可以发挥旅游业的吸引力、整合力、催化集成力等,促进旅游与其他领域的有机结合,提升整体发展水平。旅游与文化、科技的深度融合可以开拓旅游文创内容生产的创新模式,丰富旅游产品供给的多样性,不断满足人民日益增长的美好生活需要。基于此,接下来将从地方戏院、景区文创演艺团队以及旅游文创产品设计团队三个方面,阐述旅游文创行业创作机构的职能。

(一)地方戏院

在中国民族文化艺术中,戏曲是中华传统文化的重要瑰宝,其鲜明的民族性和地域性特点使其在中国文化史中占有重要地位。同时,作为非物质文化遗产的地方戏曲也是旅游文创内容创作的源泉。中华戏曲博大精深,以某一种(或数种)声腔系统作为剧种音乐的基础,结合地方语言和当地民间音乐而形成剧种,如京剧、汉剧继承了"皮黄腔",各种梆子戏(秦腔、河北梆子、豫剧等)继承了"梆子腔",苏昆、北昆继承了"昆山腔",赣剧继承了"弋阳腔",而川剧在继承四大声腔的同时,吸收了在当地民间歌舞音乐基础上形成的"灯调",实现了"五腔共和"。此外,源于民间歌舞的剧种有花灯戏、花鼓戏、采茶戏、秧歌戏等,源于说唱音乐的剧种有浙江的越剧、北方的评剧、江苏的扬剧等。[2]

这些地方剧种不论存在多大的差异,在总体风格上又都具有共同的特征,即统一在一个共同的民族风格之内,都具有中华民族的性格特征,这也是我们能从全局着眼探讨中国地方戏曲教育问题的基础。地方戏院作为培养地方戏剧人才的摇篮,是保留地方文化火种、促进地方文化传播与传承的重要根据地。具体而言,地方戏院作为旅游文创机构发挥的职能包括以下三个方面。

一是弘扬中华文化。作为中华传统音乐文化的组成部分,地方戏曲艺术蕴含着深厚的道德底蕴与时代烙印。地方戏院要进一步深化文艺院团内部运行管理机制改革,加强院团职业化、专业化建设,引导文艺院团逐步建成遵循艺术特殊规律、遵守市场经济法则、与经济体制相适应、与事业发展需求相适应的院团管理新机制。鼓励和支持文艺院团创作、生产、演出更多舞台艺术佳作,弘扬社会主义核心价值观,满足人民向往美好生活的精神文化需求,增强民族自豪感和文化自信心。

二是地方戏曲的根源化保护。地方戏院的重要教育功能就是保护、传承和发展优秀传统戏曲。不过由于表演形式较陈旧以及艺人经济效益甚微,年轻一代对于非遗戏曲兴趣不大,某些具有地方特色的戏曲几近失传。比如,皮影戏主要秉承口传心授、自然传衍的技艺传承模式。这虽然较好地保护了这门技艺的"原生性",但也极大地阻碍了该民间艺术的长远发展。因此,需要通过专业的"包装"逐步改变以往口口相传的传承模式,使皮影戏学习规范化、科学化,不断拉近老一代皮影戏艺人与愿意投身皮影戏学习的年轻人之间的距离,为弘扬地方传统

---

[1] 人民网. 习近平在俄罗斯中国旅游年开幕式上的致辞[EB/OL]. http://politics.people.com.cn/n/2013/0323/C70731-20888536.html. [访问时间:2024-7-17]
[2] 谭永局. 简论地方戏曲与学校艺术教育[J]. 四川戏剧,2008(3):123-125.

戏曲营造良好的生态学习环境和传承土壤[1]。

三是地方戏曲的活态化传承。时代在发展,社会在进步。地方戏曲要繁衍并发扬光大,必须紧跟时代、与时俱进,不断拓展外部发展环境,实现自身意涵的转化。一方面,地方戏院需要大力推进艺术创新,推动艺术与旅游、科技深度融合,为旅游线路精心设计艺术产品,将数字影像技术、全息技术、动漫技术等现代科技与艺术创作结合互融,增强艺术作品的时代感、吸引力、影响力。另一方面,地方戏院可以积极开展"戏曲进校园""戏曲进景区"和"戏曲下乡"工作,让优秀传统文化在高校校园、城市主要区域以及乡村地区生根发芽。

(二)景区文创演艺团队

《"十四五"旅游业发展规划》提到要"促进旅游演艺提质升级,支持各级各类文艺表演团体、演出经纪机构、演出场所经营单位参与旅游演艺发展,创新合作模式,提升创作质量,推广一批具有示范意义和积极社会效应的旅游演艺项目"[2]。借助以短视频为主的社交媒体传播,景区能够通过文创演艺团队火速出圈,从而提升景区的客流量和影响力。这种景区文创演艺团队的职能主要体现在两个方面:打造文创演艺式景点以及开发景区内的文创演艺。

打造文创演艺式景点即借助文创演艺团队来打造一个全新的景点。如长江首部漂移式多维体验剧《知音号》,在武汉市两江四岸核心区打造了一艘具有20世纪风格的蒸汽轮船"知音号"和汉口码头作为剧场,并采取国际顶尖的艺术表达方式和独创的观演模式,活现大武汉当代文化。"知音号"是从汉口五福路码头出发的一艘长江游轮,它的特殊之处在于这艘游轮上的戏剧表演,即近年来越来越为国内观众和消费者所熟知的沉浸式戏剧。在体验消费和数字时代的背景下,人们面对面的交流逐渐被其他方式侵占,而人们又越来越希望得到深入、亲历、忘我的体验。同时,"知音号"作为旅游文创项目,延伸出"知音文化",更强调了其"漂移式城市博物馆"的文化定位[3]。不仅如此,相关的文旅公司积极开拓市场空间和品牌空间,利用"知音号"IP跨界整合资源。比如,在"知音号"上玩"剧本杀",玩家穿越回动荡不堪的20世纪初,与"商界大佬""学界名流"等一起,执行各类主线任务和互动游戏,阻止敌方转移情报,担起保卫大武汉的重担。此外,戏剧研学、脱口秀、相声等艺术形式都搬上了"知音号",让游客凭门票既能登船起航畅享江城美景,又能打卡欣赏剧场表演,开启"一票双游"全新游船体验[4]。

除了文创演艺式景点以外,景区内新开发的文创演艺同样能充当提升景区知名度的爆点。如2023年3月引爆短视频平台的"盛唐密盒","盛唐密盒"是大唐不夜城的固定演艺活动,每晚进行四场演出,每场时长约为10分钟。"盛唐密盒"的两位主人公"房玄龄"和"杜如晦"对每位上台的游客抛出三个问题,涵盖地理、历史、文学、数学、国学等领域。答题游客拥有两次试错机会,无论游客给出何种回答,"房玄龄""杜如晦"都能完美接梗[5]。"盛唐密盒"就是采用

---

[1] 宋伟,吴莎莎,张一帆.地方戏曲融入当地高校艺术教育的策略研究——以定州市解咬村皮影戏为例[J].石家庄学院学报,2021,23(1):27-30.
[2] "十四五"旅游业发展规划[N].中国旅游报,2022-01-21(2).
[3] 徐梦娜."知音号"的沉浸式戏剧体验与城市文化传播[J].当代戏剧,2021(5):13-16.
[4] 瞿祥涛.武汉朝宗文化旅游有限公司:引领"知音号"逆风踏浪前行[N].中国文化报,2021-11-22(4).
[5] 李卫,李静茹."盛唐密盒"的流量密码[N].陕西日报,2023-04-13(8).

"文物＋科技＋教育＋创意"的模式,以文化产业带动文化传播的生动案例。不同于千篇一律的古镇观光游览,"盛唐密盒"提供了文化旅游的情绪价值。无论是深挖历史的文化魅力,还是打造各类 IP 的舞台张力,抑或是演员问答交互的机智脑力,都是创新组合的"附加体验",这些"密盒"里开出的惊喜通过网络传播形成网红效应。此外,互动沉浸式表演形式也是"盛唐密盒"成功的重要因素。通过角色扮演和脱口秀表演,"盛唐密盒"充满娱乐性、趣味性。

互联网时代,信息极大丰富,但面对面的互动式沉浸体验仍然有其不可替代性。丰富的网络内容潜在拔高人们感官互动的底线,更能彰显表演现场交互的排他性。对创新的旅游交互模式,人们往往保持好奇的心态,驱动游客体验新交互模式,获得越沉浸越快乐的良好体验[1]。

(三)旅游文创产品设计团队

作为旅游项目的衍生品,旅游文创纪念品是吸引游客注意力以及结束旅行后留存纪念的物件,它在当前的移动互联网时代发挥了更大的作用。旅游景区可以借助网红纪念品出圈,从而获得更多的人流量以及经济收益。《"十四五"旅游业发展规划》中强调,实施文化和旅游创意产品开发提升工程,支持博物馆、文化馆、图书馆、美术馆、非遗馆、旅游景区开发文化和旅游创意产品,推进"创意下乡""创意进景区",在文化文物单位中再确定一批文化创意产品开发试点单位,推广试点单位经验,建立完善全国文化和旅游创意产品开发信息名录[2]。

博物馆文创是旅游文创产品的主要特色内容。在全媒体时代,博物馆文创消费成为一种基于网络趣缘群体的公共消费模式。近几年,各种网红博物馆文创产品成为引爆互联网的热门话题。比如,四川三星堆博物馆开发的"三星堆面具冰激凌"采用独具特色的馆藏文物青铜面具为原型,以浓浓的"出土味"和"青铜味"引领博物馆文创的潮流,逐渐构建起包含动漫、电影、小说、网游等文创产品在内的三星堆新文创体系。甘肃省博物馆以铜奔马为原型,开发出"马踏飞燕"主题文创系列产品,轻松、搞怪的"丑萌"风格成为博物馆界的爆款文创产品。此外,具有精神寄托和宣泄压力功能的寺庙旅游也带火了寺庙景区的各类周边产品。北京雍和宫的香灰手串、白塔寺的冰箱贴、杭州法喜寺的护身符、德寿宫的"宫兔"、南京鸡鸣寺的"柿柿如意"香囊等,各种美观实用、寓意吉祥的文创产品获得了年轻人青睐。

博物馆文创产品的开发是博物馆与相关公司合作的结果。如 2020 年年底走红网络的考古盲盒,它是河南博物院与洛阳古都文创合作设计的。考古盲盒由博物院提供素材,进行历史文化的解读和产品知识层面的挖掘,文创公司则负责设计生产。为了与其他同类产品区分开,设计团队在考古玩具中加入河南古都的土,而洛阳附近的北邙山就是历史上诸多王侯将相的长眠之地,有了土的元素后,还加入了洛阳铲。考古盲盒反映了考古工作本身的未知性,这与盲盒的未知性有机结合,可以更贴近年轻人的消费偏好。

除了河南博物院,不少国内博物馆也在尝试走出传统模式,与外部企业合作进行文创产品的创新,活化古老的历史文化 IP。比如,2018 年,陕西历史博物馆与收藏玩具品牌 52TOYS 合

---

[1] 张致."盛唐密盒"的"出圈"逻辑[N].新华日报,2023-04-20(3).
[2] "十四五"旅游业发展规划[N].中国旅游报,2022-01-21(2).

作,由博物馆向52TOYS提供文物素材作为创作原型,联合举办"文物超活化"原型创作大赛,邀请青年设计师参与设计比赛,通过比赛的方式激发创作,最后将获得评价较高的设计想法生产为产品销售。"知识入股"的陕西历史博物馆会以折扣价采购一批文创产品,然后通过自己的渠道销售,获得利润[1]。

三、旅游文创政府部门的职能

在旅游文创的发展中,政府部门发挥着十分重要的服务型角色。政府坚持以人为本,从供给管理向需求管理转变,寓管理于服务。为了适应全球旅游产业发展趋势,各地方应坚持市场主导型的战略,强化政府引导[2]。这就需要各级政府部门提高服务精准化、专业化和便利化水平,引导项目规划、管理咨询、营销策划、经纪代理、法律服务等各类市场化旅游文创服务机构规范有序发展。具体而言,旅游文创政府部门的职能表现为以下三个方面。

(一)政治职能:旅游文创的行政环境

旅游文创作为人们互动交往的方式,是政治社会化的重要组成部分。旅游文创离不开政治,当旅游文创的活动人群不断增多时,旅游文创无疑成为人类政治活动的组成部分。人们会在旅游文创的政治生活和政治实践中获取政治知识,形成自身的政治立场与意识。基于此,政府要制定一系列发展旅游文创的政策以及旅游文创的总体规划。同时,相关部门要起草旅游文创市场法规、条例和规定,并建立完善的旅游文创人才培训和考核体系。

一些地区旅游文创的景点和产品能够直接体现政治意涵。比如,红色旅游线路的开发和红色旅游文创产品与党和国家的形象有关,与爱国主义教育和革命传统教育密不可分。它是形成国家认同、增强民族凝聚力、强化青少年思想政治教育、加强党的执政能力建设和广大干部廉政教育的重要载体。这就决定了红色旅游文创具有严肃的政治属性和较高的历史地位,是一项政治工程。此外,在和平与发展的国际环境下,跨国的旅游交往也是国际政治的"风向标"。因此,相关政府部门也要时刻关注国际旅游文创中的政治因素。

(二)经济功能:旅游文创活动的实施基础

任何社会为适应生产力和经济发展需要,都必须发挥政府经济职能对于经济运行的调节作用。同时,不同经济体制中的政府经济职能有着不同表现形式,但它干预经济的实质却是相同的。政府经济职能贯穿旅游文创发展始终,并且体现为保证旅游文创活动的顺利实施、保证社会经济目标的实现和保证旅游文创发展目标的实现三个层次[3]。具体而言,旅游文创政府部门的经济职能可以体现为经济政策和资金保障两个方面。

一方面,政府可以利用财政税收杠杆,为地方旅游文创发展创造良好条件,同时设立旅游文创发展专项资金,专门用于旅游文创公共服务设施建设等重大工程;合理协调金融系统,积

---

[1] 郑萃颖."破圈"的博物馆考古盲盒是如何诞生的?[EB/OL]. https://www.jiemian.com/article/5630953.html. [访问时间:2023-05-02]

[2] 高福. 北京市旅游产业发展过程中的政府职能研究[J]. 黑龙江社会科学,2016(1):91-94.

[3] 张侠. 都市旅游发展与政府职能研究[D]. 武汉:华中师范大学,2009:106.

极探索金融支持旅游文创发展的扶持政策,特别是为重点旅游文创项目、旅游文创基础设施建设以及新业态旅游文创提供融资便利和低息贷款;制定更为积极、更为有效的招商政策,加快吸引大型旅游文创经营机构和创作机构入驻。

另一方面,政府可以加大对旅游文创行业的资金投入力度,逐年提高旅游文创发展专项资金额度;推进优质资源和资本高效对接,着力培育充满活力的现代旅游文创市场主体;设立旅游文创发展基金,发行旅游文创专项债券,积极申请国家或省区市专项基金、产业基金和政策性银行贷款;引导本地旅游文创企业科学利用债券融资工具,以旅游文创项目特许经营权、景区门票收费抵押等方式融资。

(三)文化功能:旅游文创活动的精神导向

文化既是旅游业的物质基础,又是它的精神支撑。文化的本质决定了旅游文创的文化功能。民族文化、地域文化是否别具一格、是否能吸引对文化好奇的游客,关乎旅游经济的成败。旅游的宗旨是人精神层面的不断追求,文化的介入能够帮助游客在旅游过程中获得精神满足。因此,旅游文创中的文化功能体现于精神导向作用,具体表现在物质文化遗产和非物质文化遗产两方面。

在物质文化遗产保护方面,政府要严格按照文化遗产保护要求,做好保护规划,坚决杜绝发展旅游带来的文化遗产破坏。建立健全旅游文创开发中的文化遗产保护责任制度和追究制度,保障和监督保护工作落实。在文物古迹保护范围内,不得修建与环境风貌不相协调的建筑物;加强对游客的教育和引导,防止由不当行为造成对文物古迹的破坏;因地制宜,建立各类文化遗产展示体系,依托旅游形成文化遗产的教育与宣传体系。

在非物质文化遗产保护方面,政府要采取分级负责的原则,加大保护力度。结合文创产业和体验旅游的发展,创新非遗的保护机制,通过非遗展示和推出地方特色文化节目等方式,恢复部分已消失的文化空间,还原文化空间的文化功能属性,将非遗传承发展与旅游业发展相互促进、与新时代文化发展有机结合。采取制定非遗代表作名录、命名保护单位和传承人、设立保护区等多种方式建立非遗的保护体系和传承机制,并逐步推动立法。

第三节 旅游文创中的危机公关

我国是一个旅游大国,特别是每年的"五一"和"十一"假期,大部分人会选择在这些时间段内出游,导致我国旅游业拥堵现象十分严重,引发的危机状况也是多种多样的。旅游业与其他行业不同,受政治、经济、社会环境等多种因素的影响,旅游企业和景点发生危机的概率较大,如果处理不当就会给旅游企业和景点带来非常严重的损失,因此必须给予其足够的重视。为了更好地帮助大家认识旅游文创中的危机公关,本节首先对公共关系和危机公关的概念进行释义,并探讨危机公关的特点、处理原则,进而在此基础上对旅游文创中出现的危机公关类型进行罗列,并提出相应的处理方式。

一、危机公关的概述

(一) 公共关系与危机公关

1. 公共关系

"公共关系"一词是英语"public relations"的中文译称。它有两种含义:其一是"公开的、公共的关系";其二是"公众的关系"。它最早出现于1807年,在《韦氏新大学词典(第9版)》[1]中,公共关系被定义为"通过宣传与一般公众建立的关系;是公司、组织或军事机构向公众报告它的活动、政策等情况,企图建立有利的公众舆论的职能"。1903年,美国新闻记者艾维·李(Ivy Lee)在纽约开办了一家宣传顾问事务所,向客户提供新闻咨询并收取劳务费,公共关系作为一种职业,由此发端。

随着公共关系职业在社会上的广泛出现,客观上对公共关系理论提出了要求,即从理论上规范化、完善化、系统化公共关系实践活动。1923年,爱德华·伯内斯(Edward Bernays)出版了《舆论之凝结》一书,这本著作的出版被西方社会视为公共关系理论正式诞生的标志。作为"公共关系理论之父",伯内斯于1952年编纂了《公共关系学》。该书从理论上对20世纪美国的公共关系实践进行了概括与总结,并且使之成果化。他的公共关系思想的核心是"投公众所好",根据公众的价值观和态度,有针对性地开展工作[2]。

从历史性维度了解公共关系,它经历了从单向说服,到双向管理,再到建立关系的语义传播阶段。但作为一门社会科学,对于公共关系的定义至今仍存在多种说法,其原因大致可以从三个方面解读。其一是其学科历史短,在20世纪80年代中前期,当时的中国正处于思想解放和改革开放的热潮之中,公共关系作为一种处理社会事务的新兴方式受到关注,加上全民热切学习新思想、新知识,现代公关得以在中国日益成熟。四十年左右的学科发展历史表明其仍处于探索建立时期。其二是作为一门新兴的、应用性很强的边缘性学科,公共关系学在理论上还是个综合性、交叉性学科,涉及的学科有社会学、哲学、政治学、经济学、传播学、管理学、营销学、心理学、伦理学等。其三是翻译问题,"公共关系"与"公众关系"的意见之争一直存在,关于其定义的探讨可以分为管理职能说、传播沟通说、咨询说、关系说、协调说等[3]。

从理论维度了解公共关系,作为一种特殊的社会关系,要明确公共关系的主体即社会组织与其公众对象之间的舆论关系、利益关系和形象认知关系,而这三种关系是通过传播来实现的[4]。进入网络时代,互联网等新数字媒体的普及极大改变了媒体和传播的生态,使传统媒体占据绝对优势的传播格局出现了前所未有的变化。企业和公司都迫切需要公共关系来塑造自身形象、避免和纠正网络形象危机,由此公共关系在网络时代被赋予新的定义:公共关系是

---

[1] Merriam-Webster. Webster's Ninth New Collegiate Dictionary[M]. Springfield: World Publishing Corp, 1983: 592.
[2] 卢山冰.公共关系理论发展百年综述[J].西北大学学报(哲学社会科学版),2003(2):168-173.
[3] 刘志明."公共关系"再定义[J].新闻与传播研究,2014,21(11):113-115.
[4] 张景云.分解与融会:对公共关系涵义的一种解读[J].北京工商大学学报(社会科学版),2006(5):68-72.

各类组织、个人,为达到创造最佳社会关系环境的目的,利用各种传播手段与公众或他人之间有计划地持续沟通交流的行动或职能[1]。

2. 危机公关

危机本是个有浓郁西方舶来色彩的专业术语,美国学者乌里尔·罗森塔尔(Uriel Rosenthal)和查尔斯·皮恩伯格(Charles Pijnenburg)对危机曾有较为经典的定义:"危机是对社会系统的基本价值和行为准则架构产生严重威胁,并且在时间压力和不确定性极高的情况下,必须对其做出关键决策的事件。"[2]值得关注的是,"危机"这一专业术语在中国还有个本土化的称谓即"突发公共事件",这一称谓是国际化视野和中国本土化落实相结合的结果。

虽然人类对危机公关的研究早在古代就初现端倪,如中国的《孙子兵法》一书中就有大量的案例述及危机公关如何开展,但是真正意义上的现代危机公关研究则是在通信技术飞速发展的背景下发端于以美国为代表的西方国家。从1962年的古巴导弹危机到1982年的泰诺胶囊危机事件,再到1989年的"埃克森·瓦尔迪兹号"油轮石油泄漏事件,危机公关从最初的政治领域逐渐扩展到企业和商业领域。

危机公关是指应对危机的有关机制。根据公共关系学创始人爱德华·伯内斯的定义,公共关系是一项管理功能,通过制定政策及程序来获得公众的谅解和接纳。"危机公关就是企业在遇到危机后所制定和采取的系列公共关系方面的方案行动",以达到平息危机、消解公众情绪、挽回企业形象的目的[3]。

从危机研究的众多理论流派来看,有政治学、管理学、传播学、公共关系学、社会学等各个学科的视角,由此围绕"危机"而衍生的概念和术语也不同,而"危机管理""危机公关"和"危机传播"是关于危机的理论和实践研究中频率较高的概念和术语。不论危机管理、危机公关还是危机传播,其最终极的目标都是一致的,即最大限度地降低人类社会悲剧的发生概率或减少危机带来的损失,但这三者的概念分别是从不同的学科角度进行考量的,具有不同的侧重点。

(1) 管理学的视角:危机公关是一种特殊形式的管理活动。管理学专家通常把危机公关作为一种特殊形式的管理活动来研究,把危机公关策略作为管理策略中的一种来运用。以蒂莫西·库姆斯(Timothy Coombs)为代表的美国学者认为危机公关(crisis public relation)属于危机管理(crisis management)的范畴,他们认为危机公关强调危机应对策略的选择,即组织在发生危机后"说什么"和"做什么",而这种策略选择本身就属于管理的过程[4]。危机公关强调公开、一致、及时等原则,而这些原则也是组织危机管理中应遵循的原则。对于事前公关,危机公关强调危机预警机制的建立,包括议题设置、风险控制和关系管理等要素,这些都是危机管理的题中应有之义。因此,从管理学的视角来看,危机公关是危机管理的次一级研究领域,危机管理中的信息搜集、信息分析以及与公众的沟通传播等管理内容都属于危机公关的范畴。

---

[1] 刘志明."公共关系"再定义[J].新闻与传播研究,2014,21(11):114-115.
[2] 中国现代国际关系研究所危机管理与对策研究中心.国际危机管理概论[M].北京:时事出版社,2003:158.
[3] 胡百精.危机传播管理[M].北京:中国人民大学出版社,2014:10-15.
[4] Coombs W T. Teaching the Crisis Management/Communication Course[J]. Public Relations Review, 2001, (27): 89-101.

(2) 公共关系学的视角:危机公关是一种"非常态"的公共关系。从公共关系学的视角来看,危机公关是公共关系中非常重要的一种类型,同时也是一种"非常态"的公共关系,即在危机处置过程中通过公共关系的运用,达到组织与公众之间的有效沟通,弥补组织形象与声誉的损失。在危机发生、发展的过程中,公共关系的独特作用在于通过与内外部公众及时、有效地沟通,传达信息和策略,稳定、协调和融洽环境。卓越公关理论的创建者詹姆斯·格鲁尼格(James E. Grunig)教授认为良好的危机公关始于危机爆发之前,在决策之前与公众沟通是解决危机最有效的方法[1]。

(3) 传播学的视角:危机传播是危机公关的重要内容。从传播学者的视角来看,危机传播是人类传播过程中一种特殊的传播形式,危机传播重点强调危机发展过程中的媒介、受众、效果等变量。美国有学者把危机传播定义为"在危机事件发生之前、之中以及之后,介于组织和公众之间的传播"[2]。有效的危机传播具有缓解、消除危机和给组织带来正面声誉的双重效果。危机公关在应对危机策略选择上有相当一部分的内容是关于危机传播的研究,据此,危机传播属于危机公关的范畴[3]。

虽然本书述及的危机公关主要是从公共关系学的学科视角切入,但注重危机管理、危机传播和危机公关之间的关联与互动是极为重要的。以危机管理和危机公关的关系为例,危机管理概念产生于20世纪中叶,标志着人类危机管理理论研究的开始和对实践活动的重视。20世纪80年代以后,随着危机传播在危机管理中的作用日益彰显,危机公关应运而生。

在公关学界,一般都将1982年美国强生公司泰诺止痛胶囊中毒事件(见图8-2)的处理看作危机公关起始的经典案例。强生作为一家美国著名的医药公司,早在1975年就开发出可代替阿司匹林的泰诺胶囊,投放市场后获得了巨大的成功。1982年9月30日早晨,有媒体报道当天在芝加哥服用泰诺胶囊的人中,有7人死亡,另有250人中毒入院(后据调查,是服用的泰诺胶囊含有氰化物)。强生集团因此陷入舆论危机,但强生公司迅速做出反应,在整个危机处理过程中始终把公众的利益放在首位。公司先是真诚面对公众与媒体,主动联系媒体向公众发出危险警告,收回问题产品。同时,公司停止了报刊、广播、电视中所有关于泰诺的广告。产品收回后,强生公司立即协同联邦调查人员、医学人士,调查事件发生的真相。其间,最具"第三方权威"的美国食品与医药管理局全力协查事故,紧密地配合强生解救危机。全过程中及时将重要信息传达给媒体和公众,调查结果显示真相大白后,强生公司举行记者招待会并播放泰诺新式包装药的录像,重塑了企业形象。

管理学界也将此事件视为危机管理的成功事例而津津乐道。因此,很多人会不自觉地将危机公关与危机管理混为一谈,在这里我们需要明确区分二者的不同之处。首先,危机公关的主体是"人",而危机管理的对象是"事";其次,危机公关强调"说什么"和"怎么说"的问题,而危

---

[1] 廖为建,李莉. 美国现代危机传播研究及其借鉴意义[J]. 广州大学学报(社会科学版),2004(8):18-23,39-93.
[2] Coombs W T. Choosing the Right Words: The Development of Guidelines for the Selection of the "Appropriate" Crisis Response Strategies[J]. Management Communication Quarterly, 1995(8): 447-476.
[3] 孟建,钱海红. 危机公关:融入中国社会发展的新战略——中国危机公关实践的学术考察[J]. 国际新闻界,2008,164(6):17-21,74.

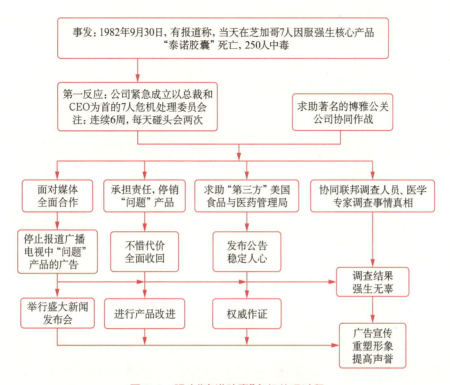

图 8-2 强生"泰诺胶囊"危机处理过程
资料来源：郭明全. 媒体危机公关的标志性案例[J]. 今传媒，2009(10)：102-103.

机管理强调"如何做"和"怎么做好"；最后，具体来看，危机公关是对危机事件中相关公众关系，通过信息传播方式进行沟通协调，如收集情报、提供数据、发布信息、新闻传播、检测反馈、双向沟通等。危机管理是对危机事件本身的具体处理与解决，如控制局面、抢救生命、处置事故、解决冲突、消除危难、做好善后等。危机管理应该将危机公关作为危机传播的必要手段，危机公关的成败影响甚至决定着危机管理的成败[1]。

（二）公共关系危机的特点

从静态角度看，公共关系危机指灾难或危机中的公共关系；从动态的角度看，公共关系危机指处理危机过程中的公共关系。无论是自然原因、社会原因还是综合因素引起的公共危机，都具有以下三个明显的特征。

1. 突发性和不确定性

公共关系危机事件是一种突发性事件，同时伴随着不确定性发生。突发性是指相对于人们的心理准备与应对能力来说，公共危机表现出突然爆发的特征，即使先期有征兆，但这些征兆也往往以分散、零星的形式表现，使人难以完整把握。公共危机的不确定性是指其无规则性和无程序性。无人知道其何时发生、以什么方式发生；无人知道它会向哪个方向发展、会造成

---

[1] 景庆虹. 危机公关与危机管理关系之解读[J]. 中国行政管理，2014(12)：74-77.

多大危害,它的发展趋势更是难以预测[1]。

2. 公共性和普遍性

公共性是指公共危机的影响面很广,会波及社会大多数公众的正常生活秩序、生命财产安全,使其产生心理恐怖感等。可以说危机是不可避免的,只要有公共关系就会有公共关系危机。

信息传播是公共关系不可或缺的因素,公共关系过程是一种信息传播过程,更是一种控制过程,从信息论的角度来看就是信源通过信道向信宿传递并引发反馈的过程。信息传递的过程中由于噪声的干扰势必产生失真现象,失真即有误差,误差导致错误,错误导致危机。

另外,任何策划和决策都以信息为基础,而且方案的执行过程也是信息传播的过程,信息经过多层系、多渠道、多阶段的传输之后,其失真现象必趋严重,导致系统的稳定性减弱,一旦震荡度加大,危机便接踵而至。

所以,任何一个社会组织在它的发展过程中都会遇到性质不同、表现形式各异的危机。1985 年,美国莱克西肯传播公司对美主要企业领导人的一项调查表明,89%的领导人认为"企业发生危机如同死亡和税收一样,都是不可避免的"。因此,公共关系危机普遍性的特点要求我们必须防患于未然,做好危机预防和预警。

3. 破坏性和扩散性

公共危机会造成社会生活秩序的混乱、国家管理的混乱、严重的经济损失等。随着世界相互联系与依赖的加强,公共关系危机一旦出现,就会像一颗突然爆炸的炸弹,在社会中迅速扩散开来,对社会造成严重的冲击;它就像一根牵动社会的神经,迅速引起社会各界的不同反应,令社会各界密切注意。因此,危机在本质上对社会组织产生的破坏性是巨大的,必须尽快防范和阻止。

中国红十字会作为象征人道、博爱、奉献的社会救助团体,是以促进人类和平进步事业为宗旨的最有国际影响的非政府组织。然而,2011 年 6 月 21 日,新浪微博上一个名叫"郭美美Baby"的网友,在其微博空间发布了大量炫富照片,其认证身份是"中国红十字会商业总经理",由此引发众多网友对中国红十字会的非议,加上"网络暴民"与群体极化现象使得红十字会与公众沟通存在障碍,给这场网络危机事件带来了前所未有的破坏性,并形成长达半年之久的关于红十字会的危机讨论[2]。

(三)危机公关的处理原则

危机对于企业来说有正反两方面效应:如果处理得当,则会增加企业的美誉度和消费者对企业的信任感;但如果处理不当,则会成为导火索,将企业拉入深渊。因此,在危机发生之前掌握正确的危机公关原则就显得十分必要。英国危机公关专家迈克尔·里杰斯特(Michael Regester)在《危机公关》(*Crisis Management*)一书中提出"3T"原则,强调危机处理时把握信息

---

[1] 常春圃. 公共危机管理中的政府公共关系[J]. 商场现代化,2009(28):25-27.
[2] 李华君. 网络危机事件中非政府组织的新媒体公关策略——以"郭美美与红十字会危机"为例[J]. 电子政务,2013(1):42-47.

发布的重要性:以我为主提供信息(tell you-own tale),强调组织牢牢掌握信息发布主动权;尽快提供情况(tell it fast),强调危机处理时组织应该尽快不断地发布信息;提供全部情况(tell it all),强调信息发布全面、真实[1]。

目前在国内,被业界奉为经典的危机公关"5S"原则是危机处理的主流理念,这五大原则是由知名危机公关专家、关键点公关董事长游昌乔先生于2012年倡导提出的。它包括承担责任原则(shouldering the matter)、真诚沟通原则(sincerity)、速度第一原则(speed)、系统运行原则(system)、权威证实原则(standard)五个要点[2]。以下分别介绍这五大原则,帮助企业更好地了解危机发生后为解决危机所应采用的原则。

1. 承担责任原则

危机发生后,公众会关注利益和情感两方面问题,无论对错,公众都认为企业应该承担责任,另外公众很在意企业是否关注自己的感受。因此,在危机发生后,企业应该时刻将公众和消费者的利益放在第一位,并采取合适的行动来切实维护他们的利益,这是赢得公众认可的关键,尤其是可以及时赢得新闻媒体的认可。

2. 真诚沟通原则

遇到危机时,绝对不可以改变事实,但可以改变公众的看法。这里的真诚指的是诚意、诚恳、诚实这"三诚",即事件发生后第一时间主动与新闻媒体联系、致以歉意,沟通态度诚恳,说明事实真相。

3. 速度第一原则

好事不出门,坏事传千里。一旦爆发严重的危机,企业的高层领导要做的是在24小时之内快速反应,迅速控制事态,否则会扩大危机的范围,甚至可能失去对全局的掌握。

4. 系统运行原则

危机公关的系统运行有利于及时发现、收集信息,并对信息进行分类、整理、评估、记录,向各个部门提供客观、重要的信息,并上报决策层,从而开展有效、严密的公关活动,加强与公众之间的协商对话,避免出现公众对企业的敌视现象,建立起企业与消费者、公众之间新的信任与合作关系,进而顺利地解决危机。这方面主要需要做到:以冷对热,以静制动;统一观点,稳住阵脚;组建班子,专项负责;果断决策,迅速实施;合纵连横,借助外力;循序渐进,标本兼治。

5. 权威证实原则

在危机发生后,要"曲线救国",请重量级的第三者在前台说话,可以充分发挥和随时调动新闻媒体的权威传播功能,争取政府机关、行业协会等权威机构的支持,赢得消费者代表的支持,使消费者解除对企业的戒备心理,重获他们的信任[3]。

---

[1] 骆文浩. 灾难报道中的"3T"原则[J]. 新闻战线,2008(11):15-16.
[2] 游昌乔. 危机应对的5S原则[J]. 中国中小企业,2004(9):27-28.
[3] 游昌乔. 危机公关——中国危机公关典型案例回放及点评[M]. 北京:北京大学出版社,2006:4-12.

二、旅游文创中的公共关系危机类型

区域经济增长离不开旅游业的发展,特别是近年来发展中国家的旅游业发展迅速,其对地区经济的拉动作用显著。随着人们旅游层次的不断提升,"以文促旅、以旅彰文"的文旅融合发展思路逐步成型。文化和旅游部提出了文化与旅游"宜融则融、能融尽融"的发展理念。然而,在文旅融合发展的热潮中,由于缺乏系统理论支撑和科学经验引导,"为融而合、融而不合"等现象不断出现[1]。旅游文创中的公共关系危机已成为目前文旅融合发展中值得关注的问题,在文创产品、景区景观和管理等方面尤为突出,我们可以从以下三个方面了解旅游文创中的公共关系危机类型。

(一)旅游文创产品危机

随着旅游业的日益火爆,游客们逐渐不再满足于在旅游景区拍照打卡的单一方式。旅游景区也开始涌现出相关文创产品来吸引游客,以此提升景区经济收入。与此同时,文创产品的火爆也伴随着一大批同质化、质量低劣的类似产品的出现,文创产品创新性不强,同类竞争力过大,因而文创产品危机时有发生。

以最典型的故宫文创产品来说,虽然其文创周边广受游客欢迎,但也曾陷入产品侵权的危机。北京故宫,作为中国最大的古代文化艺术博物馆,在国人眼中一直是庄严肃穆的标志,但在网络世界里它完全是一个搞怪形象。从顶戴花翎官帽伞、丑到"辣眼睛"的宫廷拖鞋,到朝珠耳机、故宫中国风胶带,再到雍正御批"朕亦甚想你""朕心寒之极"折扇、容嬷嬷针线盒……这些故宫文创产品一经推出必成爆款。

然而 2018 年 3 月,故宫博物院旗下文创店铺"故宫淘宝"推出的一款身着清代服饰的"俏格格"娃娃,在发售不久即有网友指出该款娃娃身体部分的设计与国外某品牌玩偶的身体相似,有侵犯知识产权之嫌,故宫淘宝很快将这款娃娃全部下架,已经售出的一律召回退款。

故宫淘宝在说明中表示,此款娃娃头部外观为故宫淘宝设计师原创手绘,历时三年开模打样后才磨合成功,市面上不可能有同款。娃娃的服装、头饰、花盆鞋均为故宫淘宝设计师原创设计,享有其知识产权。对于网友指出的娃娃身体模型部分的相似问题,故宫淘宝方面即刻停售此款娃娃,娃娃身体部分也将重新开模制作。

时隔一年半后,故宫"俏格格"娃娃重新上架,售价仍为 599 元,此次新上架的娃娃销售页面显示,"娃娃造型为原创设计开模"。从消费者提供的图片可以看到,与此前版本相比,娃娃的胳膊等关节已有明显不同。

从故宫博物院这次文创产品的危机可以看出,文创产品出圈的同时,知识产权的保护也应当跟进。不仅是故宫文创产品,近年来 IP 侵权、制假售假的现象屡禁不绝,让消费者难辨真伪,也对本就依靠创意开拓市场的文创主体失去信任。文化创意不是廉价的,而是凝聚了创作者的智力和心血,把文化内容融入产品,增加了产品附加值,实现了景区功能变现和传播,不能

---

[1] 谭娜,黄伟.文化产业集聚政策带动地区旅游经济增长了吗?——来自文创园区评选准自然实验的证据[J].中国软科学,2021(1):68-75,135.

用简单的复制加以损害。

(二)旅游文创景观的危机

国内的旅游热度一直居高不下,随着"及时享乐"的生活理念流行,人们对于休闲娱乐的接受程度一直在不断上涨,因此,旅游成为最火热的行业。人们的旅游意愿高涨,自然而然就会推动国内旅游景点的建设。旅游业无疑是最赚钱的项目,并且辐射至当地整个地区,因此,如果有不错的旅游资源,地方都会发展旅游业来吸引游客,就算没有旅游资源,也可以建设一些人造景区来吸引游客。只不过在这股浪潮之中,往往也会有许多奇葩建筑被一一兴建,并且被游客频频吐槽。

比如,2020年第十一届"中国十大丑陋建筑榜单"第四位的重庆武隆"飞天之吻",其上榜原因在于哗众取宠、立意低俗、造型拙劣,破坏自然景观,很多游客都吐槽真的"没眼看"。

"飞天之吻"是武隆区打造的第二个国家旅游度假区,是按照5A级旅游景区标准建设打造的。这里的一些旅游设施还是很新颖的,它矗立在乌江之巅仙女山对岸的悬崖上,由两个人物造型撑着圆弧形的观景设施,让游客能够在这里随着人物摇摆后缓缓升起,两个机械臂能够上升55米,然后各自旋转后在空中会面,最终到达最高点,两个人物雕像也就如同隔空亲吻一般,再配上距乌江谷底约1 000米的垂直高度,特别惊险刺激且浪漫(见图8-3)。

图 8-3　重庆武隆"土味"景点"飞天之吻"
资料来源:重庆最"土"景点,武隆"飞天之吻"因丑走红,游客吐槽:辣眼睛[EB/OL]. http://k. sina. com. cn/article_7421600300_1ba5ca22c00100ww3s. html. [访问时间:2023-05-02]

虽然这个规模超大的建筑十分炫酷,但"飞天之吻"的造型却备受游客的吐槽。其实这个超大规模的建筑是国内行业巨头公司设计出来的,前后易稿20套方案,耗费5年时间打造,在内容方面十分新颖且独特。在造型上却让很多游客接受不了,该负责人回应,武隆区有一个紫衣仙子和龙三太子的爱情故事,造型也以这个为原型,但这个故事中的两人都没有什么固定形象,所以设计出来的建筑自然会违背很多人想象中的画面,故而备受批评[1]。

---

[1] 重庆最"土"景点,武隆"飞天之吻"因丑走红,游客吐槽:辣眼睛[EB/OL]. http://k. sina. com. cn/article_7421600300_1ba5ca22c00100ww3s. html. [访问时间:2023-05-02]

(三)旅游文创景区管理危机

旅游城市形象是公众对旅游目的地的客观认知和总体评价,作为驱动游客前往的核心要素至关重要。但反观目前旅游文创景区乱象,景区内工作人员与游客冲突不断、景区宰客等问题层出不穷,尤其是2015年的青岛大虾事件更是把旅游危机公关的缺位推至高潮。

事情起因是经营者利用"阴阳菜单",游客点菜时38元一份的虾,结账时却变成了38元一只,以此"欺诈"游客。面对游客投诉,青岛市的工商、公安、物价等政府管理部门相互推诿的处理态度激起了受害者与公众的愤慨。价格欺诈和政府相关部门的相互推诿经媒体报道以及微信、微博等自媒体迅速传播,引起全社会的轰动,形成旅游景区危机事件。

"好客山东"的旅游城市形象,让人联想到真诚友好无宰客的旅游体验,而青岛大虾事件中的"欺诈"手段与真诚友好的好客形象形成了强烈的反差,破坏了好不容易树立起来的"好客山东"旅游形象,究其根源,主要在于政府与旅游景区产业经营者没有达成一致的友好城市形象理念,产业经营者各自为政,政府相关管理部门监管乏力[1]。

在"好客山东"的宣传之下,政府对当地的文化、价值观内涵定位准确、宣传有力,而在市场经济背景下,却忽略了部分经营者为经济利益而忽略文化与道德范畴,没有制定维护当地文化与价值观的相关制度、准则与行为规范,最终导致旅游城市形象被破坏。另外在市场经济体制背景之下,产业经营者自主经营与自负盈亏,追求自身的短期利益,缺乏社会责任感,由此可见青岛政府、产业经营者缺少共同建设与恪守城市形象规范的默契[2]。

三、旅游文创的危机公关处理

在全媒体环境中,危机公关在网络技术的助推下传播速度越来越快,危机公关的类型也变得更加多元,人们可以在各大门户网站获取危机事件等负面信息。就拿旅游文创方面的危机事件来说,数字化媒体曝光量主要集中在旅游文创产品同质化、质量低劣,旅游文创景观难以得到大众普遍认可,景区宰客等。这一系列危机事件一旦蔓延,其造成的消极影响是很难转变的。旅游文创要想发展就需要更多的故事性打造,从源头上避免危机公关事件的发生,灵活应对旅游文创生产和销售过程中的各种问题,要求相关管理层及时与公众沟通,实现创新发展,关键是要提供有内涵的创意产品,充分利用多方资源协调治理。为了更好地实现产品文化与旅游业相互促进,针对旅游文创的危机公关类型,提出以下三种处理方式。

(一)挖掘旅游文化内涵:讲好文创故事

旅游文创产品近年来一直处于产品同质化的危机中,甚至会影响游客的购买欲望。景区中的产品大都设计雷同,且商业气息浓厚,很难让游客挑选到很有设计感的纪念品。那么如何才能开发好优秀文创产品呢?第一步就是要注重文创产品的创意设计,让文创产品形象化、故

---

[1] 绍兵. 从"青岛大虾"事件看旅游危机公关的缺位[J]. 国际公关,2015(6):38-39.
[2] 张翔云,徐虹. 从危机事件看旅游地品牌管理中长效运行机制的缺陷——以青岛大虾产生的危机事件为例[J]. 社会科学家,2017(8):89-94.

事化、场景化。

一个成功的文创产品背后一定有一个动人的故事,故事与生俱来就有感染力和吸引力,是信息发出者满足信息接收者的情感需求并使其感知文化魅力的一种有效传播方式[1]。由此,旅游景区更需结合文创故事为文化内涵加码,我们可以借鉴某些旅游文创产品的成功案例,进一步把文创产品故事化落到实处。

邯郸作为我国的成语典故之都,近年来十分重视旅游产业发展,旅游文创产品的设计与创新就是其中的重要方面。除了大胆革新传统的旅游纪念品,将古老的神话故事作为一种文化元素融入旅游文创产品设计,开发出各种日常生活中所用的小产品,如水杯、雨伞、T恤等,也可以让旅游文创产品成为趣味十足的旅游消费品。邯郸娲皇宫的旅游文创产品设计十分具有代表性。"剪纸四条屏"的设计就以故事性内容取胜,设计者从炼石补天、抟土造人、怒斩黑龙、断鳌立极等神话故事取材,将女娲的传说生动地刻画在宣纸上,通过故事的表达赋予产品深刻的文化内涵;娲娃的设计也很出彩,设计者以娲皇宫的吉祥物五福和四喜象征女娲的九种功德,寓意五福临门、四喜人生;另有以女娲在不同年代呈现出来的漫画形象设计而成的钥匙扣、中皇山折扇等旅游文创产品。这些都是对故事性元素的巧妙应用,寄托着一种精神内涵,深受消费者尤其是文艺青年的喜爱[2]。

从这个角度来看,在把握好地域特色的同时巧妙应用故事性元素值得开发者重视。不怕没有产品,就怕产品千篇一律,要从源头上改变旅游文创的同质化危机状况,提高游客的审美感受和精神体验。

(二)助力文旅新体验:确保全时沟通

景区创建中之所以存在丑建筑评比、低俗场景泛滥的情况,除了设计师、景区负责人审美能力与大众存在偏差之外,最重要的还是由于在前期设计过程中与公众缺少沟通。互联网时代的宽容度虽然追求千人千面的独特审美,但世界上的景观无论怎样特殊,总是和同类景观中的其他景观有共同之处,需要符合大众的普遍审美和意见。

建筑不仅是历史文脉的承载者,也是城市记忆的见证者。如何赋予景区建筑新生命力,向社会公众传递积极影响,还需要回归到公众主体本身,通过与公众在景区建设全过程中全时全效沟通,了解公众的兴趣和想法。

首先,增加备选方案。在设计稿完成之初可以通过网络公开投票的方式,让公众对自己感兴趣的设计造型进行意向投票,这样一来,可以在很大程度上降低出错成本。

其次,融入公众参与体验。在落实建造过程中,广泛收集公众有关建筑设计细节的创意点,通过用户画像分析,发现公众的显性兴趣和隐性需求,以更好地满足公众参与旅游文创的体验需求。

最后,学习打造全维度体验触点新模式。在文旅融合、数字赋能、体验兴盛的叠加背景下,除了减少对景区旅游文创外观的争议,游客的场景内沟通体验也很重要。以浙江富阳的富春

---

[1] 王星星,樊传果.文化创意产品设计的人性化与情感化[J].重庆社会科学,2016(12):101-106.
[2] 马建英.旅游文创产品的设计与开发[J].包装工程,2023,44(4):332-335.

山居数字诗路文化体验馆为典型案例,通过设立二维码、互动屏、动作捕捉、传感器等诸多数字场景入口,游客能够在建筑内实时穿梭于物理与数字的双重世界,实现数字场景的互动,为旅游文创产品的体验设计提高了创新意义[1]。

(三)展示文旅品牌形象:多方协调治理

在充满变数和竞争的时代,危机是每个旅游文创都会面临的,重要的是在危机发生后,通过一系列措施去重塑自己的品牌形象。在青岛大虾事件中,我们很容易找出此次危机事件的问题所在——商家缺乏规范意识和责任意识。做好这两点就需要多方协调治理,通过资源整合有效提高危机公关的效率,更好地展示友好旅游文创的品牌形象。

接下来我们需要从个性归纳至共性,旅游文创危机近来已经成为旅游企业、目的地等利益相关方的全局性危机,通过多方协调治理来展示全国文旅品牌的形象就显得尤为重要。

1. 明确旅游地发展目标,细化责任主体

只有明确正确目标,才能从源头避免危机事件的发生。不仅要明确旅游地品牌目标发展方向,整合资源、文化和价值观综合考量,还要确定旅游文创行业相关经营者和旅游从业人员的目标方向。经营者需要以保证游客满意为宗旨,提升相关从业人员的道德感。最重要的是确立政府相关管理部门的目标方向,即承担监管作用。

2. 做好正面引导,释放公众情绪

明确各主体职责之后,需要针对危机事件问题及时做出回应,尤其是涉及投诉、游客与企业间产生争论且观点不一等情况时,这个时候正确的有效解决途径是正面引导和释放公众情绪,切忌与游客硬碰硬,避免引发更大规模的负面舆情。这个时候企业负责人与游客论事实、讲道理,无异于火上浇油,没有任何实质性意义。

3. 成立危机公关小组,做好内部配合

既然是多方协调治理,就需要动用更多人的力量快速高效处理。目的在于寻找危机源头,并控制与处理危机源头,避免事件进一步扩大。从以往成功的企业危机公关案例中发现,其实很多负面舆情是可以第一时间处理的,消极影响扩大的原因大多是企业本身的不重视,事后所花费的人力物力往往更多,所造成的形象受损也更加严重。成立危机公关小组需要结合企业内部的层级结构合理布局,明确每个人的详细职责,更需要企业内部的规范和配合。

4. 做好舆情监控,善用外部资源

当前危机趋势的把控、形势判断以及解决危机的方案都离不开实时的舆情监控,运用好媒体和先进科技手段进行舆情监控可以帮助旅游企业早发现舆情,及时分析、及时告警,并实时推送,为危机管理者的决策判断以及制定危机解决方案提供参考依据。除此之外,还需要在危机事件过程中多听取公众的意见和监督,在自我监督和被监督中不断提升危机事件处理的能力,将损失降到最低。

---

[1] 高颖,许晓峰. 全效体验式旅游文创产品设计研究——以富春山居数字诗路文化体验馆为例[J]. 装饰,2022(12):101-106.

通过本章的学习,我们以公关关系的历史脉络为背景,了解了公关关系的诸多定义。从公共关系的实践应用来看,1807年"公共关系"一词最早出现于美国,到了20世纪80年代,中国正值改革开放热潮,公共关系开始在国内发展,与此同时也发生了众多危机事件,为了处理好其中的舆论关系,危机公关应运而生。

由于危机公关本身具有的普遍性和破坏性等特征,很多企业面临品牌美誉度下降的困境,要想尽快避免危机的蔓延,需要企业严格遵守危机公关"5S"原则,及时高效地处理好危机事件。而对于近年来火爆的旅游业来说,公共关系危机也层出不穷,主要体现在景区丑建筑难以得到公众认同、文创产品同质化现象频发、景区宰客等问题中。旅游业作为我国的第三大产业,必须得到重视和整治,要想从根本上处理好旅游文创的公关危机事件,需要结合旅游文创故事挖掘当地文化内涵,并在旅游地建设发展过程中与民众和游客实时沟通,达成基本共识,才能实现双赢。另外,最重要的一点是企业各部门要做到多方协调治理,才能宣传好旅游品牌形象,为旅游文创发展增添正能量。

案例研读

上海迪士尼乐园搜包事件

文旅企业由于其消费场景的特殊性,一直是公关危机的高发地。企业公关危机能否得到妥善处理,直接关系着其在消费者心中树立的企业形象。2019年,上海迪士尼乐园因搜包事件引发巨大争议,数次登上新闻热搜。迪士尼在处理此次事件的过程中暴露出诸多问题,以至于将自身推向舆论的风口浪尖。

一、追踪——上海迪士尼乐园"搜包事件"全过程

2019年1月,上海华东政法大学大三学生小王携带饼干等食物想要进入上海迪士尼乐园游玩,被工作人员翻包检查。上海迪士尼乐园工作人员先是要求她把食物丢掉,或者坐在旁边吃完,或者放到寄存柜里才能入园。但是一天的寄存费要80元,比小王的食物还要贵,小王认为这种要求不符合法律规定,故而当场与工作人员据理力争,并拨打了110、12345和12315,被告知禁止携带食物由迪士尼乐园规定,是符合法律规定的。迪士尼也不同意退票。无奈之下,小王只能将食品留在园外,但小王认为,上海迪士尼乐园的行为明显是违法的,并将上海迪士尼乐园告上了法庭。

根据上海迪士尼乐园2017年11月更新的《游客须知》,禁止游客携带食品和酒精饮料入园,非酒精饮料容量不得超过600毫升。在那之前,上海迪士尼乐园曾允许未拆封的食品入园。

2019年8月23日,上海市浦东新区消保委通过媒体发布消息称,上海迪士尼不接受调解,坚持对游客翻包检查,并表示园方出于安全需要才翻包检查,这是应相关部门的要求。此消息一出就引发舆论强烈反响。《人民日报》客户端发文《坚持翻包检查的迪士尼,谁能治得了?》,对上海迪士尼乐园翻包检查一事进行评论,质疑工作人员提到的相关部门是否真实存在。

直到9月,上海迪士尼乐园开始正式实施其主题乐园的食品携带新规。游客可携带供本人食用的食品及饮料进入上海迪士尼乐园,但不允许携带需加热、加工、冷藏或保温的食品及带有刺激性气味的食品。迪士尼随后也与小王同学达成了调解协议,赔付了小王50元。[1]

二、问题何在——"搜包事件"处置过程中的不足

纵观迪士尼"搜包事件"的全过程,虽然此次风波已经平息,但其危机公关所采取的措施却不尽如人意。作为在国内发展态势较好的旅游景区,在这种问题上未能及时考虑到地域文化差距带来的不同,自身也存在态度偏差,未能满足消费者核心利益,在一定程度上对迪士尼塑造的良好品牌形象造成了不良影响。其中的问题需要我们从以下三个方面来全面把握。

(一)迪士尼未能因地制宜

迪士尼乐园享誉全球,也积累了全球化运营的营销经验。上海迪士尼乐园作为最新的迪士尼主题乐园,在其管理上多借鉴其他地区的管理策略,加之上级管理层多是外国人,很难充分考虑到我国社会文化与其他地区的差异性。

这主要体现在我国游客的消费习惯不同。所以,主题乐园如果低估地区差异的复杂性,采取错误的公关措施和繁杂的司法渠道来解决与消费者之间的矛盾纠纷,可能会适得其反。

(二)企业未能满足消费者合理需求

以人为本作为大多数企业的核心理念必须要落到实处。迪士尼作为给消费者带来欢乐的乐园,更应该做好这一点,但从此次"搜包事件"来看,上海迪士尼乐园的处理方式不符合以顾客为中心的核心企业理念,未能正视消费者在此次事件中的核心诉求,极大程度上影响了迪士尼在消费者心目中的品牌美誉度。

(三)企业公关态度强硬

主动真诚才是处理危机公关的必杀技。上海迪士尼在"搜包事件"被人们熟知之后,未能及时主动安抚群众,反而采用强硬的公关策略,不接受调解的对外言论不合世俗,处理方法非但未起到效用,反而激起民愤,不符合危机公关处理原则中的承担责任和真诚沟通原则,从根本上加剧了事态朝着消极方向发展[2]。

三、当我们陷入公关危机时,我们应当注意什么

从上海迪士尼乐园"搜包事件"可以看出,危机事件的源头即损害了消费者的核心利益诉求,而这种做法带来的消费者消极情绪传播发展速度较快,往往很容易在网络中形成破坏性的影响,从而导致企业好不容易树立起来的形象和公众感知受到消极影响。因此,企业在应对公关危机上要积极表态,坚持速度第一的原则,对消费者的损失及时做出赔偿;

---

[1] 惠宁宁. 上海迪士尼翻包风波引热议[J]. 人民法治,2019(24):44-45.
[2] 袁亚忠,谢淑妍. 上海迪士尼"翻包事件"的危机营销[J]. 商业经济,2020(5):54-57,109.

同时利用好媒体的信息沟通渠道,态度真诚地表明事情的实际情况,表明自身的态度,发布有效挽救的措施以获得大众的理解和支持。如此,当我们再陷入危机公关时,才能以"大家"的风范和心胸处理问题,真诚对待受害者,切实降低危机的影响。

思考题

1. 旅游文创人才培养存在哪些问题?
2. 旅游文创政府部门的职能包括哪些方面?
3. 具体来说,危机管理与危机公关有何不同?
4. 结合具体案例,分析公共关系危机的处理方式。

本章参考文献

[1] 习近平.深入实施新时代人才强国战略 加快建设世界重要人才中心和创新高地[J].当代党员,2022(1):3-7.

[2] 白长虹.文旅融合背景下的行业人才培养——实践需求与理论议题[J].人民论坛·学术前沿,2019(11):36-42.

[3] 毕绪龙.从人才培养角度看文化和旅游的关系[J].旅游学刊,2019,34(4):9-10.

[4] 李君轶,贺哲.以学科交叉推动旅游复合型创新型人才培养[J].旅游学刊,2022,37(8):7-9.

[5] 潘昱州,彭荔.非遗文创人才的供需矛盾及其对策[J].文化遗产,2019(1):1-8.

[6] [美]迈克尔·波特.竞争优势[M].北京:华夏出版社,2005:36.

[7] 于良.美国旅游人才培养:从教育谈起[J].旅游学刊,2015,30(9):4-6.

[8] 刘第秋.交旅融合视域下旅游文创设计人才培养路径探索——以重庆交大毕业设计教学为例[J].装饰,2020(5):130-131.

[9] 张丹宇.高校旅游管理专业应用型创新人才培养模式[J].学术探索,2015(2):73-77.

[10] 李宏伟,别应龙.工匠精神的历史传承与当代培育[J].自然辩证法研究,2015,31(8):54-59.

[11] 吴贵明.文化创意产业研发人才胜任力的结构特征及其开发机制构建[J].东南学术,2017(6):110-116.

[12] 吕静,薄小钧."非遗"传承人保护政策的再思考[J].东南文化,2018(6):6-11,127-128.

[13] 刘玲,胡雨欣.新文科背景下的文博文创设计人才培养研究[J].传媒,2023(5):80-82.

[14] 刘辉,朱晓云,李峰,等."文旅融合下博物馆文创的探索与实践"学人笔谈[J].东南文化,2021(6):135-149,190-192.

[15] 高福.北京市旅游产业发展过程中的政府职能研究[J].黑龙江社会科学,2016(1):91-94.

[16] 谭永局.简论地方戏曲与学校艺术教育[J].四川戏剧,2008(3):123-125.

[17] 宋伟,吴莎莎,张一帆.地方戏曲融入当地高校艺术教育的策略研究——以定州市解咬村皮影戏为例[J].石家庄学院学报,2021,23(1):27-30.

[18] "十四五"旅游业发展规划[N].中国旅游报,2022-01-21(2).

[19] 徐梦娜."知音号"的沉浸式戏剧体验与城市文化传播[J].当代戏剧,2021(5):13-16.

[20] 瞿祥涛.武汉朝宗文化旅游有限公司:引领"知音号"逆风踏浪前行[N].中国文化报,2021-11-22(4).

[21] 李卫,李静茹."盛唐密盒"的流量密码[N].陕西日报,2023-04-13(8).

[22] 张致."盛唐密盒"的"出圈"逻辑[N].新华日报,2023-04-20(3).

[23] 张侠.都市旅游发展与政府职能研究[D].武汉:华中师范大学,2009.

[24] 卢山冰.公共关系理论发展百年综述[J].西北大学学报(哲学社会科学版),2003(2):168-173.

[25] 刘志明."公共关系"再定义[J].新闻与传播研究,2014,21(11):113-115.

[26] 张景云.分解与融会:对公共关系涵义的一种解读[J].北京工商大学学报(社会科学版),2006(5):68-72.

[27] 中国现代国际关系研究所危机管理与对策研究中心.国际危机管理概论[M].北京:时事出版社,2003.

[28] 胡百精.危机传播管理[M].北京:中国人民大学出版社,2014.

[29] Coombs W T. Teaching the Crisis Management/Communication Course[J]. Public Relations Review, 2001(27):89-101.

[30] 廖为建,李莉.美国现代危机传播研究及其借鉴意义[J].广州大学学报(社会科学版),2004(8):18-23,39-93.

[31] Coombs W T. Choosing the Right Words: The Development of Guidelines for the Selection of the "Appropriate" Crisis Response Strategies[J]. Management Communication Quarterly, 1995(8):447-476.

[32] 孟建,钱海红.危机公关:融入中国社会发展的新战略——中国危机公关实践的学术考察[J].国际新闻界,2008(06):17-21+74.

[33] 景庆虹.危机公关与危机管理关系之解读[J].中国行政管理,2014(12):74-77.

[34] 郭明全.媒体危机公关的标志性案例[J].今传媒,2009(10):102-103.

[35] 常春圃.公共危机管理中的政府公共关系[J].商场现代化,2009,589(28):25-27.

[36] 李华君.网络危机事件中非政府组织的新媒体公关策略——以"郭美美与红十字会危机"为例[J].电子政务,2013(1):42-47.

[37] 游昌乔.危机应对的5S原则[J].中国中小企业,2004(9):27-28.

[38] 游昌乔.危机公关——中国危机公关典型案例回放及点评[M].北京:北京大学出版社,2006.

[39] 谭娜,黄伟.文化产业集聚政策带动地区旅游经济增长了吗?——来自文创园区评选准自然实验的证据[J].中国软科学,2021(1):68-75,135.

[40] 绍兵.从"青岛大虾"事件看旅游危机公关的缺位[J].国际公关,2015(6):38-39.

[41] 张翔云,徐虹.从危机事件看旅游地品牌管理中长效运行机制的缺陷——以青岛大虾产生的危机事件为例[J].社会科学家,2017(8):89-94.

[42] 王星星,樊传果.文化创意产品设计的人性化与情感化[J].重庆社会科学,2016(12):101-106.

[43] 马建英.旅游文创产品的设计与开发[J].包装工程,2023,44(4):332-335.

[44] 高颖,许晓峰.全效体验式旅游文创产品设计研究——以富春山居数字诗路文化体验馆为例[J].装饰,2022(12):101-106.

[45] 惠宁宁.上海迪士尼翻包风波引热议[J].人民法治,2019(24):44-45.

[46] 袁亚忠,谢淑妍.上海迪士尼"翻包事件"的危机营销[J].商业经济,2020(5):54-57,109.

图书在版编目(CIP)数据

旅游文创理论与实务/薛可,邓元兵主编. --上海:
复旦大学出版社,2024.12.--(博学·文创系列).
ISBN 978-7-309-17557-8
Ⅰ.F592
中国国家版本馆 CIP 数据核字第 20248H4W09 号

旅游文创理论与实务
LÜYOU WENCHUANG LILUN YU SHIWU
薛　可　邓元兵　主编
责任编辑/李　荃

复旦大学出版社有限公司出版发行
上海市国权路 579 号　邮编: 200433
网址: fupnet@fudanpress.com　http://www.fudanpress.com
门市零售: 86-21-65102580　团体订购: 86-21-65104505
出版部电话: 86-21-65642845
上海崇明裕安印刷厂

开本 787 毫米×1092 毫米　1/16　印张 21　字数 470 千字
2024 年 12 月第 1 版第 1 次印刷

ISBN 978-7-309-17557-8/F·3055
定价: 69.00 元

如有印装质量问题,请向复旦大学出版社有限公司出版部调换。
版权所有　　侵权必究